U1001631

“十二五”职业教育国家规划教材
经全国职业教育教材审定委员会审定

理财学

（第三版）

LICAIXUE

主　编　　徐慧玲　边智群

中国金融出版社

责任编辑：王　君
责任校对：潘　洁
责任印制：陈晓川

图书在版编目（CIP）数据

理财学/徐慧玲，边智群主编．—3 版．—北京：中国金融出版社，2021. 8
高职高专金融类“十四五”规划系列教材
ISBN 978 - 7 - 5220 - 1216 - 2

Ⅰ. ①理…　Ⅱ. ①徐…②边…　Ⅲ. ①财务管理—高等职业教育—教材
Ⅳ. ①F275

中国版本图书馆 CIP 数据核字（2021）第 129494 号

理财学（第三版）
LICAIXUE（DI-SAN BAN）
出版
发行　中国金融出版社
社址　北京市丰台区益泽路 2 号
市场开发部　(010)66024766，63805472，63439533（传真）
网 上 书 店　www. cfph. cn
　　　　　　(010)66024766，63372837（传真）
读者服务部　(010)66070833，62568380
邮编　100071
经销　新华书店
印刷　河北松源印刷有限公司
尺寸　185 毫米 ×260 毫米
印张　20. 25
字数　450 千
版次　2006 年 8 月第 1 版　2012 年 1 月第 2 版　2022 年 1 月第 3 版
印次　2022 年 1 月第 1 次印刷
定价　56. 00 元
ISBN 978 - 7 - 5220 - 1216 - 2
如出现印装错误本社负责调换　联系电话（010）63263947

主编简介

徐慧玲，女，1981 年生，经济学博士，湖北经济学院副教授，湖北经济学院财经高等研究院党委书记兼副院长，长江经济带高质量发展智库联盟副秘书长，湖北省数量经济学会第二届理事会副秘书长。主要研究方向为公司金融、金融经济学、金融风险管理等。2018 年 12 月以排名第一的成绩通过特级金融管理师（CFMA）考试，获得高级金融管理师委员会颁发的“全球杰出奖”。近年来，主持完成教育部人文社会科学项目 1 项，主持省厅级课题 2 项及其他课题 7 项，参加国家自然科学基金课题、社会科学基金课题 5 项。先后在《国外社会科学》、《财经研究》、《管理科学学报》（英文版）、《经济学动态》、《数理统计与管理》、《经济问题》、《中国金融》等权威和核心学术期刊上发表论文 30 余篇。出版学术专著 1 本，合著 10 余本；主编教材 1 部，副主编教材 1 部，参编教材多部。合作完成的著作等成果曾获湖北省第八届社会科学优秀成果二等奖、武汉市第十二次社会科学优秀成果三等奖、2009 年湖北省高等学校教学成果二等奖等荣誉。

边智群，女，1967 年生，工商管理硕士，湖北经济学院教授。从事教学工作 30 多年，主讲了“公司理财”“个人理财”“财政与金融”“货币金融学”等课程。公开发表学术文章 40 余篇；其中多篇论文被人大复印报刊资料全文转载；主持参与省部级研究课题 10 余项；主编教材包括：《公司理财》（第一版和第二版，分别由高等教育出版社于 2014 年、2019 年出版），“十二五”职业教育国家规划教材、普通高等教育“十一五”国家级规划教材《理财学》（第一版、第二版和第三版，分别由中国金融出版社于 2006 年、2012 年、2022 年出版），《金融学专业主干课程教学案例选编》（由湖北人民出版社于 2019 年出版），参与教材编写和专著撰文若干。

修订说明

《理财学》（第二版）自2012年出版以来，我国财税金融领域改革加速。从财税领域来看，税收征管体制、流转税制度、所得税制度、会计准则、会计报表、减税政策等都发生了较大的变化。从金融领域来看，新基金法、新公司法、新证券法相继实施，新三板转板、优先股试点、科创板先后开闸，金融机构资产管理新规出台。这些都极大地改变了公司和个人家庭理财的外部环境。此外，经济的高速增长也改变了经济主体的内部环境要素，无论是公司还是个人家庭，理财活动、理财需求都更加丰富、复杂。这些都对教材内容的更新提出了要求。基于这些认识，经中国金融出版社建议，我们自2019年12月开始了对本书第三版的修订。

第三版教材与第二版教材相比，修改之处说明如下：

全书仍然分为三篇：理财基础篇、公司理财篇、家庭理财篇。第三版将原第四章“公司理财基础”拆分为“公司财务分析”与“现代公司理财基本范畴”两章，整体删除了原第九章公司重组，总章数仍为十三章，并将“公司财务分析”列入理财基础篇。

理财基础篇：第一章至第四章。前三章的篇章结构没有变化，第四章由原书第四章第三节独立而成，结构上分为公司财务分析概述、财务分析的基本比率、财务比率的综合应用三节。

公司理财篇：第五章至第九章。其中，第六、第七、第九章保留了原篇章结构，第五章由原第四章第一、第二节扩展而成，结构上分为现代企业制度、公司理财的对象和基本内容、公司理财目标三节。第八章删除了原第四节股利理论，将原第二节中股利支付的方式与选择的内容独立设为第三节。

家庭理财篇：第十章至第十三章。第十、第十三章保留了原篇章结构，第十一章将原第一、第二节进行了合并，将原第三节中的个人预算内容独立设为第三节，第十二章增加了现金规划的内容。

本次修订除部分章节结构发生变化外，还有较大的三个变化：一是几乎所有章节都进行了理财原理性内容的更新，其中，受金融机构资产管理新规的影响，第一章第四节金融机构与客户理财、第十二章第二节投资规划内容变动较大；受个人所得税新规的影响，第十三章除第一节外进行了全部内容的更新。二是原教材各章中陈旧的知识链接和案例都用更新的资料进行了替换。三是每章增加了一到三个通过二维码扫描来获取的延伸阅读性材料，这些阅读性材料都是经济金融领域的热点事件，目的是拓展学生的学习视野，让学生在对热点事件的感性认知中领悟教材上相对抽象的知识点。

本次的修订工作由湖北经济学院牵头，组织天津外国语大学、上海立信会计金融学院、浙江金融学院、湖南大众传媒职业技术学院、安徽财贸职业学院的教师合作完成。具体编写分工如下：第一章、第十二章、第十三章由边智群编写，第二章、第三章由徐慧玲编写，第七章由朱澍清编写，第六章由范军编写，第八章由欧阳莹编写，第十章、第十一章由裘晓飞编写，第四章、第五章由杨智编写，第九章由贺之梦编写。全书由徐慧玲、边智群总纂。

在本书的修订过程中参阅和借鉴了大量文献，他们的成果对本书的形成功不可没，我们在参考文献中已尽可能详细列出，但难免有所遗漏，在此对未列入参考文献的作者表示歉意，并对所有引用的文献作者表示衷心的感谢。

由于水平和时间所限，本书的修订难免存在错误和不足之处，恳请广大读者批评指正。

编者

2021 年 4 月

目　　录

上　篇

理财基础篇

第一章

理财与现代经济生活

LICAI YU XIANDAI JINGJI SHENGHUO

任何经济活动的主体都离不开理财活动。不同的经济金融环境，不同的理财思维，对理财主体的意义和效果是不同的。本章旨在阐明理财的起源与发展，说明在不断创新的经济金融环境下，理财活动对各理财主体包括公司、个人、家庭及金融机构的意义。

【本章学习目标】

掌握公司理财、个人理财及客户理财的含义；熟悉公司理财的产生和发展过程，公司理财对现代公司的意义；了解个人理财在国外的发展历程及在国内的发展必要性；理解金融机构与客户理财的关系和金融机构理财的内容。

【本章关键词】

公司理财　　个人理财　　客户理财

第一节　理财的含义

理财可以从不同角度来理解。对从事工商业活动的主体而言，理财即“公司理财”“企业理财”；对社会最小的活动单元——个人或家庭而言，理财即“个人理财”“家庭理财”；对为公司企业和个人家庭提供理财服务的金融机构而言，理财即“社会理财”，也称为“机构理财”“客户理财”。

一、公司理财的含义

> 公司理财，也称为公司金融、公司财务管理，是指公司在一定的整体目标下，组织财务活动，处理财务关系的经济管理行为。

在有效金融市场中，公司在一定风险和资本预算的约束下，在利益动机驱使和价格机制刺激下，在各种可供选择的金融商品中进行理性的经营行为选择的活动，就是公司理财活动，其目的是分散经营风险和财务风险，实现公司价值的最大化。这里所说的公司不包括银行、信托投资及证券类公司，而专指本身没有金融职能的从事工商业的公司。财务是企业价值运动的中枢，管理是企业机体运动的润滑剂，因此，公司理财成为企业管理的关键所在。

公司理财学又称为公司财务管理学，是对企业发展过程中资金运营、投融资、利润分配及资本运营等问题进行深入研究的一门学科，旨在以理性、简洁的工具对现实的理财实务进行分析、判断与预测，用于指导人们的理财行为，优化企业的财务状况，促进和保障企业的长远可持续发展。

公司的理财人员必须深入领会现代公司理财学，创造性地运用理财知识，并辅以自身高超的管理技巧、经验来驾驭公司的理财活动，以保证公司持续、稳健地成长和发展。

二、个人理财的含义

> 个人理财，又称个人财务规划，是为实现个人人生目标而制订、实施和管理财务计划的过程。

个人理财是在了解个人的财务、生活状况以及风险偏好的基础上，明确个人特定的理财目标，运用诸如储蓄、保险、证券、外汇、期货、收藏、住房投资等多种理财手段管理资产和负债，从而规避风险，以期达到个人收益最大化的活动。

家庭理财是以家庭为单位的财务规划。与个人理财相比，家庭理财更强调在实现家庭财富自由的同时，进一步关注家庭成员的“幸福体验”，如通过特有的家庭理财账户实现孝敬父母、子女教育等功能，实现人性化的家庭财产管理和增值。

事实上，个人理财与家庭理财两个概念难以独立进行理解，如个人理财的六个主要阶段，即单身期、家庭形成期、家庭成长期、子女教育期、家庭成熟期和退休期，即是直接根据家庭状况来划分的。而对于一个有家庭责任感并在家庭中寻求幸福的人而言，家庭理财是个人理财的核心，家庭理财的成败决定个人理财的成败。因此，本书在其后的章节中不再刻意区分个人理财与家庭理财，个人理财与家庭理财两个概念交替使用。

个人理财学是解决个人日常生活中经济问题的一门实用科学，由经济学、会计学及财务学三门学科融合而成。它以经济学追求利润最大化的精神为宗旨，以会计学客观忠实的记录为基础，以财务学计划未来的收支、保持个人资产负债结构平衡的理财方法为保障，掌握个人理财的要旨，从而较好地计划开支、策划投资、规避风险、减少损失，获得最佳投资组合收益。

三、社会理财的含义

传统家政解决的是单个家庭合理安排收支的问题。家政往往由家庭成员充当管理者，或由与家庭有密切关系的人（如“管家”）全权负责。“量入为出”是传统家政的基本原则。它要求家庭根据收入安排支出的数量和结构。然而，这种量入为出的原则不能主动地面对有效投资，不能对家庭财富进行保值与增值。

知识经济时代促使传统家政向社会理财方向转变。由于投资品种日益增多，所需的专业知识也不尽相同，即使是对同一大类产品进行投资，投资方法也很难由一个人所完全掌握，普通投资大众“单枪匹马”地进行投资理财更是难以“招架”。因此，现代理财演化成既建立在家庭合理消费的基础之上，又独立于家庭消费之上的综合投资活动。理财逐渐脱离家政，成为一种社会化的主动性行为。

> 社会理财是由各类金融机构通过细分不同层次客户的理财需求而研究开发的满足不同层次客户需求的理财服务，也即金融机构的资产管理业务。

从公司理财的角度而言，也存在类似的问题。面对日新月异的金融市场，公司特别是大型公司的理财活动也越来越难以完全依靠自身的能力来处理。此时，转而寻求社会专业化的机构来帮助理财也成为一些公司的自然选择。

市场上几乎所有的金融机构都在开发各类资产管理计划，为客户提供社会化的理财服务。这里所说的客户既包括各种类型的工商客户，也包括差异化巨大的个人、家庭。

2005—2015 年，我国金融机构的客户理财实行的是分业监管。原银监会、证监会、原保监会及基金业协会分别就银行、信托、证券、基金、期货、保险等金融机构和非金融机构作为私募基金管理人的资产管理业务制定了一系列监管规定。自 2018 年 4 月《关于规范金融机构资产管理业务的指导意见》（以下简称《指导意见》）发布以来，我国开始实行统一的同类资产管理产品监管标准。

尽管资产管理业务的监管标准已经统一，但不同的金融机构所开发的资产管理业务还是具有不同的风险收益特点。按《指导意见》中的规定，金融机构的资产管理业务（即理财业务）均不得承诺保本保收益，严禁开展任何形式的保本保收益和隐性担保的资产管理业务。投资理财产品的亏损全部由投资者自身承担。因此，无论是工商企业还是个人，都需要根据自身的风险收益偏好进行理性而谨慎的选择。

【知识链接1-1】 金融行业高含金量的证书

无论境内还是境外，金融业都是人们认可的高薪行业，人才竞争激烈。要想加入这一行业并获得良好的职业发展，获取以下高含金量的证书往往必不可少。

注册财务策划师（RFP）证书：由美国注册财务策划师协会（RFPI）发起，其证书已被纳入全国财经金融专业人才工程（PFT）。RFP专注于资产的保值、增值。考试内容涉及财务基础知识、经济、金融、法律、税务相关方面的基础知识，以及各种金融工具的使用方法。

特许金融分析师（CFA）认证证书：是全球公认的金融投资行业最高等级证书，号称“全球金融第一考”。考试分为三级，考试内容包括投资分析、投资组合管理、财务报表分析、企业财务、经济学、投资表现评估及专业道德操守。各国投资管理机构都把CFA证书作为入职的基本要求。

CFP系列认证证书：由国际金融理财标准委员会（FPSB）推出，包括AFP（金融理财师）、CFP（国际金融理财师）、EFP（金融理财管理师）、CPB（认证私人银行家）四个认证。AFP、CFP考试内容涉及理财规划、投资计划、保险计划、税收计划、退休计划与职工福利等。EFP考试内容除涉及CFP的考试内容外，还包括金融理财管理、金融理财综合规划等。CPB考试内容涉及私人客户需求分析、私人银行家工作组织、产权梳理与公司架构设计、财富保全与家族信托、全球税务统筹与家族成员身份安排、资产增值与投资管理、高管薪酬与期权安排等。

金融风险管理师（FRM）认证证书：由全球风险管理专业人士协会（GARP）发起，分为两个层次。一级考试内容包括风险管理基础、数量分析、金融市场与金融产品、估值与风险建模；二级考试内容包括市场风险测量与管理、信用风险测量与管理、操作及综合风险管理、投资风险管理以及金融市场前沿话题。

注册国际投资分析师（CIIA）证书：由注册国际投资分析师协会（ACIIA）发起。考试内容涉及公司财务、经济学、财务会计和财务报表分析、股票估值与分析、固定收益证券估值与分析、衍生产品估值与分析、投资组合管理等。

注册财务顾问师（CFC）证书：由总部设在美国的理财规划顾问师标准协会（IFC）推出，采取“教育培训+考证+国外实习”的认证方式。考试内容包括综合财务报表解释和分析、公司理财规划、个人理财规划、投资管理四部分。

特许财富管理师（CWM）证书：由美国金融管理学会（AAFM）推出。CWM与CFP考试体系互通，CWM证书持有者补修规定课程后，可申请CFP证书。考试内容包括财富管理基础和财富管理实务两部分，考查考生对财富管理专业知识的掌握程度及计算能力。

第二节 现代公司运营与公司理财

一、公司理财的产生与发展

公司理财是伴随着市场经济的发展、企业规模的日益扩大、现代企业制度的建立和金融市场的发展而产生与发展的。

（一）融资管理阶段（20 世纪 50 年代以前）

人类的财务活动在很早以前就已经开始了，但一直局限于简单的借贷活动。早期财务活动的繁荣时期，商人们理财的主要内容是向外部借款。这种以融资为核心内容的理财观念一直延续到 20 世纪中叶。

19 世纪末 20 世纪初，以美国为主的各工业化国家掀起的科学管理运动后，企业管理当局也逐渐认识到，企业财务管理也必须充分体现企业内部科学管理观念，企业日常财务管理就成为当时人们理财的重点。1934 年，美国经济学家史蒂文森（W. Mackenzie Stevens）在其《财务组织和管理》一书中详细阐述了有关日常发生的财务管理问题，如预算控制、销售预测、生产过程中的财务控制、资产和费用的财务控制以及财务管理协调等问题。1953 年，美国人哈瓦德（Bion Hovard）和厄普顿（Miller Upton）出版了《企业财务基础》一书，着重分析了现金预算中的风险问题，标志着日常财务管理体系逐渐成熟。

到此时为止，公司理财内容基本上局限于传统范畴，融资作为公司理财核心内容的基本观念仍然没有改变。传统融资理论着重介绍企业外部融资方式，而不是与企业投资决策相结合来研究企业在金融市场中如何主动地经营金融商品。同时，传统融资理论只侧重分析企业理财中的个别问题，而没有全面系统地研究企业财务管理活动。而日常财务管理理论虽然比较接近于企业财务管理人员的日常工作，但缺乏系统的理论指导，尚未给财务中“如何做”这一问题提供科学的概念基础。

（二）投资财务管理时期（20 世纪 50 年代至 70 年代）

第二次世界大战后，经济学家尤其是美国的经济学家开始转向公司投资决策研究，并在 20 世纪五六十年代取得了丰硕的成果，使得金融资产定价和投资组合成为公司理财的主题。美国经济学家托宾提出了投资组合选择理论，打破了风险越高、收益越低的传统观念，认为风险高收益也高。经济学家马柯维茨在预期投资收益和风险计量方面进一步丰富和发展了投资组合选择理论，提出了均值方差分析法（又称二参数分析法），为现代公司如何进行有效投资提供了理论基础。夏普则继承和发展了马柯维茨的投资组合选择理论，首次将贝塔系数引入风险资产定价，使风险越高收益越大的原则得以定量化，其提出的资本资产定价理论在公司投资决策中具有广泛的实用性。米勒的研究范围则涉及公司资产、股息政策和现金管理等方面，其提出的“信贷利率上升，资本成本也可能不变”的观念，推翻了“低信贷资本，其成本也较低廉”的传统观念，为正确评估预期投资收益和公司举债经营绩效提供了科学依据。

现代公司投资决策是把投资的预期报酬与风险进行综合计算、比较，选择报酬较高而又较安全的投资对象。因此，现代公司投资决策理论就是围绕着投资报酬和风险程度计量两方面展开的。

这一时期的公司理财不再被动地局限于筹集外部闲散资金和处理内部具体财务问题，而是在金融市场中进行主动经营活动。理财活动除了融资决策、投资决策和日常管理之外，还包括一些具体的财务问题，主要有财务报表分析、财务计划与预测、公司合并、剥夺和控股中的财务问题、公司破产和改组中的财务问题、跨国经营中的财务问题以及退休基金管理等。

（三）多元化管理新阶段（20世纪80年代至今）

近几十年来，特别是进入20世纪80年代以来，随着经济全球化的推进，经济自由化和市场化的深入以及以电子、信息、通信为主要内容的信息技术革命的发展及新的科技成果的开发应用，世界经济进入了一个崭新的发展阶段，金融变革和金融创新在世界范围内呈现加速发展的态势。各国的法律制度、金融市场环境及经济运行机制都在发生着巨大的改变，通货膨胀、影响日益突出的税收和财务风险因素、大量涌现的跨国集团以及新兴的网络技术等新现象的出现，都深刻地影响着现代公司的理财活动。公司理财进入深化发展的新阶段，并朝着国际化、精确化、电算化、网络化方向发展。

二、公司理财的重要性

大型公司的业务活动复杂，组织管理严密。图1－1是代表性的大型公司组织结构图。

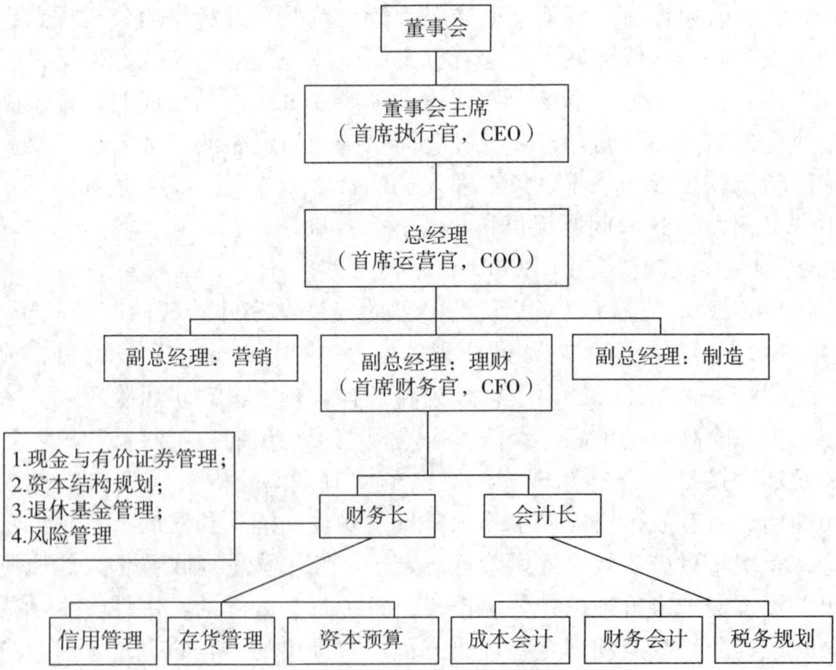

图1－1 大型公司组织结构

从图 1－1 中可以看出，理财工作在大型公司管理工作中的地位极高。在总经理之下，有专司各职的多位副总经理，但由于理财工作的重要性，自 20 世纪 80 年代以来，很多公司将专司理财活动的财务副总经理改称为财务总经理。财务总经理事实上已经成为一个超然于其他副总经理的管理职位，他所从事的工作在整个企业经营管理活动中客观上也已居于核心的位置。

在一个现代化的企业中，CFO（首席财务官）是管理职位仅次于 CEO 的一位高级管理者。CFO 之下通常设置两个重要职位，一是财务长，二是会计长。会计长主要负责企业的财务会计业务，如账簿组织、报表编制、薪资计算、内部审计等。在计算机技术极为发达的今天，几乎全部的会计处理工作都可以通过管理信息系统或数据处理的方式进行。而由财务长负责的财务管理活动，则不可能由计算机技术取代人脑进行。因为理财没有成规，只能尊重事实，随机应变，抓住机遇。

一些大型公司为了更好地组织理财活动，还会成立专门的财务委员会，由具有不同知识背景和经验的专家组成，以求决策过程的周详与严密。通常，委员会下再分设一些重要的次级委员会，如资本拨款委员会、预算委员会、退休金委员会、工薪与利润分享委员会等。

随着经济金融化的不断深入，企业经营与金融市场的关系越来越密切，金融环境的变化对企业的影响也越来越直接和深远。企业发展过程中所隐含的风险因素也越来越大。如何处理好企业发展与金融市场的关系，如何度量并规避各种风险，已经成为企业能否取得成功的关键所在。只有高水平的理财活动才能对以上这些问题进行科学的处理。同时，当企业规模发展到一定程度之后，资金的调度和运作便成为企业管理中极为重要的内容。比如，一家小公司在其经营过程中，管理人员可能会将主要精力集中于生产和营销方面，以确保企业的生存和各类人员的收入。但对于一家大型公司而言，高层管理人员所关注的几乎全部是理财问题，如现金流量问题、资本预算问题、营运资本政策问题、股利政策问题等。这些问题一旦处理不当，企业便会面临灭顶之灾。

我国从 20 世纪 70 年代末开始的经济体制转轨，不断变化的法律、市场、经济甚至人文环境，都赋予了企业理财新的内容和创新的机遇。公司理财始终是经济主体关注的永恒而热门的主题。理财的失败意味着企业彻底的失败。唯有理财优秀的企业才有可能获得最后的成功。

【延伸阅读 1－1】 关于首席财务官①

首席财务官（CFO），也称为首席财务长或财务总监，是在一个企业集团或公司中负责财务的最高执行人员。

CFO 源自美国等一些西方国家的企业，最早出现于 20 世纪 70 年代。CFO 是地位显赫的公司高级管理者，在公司治理中扮演着重要角色，他们同时进入董事决策层和

① 根据搜狗百科“首席财务官”词条内容整理。

经理执行层，以股东价值创造为基础，参与公司战略。CFO的重要职责就是通过资源配置实现企业的战略目标和长期发展，因此，CFO应该是企业战略的管理者，代表出资方实施企业外部资本控制，并向股东和董事会负责。

在一个大型公司的运作中，CFO是首席执行官和部门主管在主要战略和经营方面的主要顾问，负责管理公司的财务和计划工作，其职责范围包括公司战略、财务战略、预算和管理控制、财务管理。在公司战略方面，CFO应在协调制定价值最大化全面战略方面起主导作用；在财务战略方面，CFO应负责制定、建议和实施全面的财务战略，为公司的经营战略提供支持；在预算和管理控制方面，CFO应制定并执行一定的程序，以确保公司的管理者取得正确信息，用于确定目标、做出决策、监督经营；在财务管理方面，CFO应确保对公司包括对外报告、财产安全、流动资产管理、节税、与银行关系维系、风险管控等在内的财务业务进行有效的管理。

CFO应具有广博的商务知识，并具有下列素质：良好的商务判断力和卓越的分析能力，尤其是在战略经营和财务分析方面；独立思考的能力，能对首席执行官和业务经理的观点提出质疑，并提出自己的观点；随时与金融界人士进行沟通的能力；领导、协调重大交易谈判的能力；出色的行政管理和人事管理能力。另外，战略和财务执行副总裁还应熟悉以下领域：金融市场、财务会计、管理会计、财务业务以及税务。

思考：CFO在公司治理中可以发挥怎样的作用？

更多内容请扫描二维码

第三节　现代经济生活与个人理财

一、发达国家居民理财

个人理财作为家政活动的一部分由来已久，但作为社会化的由专业机构提供的一种金融服务产品则起源于20世纪30年代的美国。当时严重的经济危机和股市大灾荒给人们的未来生活带来巨大的不确定性，能够满足各种不同需求甚至为客户量身定制的金融理财产品逐渐为人们所关注。

美国专业化的个人理财服务经历了20世纪30年代到60年代以保险产品和基金产品的销售和服务为主的萌芽时期，60年代到80年代以合理避税、提供年金系列产品、参与有限合伙及投资于硬资产的形成与发展时期，到20世纪90年代，进入成熟扩张期。这一阶段，伴随着金融市场的国际化、金融产品的不断丰富和发展，金融机构的个人理财业务不仅开始广泛使用衍生金融产品，而且将信托业务、保险业务以及基金业务等相互结合，以满足不同客户的个性化需求。

由于专业化的个人理财业务起步早，发达国家的居民理财意识更加成熟，理财方式也更多元化。现如今，在发达国家，个人家庭金融理财较为普遍，理财水平较高。这可以从以下两方面的数据中判断：一是金融资产持有比例较高，这一数据由高到低分别为日本61.1%、新加坡56%、瑞士54.4%、加拿大48.6%、英国52.2%、美国42.6%、法国39.8%（我国仅为11.8%）。[①] 二是现金和存款类资产占金融资产之比较低。在有数据可查的35个经济合作与发展组织（OECD）国家中，仅有8个国家的存款和现金占家庭金融资产的比例超过了50%，这一比重超过60%的国家只有3个；在社会福利和社会保障覆盖范围比较广的北欧国家中，瑞典、丹麦、芬兰和挪威的现金、活期存款和定期存款所占家庭金融资产的比重分别为19.34%、19.95%、31.14%和38.75%，均处于较低水平（我国这一比例高达88%）。[②]

二、我国居民理财

改革开放以前，我国居民收入水平低，家庭支出以“量入为出”为主，个人理财无从谈起。自从1978年改革开放以来，我国成为世界上经济增长速度最快的国家，经济的腾飞显著地提高了人民的生活水平，不断提高的收入使老百姓手中的闲钱逐渐增多。据中国人民银行发布的统计数据，1978—2011年是我国居民储蓄存款快速增长的时期。1978年，居民储蓄存款余额为210.6亿元，2011年，这一数据达到了34.36万亿元，33年间增长了1 630倍。近年来，虽然受金融脱媒带来的居民储蓄存款搬家的影响，但是居民储蓄存款依然保持增长，储蓄存款余额2012年为39.96万亿元、2013年为44.76万亿元、2014年为48.53万亿元、2015年为54.61万亿元、2016年为59.78万亿元、2017年为64.38万亿元，截至2018年年末达到71.6万亿元（见图1-2），居民投资能力显著增强，适合居民投资理财的工具也由改革开放前单一的银行储蓄存款转变为多样化的投资工具。

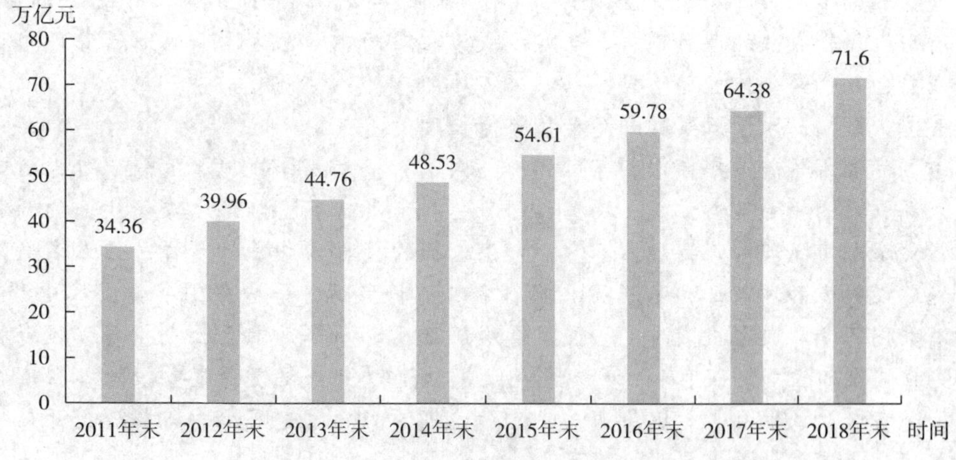

图1-2 城乡人民币储蓄存款余额

① 数据来源于广发银行联合西南财经大学发布的《2018中国城市家庭财富健康报告》。

② 数据来源于经济日报社中国经济趋势研究院家庭财富调研组发布的《中国家庭财富调查报告2019》。

证券、房产、基金、保险、股票等金融产品成为普通老百姓生活的重要部分。现阶段，全球经济、通货膨胀、利率水平、汇率政策等专业词汇对普通居民而言也不再遥远。随着金融商品的多样化，人们对于金钱的运用，不再限于简单的借贷往来，而是借由投资、保险或节税规划，来提升其价值与减少支出，及早实现其“富足人生”之梦。

近年来，“理财”这个词几乎成为中国最流行的词汇之一。然而个人理财到底是什么，应该如何理财，对绝大部分人而言还是个全新的领域。我国居民整体理财水平不高，其表现为：一是家庭住房资产占比过高，金融资产配置占比低。数据显示，住房资产在家庭资产中占比为77.7%，远高于美国的34.6%；而金融资产在家庭资产中占比仅为11.8%，远低于美国的42.6%。二是对风险收益匹配的认识不足。过半数家庭对投资收益有较高的期望却不接受本金有任何损失，刚性兑付要求较强。三是大多数家庭只愿意投资回报周期在1年内的银行理财产品，缺少长期理财规划。四是家庭投资品种单一，拥有一种投资品的家庭占比高达67.7%，拥有两种投资品的家庭占比为22.7%，拥有三种及以上投资品的家庭仅占10.6%（这一比例在美国占比高达61%）。五是商业保险参保率低，仅有不到15%的家庭成员拥有商业保险，且家庭更愿意为未成年子女投保，忽视了对家庭顶梁柱的保障。①

上述虽然是根据调查样本得出的结论，不一定完全准确，但也足以说明我国居民理财水平不高，还处于初级阶段。同时，也意味着个人理财面临着巨大的发展潜力，个人家庭理财学也会成为越来越多老百姓需要了解的知识。

【延伸阅读1-2】　　发达国家居民是如何理财的②

对于我国个人投资而言，理财产品从无到有、从少到多仅是近二十多年的事情，还没有形成比较成熟的理财观念和理财方式。相对而言，发达国家的财富管理市场则十分成熟，他们是如何理财的呢？

美国人理财：乐于购买共同基金和进行长期投资

美国的储蓄率曾多年在零上下徘徊，美国人除把大部分钱用于消费以外，还热衷于追求高收益的投资理财方式。购买共同基金和长期持有股票是比较受欢迎的两种方式。虽然金融市场理财产品层出不穷，可供选择的投资方式多种多样，但大多数居民最普遍、最钟爱的理财产品是购买共同基金。资料显示，平均每3个美国人中就有1个持有共同基金。股票投资时，居民不喜欢短期投资而是钟情于长期投资，投资收益大部分来自上市公司的股息和红利。居民还喜欢通过专业化投资服务投资各种实物投资品，如黄金、收藏品等。近年来，受金融危机的影响，美国人的储蓄观念开始悄然发生转变，美国的储蓄率已明显提高。

---

① 根据广发银行联合西南财经大学发表的《2018中国城市家庭财富健康报告》内容整理。

② 婺源金苏财富．发达国家居民是如何理财的［EB/OL］．（2018-08-09）．https：//www.sohu.com/a/246352607_100008732.

英国人理财：选择专业理财，偏爱房产、保险投资

英国不仅是现代金融体制的发源地，还是理财实践和理财方式十分先进的国家之一。人们通常是通过专业化的投资理财机构进行理财。专业化的理财公司和投资公司不仅帮助客户设计总体的投资规划，还对客户实现这些规划的具体步骤给予指导。房地产投资和保险投资也十分受欢迎。据统计，在英国1 160万个住房按揭贷款中有77万个是投资者买来投资的。保险理财也是英国人必选的理财方式。同时，包括名牌陈年葡萄酒、体育纪念品、赛马投资和经典汽车投资等在内的休闲投资也十分盛行，艺术品投资市场规模也非常庞大。不过，由于受到金融危机的影响，英国人的投资心态和投资方式也在悄然发生变化。许多家庭开始重新考虑储蓄这种稳健的传统理财方式。

德国人理财：不爱炒股，喜欢平稳理财

德国人向来以理智、冷静著称，一夜致富的股市梦想很难打动德国居民。因此，德国人很少购买上市公司股票。据有关资料统计，德国股民人数占本国人口数的7.1%（美国为25%，英国为23%）。同时，德国企业融资的主要渠道是银行，德国企业发行股票数量较小，居民“无股可炒”。德国居民普遍喜欢风险较小、收益平稳的投资理财方式——人寿保险和传统储蓄。由于德国对投资房产征收很高的物业税，德国普通家庭一般不考虑进行房产投资，其自住房的税率为5%，而投资性房产的税率为40%。

日本人理财：理性投资，重视理财规划

日本有着庞大的中产阶级群体。在经历了20世纪80年代中后期经济高速增长带来的好处和90年代经济泡沫破灭的痛楚之后，日本人的心态逐渐平和，意识到运用手中的余钱进行理性投资的重要性。目前，日本中产阶级的理财手段仍以储蓄为主，其次是国债，其他理财工具用得比较少。在储蓄投资方面，由于政府长期实行零利率或负利率，日本中产阶级群体热衷于到海外用外币进行存款，以获得国外市场较高的利息收入。

更多内容请扫描二维码

思考：发达国家居民理财对我国居民理财有什么启示？

第四节　金融机构与客户理财

一、金融机构客户理财业务种类

从广义的角度而言，金融机构为客户提供的理财服务既包括融资服务，也包括投资服务。从狭义的角度而言，金融机构为客户提供的理财服务是指客户资金应用方面的服务，即资产管理（以下简称资管）服务、投资服务。这种投资服务即本节所讲的客户理财服务。

不同的金融机构提供的客户资管业务（即客户理财产品或计划）在名称上、形式上有所不同，但本质而言，是大同小异的。理财业务主要包括以下几类。

（一）集合资管计划

集合资管计划也称集合理财，是由金融机构发行的、集合客户的资产，由机构内专业人士按约定的方式、条件、要求及限制对客户资产进行经营管理的一种理财产品。集合理财是市场规模最大、参与者最多的资管业务。集合理财既有公募形式，也有私募形式，以银行、证券、基金公司为主。近年来，不仅个人广泛参与集合资管计划投资，而且工商企业基于提高其暂时闲置资金收益、管理资产流动性的需要，也大量参与此类产品的认购。来自 Choice 的统计数据显示，近年来，上市公司购买银行集合理财产品热情高涨。2011 年，全部 A 股公司购买理财产品的金额仅为 27.5 亿元，2016 年年底已攀升至 7 733 亿元。截至 2017 年 9 月 10 日，已有 974 家 A 股公司（占 A 股上市公司总数之比超过 29%）参与购买理财产品，累计规模为 9 863 亿元。

（二）定向资管计划

定向资管计划是指金融机构接受单一客户委托，与客户签订合同，根据合同约定的方式、条件、要求及限制，通过客户的账户管理客户委托资产的活动。此类业务目前以证券公司为主。证券公司定向资管业务可根据客户的特定需求，提供资管所需要的各项服务，如独具特色的投资计划、组合选择、风险评估与绩效衡量等，量身定制个性化管理方案，能充分发挥资管投资研究团队的实战研究能力和投资技能，与委托资管客户达到互惠共赢的结果。定向资管计划具体的投资方向应在资管合同中约定，投资风险由客户自行承担。

（三）专项资管计划

专项资管计划是指由金融机构为客户办理的具有特定目的的专项资管业务。最典型的为企业年金管理。企业年金是指企业及其职工在依法参加基本养老保险的基础上，自主建立的补充养老保险制度。我国自 2004 年 5 月起开始试行企业年金制度，2018 年 2 月正式开始实施《企业年金办法》。来自人力资源和社会保障部的统计数据显示，2019 年第三季度末，全国企业年金积累基金总规模为 1.69 万亿元，占 GDP 的 6.87%（2016 年 OECD 国家平均占比为 50%）。尽管我国现阶段企业年金发展水平低，但未来增长潜力大。正因为如此，年金管理业务也成了我国金融机构的竞争领域。根据 2017 年 7 月人力资源和社会保障部的公告，具备企业年金基金管理机构资格的各类金融企业共 31 家。对于建立了年金制度的企业而言，面对职工退休前积累越来越多的年金余额，为获得更好的年金投资收益，可以寻求这些金融机构代为管理。

（四）理财顾问服务

目前，一些针对企业提供理财服务的机构越来越多。除了金融、保险、证券机构以外，一些中介机构也成立了理财顾问、理财工作室等，能够为经济主体提供专门的理财帮助。企业理财顾问服务主要包括两类：一类是金融机构针对企业融资组合、风险评估、资本运作、税务筹划等，提供“一揽子”理财服务，或是为重点项目提供融资、招投标、招商引资、资金管理等专业理财服务。如建行深圳分行商人银行部，向企业提供的财务顾问业务已形成投资咨询与企业诊断、资本市场运作、结构性项目融资、非常规性融资方案设计、专家理财五大系列。另一类是中介事务所（即企业管理顾问公司）为企业从设立、经营到注销过程中遇到的各种问题提供全方位的咨询和服务。个人理财顾问服务也大致分为两类：一类是金融机构为高端客户提供的包括家庭财务诊断、资产管理等在内的私人银行服务，另一类是中介机构提供的诸如财产传承、税务筹划等专项财务问题咨询服务。

二、我国各类金融机构客户理财业务发展情况

金融机构的资管业务起源于英国 19 世纪中期的证券投资基金。半个世纪后，证券投资基金在美国兴起并快速发展。20 世纪 80 年代后，资管市场格局经历了深刻的变化。在专门的基金管理人或投资咨询机构之外，银行、保险、证券等金融子行业均涉入资管服务。改革开放以来，我国金融机构资管业务的发展快速复制了境外资管行业一百多年的发展之路，取得了迅猛的发展。据有关部门统计，到 2018 年 6 月末，我国资管行业的总规模已经超过了 120 多万亿元，并且形成了一个包含银行、信托、券商、保险、基金等众多金融机构在内的大资管格局。

（一）基金业资管业务

我国基金业包括公募证券投资基金和私募证券投资基金以及产业投资、股权投资等另类投资基金。1992 年人民银行批准的第一只基金——淄博乡镇企业投资基金，是一家公司型封闭式产业投资基金。很快，主营证券投资或兼营证券投资与产业投资的基金也相继出现，并随着中国资本市场的兴起而成为主流。1997 年《证券投资基金管理暂行办法》的颁布拉开了我国公募证券投资基金规范发展的序幕。1998 年 3 月，国泰、南方首批基金管理公司正式成立，金泰、开元首批封闭式基金上网发行。2001 年 9 月，华安创新基金作为首只开放式基金登场。2003 年《证券投资基金法》颁布，系统地规范了契约式基金各方当事人的权利义务。

2007 年后，基金管理公司开启私募资管之路——《基金管理公司特定客户资产管理业务试点办法》推出“一对一”专户理财。2009 年《关于基金管理公司开展特定多个客户资产管理业务有关问题的规定》放行了“一对多”专户理财业务。2012 年《证券投资基金管理公司子公司管理暂行规定》进一步允许基金公司设立子公司来从事特定资产（如非上市公司股权等）的管理业务。

与此同时，基金（子）公司之外的私募证券投资基金、私募股权投资基金也于 2012 年在《证券投资基金法》修订中获得了法律认可。2014 年后，私募基金行业实施自律管理，非持牌机构的私募基金管理人在中国证券投资基金业协会（以下简称中基协）进行登记，所发行的私募基金以及证券期货经营机构发行的私募资管产品也都在中基协备案。

（二）证券公司资管业务

20 世纪 90 年代，证券公司的客户资管业务沿着代客理财的路径发展起来。1999 年，证监会正式批准综合类券商从事资管业务；2003 年颁布了《证券公司客户资产管理业务试行办法》，确立了定向资管、集合资管、专项资管三种基本模式；2005 年《证券法》

修订将“资产管理”列入证券公司的业务范围。

2000年到2003年，券商委托理财业务蜕化为在二级市场中坐庄或跟庄，券商对客户承诺保底收益等，最终酿成全行业的系统性风险。清理整顿后，2008年5月证监会发布了《证券公司定向资产管理业务实施细则（试行）》和《证券公司集合资产管理业务实施细则（试行）》。2012年和2013年的规则修订放松了对券商资管业务的监管，导致证银合作、通道化成为券商资管的基本形态，再次背离资产管理的实质。

2016年7月，证监会发布《证券期货经营机构私募资产管理业务运作管理暂行规定》，确立了禁止刚兑、降低杠杆、限制结构化、限制通道业务等底线规则，券商资管业务开始回归正途。2019年12月《证券法》进行修订，将资产管理业务从证券公司特许经营业务中剥离，证券公司从事资管业务将遵守《证券投资基金法》等法律法规。由此，券商系资管业务开始被纳入基金业的监管序列。

（三）保险公司资管业务

保险公司原本在资管业务链条中属于委托人而非管理人，但《保险法》许可设立保险资管公司来负责保险资金的投资运用，由此派生出我国独有的保险资管业务牌照。2003年7月，中国人保资产管理有限公司成立；2004年4月，《保险资产管理公司管理暂行规定》颁布，我国保险资金运用从此开启了集中化、专业化、市场化发展之路。

早期保险资管公司仅能受托管理其母公司的资金，且资金运用受到严格限制，主要通过投资连结保险参与资管业务。2006年3月，保监会发布《保险资金间接投资基础设施项目试点管理办法》，保险行业迅速推出了针对特定项目的债权投资计划、股权投资计划。2011年，保监会修改《保险资产管理公司管理暂行规定》，放松了保险资管公司受托管理的资金来源限制；2013年《中国保监会关于保险资产管理公司开展资产管理产品业务试点有关问题的通知》中允许保险资管公司发行资管产品募集资金，并作为管理人为投资者的利益进行投资运用及管理。自此，保险行业资管从被动受托管理转向主动开展资管业务，受托管理的资金不再局限于保险资金，而是转型为全面资管。与此同时，《保险资金委托投资管理暂行办法》（2012）中规定可以引入证券公司、基金（子）公司来受托管理保险资金；《中国保险监督管理委员会关于保险资金投资有关金融产品的通知》（2012）则规定放开对银行理财产品、集合资金信托计划、信贷资产支持证券、证券公司专项资管计划、保险资管公司基础设施投资计划、不动产投资计划和项目资产支持计划等金融产品的投资。自此，保险资管正式成为我国大资管行业的一部分。

（四）银行资管业务

银行的资管业务即银行的理财业务，2004年是我国银行理财元年。光大阳光理财B计划横空出世，光大银行募集2亿元进入银行间市场购买国开行债券。2005年，银监会发布《商业银行个人理财业务管理暂行办法》和《商业银行个人理财业务风险管理指引》，此后数年间，银行理财呈现多种业务模式发展，部分银行理财则开始迈向基金化之路。2008年，光大阳光稳健一号理财计划采取了开放式、净值型基金的模式；兴业银行基金宝人民币理财则借鉴了FOF（Fund of Funds，专门投资于其他投资基金的基金）的结构，委托证券公司进行定向证券资管，以分享资本市场的收益。至此，银行理财与公募基金之间仅差一步之遥。

此后，受2008年国际金融危机后“四万亿元”政策的影响，银行理财逐步转向承接表内信贷业务，通过与信托、证券、基金等通道的合作实现影子银行化，银行理财偏离了正常的发展路径。2013年，国务院办公厅发布《关于加强影子银行监管有关问题的通知》，逐渐开始了对银行不合规理财业务的整顿。2018年4月《关于规范金融机构资产管理业务的指导意见》发布后，同年12月，银保监会出台《商业银行理财子公司管理办法》，明确规定商业银行的资管业务移交给理财子公司进行，后者也正式成为与基金管理公司、保险资管公司等并列的独立资管机构。

（五）信托公司资管业务

我国信托业是在不断清理整顿中发展起来的。在我国金融业分业经营的环境下，信托公司是唯一能够综合利用金融市场、连通产业和金融市场的机构，从基础设施、大型工程建设投融资到企业的兼并重组、改制顾问到租赁、担保，信托公司能够提供全程式的金融服务，几乎涵盖了储蓄、证券经纪、保险以外的其他金融、投行业务。

我国的信托行业自2007年开始才走上发展的正轨，2009年之后，在“银信理财合作业务”的催生下，信托管理资产规模高速增长。2009年至2012年环比增速均超过50%。2011年开始，以高端机构为核心的大客户主导的“非银信理财合作单一资金信托”的规模也不断提高，2010年仅为6 050亿元，2011年增加到1.61万亿元，2016年底增加到5.37万亿元。此外，以中端个人合格投资者主导的“集合资金信托”也一直平稳增长，2016年第四季度集合资金信托余额为7.34万亿元，环比增速为16%，行业向主动管理转型明显。2012年起，由于各种原因，信托管理资产规模增速下降，直到2016年下半年，信托管理资产规模增速开始回升，2016年底信托行业管理规模达到20.22万亿元，稳居资管行业规模第二的位置。①

（六）第三方财富管理机构资管业务

第三方财富管理机构是指除了基金公司、保险公司、商业银行等机构之外的独立存在的财富管理公司。第三方财富管理的理念起源于美国、加拿大等西方国家，这些国家的财富管理额度占据着财富管理市场60%以上份额。2005年后，我国以诺亚财富、恒天财富、国弘汇金融为代表的第三方财富管理机构出现。与持牌金融机构在分业背景下进行投资管理不同，第三方财富管理机构从基金销售起家，逐渐成长为综合性财富管理机构。它以客户的利益为中心，跨不同金融领域为客户提供理财建议，按照客户的自身财务状况、投资偏好、财富目标及风险承受情况完成不同金融资产的配置。目前，我国少数第三方财富管理机构拥有公募基金销售、私募基金管理和保险销售牌照等，能发行和销售部分资管产品，多数没有资管牌照且基本不具备投资能力的机构，主要是充当大型持牌机构代售资管产品销售渠道的角色。

与金融机构超百万亿元的资产规模相比，第三方独立财富管理机构拥有的万亿元资

① 中国产业发展研究网.2017年信托行业发展现状与未来发展趋势分析［EB/OL］.（2017-05-26）.http://www.chyxx.com.

产规模所占有的市场份额还不到5%，但由于其以客户需求为导向的经营理念以及公正、独立和资金安全的特点，其未来市场发展前景可期。

【延伸阅读 1－3】 资管新规将带来资产管理新时代[①]

我国资产管理行业经过几年的高速发展，宏观上显现通道业务泛滥、刚性兑付严重两大不良表现。

自2012年以来，我国资产管理行业规模的增长速度连续多年保持在50%以上。到2017年，大型资产管理行业总规模突破100万亿元，其中，银行理财余额为28.39万亿元，信托资产余额为23.1万亿元，公募、券商资管、基金公司、私募规模分别为11.14万亿元、17.37万亿元、14.4万亿元和10.3万亿元。就非标资产比例而言，非标资产在银行理财、信托、基金子公司及券商资管业务中占比分别约为16.1%、50%、71.1%和13%。

在如此庞大的资产管理规模中，市场普遍存在刚性兑付，银行理财、信托计划受益权以及券商资管计划的投资者，鲜有受损而没有实现“预期收益”者。这些在一定程度上干扰了宏观调控，提高了社会融资成本，影响了金融服务实体经济的质效，加剧了风险的跨行业、跨市场传递。

正是在这样的背景下，2018年4月，中国人民银行、中国银保监会、中国证监会、国家外汇局发布了《关于规范金融机构资产管理业务的指导意见》（以下简称资管新规）。资管新规全文共三十一条，按照产品类型统一监管标准，从募集方式和投资性质两个维度对资产管理产品进行分类，分别统一投资范围、杠杆约束、信息披露等要求。同时打破刚性兑付：坚持产品和投资者匹配原则，加强投资者适当性管理，强化金融机构的勤勉尽责和信息披露义务；明确资产管理业务不得承诺保本保收益，打破各种形式的刚性兑付。

由此预测行业未来的发展态势将是：以监管套利和通道业务为生存之道的机构将消亡；主动管理机构商业模式转变：经营逻辑由基于股东背景和资本金实力为潜在刚性兑付作保的类负债模式演变为纯粹基于产品本身的投资逻辑和资产管理机构的历史业绩的真正资产管理模式。我国资产管理行业必将进入全新时代。

思考：资管新规对公司和个人理财会带来什么影响？

更多内容请扫描二维码

本 章 小 结

1. 理财可以从不同角度来理解。对从事工商业活动的主体而言，理财即“公司理

① 宁新田．资管新规将带来资产管理新时代［EB/OL］．（2018－06－04）．http：//finance.com.cn.

财”“企业理财”，对社会最小的活动单元——个人家庭而言，理财即“个人理财”“家庭理财”，对金融机构而言，理财就是“客户理财”。

2. 公司理财是指在有效金融市场中，在一定风险和资本预算的约束下，在利益动机驱使和价格机制刺激下，在各种可供选择的金融商品中进行理性选择的一种经营活动。公司理财经历了融资理财、投资理财及多元化理财阶段，到现在已形成较为系统、完整的理论，是公司最为重要的管理活动。

3. 个人理财就是在了解个人的财务、生活状况以及风险偏好的基础上，明确个人特定的理财目标，运用诸如储蓄、保险、证券、外汇、期货、收藏、住房投资等多种理财手段管理资产和负债，从而规避风险，以期达到个人收益最大化的活动。随着个人家庭财富的不断增加，精心打理、规划个人财务是实现个人人生追求的必然选择。个人理财经历从传统家政到社会化理财的转变。

4. 社会理财也称“客户理财”，指金融机构为客户提供资金应用方面的服务，即资产管理服务。客户理财是克服传统家政弊端的必然结果，是社会职业分工化的体现。客户理财业务分为集合理财、定向理财、专项理财和理财顾问。近年来，我国各类金融机构客户理财业务发展迅速。

5. 理财活动对不同的主体包括公司、个人家庭、金融机构都具有重要的意义。公司理财是公司存在及发展壮大的保证；个人家庭理财是幸福人生的必需；客户理财是金融机构越来越重要的利润来源。

【复习思考题】

一、名词解释

个人理财　　公司理财　　资产管理计划　　理财顾问服务

二、简答题

1. 结合你所了解的实际情况，谈谈金融机构在公司理财中的作用。
2. 联系实际情况，对你及家人的理财意识和理财行为做出客观的评价。
3. CFO 在公司理财中的重要性体现在哪些方面？
4. 一名合格的 CFO 应该具备什么样的素质？

第二章
理财环境分析

LICAI HUANJING FENXI

任何理财活动都是在特定的环境中进行的，都会受到环境的制约和影响，对理财的内外部环境进行事先的考察和分析，既是理财的前提条件，也是理财的重要内容之一。

【本章学习目标】

了解理财环境分析的内涵、意义及原则；熟悉影响理财活动的宏观环境因素及其对理财活动的影响；熟悉影响理财活动的中观环境要素及其对理财活动的影响；熟悉影响理财活动的微观环境要素及其对理财活动的影响。

【本章关键词】

环境分析　　宏观环境　　中观环境　　微观环境

第一节　理财环境分析概述

一、理财环境的含义及其分类

理财作为一项微观经济管理活动，必然受社会大环境的影响。理财活动从理财主体的范围、理财目标的确定、理财活动的内容、理财活动的方法，到理财的最终效果无一不受环境的影响。资金的取得、运用和收益的分配会受到环境的影响，融资成本的高低、利润的多少、资本需求量的大小也会受到环境的影响，兼并、破产重组与环境的变化仍然有着千丝万缕的联系。所以，财务管理要获得成功，必须深刻认识和认真研究自己所面临的各种环境。

理财环境是指对经济活动主体的财务活动和财务管理产生影响的企业内外部各种条件的统称。环境构成了财务活动的客观条件。

理财所面临的环境可以按不同的标准进行分类，熟悉这些分类有利于理财主体寻找应对环境变化的方法。

1. 按照层次性不同，理财环境分为宏观环境、中观环境与微观环境。

宏观理财环境主要是指理财主体所面临的国内政治、经济、科技、法律和社会文化等环境要素。随着经济全球化的进程不断推进，理财的宏观环境还包括全球政治、经济、科技、法律及人文环境。

中观理财环境是指对理财主体有影响的行业、地区环境。行业环境主要包括行业经济特征、行业周期及竞争环境。地区环境主要包括当地政治经济文化在全国范围内的地位、影响力、地方政府的行政能力、交通地理位置、信用状况及劳动力素质等。

微观理财环境，也称为理财内部环境，是指仅对特定个人或公司理财有影响的因素。公司理财的微观理财环境主要是指企业的组织形式、生产经营环境、企业规模、企业的财务能力及公司治理结构。个人理财的微观理财环境是指个人的生命周期、个人的家庭背景、职业、收入及风险偏好等。

2. 按照是否可控，理财环境分为可控环境和不可控环境。

可控环境是指理财主体自身所能改变或支配的环境要素，如公司理财中涉及的公司自身因素，包括公司的产权结构、公司规模、公司组织形式等。对于可控环境要素，理财主体要对其进行最优的配置，以适应市场竞争的需要。

不可控环境是指理财主体自身不能改变或支配的环境要素，如宏观环境因素、中观环境因素。对于不可控环境要素，理财主体在进行财务决策时更多的是适应它们的要求和变化，从中寻找最适宜自身生存发展的战略定位和战术对策。

3. 按照动态性程度划分，理财环境分为稳定的环境和动态的环境。

稳定的环境是指在一个较长的时间内相对固定的环境要素，如政治局势、经济体制、地理和人文环境、法律等因素；动态的环境是指经常发生变化的环境要素，如市场经济条件下的利率水平、通货膨胀率等因素。理财环境是动态的还是稳定的，都是一个相对的概念。有些稳定的理财环境也会在某一特殊的时期发生较大的变化，如国家的经济政策，家庭的人口规模等。

无论何种性质的理财环境，在理财活动中，理财主体都需要不断地对其进行审视和评估，并根据其所处的具体环境的变化与特点，采取与之相适应的理财手段和方法，以实现理财的目标。

二、理财环境分析的意义

不管是个人理财、家庭理财，还是公司理财，对环境的分析都是不可或缺的。具体而言，理财环境分析的意义表现在以下方面。

1. 理财环境分析是理财主体制订理财方案并做出理财决策的前提。理财主体在制订筹资、投资方案前都必须对理财的内外部环境进行周密细致的分析，了解环境的变动及其趋势，以正确地预测未来环境的变化，从而正确地制订理财方案。

2. 理财环境分析有利于理财主体有效地规避风险，找到投资机会。理财主体通过分析理财的内外部环境，可以辨识不利的风险因素，找到潜在的市场机会，实现风险与利益权衡下的利益最大化。

三、理财环境分析的内容

理财环境分析是经济活动主体开展理财活动的第一步。合适的理财环境有助于达到理财的目的。

理财环境分析可以从以下几个方面展开。

1. 政局整体的稳定性。一国甚至世界局势的稳定性是影响个人和公司理财的重要因素，政局越稳定，越有利于坚定投资者的信心，越有利于降低投资风险；否则，会使投资者失去信心，投资风险加大。因此，理财活动必须选择在政局稳定的国家或地区进行。而在不稳定的政局环境下，理财活动必须做好足够的风险防范准备。

2. 经济发展的特色性。美国学者迈克尔·波特在20世纪90年代提出的产业集群经济理论认为：在一个特定区域的某特别领域，集聚着一组相互关联的公司、供应商、关联产业和专门化的制度和协会，通过这种区域集聚形成有效的市场竞争，构建出专业化生产要素优化集聚洼地，使企业共享区域公共设施、市场环境和外部经济，从而降低信息交流和物流成本，以形成区域集聚效应、规模效应、外部效应和区域竞争力。每个国家或地区都有其集群效应区域，这种集群效应区域也因此会形成自身经济发展的特色。按照该理论，理财主体应该寻找与自身资源及发展战略相切合的集群特色区域去制定理财战略，安排具体的理财活动。

3. 政府政策的导向性。在市场经济体制下，资源配置的基本调节靠市场，但由于市场存在失灵、失效的问题，政府的干预往往也必不可少。不同时期，基于不同的需要，政府总会出台有关各种社会投融资活动及收益分配方面的鼓励与限制政策或措施，以调节经济环境。新的政策措施既会给一些经济主体带来挑战，也会给一些经济主体带来发展机遇。身处其中的公司或个人，只有顺应国家政策的导向，才能趋利避害，实现自身的财务目标。

4. 长远发展的潜力性。在市场经济条件下，竞争力来源于创新。创新是多层面的，技术、产品、盈利模式、市场等都是创新的领域。理财也需要用这种“创新”的眼光看待环境，一个全新的“环境地带”的产生尽管需要付出更多，也许还会碰到障碍，但“创新”意味着先机，意味着长远发展的潜力，意味着可持续性；而“成熟”则往往意味着“饱和”。理性的环境分析正是需要用发展的眼光看待自身所面临的环境要素。

5. 风险防范的预警性。如前所述，理财的环境并非一成不变的，无论是外在环境还是内在环境都有可能发生改变，有时甚至是巨大而紧急的改变。理财环境分析必须要有“警钟长鸣”的意识，只有加强风险防范的预警性分析，才能在风险真正到来前，做到防患于未然，使自己立于不败之地。

第二节　理财的宏观环境

理财主体面临的宏观环境是指对所有经济主体的理财活动都会产生影响的一些外部

因素，它是理财主体难以改变的外部约束条件。

一、宏观经济环境

宏观经济环境，是指构成经济主体生存和发展的社会经济状况及国家的经济政策。

宏观经济环境包括经济体制、经济周期性变化、政府宏观经济政策调整、经济发展水平、国际经济环境等要素。宏观经济环境是对经济主体的理财活动影响最为直接的环境要素。通常衡量经济环境的指标有国内生产总值、就业水平、物价水平、消费支出分配规模、国际收支状况，以及利率、通货供应量、政府支出、汇率等。

（一）经济体制

经济体制对经济主体理财的目标、内容等方面都会产生巨大影响。在高度集中的计划经济体制下，企业的理财环境基本上是封闭的，资金实行供给制，收益分配关系比较简单，企业缺乏自主权，企业不是真正意义上的企业。理财的重点是生产过程的成本费用管理、产值管理、营业收入的分配等，理财的作用十分有限；计划经济体制下的个人理财被简化为储蓄存款理财。在市场经济体制下，企业的自主权扩大，企业成为市场经济中的独立实体，为了在市场竞争中求得生存与发展，企业必须面向市场自主筹资，慎重进行财务决策，强化财务控制，保持合理的资金结构，灵活运用资金，理财的职能得到扩展，作用得到加强；个人理财的内容也变得丰富，无论是投资工具还是融资方式都具有多样性的特点。

（二）经济周期性变化

在市场经济条件下，经济发展与运行大体上按照复苏、繁荣、衰退和萧条四个阶段交替循环。这种循环在经济学中称为经济周期。

经济周期性变化会带来经济发展水平的变化、通货膨胀或通货紧缩现象、金融市场价格的变化及宏观经济政策的调整等。这些变化会对公司、个人的理财活动造成较大的影响。当经济处于经济周期的不同阶段时，公司、个人应采取不同的理财策略（见表 2-1）。

表 2-1　　经济周期各阶段的理财对策

阶段 / 理财分类	复苏阶段	繁荣阶段	衰退阶段	萧条阶段
公司理财	增加产能； 建立存货； 引入新产品； 增加劳动力； 增加股权和债务融资	进一步扩充产能； 提高价格； 增加营销力度； 增加劳动力； 增加债务融资	停止扩张； 处置多余设备或业务； 停止生产不利产品； 削减存货； 不再雇用新员工； 压缩债务规模	保持市场份额； 缩减管理费用； 放弃次要利益； 削减存货； 裁减雇员； 压缩债务规模
个人理财	增加股票投资	多元化资产配置	减少股票投资，增加债券投资	回避风险，持有现金

（三）政府宏观经济政策调整

经济周期性变化是宏观的，不可避免的，如果任由这种变化自然发生，对社会经济的影响将是巨大的，因此，政府有必要利用各种政策工具进行宏观经济的调整以减缓经济周期性波动的幅度。

政府的宏观经济调整主要通过财政政策手段、货币政策手段及汇率政策手段进行。这些政策手段的运用会改变公司、个人理财所面临的外部环境，因此，会极大地影响理财活动。如财政政策对某些地区、行业、经济行为的税收优惠会使公司改变其所从事的行业，重新评估其投资策略。货币政策中的利率变动会影响公司、个人的融资成本及投资收益，既给经济主体的理财活动创造新的机会，也是一种挑战。

（四）经济发展水平

经济发展水平体现在经济发展规模及经济发展速度两方面。经济发展水平从两方面影响理财：一是影响理财的内容及理财的规模。经济发展的规模越大，经济主体的收益越大，可以选择的理财活动越多，理财的资金规模也越大。而随着经济的快速增长，经济主体必须不断地调整其理财活动的内容，如企业需要大规模地筹集资金，需要财务人员根据经济的发展状况筹措并分配足够的资金，用于调整生产经营。二是影响着经济主体的理财水平。经济发展水平越高，理财水平越高。

（五）国际经济环境

经济全球化进程的加快，使得国内经济形势越发受国际经济环境的影响，因此个人或公司不仅要研究国内市场的变化，还要研究国际市场的变化，积极参与国际竞争。对国际经济环境的分析包括对国际经济周期、国际金融市场的变化、国际局势、世界技术水平等方面的分析。世界贸易组织作为若干规则集合的国际贸易体系，其公正、非歧视、无行政干预等基本原则是现代经济体系所必备的。个人和公司应尽快掌握和运用世界贸易组织的基本原则、协议、协定，理解国际经济贸易法律等重要内容，正确利用多边规则和国际通行手段开展理财活动，在加快对外开放的同时维护个人及公司的合法利益。

二、金融市场环境

（一）金融市场的含义及对理财的意义

经济的核心是市场，市场的核心是金融市场。广义的金融市场指任何形式的资金融通的场所，交易对象包括借贷、票据承兑和贴现、有价证券的买卖、黄金和外汇买卖、国内外保险、生产资料的产权交换等。狭义的金融市场一般是指有价证券市场，交易对象主要包括股票、债券及期货、期权等衍生证券。

金融市场的功能是多方面的，它对经济主体的理财活动具有重要意义。

1. 金融市场是企业或个人投资和筹资的场所。金融市场上有多种筹集资金的方式。公司、个人需要资金时，可以到金融市场上选择适合自己的方式进行筹资。公司、个人有了剩余资金时，也可以灵活选择投资方式，为其资金寻找出路。

2. 企业、个人通过金融市场实现长短期资金的相互转化。公司、个人持有的股票和债券等长期资产在金融市场上随时可以转手变现；远期票据通过贴现，可以变为现金；现金也可以在金融市场上转变为股票、债券等长期资产。

3. 金融市场为企业、个人理财提供有价值的信息。金融市场的利率变动反映资金的供求状况；有价证券价格的变化反映投资人对发行证券公司的经营状况和盈利水平的评价。这些信息是公司、个人及家庭经营和投资的重要依据。

（二）金融市场的构成要素

1. 市场主体（参加人）。从动机看，金融市场的主体主要包括投资者、筹资者、经纪人、套期保值者、套利者、调控和监管者六大类。从性质来看，金融市场的主体包括政府、企业、个人、金融机构四大类。金融机构在金融市场中除了自身交易外，更重要的是起到中介作用。金融机构主要有银行、投资银行、保险公司、租赁公司、信托公司等。金融机构中还有两类特殊的机构，一是中央银行，二是金融市场上的监管机构。

2. 市场客体。市场客体即交易对象，指各类金融工具，如商业票据、各类债券、公司股票、证券投资基金及期货合约、期权合约、互换合约等。一般的金融工具，对于发行者而言，是筹集资金的方式，是负债；对于持有者而言，是投资的对象，是资产。各类金融工具都具有不同程度的流动性、收益性与风险性。其中，流动性和风险性成反比，流动性和收益性成反比，收益性和风险性成正比。债务类金融工具还具有到期偿还的期限性的特征。期限性与流动性成负相关关系，与收益性、风险性成正相关关系。

3. 交易组织形式。交易组织形式包括交易所形式、柜台交易市场、第三市场及第四市场。

（1）交易所形式是在交易所内集中进行证券交易的市场组织形式。交易所是高度组织化、有固定场所、有规定营业时间、有一套严密管理制度的证券交易市场，是金融市场的核心。有价证券一旦被允许进入交易所市场，即为上市证券。

（2）柜台交易市场又称店头市场，是指在证券商的店头里进行证券交易的市场，是交易所市场的补充。由于该市场具有手续简便、标准低的特点，适于小规模的分散证券交易。它一方面为一些暂时达不到上市条件，又有发展前途的企业开辟了筹资途径，另一方面也为投资者提供了有吸引力的投资对象。

（3）第三市场是指已上市证券的场外交易市场。该市场的交易主体主要是一些从事大宗交易的机构投资者，如银行信托部、保险公司、互助储蓄机构等，因此证券交易也主要发生在证券经纪人和上述机构投资者之间。

（4）第四市场是由遍布各地的电话、电报、电传等电信系统构成的无形交易网络。如美国在20世纪70年代就建立了美国全国证券交易商协会自动报价系统，即纳斯达克（NASDAQ）。会员客户直接通过该系统电脑终端寻找交易对象，议价成交，从而大大降低了交易成本，同时也有利于保守秘密。

4. 金融市场上的价格——利率。利率也称利息率，是利息占本金的百分比。利率通常由纯利率、通货膨胀补偿率和风险收益率三部分构成。纯利率是指没有风险和通货膨胀情况下的均衡点利率；通货膨胀补偿率是指为补偿通货膨胀导致的购买力损失而要求提高的利率；风险收益率包括违约风险收益率、流动性风险收益率和期限风险收益率。

利率按照不同的标准可分为不同的种类，具体见表2-2。

表2-2 利率的分类

按利率之间的变动关系分类	基准利率（起决定作用的利率）
	套算利率（换算出来的利率）
按利率是否变化分类	固定利率（借贷期内固定不变）
	浮动利率（借贷期内可以调整）
按利率形成机制不同分类	市场利率（取决于资金市场的供求关系）
	法定利率（金融管理部门或中央银行决定的利率）

（三）金融市场分类

1. 按市场功能进行划分，金融市场分为发行市场和流通市场。

发行市场即一级市场，是指新证券在发行者与购买者（即投资者）之间进行交易而形成的市场。证券发行包括证券发行规划、承购、销售等一系列活动过程。

流通市场即二级市场，是指已发行在外的证券在投资者之间相互进行转让、买卖而形成的市场。这一市场的主要功能是为投资者提供证券的流通变现。

2. 按市场交易对象期限长短划分，金融市场分为货币市场和资本市场。

货币市场是实现短期资金融通的市场，主要包括同业拆借市场、票据贴现市场、国库券市场、大额定期存单市场、短期存贷市场等。

资本市场是融通长期资金的市场，包括股票市场、债券市场、中长期存贷市场等。

3. 按是否有真实的融资背景划分，金融市场分为原生金融市场和衍生金融市场。

原生金融市场是指由真实的融资交易而形成的有价证券的交易市场，包括票据市场、股票市场、债券市场、存单市场、信贷市场等。

衍生金融市场是指在原生金融市场基础上派生出来的金融合约交易市场。其形成的主要目的在于对金融资产进行风险管理。衍生金融市场交易的品种主要有远期合约、金融期货、金融互换、金融期权等。

【延伸阅读2-1】 我国多层次资本市场改革风劲帆扬①

2019年6月13日，筹备不到一年的科创板正式开板；7月22日，首批25家公司正式上市交易，截至2019年年末，科创板上市企业70家。科创板的落地及成功运行为资本市场全面深化改革带来了巨大的动力。

① 李慧敏.2019中国金融关键词：多层次资本市场改革风劲帆扬，金融服务实体经济发展在路上［J］.中国经济周刊，2020（1）.

2019 年，金融市场重磅改革接连推出，沪伦通启动、中日 ETF 开通、“重组”“分拆”上市新规出台……尤其引人注目的是，新三板、创业板等板块增量改革或全面开启，或一触即发。多层次资本市场体系进一步完善，为广大企业、投资者等市场主体带来重大利好消息。

2019 年 10 月 25 日，证监会宣布启动全面深化新三板改革。2019 年 12 月 27 日，全国股转公司发布实施首批 7 项全面深化新三板改革配套业务规则，包括新三板分层管理办法、股票交易规则、投资者适当性管理办法等，新三板全面深化改革从“蓝图”进入“施工”阶段。

创业板改革箭在弦上。2019 年 12 月 28 日，新修订的《证券法》通过。证监会正在抓紧研究创业板试点注册制的改革。

经过 2019 年这一年蹄疾步稳的改革，我国多层次资本市场体系进一步完善。一年来的改革成效初步显露。截至 2019 年年末，A 股全年共有 203 只新股发行上市，募资超过 2 400 亿元，发行股票数量和募资额度都大幅增长。同时，2019 年实现公司退市 18 家，市场能进能出，从源头提升上市公司质量的机制正在捋顺。

更多内容请扫描二维码

思考：多层次资本市场的建立对公司理财有什么意义？

三、政治法律环境

政治环境包括国家的政治制度、权力机构、政治团体和政治形势等因素。

政治环境反映一个国家社会的安定程度、各种经济政策的稳定性及政府机构的管理水平、办事效率等。一个国家的政治环境会对企业的财务管理决策产生至关重要的影响，和平稳定的政治环境有利于企业的中长期财务规划和资金安排。

法律环境是指理财主体组织财务活动、处理财务关系时所应遵守的各种法律、法规和规章。

理财活动，无论是筹资、投资还是收益分配，都要和外部发生经济关系。国家管理这些经济活动和经济关系的手段包括行政手段、经济手段和法律手段三种。在市场经济条件下，行政手段逐步减少，而经济手段，特别是法律手段日益增多，越来越多的经济关系和经济活动的准则以法律的形式固定下来。同时，众多的经济手段和必要的行政手段的使用，也必须逐步做到有法可依，从而转化为法律手段的具体形式，真正实现国民经济管理的法制化。国家的法律法规是理财活动必须遵守的，是理财主体无法改变的。法治社会，理财活动必须守法。守法的前提是熟悉相关的法律环境。

与理财活动有关的法律规范主要有以下几个方面。

（一）企业组织法规

企业组织必须依法成立。组建不同的企业，要依照不同的法律规范。在我国，这些法规包括《公司法》《合伙企业法》《外商投资法》等。这些法律规范既是企业的组织法，又是企业的行为法。

例如，《公司法》对公司企业的设立条件、设立程序、组织机构、组织变更和终止的条件和程序等都做了规定，包括股东人数、股票的发行和交易、债券的发行和转让、利润的分配、公司的歇业停业等。公司一旦成立，其主要的活动，包括财务管理活动，都要按照《公司法》的规定来进行。

（二）企业经营法规

企业经营法规是约束企业经营过程的法规，目的在于使企业的经营活动内容合法，企业的财务开支范围和标准合法。这些法规会影响企业的经营政策、财务决策及其实施效果。其中，最主要的法规是《企业财务通则》和分行业的财务制度。《企业财务通则》是各类企业进行财务活动、实施财务管理的基本规范。它对企业的资本金制度、固定资产的折旧、成本的开支范围、利润的分配等方面都做了具体的规定。行业财务制度则是根据《企业财务通则》的规定，为适应不同行业的特点和管理要求，由财政部制定的行业规范。企业开展财务活动，处理财务关系要遵循这些财务法规，发挥理财的职能，实现企业的财务目标。

（三）金融市场法规

经济主体的理财活动是围绕金融市场上的各类交易而展开的。一个规范有序的金融市场有利于理财主体规划其理财活动。规范有序的金融市场是靠法规来形成的。

金融市场法规包括《保险法》《票据法》《商业银行法》《证券法》《银行业监督管理法》《证券投资基金法》等。这些法规既有利于构建一个有序竞争的金融市场，也是影响理财主体的理财活动的重要约束条件。企业从资金的筹措，到资金的投放，以及日常经营活动都必须遵守这些基本的法律规范。

（四）税收法律法规

税收法律法规是约束征税主体与纳税主体双方权利义务关系的法律法规。我国目前开征的税种有 18 个，其中通过了人大立法的有 8 个，分别是个人所得税、企业所得税、车船税、环保税、烟叶税、船舶吨税、车辆购置税和耕地占用税，其他的 10 个税种都属于行政法规、规章及规范性文件规定的税种。除这些实体性税收法律法规外，还有一个程序性法律，即《税收征收管理法》。

税收作为现代理财的重要经济环境要素和现代理财决策的变量，对理财决策及实现理财目标影响极大。这种影响包括对企业或个人的融资决策、投资决策、收益及收益分配等方面的影响。因此，理财主体必须研究税法、适应税法并利用税法进行税收筹划。

【知识链接2-1】　我国现行税收制度中的主要税种

我国现阶段实行的是一种以流转税和所得税为主体，其他税与之相互配合的复合式税制体系。

1. 流转税

增值税：增值税是以商品在流转过程中产生的增值额作为计税依据而征收的一种流转税。我国增值税征税范围现已扩大到所有的境内销售货物和劳务以及进口货物的单位和个人。增值税纳税人分为一般纳税人和小规模纳税人。从2019年4月起，一般纳税人适用税率分为13%、9%、6%、0四档；对小规模纳税人以及采用简易计税的一般纳税人计算税款时使用征收率，目前增值税征收率一共有4档：0.5%、1%、3%和5%，一般是3%，财政部和国家税务总局另有规定的除外。增值税实行按月或按次纳税。

消费税：消费税是向在我国境内生产、委托加工和进口应税消费品的单位和个人征收的，以消费品的流转额或流转量为征收对象的一种税。征税范围包括烟、酒和酒精、化妆品、贵重首饰和珠宝玉石等税目。消费税根据税法确定的税目，按照应税消费品的销售额、销售数量分别实行从价定率或从量定额的办法计算应纳税额。消费税的纳税期限与增值税的纳税期限相同。

关税：关税是指国家授权海关对出入关境的货物和物品征收的一种税。关税的征税基础是关税完税价格。进口货物的关税完税价格是以海关审定的成交价值为基础的到岸价格；出口货物的关税完税价格是以该货物销售与境外的离岸价格减去出口税后，经过海关审查确定的价格。关税应纳税额的计算公式为：应纳税额＝关税完税价格×适用税率。

2. 所得税

企业所得税：企业所得税是向中国境内的一切法人企业和其他取得收入的组织，就其来源于中国境内外的生产经营所得和其他所得征收的一种所得税。企业所得税以企业每一纳税年度的收入总额，减去不征税收入、免税收入、各项扣除以及允许弥补以前年度亏损后的余额，作为应纳税所得额。企业所得税税率为25%，实行按年计税，分月或分季预缴，年终汇算清缴。

个人所得税：个人所得税是以个人取得的各项应税所得（包括个人取得的工资、薪金所得，劳务报酬所得、稿酬所得、特许权使用费所得、经营所得、财产转让所得、财产租赁所得、利息股息红利所得、偶然所得及其他所得等10个应税项目）为对象征收的一种所得税（详细内容见第十三章）。

3. 其他税种

资源税：资源税是向在我国领域和我国管辖的其他海域开采应税资源的单位和个人，就其开采的资源征收的一种税。应税资源包括能源矿产、金属矿产、非金属矿产、水气矿产及盐共五大类33个税目。资源税以幅度比例税率为主，一个税目一个税率，具体税率由当地政府统筹考虑该应税资源的品位、开采条件以及对生态环境的影响等情况规定税率幅度，报同级人民代表大会常务委员会决定。

城镇土地使用税：城镇土地使用税是以在城市、县城、建制镇和工矿区范围内的土地为征税对象，以实际占用的土地面积为计税依据，按规定税额对使用土地的单位和个人征收的一种税。其税额标准按大城市、中等城市、小城市和县城、建制镇、工矿区分别确定，标准在每平方米0.6元至30元。土地使用税按年计算、分期缴纳。

房产税：房产税是以城市、县城、建制镇和工矿区范围内的房屋为征税对象，按房产余值或租金收入为计税依据，向产权所有人征收的一种财产税。其税率分为两类：按照房产余值计算应纳税额的，适用税率为1.2%；按照房产租金收入计算应纳税额的，适用税率为4%。房产税按年征收、分期缴纳。

城市维护建设税：城市维护建设税是以纳税人实际缴纳的增值税、消费税为计税依据征收的附加税。该税按纳税人所在地的不同，分别按7%、5%和1%三档税率计算缴纳。城市维护建设税分别与增值税、消费税同时缴纳。

耕地占用税：耕地占用税是对我国境内占用耕地、园地、林地、草地、农田水利用地、养殖水面、渔业水域滩涂以及其他农用地建设建筑物、构筑物或者从事非农业建设的单位和个人征收的一种税。实行4级幅度税额，人均耕地超过3亩、2至3亩、1至2亩、低于1亩的地区分别实行每平方米5~25元、6~30元、8~40元和10~50元的幅度税额。占用基本农田的，按当地税率的150%计征。耕地占用税纳税人应在收到土地管理部门的通知之日起30日内向主管地税机关申报缴税。

土地增值税：土地增值税是对有偿转让国有土地使用权、地上建筑物及其附着物的单位和个人，以其转让所取得的增值额为征税对象的一种税。现行土地增值税依照转让取得的增值额大小的不同，实行四级超额累进税率（税率分别为30%、40%、50%、60%）。纳税人应当自转让房地产合同签订之日起7日内向房地产所在地主管税务机关办理纳税申报。

车辆购置税：车辆购置税是对购置汽车、摩托车、电车、挂车、农用运输车等应税车辆的单位和个人征收的一种行为税。税率为10%，计税价格为纳税人购置应税车辆而支付给销售者的全部价款和价外费用（不包括增值税）。纳税人购置应税车辆的，应当自购置之日起60日内申报纳税并一次缴清税款。

车船税：车船税是以在我国境内依法应当到车船管理部门登记的车辆、船舶为征税对象，向车辆、船舶的所有人或管理人征收的一种财产税。现行车船税将乘用车（核定载客人数9人及以下）的计税标准依据排气量大小分为七档，年基准税额从1.0升以下的60元至360元，到4.0升以上的3 600元至5 400元不等。车船税按年申报缴纳。

印花税：印花税是对经济活动和经济交往中订立、领受具有法律效力凭证的行为所征收的一种税。应税凭证包括各类合同、产权转移书据、营业账簿、权利许可证照等。印花税以立合同人、立据人、立账簿人、领受人、使用人为纳税人。印花税根据应税凭证的性质，分别按合同金额依比例税率计算应纳税额或者按件定额计算应纳税额，比例税率有0.1%、0.05%、0.03%和0.005%四档；权利、许可证等按件贴花5元（现已免征）。

契税：契税是指不动产产权发生转移变动时，就当事人所订契约按产价的一定比例向新业主征收的一次性财产转移税。出让、转让、买卖房地产以成交价为计税依据，赠与房地产的计税依据由征收机关核定，交换土地、房屋的税基为交换价格的差额。契税实行3%~5%的幅度比例税率①，按次纳税，纳税人应当自纳税义务发生之日起10日内，在房地产所在地办理纳税申报。

烟叶税：烟叶税具体是对收购烟叶（包括晾晒烟叶和烤烟叶）的单位，按照收购烟叶的收购金额征收，税率为20%。纳税人应当自纳税义务发生之日起30日内申报纳税。

环境保护税：环境保护税是对在我国领域和我国管辖的其他海域，直接向环境排放应税污染物的企事业单位和其他生产经营者，以污染物的排放量为计税依据征收的一种税。应税污染物包括大气污染物、水污染物、固体废物和噪声四类。现行环境保护税实行幅度税额：大气、水污染物每污染当量1.2元~12元；固体废物每吨5元~1 000元；噪声每分贝350元~11 200元。环境保护税实行按月计算，按季申报（不能按期计算的可以按次申报）。

四、科技环境

科技环境是指企业所处环境中的科技要素及与该要素直接相关的各种社会现象的集合。

科技环境包括国家科技体制、科技政策、科技水平和科技发展趋势等。新技术能够改变我们的生活方式、思考方式、价值判断、个人习惯等。21世纪是科学技术飞速发展、技术含量不断提高、由工业社会向知识经济社会迅速转化的时代，其核心是以计算机技术、通信技术和网络技术为代表的信息革命。

科技环境会从多方面影响经济主体的理财活动，科学技术的发展为现代理财方法和手段的创新奠定了良好的基础。现代电子技术的广泛应用，使企业越来越多地采用量化的形式来进行理财活动；计算机技术的普及、网络技术的发展，特别是互联网的兴起，加快了金融决策手段的发展与完善，也为金融决策拓展了活动领域，如存货管理的网络化、应收账款管理的网络化、结算的网络化等。科学技术也拓展了理财主体的投融资活

① 现阶段契税的优惠规定：购买首套房：房屋面积≤90平方米，税率为1%；超过90平方米，税率为1.5%；购买二套房：房屋面积≤90平方米，税率为1%，超过90平方米，税率为2%；购买两套以上的，税率为3%。

动领域，个人和公司应高度关注科技环境的变动趋势，及时调整战略决策，以获得新的竞争优势。

【延伸阅读2－2】 “互联网＋”时代中国发展的机遇①

随着移动互联网、大数据、云计算、物联网与人工智能等新技术、新业务和新生态的发展，各行各业正在以互联网为平台进行融合创新，进入了“互联网＋”快速发展的时代。

1. 推动信息通信技术与传统产业的全面融合

在广度上，“互联网＋”正在以信息通信业为基点全面应用到了第三产业，并正在向第一和第二产业渗透；农业互联网也正在从电子商务等网络销售环节向生产领域渗透。在深度上，“互联网＋”正在从信息传输逐渐渗透到销售、运营和制造等多个产业链环节，并将互联网进一步延伸，形成人与物、物与物的全面连接，促进产业链的开放融合，将传统规模生产模式转向满足个性化需求的新型生产模式。

2. 促进产业生态共赢与创业创新

创新是互联网发展的生命线，“快速迭代式”的创新模式能迅速满足用户需求、解决用户痛点，同时通过开放接口和开放平台，推动了“生态协同式”的产业创新，产生了新产品、新模式与新生态，促进了大众创业、万众创新。阿里巴巴、百度、小米等一批互联网企业已形成了一定规模的产业生态系统，基于这些平台又创造出了新业态，如O2O、移动支付、可穿戴设备等。

3. 促使公共资源配置整合与优化

通过“互联网＋”的发展，将公共服务辐射到更多有需求的群体中去，提供跨区域的创新服务，为实现教育和医疗等公共稀缺资源均等化提供全新平台。如互联网教育打破了国内乃至全球地域限制，为偏远农村的学生提供了新的选择。“互联网＋医疗”的模式为民众就医提供了便捷、高效的解决方案。“互联网＋公共服务”的模式可以提升政府服务能力，提升公共服务效率和水平。

4. 推动共享经济成长与发展

当前，以商务专车、拼车、房屋互换、二手交易、家政服务为代表的共享经济模式正在快速发展，例如商务专车服务正在探索通过“汽车共享”优化利用社会闲置资源、提升服务品质、缓解城市交通拥堵，解决市民出行难的问题。同时，供需双方的高效对接，提高了闲置资源利用率、减少空驶率，在提高劳动生产率、推动城市节能环保方面做出了贡献。

更多内容请扫描二维码

思考：公司理财应该如何应对科技创新带来的机遇和挑战？

① 陈彬．“互联网＋”时代中国发展的机遇与挑战［EB/OL］．（2017－04－01）．http：//www. sic. gov. cn/news/455/7861. htm.

五、社会文化环境

> 社会文化环境主要指由价值观、信仰、态度、思想、习惯、行为方式以及人的礼仪等组成的体系。

社会文化环境影响人们思考和行为的方式，自然也影响着理财活动。道德环境是社会文化环境的主要组成部分，是人们逐渐形成或自觉遵守的观念、信念、道德规范等的统称。社会各群体对理财决策的观念和看法不容忽视地影响着个人及企业的金融活动。

1. 社会文化环境影响理财工作的组织。如果社会普遍认为公司理财工作重要，就有利于吸引优秀人才加入公司理财的队伍中。企业领导对公司理财的重要性有所认识，则会有助于财务制度和财务方针的制定和执行，有助于财务预测、决策分析等作用的发挥。公司理财人员对自己工作的重要性就会充满信心和自豪感，有良好的职业道德，从而在公司决策工作中忠于职守，高度负责，坚持原则。

2. 社会文化环境影响企业财务管理目标的形成。企业财务管理目标的形成，从根本上讲是作为企业主体的自然人对财务经济行为所应该达到的效果的期望。如儒家文化奉行的“中庸之道”会使公司尽量避免将单纯的利润最大化作为财务管理目标，而会在考虑适当风险的情况下，使企业的利润在原有的基础上有一个较大的提高或在同行业中居于领先水平。

3. 社会文化环境影响理财管理内容。在资金投放方面，谦虚谨慎的风格会使一些企业选择比较保守的投资项目。在资金来源方面，传统生活习惯和消费方式，会使不少理财管理者倾向于选择低负债的筹资结构。而儒家传统文化的“义”和“利”的观点，会使企业在进行分配决策时，通常会做出比较保守、谨慎的决策，如采用低正常股利加额外股利的政策。

4. 社会文化环境影响理财管理方法。传统公司理财重视定性分析，而定量分析不足。这种方式也导致我国企业理财活动容易受到行政干预，从而失去其创新的能动作用。在美国，政府主要是通过确定适用于所有企业的“公共性财务准则”来实施管理，在框架范围内，企业拥有比较完整的财务决策控制权或自主理财权，而不受政府或其他外部利益相关者的直接干预。

六、突发公共事件

> 突发公共事件，一般是指突然发生并危及公众生命财产安全、社会秩序和公共安全，需要政府立即采取非常态管理与应对措施加以处理的公共事件。

科技进步和工商业的发展，在带给人们更多生活便利和经济机遇的同时，也伴生着各种突发风险和危机，而且在社会流动性加大、经济一体化加强的背景下，现代社会各类灾害危机发生的频率越来越高，冲击力越发强烈，造成的危害越来越大。

根据突发公共事件的发生过程、性质和机理，突发公共事件主要分为以下四类。

1. 自然灾害：主要包括水旱灾害、气象灾害、地震灾害、地质灾害、海洋灾害、生物灾害和森林草原火灾等。

2. 事故灾难：主要包括工矿商贸等企业的各类安全事故、交通运输事故、公共设施和设备事故、环境污染和生态破坏事件等。

3. 公共卫生事件：主要包括传染病疫情、群体性不明原因疾病、食品安全和职业危害、动物疫情，以及其他严重影响公众健康和生命安全的事件。

4. 社会安全事件：主要包括恐怖袭击事件、经济安全事件和涉外突发事件等。

重大突发公共事件往往会对社会经济生活造成影响，从而改变经济主体所面临的理财环境：一是事物原有的发展格局突然被打乱，而且超出正常社会秩序和人们的心理惯性运行，人们往往措手不及，整个工作、生活秩序混乱，严重影响社会稳定和经济发展。二是社会系统的基本价值、根本利益和行为准则受到严重威胁，导致资金、资产的流失，甚至人员伤亡。由于突发公共事件的连发性强，损失的放大效应显著，往往会对社会秩序、社会功能、环境与资源等造成严重的破坏，给人们的生产生活以及经济社会的正常运转造成强烈的冲击。面对突发公共事件带来的理财环境的变化，经济主体必须能给予充分的预判，并迅速地做出反应。

第三节　理财的中观环境

中观环境是针对公司而言的，主要包括产业环境、行业市场环境及地区环境。

一、产业环境

产业环境是公司生产经营涉及的产业所面临的环境，包括产业的生命周期、产业结构、产业内的战略群体、企业成功的关键因素等。

（一）产业的生命周期

在一个产业中，企业的经营状况取决于其所在产业的整体发展状况以及该企业在产业中所处的竞争地位。分析产业发展状况时要认识到产业所处的生命周期阶段。产业的生命周期阶段可以用产品的周期阶段来表示，分为开发期、成长期、成熟期和衰退期四个阶段。只有了解产业目前所处的生命周期阶段，才能决定企业在某一产业中应采取进入、维持或撤退哪一种政策，才能进行正确的、新的投资决策，才能对企业在多个产业领域的业务进行合理组合，提高整体盈利水平。

（二）产业结构

波特教授从产业组织理论角度提出了产业结构分析的基本框架——五种竞争力分析，可以从潜在进入者、替代品、购买者、供应者、现有企业的竞争来分析产业竞争的强度以及产业利润率。潜在进入者的进入威胁会减少市场集中，激发现有企业间的竞争，并且瓜分了原有的市场份额。替代品作为新技术与社会新需求的产物，对现有产业的“替代”威胁十分明显，但几种替代品长期共存的情况也很常见，替代品之间的竞争规律仍然是价值高的产品获得竞争优势。购买者、供应者议价的能力取决于各自的实力，比如，卖（买）方的集中程度、产品差异化程度与资产专用性程度、纵向一体化程度以及信息掌握程度等。产业内现有企业的竞争，即一个产业内的企业为市场占有率而进行的竞争，通常使用价格竞争、广告战、新产品引进以及加强对消费者的服务等方式。

（三）产业内的战略群体

确定产业内所有主要竞争对手的战略特征是产业分析的一个重要方面。战略群体是指某一个产业中采用相同或相似战略并具有类似战略特征的各企业组成的集团。战略群体分析有助于企业了解自己的相对战略地位和企业战略变化可能产生的竞争性影响，使企业更好地了解战略群体间的竞争状况、发现竞争者，了解各战略群体之间的“移动障碍”，了解战略群体内企业竞争的主要着眼点，预测市场变化和发现战略机会等。

（四）企业成功的关键因素

企业在特定市场实现盈利必须拥有独特的技能和资产，企业成功的关键因素可能是一种价格优势、一种资本结构或消费组合，也可能是一种纵向一体化的行业结构。随着产品生命周期的演变，成功的关键因素也会发生变化，同一产业中的各个企业，成功的关键因素各不相同。

二、行业市场环境

行业市场环境主要包括行业竞争环境、行业市场需求状况及行业采购环境。

（一）行业竞争环境

竞争广泛存在于市场经济之中。竞争环境的好坏，会改变理财主体的投资行业选择、产品的市场定位及设备、技术、人才、推销、管理的各个方面。竞争对理财主体而言，既是机会也是威胁。一般而言，参加交易的生产者和消费者的数量越多，竞争越强；反之，竞争越弱。而参加交易的商品的差异程度越小，竞争越强；商品间的差异越大，竞争越弱。

公司所处的行业竞争环境，通常有以下四种。

1. 完全垄断市场：指整个行业只有一个销售者，它可以决定商品的供应数量和价格。完全垄断市场没有竞争。公用事业，如煤气公司、自来水公司即属于此类市场。另外，有些公司也可能会因取得独创性的专利而获得垄断地位。

2. 完全竞争市场：指竞争不受任何因素的阻碍和干扰，完全由买卖双方自由竞争的市场。在这种市场上，生产者和消费者的数量很多，但都不能控制价格，只能接受现行的市场价格。这类市场上的商品大多属于同质商品，如玉米、大豆、小麦等农产品市场。

3. 垄断竞争市场：这一市场既包含垄断的因素，又包含竞争的因素。它类似完全竞争市场，交易者人数众多，个别销售者的行为对其他公司的影响很小，长期而言，公司进出该行业比较容易；它在一定程度上又类似完全垄断市场，各公司的产品存在一定的差别。

4. 寡头垄断市场：指少数几家生产者就能控制数量和价格的市场。这几家公司通常控制着该种产品销售量的70% ~80%，剩余的部分由其他一些公司经营。

处于完全垄断市场中的公司，在销售方面一般没有问题，价格波动也不会太大，企业利润稳中有升，因而风险较小，可利用较多的债务来筹集资金；而处于完全竞争市场中的公司被市场所左右，价格容易出现上下波动，公司利润也会随之上下波动，因而不宜过多地利用负债去筹集资金；处于垄断竞争市场和寡头垄断市场中的公司，关键要使自己的产品超越其他公司的产品，创造特色，创出名牌，这就需要在研发上投入大量资金，研制出创新型的优质产品，做好广告宣传，搞好售后服务，给予优惠的信用条件等。

（二）行业市场需求状况

行业市场需求状况关系到公司的生产规模及技术水平、产品规格等。市场需求状况可以从市场需求的决定因素和需求价格弹性两个角度来分析。人口、购买力和购买欲望决定着市场需求的规模，其中生产企业可以把握的因素是消费者的购买欲望，而产品价格、差异化程度、促销手段、消费者偏好等影响着购买欲望。影响产品需求价格弹性的主要因素有产品的可替代程度、产品对消费者的重要程度、购买者在该产品上的支出在其总支出中所占的比重、购买者转换到替代品的转换成本、购买者对产品的认知程度以及对产品互补品的使用状况等。

（三）行业采购环境

行业采购环境又称为物资来源环境，对公司理财有重要影响。按不同的标准可对采购环境做不同的分类。采购环境按物资来源是否稳定划分，可分为稳定的采购环境和波动的采购环境。前者对公司所需资源有比较稳定的来源，后者则不稳定，有时采购不到。公司如果处于稳定的采购环境中，可减少储存存货，减少存货占用的资金；反之，则必须增加存货的保险储备，以预防存货不足影响生产，这就要求财务人员把较多的资金投资于存货的保险储备。

采购环境按价格变动情况划分，可分为价格上涨的采购环境和价格下降的采购环境。在价格上涨的情况下，公司应尽量提前进货，以防价格进一步上涨遭受损失，这就要求在存货上投入较多的资金；反之，在价格下降的情况下，应尽量随时采购，以便从价格下降中得到好处，也可在存货上尽量减少占用资金。

三、地区环境

任何理财活动都是发生在某一特定地区的。理财的中观环境分析即是分析这一特定地区的经济、文化及自然环境。地区环境分析的实质是进行区位分析。

地区环境主要包括以下方面。

（一）区位优势

区位优势即某一地区在发展经济方面客观存在的有利条件或优越地位。其构成因素主要包括：自然资源（包括矿产资源、水资源、能源资源等）、地理位置、交通通信设施，以及社会、经济、科技、管理、政治、政策、文化、教育、旅游等方面。区位优势是一个综合性概念，单项优势往往难以形成区位优势。区位优势分析的目的是使公司所处区位的因素能满足其发展所需的主导区位因素，如技术指向型的公司应位于科技发达的地区或公司附近有科研院所和高校等。

（二）区位内政府的经济和产业政策

为了招商引资或彰显地区经济特色，各地方政府都会出台一些区域内的经济和产业政策。公司进行理财活动时必须熟悉当地的政策环境。目的是尽可能地使公司的业务符合当地政府的产业政策主张，以便获得诸多政策支持。

（三）区位因素的发展变化

随着时间的推移，各区位因素也是发展变化的，如钢铁工业的区位布局经历了从能源指向型（煤炭产地）到原料指向型（铁矿石产地）再到市场指向型（港口）的演变。对区位因素发展变化的考察，有利于理财主体把握未来的发展方向。没有十全十美的区位，只有最佳的区位，理财中观环境分析的目的正是寻找公司发展与当地环境的最佳契合点。

第四节 理财的微观环境

理财的微观环境是指影响单个经济主体理财活动的环境，即经济主体内部的环境。对公司而言，内部理财环境是指构成公司生产经营过程和财务管理过程的各种因素的总和，主要包括公司的组织形式、公司治理结构、财务管理能力及公司的生产环境等要素。对个人而言，内部理财环境主要包括个人或家庭的基本情况、经济状况、理财的目标、风险偏好等。

一、公司理财的内部环境

内部环境是企业经营的基础，是制定战略的出发点、依据和条件，是竞争取胜的根本。企业内部环境分析的目的在于掌握企业历史和目前的状态，明确企业所具有的优势和劣势，有助于企业制定有针对性的战略。

（一）企业的组织形式

企业的组织形式是指企业内部为完成其既定目标而采用的组织方式。企业组织形式反映了企业的性质、地位、作用和行为方式，规范了企业与出资人、政府、职工等内外部的关系。企业组织形式的差别必然会影响企业的财务管理。企业只有选择了合理的组织形式，才能充分调动各方面的积极性，使之充满生机和活力，创造良好的效益。

企业的组织形式通常有三种：个体业主制、合伙制和公司制（具体内容见第五章）。个体业主制企业，财务管理比较简单，主要利用的是业主自己的资金和供应商提供的商业信用；业主要抽回资金也比较简单，无任何法律限制。合伙制企业的资金来源和信用能力比个体业主制企业有所增加，收益分配也更加复杂，因此，合伙制企业的财务管理比个体业主制企业的财务管理复杂得多。公司制企业需要考虑的财务问题最多，公司的资金来源多种多样，需要进行认真的分析和选择；盈余分配也不像个体业主制企业和合伙制企业那样简单，要考虑企业内部和外部的许多因素。

（二）公司治理结构

公司治理结构，也称法人治理结构、公司治理，是一种对公司进行管理和控制的体系，是一种联系并规范股东、董事会、高级管理人员权利和义务，以及与此有关的聘选、监督等问题的制度框架。

公司治理结构要解决涉及公司成败的两个基本问题：一是如何保证股东的投资回报，即协调股东与企业的利益关系。二是企业内各利益集团的关系协调，包括对经理层与其他员工的激励，以及对高层管理者的制约等。

健全的公司治理结构体现在七个方面：合理的股权结构、有效的股东大会制度、董事会权力的合理界定与约束、完善的独立董事制度、监事会的独立性和监督责任、优秀的职业经理层、包括员工、债权人、供应商和客户等在内的利益相关者。良好的公司治理结构有助于企业建立包括人事、财务、市场营销、劳动纪律奖惩办法等方面的制度和成本控制、风险管理在内的健全的内部管理制度。

良好的公司治理结构可有效解决公司理财中的各方利益分配问题，对公司能否高效运转、是否具有竞争力，起到决定性的作用。

（三）公司财务管理能力

公司财务管理能力是指公司聚财、用财与生财的能力。公司的财务管理能力除取决于公司的规模、组织形式、股东构成、公司领导的重视程度以外，还包括公司财务的组织结构及财务人员的素质。

公司财务组织结构是指直接从事和组织领导财务管理工作的职能部门组成情况，包括各职能部门的设置及其相互间的财务管理职责分工和组织程序。财务组织结构的建立要有利于形成公司内部的金融环境，如组建内部银行、财务公司、项目融资等机构；要有利于公司生产经营各部门或各环节间的财务活动高效、顺利进行；要有利于公司经营战略的实施，实现生产经营管理和财务管理的科学化。财务人员的素质主要指业务素质，财务人员在业务上要掌握理财知识，熟悉有关法律法规与政策，具备财务决策能力和应付公司外部宏观环境变化的能力。

（四）公司的生产环境

不同的公司具有不同的生产环境，这些生产环境也对公司理财产生重要影响。比如，如果企业生产是高技术型的，就有比较多的固定资产而有少数的生产工人。这类企业在固定资产上占用较多的资金，而工薪费用较少，这就要求企业财务人员必须筹集到足够的长期资金以满足固定资产投资。反之，如果企业生产是劳动密集型的，则可以较多地利用短期资金。再如，生产轮船、飞机的企业，生产周期较长，企业要较多地利用长期资金；反之，生产食品的企业，生产周期很短，可以较多地利用短期资金。

二、个人理财的内部环境

（一）个人或家庭的基本情况

个人或家庭的基本情况包括家庭人口规模、人口结构，家庭成员的职业、受教育的程度，以及家庭的生活方式。

家庭人口规模及人口结构直接影响家庭的经济收入来源、理财的资金需求及理财活动的内容。如单身家庭短期内无子女教育准备金之忧，有老人需要赡养的家庭不仅要考虑长远的自身养老的问题，还要应付眼前的父母养老的问题。

理财需要有一定的金融知识和金融意识。对一个受过良好高等教育，特别是受过经济学教育的人而言，其理财的意识和能力远比那些没有受过高等教育的人强，即使他们有相同的收入。

个人从事的职业也会影响人们的理财活动。从事金融工作的人往往比从事其他职业的人有更强的理财意识和能力；白领职员往往比蓝领职员有更强的理财意识和能力。

所谓生活方式，是指人们的生活格局和格调，集中表现在他们的思想见解、兴趣爱好和活动方式上。不同生活方式的群体对理财有不同的需求。如节俭的人就比追求奢华生活的人有更大的理财需求；有创新思想的人就比那些守旧者有更大的理财需求。

（二）个人或家庭的经济状况

家庭经济状况是决定个人理财规模的重要因素。理财内容、理财目标、理财策略及手段的确定无一不受其影响。如经济实力强的个人或家庭能有更多的闲置资金进行投资理财，在投资理财的时候有更高的风险承受能力；财产丰厚的家庭更多地考虑财产传承的问题；而经济实力较差的家庭面临的首要理财问题是子女的教育准备金及购房准备金等。

一般而言，家庭经济状况越好，理财内容越广泛，理财的规模也越大；反之，则越小。

（三）个人或家庭的理财目标

理财目标的确定是个人理财规划的首要环节。个人或家庭的理财目标按照时间的长短可以划分为短期目标、中期目标和长期目标。短期目标如休假、购置新车、存款等，中期目标如子女的教育储蓄、按揭买房等，长期目标如退休、遗产处置等。理财目标的内容、金额的大小及期限的长短是个人理财时配置理财工具的重要因素。

（四）个人或家庭的风险偏好

个人或家庭的风险偏好是考虑所有理财问题的出发点。风险偏好取决于客观风险承受能力及主观风险态度。风险偏好高的个人或家庭，可以考虑扩大举债规模，投资理财时可以考虑较高风险的股票型基金；风险偏好低的个人或家庭，要尽可能减少举债规模，投资理财时则应考虑低风险的债券型基金或货币市场基金。

本章小结

1. 理财环境是指对经济活动的主体财务活动产生影响的各种条件的统称。环境构成了财务活动的客观条件。理财环境分析是理财主体制订理财方案的前提。

2. 理财环境分析的内容包括以下方面：政局整体的稳定性；经济发展的特色性；政府政策的导向性；长远发展的潜力性；风险防范的预警性。

3. 理财主体面临的宏观环境是指对所有经济主体的理财活动都有影响的因素，主要包括宏观经济环境、金融市场环境、政治法律环境、科技环境、社会文化环境及突发公共事件等。

4. 理财的中观环境分析主要是针对公司而言，主要包括产业环境、行业市场环境及地区环境。产业环境包括产业生命周期、产业结构、产业内的战略群体、企业成功的关键因素等。行业市场环境主要包括行业竞争环境、行业市场需求状况及行业采购环境。地区环境主要是指某一特定地区的经济、文化及自然环境。

5. 对公司而言，内部理财环境是指影响公司财务活动的各种因素的总和，主要包括公司的组织形式、公司治理结构、公司财务管理能力及公司的生产环境等要素。对个人而言，内部理财环境主要包括个人或家庭的基本情况、经济状况、理财的目标、风险偏好等。

【复习思考题】

一、名词解释

金融市场　证券交易所　区位分析　公司治理结构

二、简答题

1. 理财面临的宏观环境因素有哪些？这些因素对理财活动的影响表现在哪些方面？
2. 金融市场有哪些构成要素？金融市场如何影响公司或个人的理财？
3. 产业环境从哪些方面影响公司理财？
4. 公司理财的内部环境要素有哪些？
5. 举例说明影响个人理财的内部环境要素。

三、案例分析

2020 年年初暴发的新型冠状病毒疫情，在几个月内迅速在全球蔓延。新型冠状病毒疫情不仅夺走了成千上万人的生命，而且对社会经济生活造成了非常大的影响。请收集各国为应对新冠肺炎疫情所采取的措施，并回答以下两个问题。

1. 各国所采取的应对措施包括哪些政策工具？这些政策工具会如何影响经济？
2. 突发公共事件会对公司和个人理财带来哪些影响？公司和个人应该如何应对？

第三章

理财计量基础

LICAI JILIANG JICHU

无论是公司理财还是个人理财，研究的重点都是理财主体的资金运动，包括资金的筹集、投放、使用和回收。在市场经济体制下，要想对投资、融资项目做出正确的评价和选择，就要充分估算与货币时间价值紧密相关的项目报酬率与资本成本，同时还要全面评估其风险价值以及通货膨胀等因素的影响。这些便构成了理财的计量分析基础。

【本章学习目标】

掌握货币资金时间价值的分析原理及计量方法，学会利用货币时间价值的原理计算年金的时间价值。同时树立风险与收益的权衡观念，掌握风险收益评价的基本原理、计算方法与决策原则，了解风险管理的技术及现代投资理论。

【本章关键词】

现值　　终值　　年金　　风险与收益　　投资组合　　资产定价

第一节　货币的时间价值计量

货币的时间价值是贯穿理财管理始终的一条主线。理解、掌握和应用货币时间价值的原理，具有极其重要的意义。

一、货币时间价值的概念

货币时间价值是指货币经过一定时间的投资和再投资后所增加的价值。

经济生活中几乎人人都知道，即使在没有风险和没有通货膨胀的情况下，今天1元钱的价值也大于一年以后1元钱的价值，这是因为如果将今天的1元钱存入银行，

一年后便会获得（1+I）元（I为银行一年期存款利息），这1元的资金经过一年的时间后价值增加了，或者说今年的1元资金相当于明年的（1+I）元，这就是货币的时间价值。

商品经济下，资金在生产与交换的循环周转过程中会为投资者带来利润，即使不直接投入实物生产，而是进行其他投资（如证券、古玩、邮品等），甚至是存入银行，都会产生资金的增值。资金时间价值也因此可以理解为牺牲即期消费应得到的补偿。

通常情况下，货币的时间价值相当于没有风险和没有通货膨胀条件下的社会平均利润率。由于竞争，市场经济中各部门投资的利润率趋于平均化。企业在投资某项目时，至少要取得社会平均利润率，否则不如投资另外的项目或另外的行业。因此，货币时间价值成为估价最基本的原则。

【例3-1】 已探明一个有工业价值的油田，目前立即开发可获利100亿元，若5年后开发，由于价格上涨可获利160亿元。请用货币时间价值的概念分析哪种做法更符合现实经济生活。

解：如果不考虑货币时间价值，根据数量比较，可以认为5年后开发更有利。但如果考虑货币时间价值，现在获利100亿元，可用于其他投资机会，如果投资的年均利润率为15%，则5年后将有资金200亿元（$100\times1.15^5\approx200$）。因此，可以认为目前开发更有利。后一种思考问题的方法，无疑更符合现实经济生活。

二、货币时间价值计量的基本原理

> 现值又称本金，是指未来某一时点上的一定量现金折合到现在的价值，通常记作PV。
>
> 终值又称将来值，是现在一定量现金在未来某一时点上的价值，俗称本利和，通常记作FV。

由于货币随时间的延续而增值，不同时间点的货币不能直接进行价值大小的比较，需要将它们换算到相同的时间单位上才能进行比较。这就产生了现值与终值的概念。

现值与终值大小因计息方式的不同而不同。计息方式主要有单利计息和复利计息两种形式。单利仅指对初始本金部分计算利息，而对本金所产生的利息不再重复计息。复利计息即通常所说的“利滚利”，是将整个计算期限分割为若干时间段，上一时间段按本金计算的利息要加入到下一时间段的利息计算中。

（一）单利现值和终值的计算

利息：$I=P\times n\times r$ （3-1）

终值：$FV=PV\ (1+r\times n)$ （3-2）

现值：$PV=FV/\ (1+r\times n)$ （3-3）

式中，n表示期限长短，r表示利率。

单利现值与单利终值互为逆运算。

单利计息方式不承认作为利息的货币与作为本金的货币一样具有时间价值。在资产定价的分析中，一般不采用此种方式。人们更多的是以复利计息方式来研究资产定价问题。

（二）复利现值和终值的计算

利息：$I = PV[(1+r)^n - 1]$ （3－4）

终值：$FV_n = PV(1+r)^n$ （3－5）

现值：$PV_n = FV(1+r)^{-n}$ （3－6）

式中，$(1+r)^n$ 为“复利终值系数”，记作（$F/P,r,n$）。$(1+r)^{-n}$ 为“复利现值系数”，记作（$P/F,r,n$）。为便于计算，可编制“复利终值系数表”“复利现值系数表”（见本书附表1、附表2）备用。

复利现值与复利终值互为逆运算。

【例3－2】 王玉喜欢的一个仿真汽车模型价值为1 500元，由于他刚刚工作不久，目前只有1 000元。如果他把1 000元存入银行，年利息率为10%，复利计息，5年后他能把这款汽车模型买到手吗？

解：根据公式（3－5）计算王玉存入银行的1 000元五年后的终值为：

$$FV_5 = PV \times (1+r)^5 = 1\,000 \times (1+10\%)^5 = 1\,611(\text{元})$$

或通过查复利终值系数表计算如下：

$$FV_5 = PV \times (F/P,10\%,5) = 1\,000 \times 1.611 = 1\,611(\text{元})$$

计算结果表明，1 000元的银行存款五年后的终值为1 611元。如果五年后的汽车模型的价格不超过1 611元，王玉就可以买到汽车模型。

【例3－3】 张亮需要在3年后偿还银行借款4 000元，假设他现在有足够的资金来偿还这笔债务，银行年利息率为8%，复利计息，如果他想现在偿还借款，需要偿还的金额是多少？

解：根据公式（3－6）计算3年后的4 000元相当于现在的价值为：

$$PV = FV_3 \times (1+r)^{-3} = 4\,000 \times (1+8\%)^{-3} = 3\,176(\text{元})$$

或通过查复利现值系数表计算如下：

$$PV = FV_3 \times (P/F,8\%,3) = 4\,000 \times 0.794 = 3\,176(\text{元})$$

计算结果表明，张亮如果提前偿还借款，需要偿还的金额为3 176元。

三、年金及年金时间价值的计量

> 年金是指若干期限内，每个期限均匀地产生的现金流，也指一定时期内每次等额收付的系列款项，通常记作A。

实际生活中，我们经常会遇到在一定时间内发生多笔现金收支的现象，如每个月都需要支付的房租，在一年之内就将形成12笔现金支付。这就是我们将要讨论的年金问题。

年金按其每次收付款项发生的时点不同，可以分为普通年金、先付年金、递延年金、永续年金等类型。

（一）普通年金的终值和现值

普通年金又称后付年金，是指从第一期起，在一定时期内每期期末等额收付的系列款项，或指在某一特定期间内，发生在每期期末的收支款项。在现实生活中，这种年金最为常见，如银行的零存整取存款。

1. 普通年金终值的计算

普通年金的终值是一定时期内每期期末等额收付款项的复利终值之和。其计算方法如图 3－1 所示。

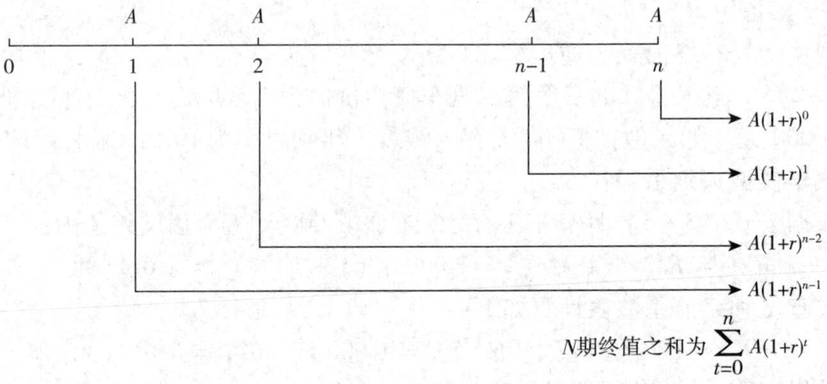

图 3－1 普通年金终值计算示意

根据图 3－1 的推导，普通年金终值的计算公式如下：

$$FVA_n = A \times \frac{(1+r)^n - 1}{r} \tag{3-7}$$

式中，FVA_n表示普通年金终值，n 表示全部年金的计息期数，$\frac{(1+r)^n-1}{r}$称作年金终值系数，表示为$(F/A,r,n)$，可据此编制“年金终值系数表”（见本书附表 3）备查。

【例 3－4】 张明 5 年中每年年底存入银行 1 000 元，银行存款利率为 8%，计算其第 5 年年末可从银行一次性提取多少钱？

解：根据公式（3－7）计算的张明第 5 年年末可以一次性从银行提取的额度为：

$$FVA_5 = A\ (F/A,\ 8\%,\ 5)\ = 1\ 000 \times 5.867 = 5\ 867\ (元)$$

2. 偿债基金的计算

偿债基金是指为了在约定的未来一定时点清偿某笔债务或积聚一定数额的资金而必须分次等额存取的存款准备金，或指为了使年金终值达到既定金额每年应支付的年金数额。

偿债基金与年金终值互为逆运算，其计算公式为：

$$A = FVA_n \times \frac{r}{(1+r)^n - 1} \tag{3-8}$$

式中，$\frac{r}{(1+r)^n-1}$称作“偿债基金系数”，记作$(A/F,r,n)$，可以制成表格备查，也可以根据年金终值系数求倒数确定。

【例3－5】　张明想在5年后还清10 000元债务，从现在起每年等额存入银行一笔款项。假设银行存款利率为10%，则张明每年需要存入多少元？

解：此问题即偿债基金问题。将有关数据代入式（3－8），计算偿债基金为：

$$A=10\ 000\times(A/F,\ 10\%,\ 5)=10\ 000\times1/6.105=1\ 638\text{（元）}$$

计算结果表明，当银行利率为10%时，每年存入银行1 638元，5年后即可得到10 000元，用来偿还债务。

3. 普通年金现值的计算

普通年金现值是指为了在每期期末取得相等金额的款项，现在需要投入的金额。其计算方法如图3－2所示。

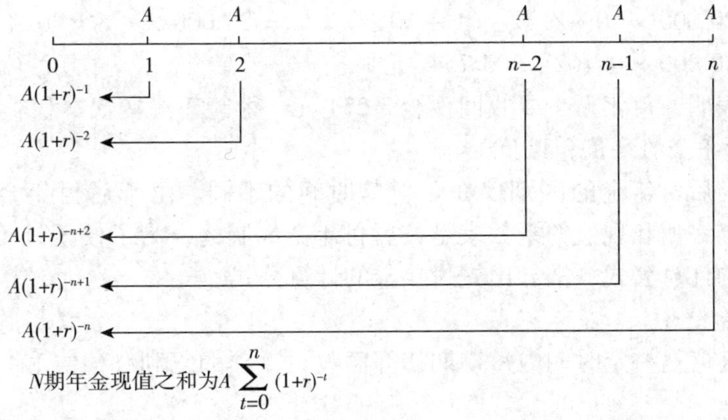

图3－2　普通年金现值计算示意

根据图3－2示意的推导，普通年金现值的计算公式如下：

$$PVA_n=A\times\frac{1-(1+r)^{-n}}{r}\qquad(3-9)$$

式中，PVA_n表示普通年金现值，$\frac{1-(1+r)^{-n}}{r}$称作年金现值系数，记作$(P/A,r,n)$，可编制“年金现值系数表”（见本书附表4）备查。

【例3－6】　李立新想购买一辆价值为87 420元的汽车，汽车经销商为客户提供了两种付款方法：一是一次性支付87 420元；二是分5年付款，每年年末付20 000元。假设贴现率为18%。他选用哪种付款方式付出的代价最小？

根据公式（3－9）计算出分五年付款的现值为：

$$PVA_5=20\ 000\times(P/A,r,n)=20\ 000\times(P/A,18\%,5)$$
$$=20\ 000\times3.1272=62\ 544\text{(元)}<87\ 420\text{(元)}$$

计算结果表明，在贴现率为18%时，分五次付款的现值低于一次性购车款，因此，李立新采用分期付款方案更划算。

4. 年资本回收额的计算

年资本回收额是指在约定年限内等额回收初始投入资本或清偿所欠债务的金额。

年资本回收额与年金现值互为逆运算，其计算公式为：

$$A = PVA_n \times \frac{r}{1-(1+r)^{-n}} \tag{3-10}$$

式中，$\frac{r}{1-(1+r)^{-n}}$称作“资本回收系数”，记作$(A/P,r,n)$，可以制成表格备查，也可以根据年金现值系数求倒数确定。

【例3-7】 假设以10%的利率借款20 000元，投资于某个寿命为10年的项目，每年至少要收回多少现金才是有利的？

解：此问题为年资本回收额计算的问题。将有关数据代入公式（3-10）计算的年资本回收额为：

$$A = 20\ 000 \times 10\%/[1-(1+10\%)^{-10}] = 20\ 000 \times (A/P,10\%,10)$$
$$= 20\ 000 \times 0.1627 = 3\ 254(\text{元})$$

计算结果表明，每年至少要收回现金3 254元，才能还清贷款本利。

（二）先付年金的终值和现值

先付年金与后付年金的区别仅在于付款时间的不同。由于后付年金是最常用的方式，因此，年金终值和现值的系数表是按后付年金编制的，为了便于计算和查表，必须根据后付年金的计算公式，推导出先付年金的计算公式。

1. 先付年金终值

先付年金终值是一定时期内每期期初等额收付款项的复利终值之和。其计算方法如图3-3所示。

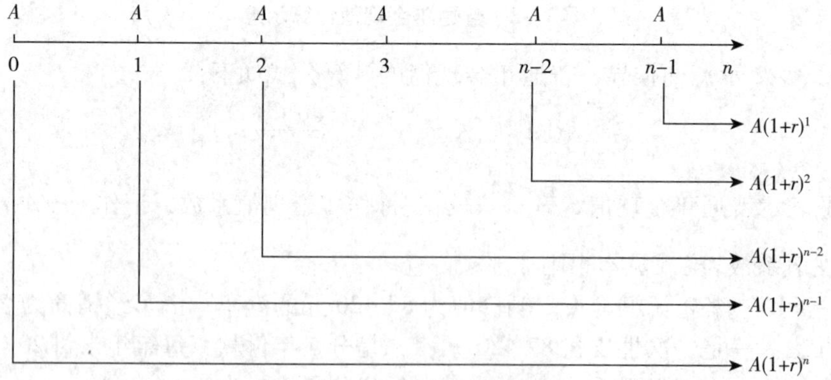

图3-3 先付年金终值计算示意

事实上，n期先付年金与n期后付年金的付款次数相同，但由于付款时间的不同，n期先付年金终值比n期后付年金终值多计算一期利息。所以，可先求出n期后付年金的终值，然后再乘以$(1+r)$便可求出n期先付年金的终值。其计算公式为：

$$F_n = A \times (F/A, r, n) \times (1 + r) \quad (3-11)$$

n 期先付年金与 $n+1$ 期后付年金的计息期数相同，但比 $n+1$ 期后付年金少付一次款，因此，只要将 $n+1$ 期后付年金的终值减去一期付款额 A，也可以求出 n 期先付年金终值，计算公式为：

$$F_n = A \times [(F/A, r, n+1) - 1] \quad (3-12)$$

【例 3-8】 李冬每年年初为自己年幼的儿子存入银行 500 元钱，为 10 年以后儿子读大学的教育基金，假设银行存款利率为 8%，那么第 10 年末李冬可以得到的本利和为多少？

解： 此问题为预付年金求终值的问题。可以分别用公式（3-11）、公式（3-12）计算李冬 10 年后的本利和：

$$F_{10} = 500 \times (F/A, 8\%, 10) \times (1 + 8\%) = 500 \times 14.487 \times 1.08$$
$$= 7\,822.98(\text{元})$$

或 $$F_{10} = 500 \times [(F/A, 8\%, 11) - 1] = 500 \times (16.645 - 1) = 7\,822.5(\text{元})$$

2. 先付年金现值的计算

先付年金现值是指为了在每期期初取得相等金额的款项，现在需要投入的金额。其计算方法如图 3-4 所示。

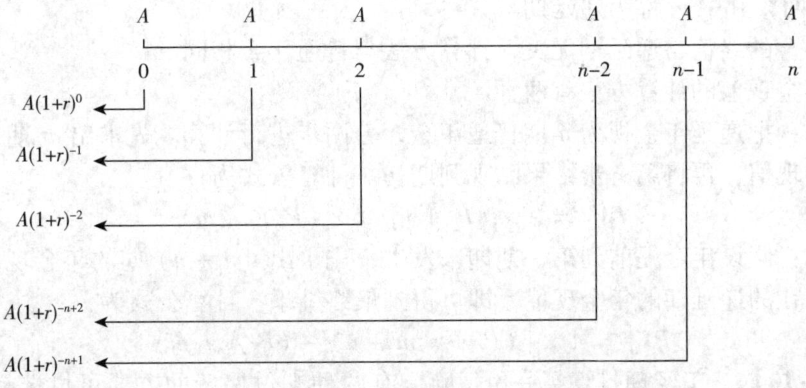

图 3-4 先付年金现值计算示意

同样的，n 期先付年金现值与 n 期后付年金现值的付款次数相同，但由于付款时间的不同，在计算现值时，n 期后付年金比 n 期先付年金多贴现一期。所以，可先求出 n 期后付年金的现值，然后再乘以（$1+r$）便可求出 n 期先付年金的现值。其计算公式为：

$$P_n = A \times (P/A, r, n) \times (1 + r) \quad (3-13)$$

n 期先付年金现值与 $n-1$ 期后付年金现值的贴现期数相同，但比 $n-1$ 期后付年金多一期不用贴现的付款 A，因此，只要将 $n-1$ 期后付年金的现值加上一期不用贴现的付款额 A，也可以求出 n 期先付年金现值，其计算公式为：

$$P_n = A \times [(P/A, r, n-1) + 1] \quad (3-14)$$

【例 3-9】 新友 DVD 商店每年年初需要付店面的房租 10 000 元，共支付了 10 年，年利息率为 8%，则这些租金的现值为多少？

解： 此题为预付年金求现值。根据公式（3－13）、公式（3－14）计算的房租现值为：

$$P_{10}=10\ 000\times(P/A,8\%,10)\times(1+8\%)=10\ 000\times6.71\times1.08=72\ 468(\text{元})$$

或 $$P_{10}=10\ 000\times[(P/A,8\%,9)+1]=10\ 000\times(6.247+1)=72\ 470(\text{元})$$

（三）递延年金

递延年金是指第 次收付款发生时间与第一期无关，而是相隔若干期（m）后才开始发生的系列等额收付款项，是普通年金的特殊形式。

递延年金的收付形式见图 3－5。

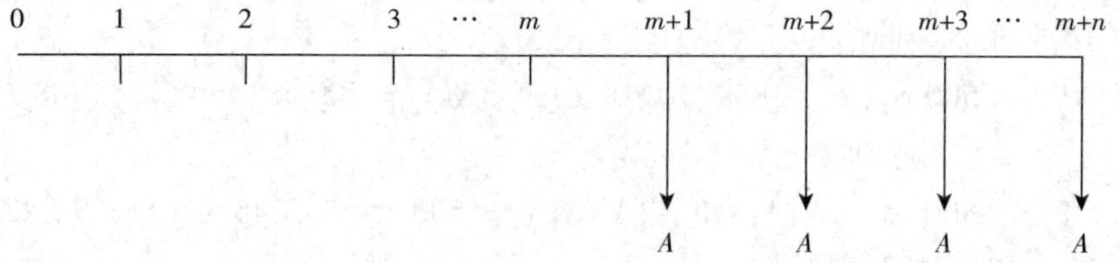

图 3－5 递延年金现金流示意

一般情况下，最初的 m 期没有现金流，而后面 n 期是一个普通年金，递延年金的期限为 $m+n$ 期，其中 m 称为递延期。

递延年金的终值与递延期无关，计算方法与普通年金相同。

递延年金现值的计算方法有两种。

方法一：把递延年金视为 n 期普通年金，分两步进行计算。先求出 m 期期末的 n 期普通年金的现值，再将第一步结果贴现到期初。计算公式为：

$$PV_0=A\times(P/A,r,n)\times(P/F,r,m) \qquad (3-15)$$

方法二：假设年金提前到第一期期末发生，先求出（$m+n$）期的年金现值，再扣除实际并不存在的递延期的年金现值，即可得到最终结果。计算公式为：

$$PV_0=A\times[(P/A,r,m+n)-(P/A,r,m)] \qquad (3-16)$$

【例 3－10】 王经理打算买一份保险，有两种支付保费的方式可供选择：（1）一次性交 250 万元保费；（2）从第 5 年年末开始每年交 100 万元保费，连续交 4 年。如果贴现率为 10%，他选择哪种支付保费的方式更划算？

解： 第二种支付保费的方式属于递延年金，递延期为 4 期。

用公式（3－15）计算的保费年金的现值为：

$$PV=100\times(P/A,10\%,4)\times(P/F,10\%,4)$$
$$=100\times3.1699\times0.6830=216.5042(\text{万元})$$

用公式（3－16）计算的保费年金的现值为：

$$PV_0=100\times[(P/A,10\%,8)-(P/A,10\%,4)]=100\times(5.3349-3.1699)$$
$$=216.50(\text{万元})$$

216.5042 万元 < 250 万元

计算结果表明，递延分 4 次支付保费的现值小于一次性支付的办法，因此，王经理选择第二种保费支付方式更划算。

(四) 永续年金

永续年金，也称永久年金，是指无限期等额收付的特种年金。它是普通年金的特殊形式，即期限趋于无穷的普通年金。现实中的存本取息可视为永续年金。永续年金没有终止的时间，也就没有终值。

永续年金现值则为 n 趋于无穷大时的普通年金现值，其计算公式为：

$$PV = A/r \tag{3-17}$$

【例 3-11】 学校拟建立一项永久性奖学金，若每年发放奖学金 10 000 元，奖学基金投资的收益率为 10%，现在应存入多少资金才可行？

解：这是一个永续年金求现值的问题，用公式（3-17）即可求出现在应存入的资金数额：

$$P = 10\ 000/10\% = 100\ 000\text{（元）}$$

四、货币时间价值计量中的几个特殊问题

以上介绍的是时间价值中的几个基本原理，现在对时间价值计算中的几个特殊问题加以说明。

(一) 复利法下的名义利率与实际有效利率

复利的计息期不一定是一年，也可能是季度、月或日。当利息在一年内要复利多次时，给出的年利率称为名义利率。实际有效利率则指考虑了复利计息方式后计算所得的实际利率水平。如果名义利率为 r，每年计息 m 次，其他条件不变，则年实际有效利率 i 的计算公式为：

$$i = (1 + r/m)^m - 1 \tag{3-18}$$

当复利频率 m 趋于无限时，称为连续复利。在某些财务评价模式中，常采用连续复利的概念。连续复利率 r 对应的年实际有效利率 i 为：

$$i = \lim_{m\to\infty}[(1 + r/m)^m - 1] = e^r - 1 \tag{3-19}$$

此时的终值公式为：

$$FV = \lim_{m\to\infty} PV \times \left(1 + \frac{r}{m}\right)^{mn} = PV \times e^{rn} \tag{3-20}$$

式中，e 是数学常数，等于 2.71828。

假设 $PV = 10\ 000$ 元，$r = 8\%$，$n = 1$，则以连续复利计息的终值为 $10\ 000 \times e^{rn} = 10\ 832.9$。这个数值与用每天计复利得到的结果相近，从实用角度出发，通常认为连续复利和每天计复利相等。对一笔以利率 r 连续复利贴现 n 年的资金，其现值则以终值乘以 e^{-rn}。

【知识链接 3-1】 通货膨胀对实际利率的影响

在通货膨胀的情况下，由于货币本身的价值发生了变化，名义利率不能真实反映

资金实际价值的变化。实际利率则是剔除了通货膨胀影响后投资者得到利息回报的真实利率。名义利率 r、实际利率 i 与通货膨胀率 h 之间的关系可以归纳为以下等式：

$$1+r=(1+i)\times(1+h)$$

整理可得以下两个公式

$$i=(r-h)/(1+h) \tag{3-21}$$

$$r=i+h+i\times h \tag{3-22}$$

在通货膨胀率较小时，公式（3－21）可以近似地表示为：$i\approx r-h$

假设投资的名义市盈率为10%，而同期通货膨胀率为3%，投资者的实际收益率是多少？

按公式（3－21）计算的精确的实际收益率为：（10%－3%）/（1＋3%）＝6.8%。

按公式（3－21）的近似表达式计算的近似实际收益率为：10%－3%＝7%。

根据公式（3－22），我们可以清楚地了解名义利率实际由三部分组成，即投资的实际利率 i、初始投资额由于通货膨胀所造成的价值下跌的补偿 h、投资获利额由于通货膨胀导致的价值下跌的补偿 $i\times h$。

（二）贴现率的计算

在财务管理中，经常会遇到已知计息期数、终值和现值，计算贴现率的问题。一般而言，计算贴现率可以分为两步：第一步求出时间价值系数，第二步查找时间价值系数表，用插值法求贴现率。

【例3－12】 张先生即将退休，现在向银行存入5 000元作为养老金备用，在利率为多少时，才能保证在今后10年中每年年末得到750元。

解： 由普通年金现值公式可知：

$$PVA_n=A\times(P/A,r,n)$$

故有

$$(P/A,r,10)=\frac{5\ 000}{750}=6.667$$

查年金现值系数表，当利率为8%时，系数为6.710；当利率为9%时，系数为6.418。所以利率应为8%～9%，假设 x 为超过8%的利息率，则可用插值法计算 x 的值如下：

利率　　　　　　　　年金现值系数

$$\left.\begin{array}{l}\left.\begin{array}{c}8\%\\ ?\end{array}\right\}x\%\\ 9\%\end{array}\right\}1\% \qquad\qquad \left.\begin{array}{l}\left.\begin{array}{c}6.710\\ 6.667\end{array}\right\}0.043\\ 6.418\end{array}\right\}0.292$$

$$\frac{x}{1}=\frac{0.043}{0.292}$$

$$x=0.147$$

则利息率 $i=8\%+0.147\%=8.147\%$

第二节　收益与风险的计量

收益与风险是理财中相互关联的两个核心要素。均衡收益与风险，实现风险与收益的优化配置是理财的重要内容。掌握收益与风险的计量方法，是理财的重要前提。

一、单一资产的收益与风险计量

（一）单一资产投资收益的计算

1. 单期投资收益率的计算

资产的收益一般有两个来源，即持有资产期间的股利收益（或利息收入）和资本利得（或减去资本损失）。例如，在一定期间进行股票投资的收益率，等于现金股利加上价格的变化，再除以初始价格。具体计算公式如下：

$$R=\frac{D_t+(P_t-P_{t-1})}{P_{t-1}} \tag{3-23}$$

式中，R 代表收益率，t 代表特定时间，D_t 代表第 t 期的利息或股息收入，P_t 代表第 t 期的资产价格，P_{t-1} 代表第 $t-1$ 期的资产价格。

式（3-23）所描述的收益率常常被称为持有期收益率（HPY）。该收益率既可以用于证券投资收益率的事后衡量，也可用于事前预期。需要注意的是，如果投资者的投资期限不足一年，在计算该指标时需要进行年化处理。

【例 3-13】　2020 年，A 公司普通股股票价格从 1 月 1 日的 36 元/股上升至年底的 45 元/股，这一年 A 公司付息为 2.4 元/股。投资者甲于 2020 年 1 月 1 日购入，年底卖出。请计算该投资者的投资收益率。

解：对于投资者甲而言，2020 年年初购入年末卖出，其收益率为：

$$R=(45-36+2.4)/36\times100\%=31.67\%$$

2. 多期投资收益率的衡量

实践中，大量投资者会持有某资产较长的期限。要对投资收益有总体的认识，就必须衡量一段时期内投资的平均收益率。给定单项资产一组年收益率指标，则衡量投资收益总量的指标有两种：算术平均收益率和几何平均收益率。

算术平均收益率是将各年收益率 R_i 之和用相应的年数（T）去除，即

$$AM=\frac{1}{n}\sum_{t=1}^{n}R_{it} \tag{3-24}$$

几何平均收益率是采用时间加权平均法计算的报酬率。这种方法是以所有现金再投资于以后各期作为假设，考虑了资金的时间价值。其计算公式为：

$$GM=\left[\prod_{t=1}^{T}(1+R_{it})\right]^{1/T}-1=\left(\frac{W_T}{W_0}\right)^{1/T}-1 \tag{3-25}$$

式中，R_{it} 代表各个不同时期的年持有收益率，t 代表各个不同的投资时期，T 代表投资

者持有的总期数或年数，W_0代表投资者的期初财富，W_T代表投资者的期末财富。

【例 3－14】 表 3－1 给出了某公司股票在 2010—2020 年的一组投资数据。某投资者在 2010 年年末购买该公司股票后一直持有到了 2020 年年末。请根据表中给出的数据计算该投资者的收益率。

表 3－1　某公司 2010—2020 年每股股票价格及股息数据

年份	年末价格/元	股息/元	持有期收益率/%
2010	14.31	—	—
2011	12.63	0.22	－10.2
2012	11.22	0.25	－9.18
2013	13.69	0.28	24.51
2014	21.38	0.32	58.51
2015	24.88	0.37	18.1
2016	32.94	0.43	34.12
2017	41.94	0.39	28.51
2018	46.63	0.55	12.49
2019	52.53	0.62	13.98
2020	59.10	0.70	13.84

解： 根据表中的数据，可以得到投资于该公司股票的年算术平均收益率为：

$$\overline{HPR} = \frac{-10.2\% - 9.18\% + \cdots + 13.84\%}{10} = 18.47\%$$

几何平均收益率为：$HPR_g = \sqrt[10]{(1-10.2\%)(1-9.18\%)\cdots(1+13.84\%)} - 1$

$$= 16.94\%$$

虽然算术平均收益率经常被用于对未来的预期投资收益率进行估计，但将其用来衡量投资的长期绩效时，算术平均值则偏大，对于易变性强的证券，偏差则更加显著。而几何平均收益率是建立在对期末投资价值和初始投资价值进行比较的基础之上，因而被认为是较理想的长期平均收益的衡量指标。例如，考察下述情形：某证券 i 第 1 年的价格从 50 元/股上升到 100 元/股，第 2 年又跌回到 50 元/股，年持有收益率如表 3－2 所示。

表 3－2　某证券持有期收益率计算表

年份	初始价值（W_o）	期末价值（W_T）	持有收益率（R_{it}）
1	50	100	1.00
2	100	50	－0.50

此时，算术平均收益率是：［1.00＋（－0.50）］/2＝0.5/2＝25%。该证券的价值在两年中没有发生变化，其收益应为零。然而，其算术平均收益率却为 25%。该证券的

几何平均收益率是：$(2.00\times0.50)^{\frac{1}{2}}-1=0$，零收益率反映该证券的财富未发生变化。显然，几何平均收益率比算术平均收益率更能说明投资的真实结果。

3. 长期债券投资到期收益率的计算

到期收益率是指投资者购买长期债券后一直持有到债券到期所获得的收益率。到期收益率的计算通常采用贴现法。其原理是计算出使证券投资现金流出的现值与现金流入的现值相等时的贴现率。

$$P=\sum_{t=1}^{n}\frac{C_i}{(1+Y)^t}+\frac{M}{(1+Y)^n} \tag{3-26}$$

式中，Y 为到期收益率，P 为债券买价，M 为证券到期兑现值，t 为剩余的付息年数，C_i 为债券持有期内每年获得的收益。

求解该方程时采用试误法或逐次测试法。

债券投资到期收益率的计算也可以用简算法，计算公式如下：

$$Y=[I+(M-P)\div N]/[(M+P)\div 2] \tag{3-27}$$

式中，I 为利息，M 为本金，P 为买价，N 为期数。

【例 3-15】 某投资者于 2017 年 1 月 1 日以 1 105 元的价格购买了一张期限为 5 年、面值为 1 000 元、票面利率为 8%、每年年末支付一次利息的债券。该投资者持有该债券至到期日，计算该投资者债券投资的到期收益率。

解：根据公式（3-26）：

$$1\,105=1\,000\times8\%\times(P/A,Y,5)+1\,000\times(P/F,Y,5)$$

通过试误法求解该 Y 值。

用 $Y=6\%$ 试算：

$$1\,000\times8\%\times(P/A,6\%,5)+1\,000\times(P/F,6\%,5)$$
$$=80\times4.212+1\,000\times0.747=1\,083.96(\text{元})<1\,105(\text{元})$$

用 $Y=4\%$ 试算：

$$1\,000\times8\%\times(P/A,4\%,5)+1\,000\times(P/F,4\%,5)$$
$$=80\times4.452+1\,000\times0.822=1\,178.16(\text{元})>1\,105(\text{元})$$

可以判断，该债券的到期收益率介于 4% 至 6%。用插值法计算如下：

$$Y=4\%+\frac{1\,105-1\,083.96}{1\,178.16-1\,083.96}\times(6\%-4\%)=4.47\%$$

到期收益率也可以用简算法，计算如下：

$$Y=[80+(1\,000-1\,105)\div5]/[(1\,000+1\,105)\div2]=5.6057\%$$

4. 单一资产投资期望收益率的计算

由于风险的存在，资产的收益不能事先预知，投资者只能估计各种可能发生的结果（事件）及每种结果发生的可能性（概率），因而风险资产的收益率通常用统计学中的数学期望 $E(R)$ 来表示：

$$E(R)=\sum_{i=1}^{N}R_i\times P_i \tag{3-28}$$

式中，$E(R)$ 代表期望收益率，R_i 代表第 i 种可能的收益率，P_i 代表收益率 R_i 发生的概率（$\sum_{i=1}^{N} P_i = 1$），N 代表可能性的数目。

（二）单一资产投资风险的计量

风险是指人们在生产、生活或对某一事项做出决策的过程中，未来结果的不确定性，这种不确定性既包括正面效应的不确定性，也包括负面效应的不确定性。在多数情况下，风险被定义为出现财务损失的可能性，或者更广义地被定义为特定资产实现收益的不确定性。这种不确定性越大，则风险越大。

预期收益率描述了以概率为权数的平均收益率。实际收益率与预期收益率的偏差越大，投资于该资产的风险也就越大，因此对单个投资资产的风险，通常用统计学中的方差或标准差来表示，方差 $\sigma^2(R)$ 可用公式表示如下：

$$\sigma^2(R) = \sum_{i=1}^{n} (R_i - E(R))^2 \times P_i \tag{3-29}$$

方差衡量的是收益率聚集在期望收益率周围的紧密程度。这种紧密程度与投资中风险的不确定性是等价的。如果一项资产没有风险，它的实际收益率与期望收益率就没有偏离，即其方差等于零。

标准差 σ 则是方差的平方根。在实务中，一般使用标准差来反映风险的大小。一般而言，标准差越小，说明离散程度越小，风险也就越小；反之，标准差越大，则风险越大。

实际决策中，我们无法准确得知 R 的概率分布。很多情况下，投资者认为收益率的分布并不随时间的推移而发生变化，实际收益率的变化来自同一分布的不同情况。因而，反映收益率变化统计规律的两个重要的数字特征——期望收益率与方差也不随时间而变化。因此，我们可以从收益的历史情况中得到二者的估计值。

对比两项不同的投资风险大小时，我们常常会用到另一个风险衡量指标——离散系数（CV，也称变异系数）。其计算公式为：

$$CV = \frac{\sigma}{E(R)} \tag{3-30}$$

式中，CV 表示离散系数，σ 表示标准离差，$E(R)$ 表示期望投资收益率。

二、资产组合的收益与风险计量

1. 资产组合的投资收益率。资产组合的投资收益率等于组合中各种资产收益率的加权平均数，权数是各种资产在整个资产组合中的投资权重。资产组合 P 的收益 R_P 可用以下公式计算：

$$R_P = \sum_{j=1}^{m} W_j R_j \tag{3-31}$$

式中，R_P 表示组合的收益，W_j 表示组合中第 j 项资产的投资权重，R_j 表示组合中第 j 项资产的收益率，m 表示组合中资产的个数。

2. 资产组合的风险衡量。我们用方差或标准差来衡量单个资产的风险，当投资由若干个资产组合而成时，这个组合的风险仍然可以用方差或标准差来衡量，但计算时要考虑每个资产与其他资产之间的关系。

首先计算由两种资产组成的投资组合的方差。由两种资产组成的投资组合的方差不仅取决于这两项资产的方差，而且取决于这两项资产之间联系的紧密程度。公式如下：

$$\sigma^2(R_P) = w_i^2\sigma^2(R_i) + w_j^2\sigma^2(R_j) + 2w_iw_jCov(R_i,R_j) \tag{3-32}$$

式中，$\sigma^2(R_P)$ 代表任意两种资产组合的方差，w_i 代表资产 i 在组合中所占权重，w_j 代表资产 j 在组合中所占权重，$Cov(R_i,R_j)$ 代表资产 i 与 j 的收益率之间的协方差。

协方差在证券投资组合中的含义是两项资产的收益率相应变动或变化的程度。正的协方差意味着两种资产的收益率倾向于向同一方向变动，而负的协方差意味着两种证券的收益率向相反方向变动。任何两项资产 i 和 j 之间的协方差都可用如下公式计算：

$$Cov(R_i,R_j) = \sum_{R=1}^{N} P_k[R_{ik} - E(R_i)][R_{jk} - E(R_j)] \tag{3-33}$$

式中，R_{ik}代表资产 i 的第 k 种可能的收益率，R_{jk}代表资产 j 的第 k 种可能的收益率，P_k 代表资产 i 和 j 的第 k 种收益率的概率，N 代表收益率可能出现的个数。

相关系数用来表示两个随机变量之间相互影响的程度，相关系数和协方差在概念上是等价的。资产 i 和 j 的收益率之间的相关系数定义为两个资产的协方差除以它们的标准差的乘积，其公式为：

$$\rho(R_i,R_j) = \frac{Cov(R_i,R_j)}{\sigma(R_i)\sigma(R_j)} \tag{3-34}$$

可以通过数学证明相关系数的值在 -1.0 到 $+1.0$ 之间。当取值为 -1 时，表示资产 i、j 收益变动完全负相关；当取值为 $+1$ 时，表示资产 i、j 收益变动完全正相关；当取值为 0 时，表示资产 i、j 收益变动完全不相关。当 $0<\rho_{ij}<1$ 时，表示资产 i、j 收益变动正相关；当 $-1<\rho_{ij}<0$ 时，表示资产 i、j 收益变动负相关，如图 3-6 所示。

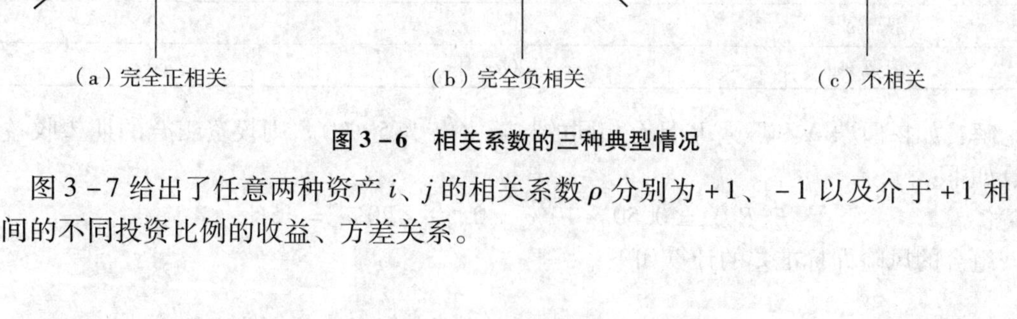

图 3-6 相关系数的三种典型情况

图 3-7 给出了任意两种资产 i、j 的相关系数 ρ 分别为 +1、-1 以及介于 +1 和 -1 之间的不同投资比例的收益、方差关系。

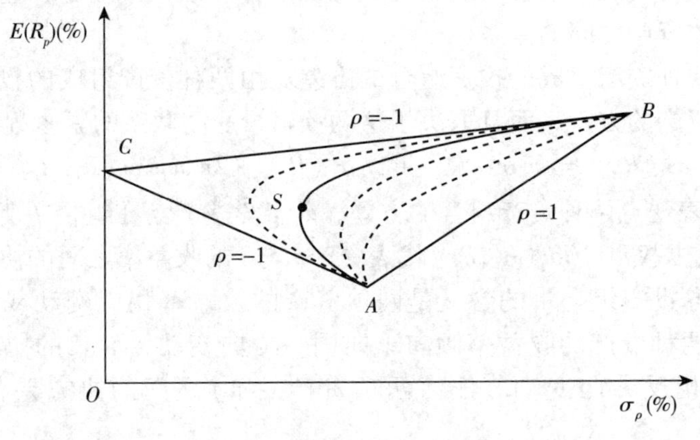

图 3－7　两种资产组合收益、风险与相关系数的关系

同理，如果有 N 种资产组合，各种资产在组合中的权重为 w_i，方差为 σ_i^2，用 σ_{ij} 表示两者之间的协方差 $Cov(R_i, R_j)$，用 $\sigma^2(R_P)$ 表示该投资组合的方差，则 N 种资产组合的方差如下：

$$\sigma^2(R_P) = \sum_{i=1}^{N}\sum_{j=1}^{N} w_i w_j \sigma_{ij} \tag{3-35}$$

式中，$\sigma_{ij} = \rho_{ij}\sigma_i\sigma_j$。

可见 N 种资产组合的方差可以分成两部分：一部分是资产的加权方差之和，另一部分是这些资产的加权协方差之和。由此可知，资产组合的风险不仅取决于单个资产的风险和投资权重，还取决于资产之间的相关系数和协方差。

三、组合投资和分散风险

如上所述，除去各资产完全正相关的情况，多个资产构成资产组合时，期望收益保持线性关系不变，而波动则可以互相抵消，即投资者可以在不牺牲收益的前提下能够降低投资组合的风险（方差），这就被称作组合资产的“风险分散效果”。

【例 3－16】　假设有一个由普通股股票 A 和 B 组成的资产组合，其各自的期望收益率和标准差如表 3－3 所示。计算该组合的期望收益率及风险。

表 3－3　　股票 A 和 B 的期望收益率和标准差

	$E(R)$	$\sigma(R)$
股票 A	10%	30%
股票 B	20%	60%

解： 如果股票 A 和股票 B 具有相同的权重（各为 50%），则投资组合的期望收益率计算如下：

$$E(R_P) = 0.50 \times 10\% + 0.50 \times 20\% = 15\%$$

组合的风险即标准差的计算如下：

$$\sigma(R_P)=\sqrt{0.5^2\times30\%^2+0.5^2\times60\%^2+2\times0.5^2\times30\%\times60\%\times\rho(R_A,R_B)}$$
$$=\sqrt{0.1125+0.09\times\rho(R_A,R_B)}$$

假设两只股票之间的相关系数 $\rho(R_A,R_B)$ 分别为 +1.0，0 和 -1.0，分别代入上式可得结果，如表 3-4 所示。

表 3-4　计算结果

$\rho(R_A,R_B)$	$E(R_P)$	$\sigma(R_P)$
+1.0	15%	45%
0	15%	35%
-1.0	15%	15%

股票 A 和 B 的相关系数从 +1.0 逐渐减少到 0 再到 -1.0，该组合的标准差也随之从 45% 减少到 15%，而该组合的期望收益率在每一种情况下都保持 15% 不变。

从理论上来讲，一个资产组合只要包含了足够多的相关性较弱（甚至负相关）的资产，就完全可能消除所有风险。但是现实中，各资产收益率之间的正相关程度较高，因为各个资产的收益率都在一定程度上受一些共同因素如经济周期、利率变化等的影响，分散投资可以消除的那一部分风险是每个资产独有的，是非系统性风险，不能消除的是系统性风险。

一些研究表明，一个资产组合的风险随着资产数量的增加而减少，当资产组合从 1 个扩大到 10 个时，组合风险的下降很明显。但是降低风险的边际效果在超过了 10 个时变得微乎其微。由 20 种资产组成的组合，其中单个资产风险的 40% 被抵消，总风险可以认为降低到只包含系统性风险的水平。图 3-8 说明了资产组合中资产的个数和组合系统性风险、非系统性风险之间的关系，σ_P 和 N 分别表示组合收益率的标准差和组合中资产的个数。

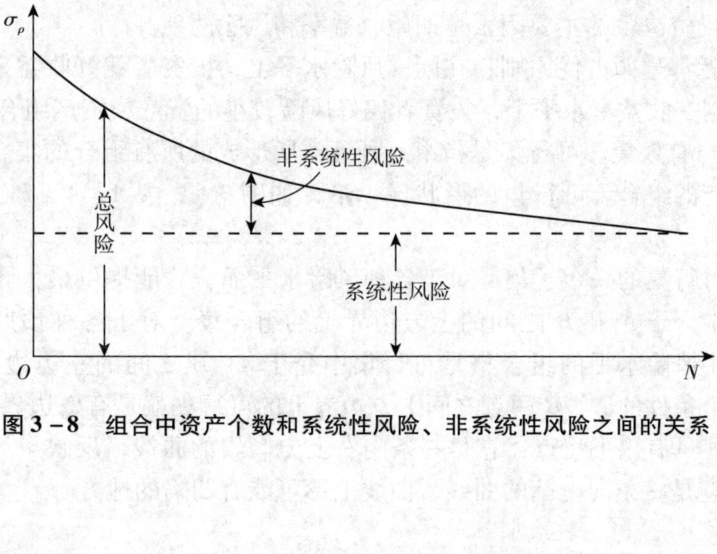

图 3-8　组合中资产个数和系统性风险、非系统性风险之间的关系

第三节　风险收益关系的分析模型

风险和报酬的基本关系是风险越大，要求的报酬率越高，即风险与收益成正比关系。各项目的风险大小是不同的，在投资报酬率相同的情况下，理性的人们都会选择风险较小的投资，结果导致这类投资因市场竞争加大而风险增加，必要报酬率会下降。市场竞争的最终结果是：高风险的项目必须有高报酬，否则，就没有人投资；低报酬的项目必须风险低，否则，也没有人投资。

不同的投资者对待风险和报酬关系的态度是不同的，对风险与报酬的选择侧重点各异。敢于冒风险者更看重高风险背后的高收益；对风险极度反感者更注重降低风险。

在西方金融学和财务管理学中，有许多模型论述风险和收益率的关系，其中最重要的是马柯维茨开创的资产组合理论和在此基础上发展的资本资产定价模型（CAPM）。

一、资产组合理论

20 世纪 50 年代初期，马柯维茨第一次明确地用数学工具给出了在一定风险水平下按不同比例投资多种证券时收益可能最大的投资方法，引发了第一次“华尔街革命”，从而也标志着现代证券投资组合理论的开端。

1. 相关假设。马柯维茨考虑的是单期投资问题，投资者拥有一笔资金，从现在起投资于一个特定长的时间（称为持有期），在期初投资者需要做出决定购买哪些证券及购买的数量，并持有到期末。分别以一定资金比例购买的一组证券称为一个证券组合，因而投资者的决策就是要从一系列可能的证券组合中选择一个最优的证券组合，这样一个决策问题被马柯维茨称为证券组合选择问题。为了解决这个问题，马柯维茨对投资者的决策方法和行为特征做了如下假设：

（1）投资收益的概率分布是已知的。

（2）投资者都利用预期收益的波动来估计风险，即用收益率的方差或标准差来表示风险。

（3）影响投资决策的主要因素是期望收益率和风险两项。

（4）投资者都遵循占优原则：在同一风险水平上，投资者偏好收益率较高的资产或资产组合；在同一收益率水平上，投资者偏好风险较小的资产或资产组合等。

2. 可行集与有效集。可行集是指由 n 种证券所形成的所有组合的集合，它包括现实生活中所有可能的组合。可行集的形状像伞形，如图 3－9 中 A、N、B、H 四点所围成的区域所示。

有效集是可行集的一个子集。对于各种风险水平而言，能提供最大预期收益率的组合集是可行集中介于 N 和 H 之间的上方边界上的组合集。对于各种预期收益率水平而言，能提供最小风险水平的组合集是可行集中介于 A、B 之间的左边边界上的组合集。同时满足这两个条件的 N、B 两点之间上方边界上的可行集就是有效边界。

有效集曲线具有以下特点：它是一条向右上方倾斜的曲线，反映了“高收益，高风险”的原则；它是一条向上凸的曲线，曲线上不可能有凹陷的地方。

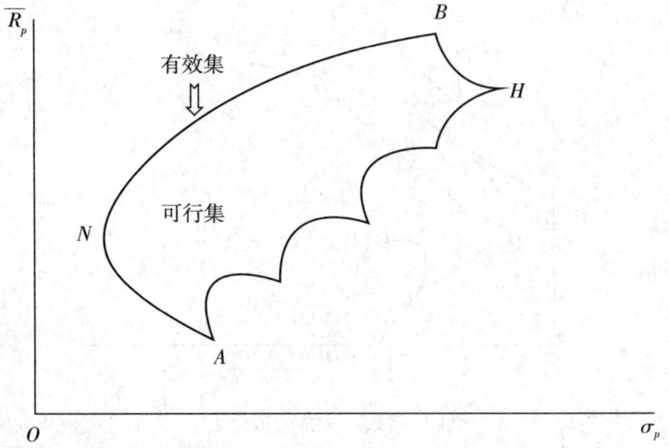

图 3-9　可行集与有效集

3. 理性投资者与无差异曲线。从理论上而言，具有独立经济利益的投资者的理性经济行为有两个规律特征，其一为追求收益最大化，其二为厌恶风险，二者的综合反映为追求效用最大化。

一般以无差异曲线来表示投资效用。一个特定的投资者任意给定一个证券组合，根据他对风险的态度，可以得到一系列满足程度相同的证券组合，这些组合恰好在 $E-\sigma$ 坐标系上形成一条曲线，我们称这条曲线为该投资者的一条无差异曲线。比如，某个投资者认为，尽管图 3-10 中的证券组合 A、B、C、D、E 的收益风险各异，但是给他带来的满足程度相同，因此这 5 个证券组合是无差异的，选择哪一个组合投资都可以。

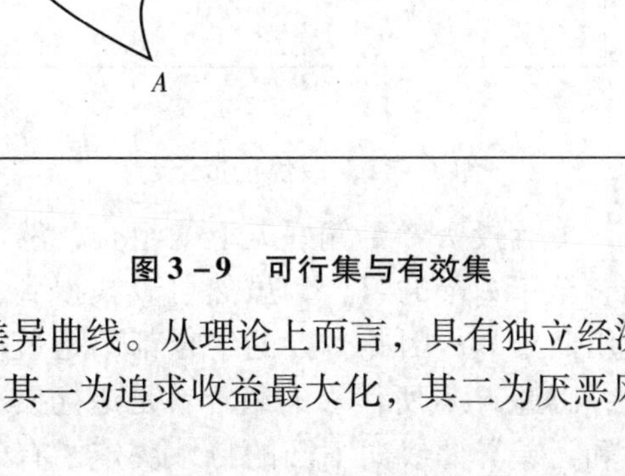

图 3-10　满足程度相同的证券组合

偏好不同的投资者，他们的无差异曲线的形状也不同。无差异曲线向上弯曲的程度大小反映了投资者承受风险能力的强弱。

4. 最优投资组合。确定了有效集的形状之后，投资者就可根据自己的无差异曲线群选择能使自己投资效用最大化的最优投资组合。这个组合位于无差异曲线与有效集的相切点 P，如图 3-11 所示。

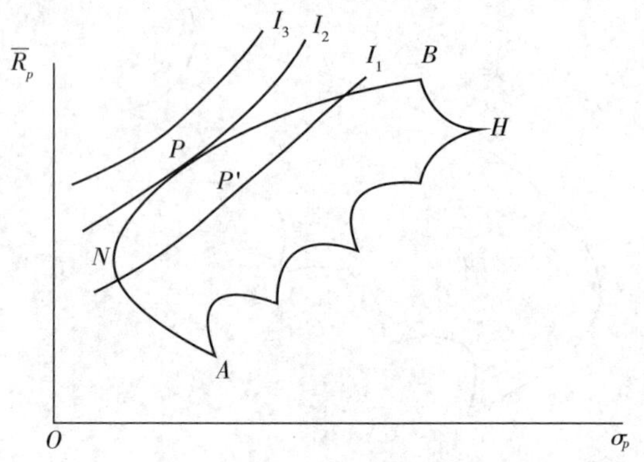

图 3 - 11　最优投资组合

从图 3 - 11 可以看出，虽然投资者更偏好 I_3 上的组合，然而可行集中找不到这样的组合，因而是不可实现的。至于 I_1 上的组合，虽然可以找得到，但由于 I_1 的位置位于 I_2 的下方，即 I_1 所代表的效用低于 I_2，因此 I_1 上的组合都不是最优组合。而 I_2 代表了可以实现的最高投资效用组合，因此 P 点所代表的组合就是最优投资组合。

有效集向上凸的特性和无差异曲线向下凸的特性决定了有效集和无差异曲线的相切点只有一个，即最优投资组合是唯一的。

对于投资者而言，有效集是客观存在的，它是由证券市场决定的。而无差异曲线则是主观的，它是由自己的风险—收益偏好决定的。从前面的分析可知，厌恶风险程度越高的投资者，其无差异曲线的斜率越陡，因此其最优投资组合越接近 N 点；厌恶风险程度越低的投资者，其无差异曲线的斜率越小，因此其最优投资组合越接近 B 点。

二、资本资产定价模型

早在证券组合理论广泛传播之前，夏普（Sharpe）、林特纳（Lintner）和莫森（Mossin）3 人便几乎同时独立地提出了以下问题："假定每个投资者都遵循马柯维茨的证券组合选择理论来经营他们的投资，这将会对证券定价产生怎样的影响?" 他们在回答这一问题时，分别于 1964 年、1965 年和 1966 年提出了著名的资本资产定价模型（CAPM），从而开创了现代资产定价理论的先河。

资本资产定价模型要解决的问题是：在资本市场中，在市场均衡状态下，单个资产的收益是如何依风险而确定的。

1. 模型的基本假设

传统的资本资产定价模型遵循以下十大假设：

（1）所有投资者都属于马柯维茨分散投资者，即投资者仅依据投资收益率的均值和方差做投资决策。

（2）投资者遵守占优原则：在同一风险水平下，选择收益率较高的资产组合；在同一收益率水平下，选择风险较低的资产组合。

（3）所有投资者的投资期限均相同。

（4）每种资产都是无限可分的，即投资者可以以任意净额投资于各种资产。

（5）存在无风险资产，投资者可以按相同的无风险利率借入或贷出任意数量的无风险资产。

（6）允许无限制地卖空。

（7）税收和交易费用均忽略不计。

（8）没有通货膨胀和利率的变化。

（9）所有投资者对于各种资产的收益率、标准差、协方差等具有相同的预期。如果每个投资者都以相同的方式投资，根据这个市场中所有投资者的集体行为，每个证券的风险和收益最终可以达到均衡。

（10）单个投资者不能通过买卖行为影响资产价格，即市场是完全竞争的。

2. 资本市场线

夏普比率是量度每增加一个风险单位所得到的回报；反映回报和风险的关系变化。

根据上述完全信息假设，所有的投资者所拥有的信息相同，对所有资产的收益、标准差和相互的协方差都是相同的预期；同时，所有的投资者都按马柯维茨的资产组合选择模型进行资产选择，并有相同的投资期限，因而所有投资者选择的最优资产组合集合必然相同。在允许无风险借贷的假定下，这些组合集中反映在一条线上，即由无风险收益率 r_f 出发和风险资产组合有效集相切的一条线，切点称为市场组合点 M，具有最大的风险回报率（也称为夏普比率），这条直线便被称为资本市场线（CML），如图 3－12 所示。

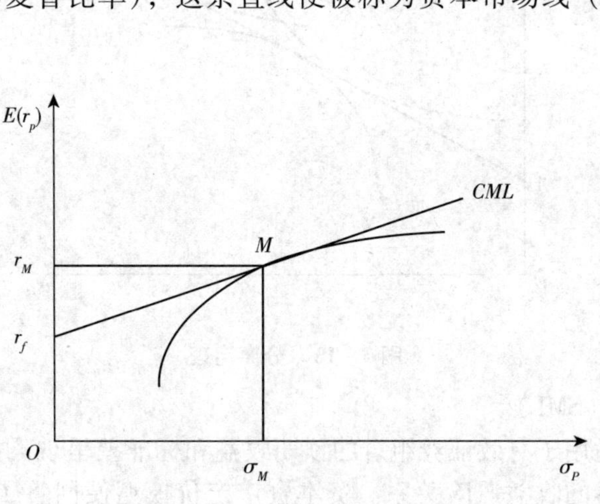

图 3－12　资本市场线

对于市场组合而言，其风险补偿 $E(r_M)-r_f$ 和标准差 σ_M之比被称为风险的市场价格，可由 CML 的斜率计算得出。

$$CML\text{的斜率} = \frac{E(r_M) - r_f}{\sigma_M} \tag{3-36}$$

这是衡量风险和回报关系的重要指标之一，表示一个证券组合的风险每增加1%需要增加的风险回报，风险越大，预期回报越大。因此，*CML*上的任意有效证券组合中的预期收益可用它的风险表示，*CML*的表达公式为：

$$E(r_p) = r_f + \frac{E(r_M) - r_f}{\sigma_M} \times \sigma_P \tag{3-37}$$

3. 分离定理

分离定理表示风险资产组成的最优证券组合的确定与个别投资者的风险偏好无关。最优风险证券组合的确定仅取决于各种可能的风险证券组合的预期收益和标准差。虽然投资者的风险收益偏好不同，其无差异曲线的斜率不同，他们的最优投资组合也不同，但风险资产的构成相同，即无论投资者对风险的偏好如何，其所选择的风险资产的构成都一样。

分离定理如图3－13所示，在图3－13中，I_1代表厌恶风险程度较轻的投资者的无差异曲线，该投资者的最优投资组合位于P_1点；I_2代表厌恶风险程度较高的投资者的无差异曲线，该投资者的最优投资组合位于P_2点。虽然P_1和P_2的位置不同，但它们都是由无风险资产*A*和相同的最优风险组合*T*组成的，因此它们的风险资产组合中各种风险资产的构成比例自然是相同的。

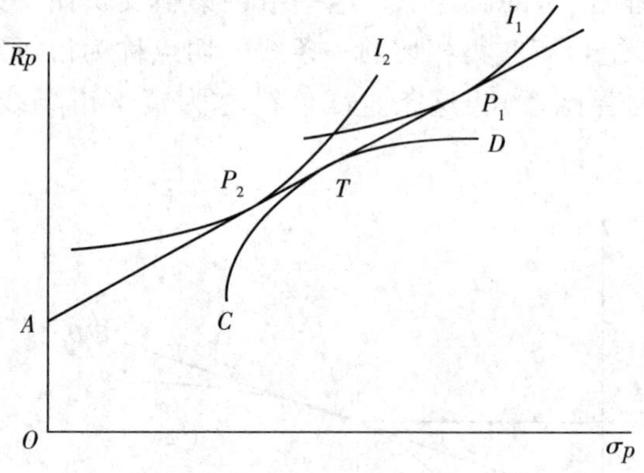

图3－13 分离定理

4. 证券市场线（SML）

资本市场线只适用于有效证券组合的预期收益和标准差呈现均衡状态的关系，但没有给出任意单一证券的收益风险关系。资本资产定价模型便回答了在市场均衡状态下，任意一项资产的预期收益与其所承担的风险之间的关系：

$$E(r_i) = r_f + \beta_i[E(r_M) - r_f] \tag{3-38}$$

式中，$\beta_i = \left(\frac{\sigma_i}{\sigma_M}\right)\rho_{iM}$，式中，$\rho_{iM}$表示证券*i*的收益与市场组合收益的相关系数，$\sigma_i$表示证

券 i 收益的标准离差，σ_M 表示市场组合收益的标准离差。它反映了任意资产 i 与市场组合之间的相关性，度量了由于市场波动给资产 i 带来的风险，因此被用来度量市场风险（即系统性风险）的大小。

式（3－38）即为资本资产定价模型（CAPM）。从这个模型中我们可以看出，风险资产的收益是由两部分组成的：无风险资产的收益和一个市场风险补偿额。

风险资产的预期收益与其所承担的市场风险 β 值之间是线性关系，我们把这一线性关系表示在以预期收益和 β 值为坐标轴的平面上，就是证券市场线（SML）。

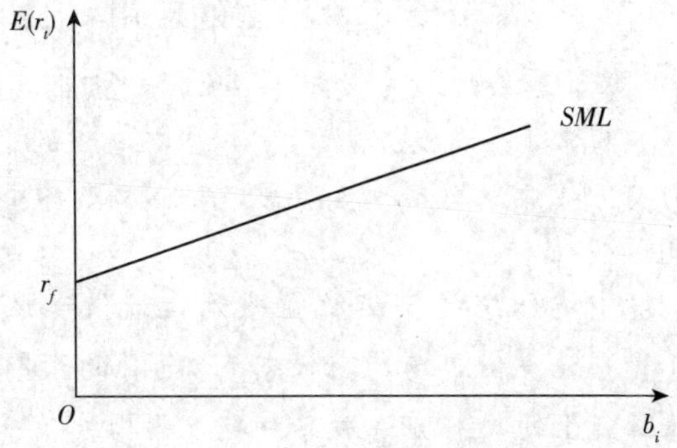

图 3－14 证券市场线

证券市场线反映了在不同的 β 值水平下，各种证券及证券组合应有的预期收益率水平，从而反映了各种证券和证券组合系统性风险与预期收益率的均衡关系。

β 系数的一个重要特征是，一个证券组合的 β 值等于该组合中各种证券 β 值的加权平均数，权数为各种证券在该组合中所占的比例，即

$$\beta_P = \sum X_i \beta_i \qquad (3-39)$$

也可以直接用证券 i 与市场组合 M 之间的协方差（σ_{iM}）来衡量系统风险的绝对值，这样 *SML* 的方程便可描述为：

$$E(r_i) = r_f + \frac{E(r_M) - r_f}{\sigma_M^2} \times \sigma_{iM} \qquad (3-40)$$

不难发现，证券市场线与资本市场线在市场均衡时两者是一致的，但也有区别。

（1）二者的适用范围不同。*CML* 只适用于描述无风险资产与有效率的风险资产再组合后的有效率风险资产组合的收益和风险关系。而 *SML* 描述的是任何一种资产或资产组合的收益和风险之间的关系。

（2）二者选择的风险变量不同。*CML* 以 σ 反映、度量资产及资产组合的总风险，而 *SML* 以 β 系数衡量、反映个别证券在市场系统性风险中的程度及该证券对投资组合的贡献。

【例 3－17】 某公司股票的 β 系数为 1.5，无风险利率为 6%，市场上所有股票的

平均收益率为10%，计算该公司股票的必要收益率。

解：该公司股票的必要收益率应为：

$$\bar{r}_i = r_f + \beta_i(r_m - r_f)$$
$$= 6\% + 1.5 \times (10\% - 6\%) = 12\%$$

计算结果表明，只有该公司股票的收益率达到或超过12%时，投资者才肯进行投资。

【延伸阅读3-1】　　资本资产定价模型的应用

CAPM模型对任意证券或组合的期望收益率和风险之间的关系进行了清晰的阐述，它尽管结构简单却蕴含着非常丰富的经济学思想并具有很强的解释力，从而给投资管理实践带来了深刻的影响，被广泛应用于投资管理和公司财务中。

（1）用于资产估值

一方面，当我们获得市场组合的预期收益率的估计值和该证券风险β_i的估计值时，我们就能用CAPM模型计算出市场均衡状态下证券i的预期收益率$E(r_i)$；另一方面，市场对证券在未来所产生的收入流（股息加期末价格）有一个预期值，这个预期值与证券i的期初市场价格及其预期收益率$E(r_i)$之间有如下关系：

$$E(r_i) = \frac{\text{股息} + \text{期末价格}}{\text{期初价格}} - 1$$

据此可以推算，资产均衡的期初价格$=\dfrac{\text{股息}+\text{期末价格}}{1+E(r_i)}$

将资产均衡的期初价格与实际市价进行比较，就可以判断资产价格是否被误定。

（2）用于资产配置

CAPM模型在资产配置方面的应用就是通过β值的高低对资产进行分类，再根据对市场走势的预测来选择具有不同β系数的证券或组合，以获得较高的收益或规避市场风险。

（3）用于投资组合的决策或投资组合绩效的测定

我们可以用CAPM模型计算出不同投资组合所对应的期望报酬率R_P。通过比较不同投资组合的期望报酬率，并结合投资者的风险态度和风险收益率进行投资组合的决策。

此外，投资者事先可以根据估计结果为投资组合规定适当的风险与收益，然后将期末实际的风险与收益关系与之进行比较，则可获得投资组合的绩效，从而评定投资组合管理者的绩效。

（4）用于资本成本测定

公司的权益资本成本通常被定义为其股票的期望报酬率。资本资产定价模型反映了风险证券的必要收益率，利用该模型也可以估算公司权益资本的成本。

（5）用于项目风险投资决策

项目风险投资决策常用的方法是风险调整贴现率法，其基本思路是：对于高风险的项目，采用较高的贴现率去计算净现值，然后根据净现值法的规则来选择方案。利用 CAPM 模型即可以确定风险调整贴现率。

更多内容请扫描二维码

思考：在公司和个人理财中如何有效地利用 CAPM 模型？

本章小结

1. 资金时间价值指货币经历一定时间的投资和再投资后所增加的价值。货币的时间价值有单利计息和复利计息两种计算方法。复利计息更能反映货币的时间价值。

2. 复利计息即通常所说的“利滚利”。复利终值是指若干期后包括本金和利息在内的未来价值；复利现值是指以后年份收到或支出资金的现在的价值。

3. 年金是指若干期限内每个期限均匀地产生的现金流入或现金流出。年金分为普通年金、先付年金、递延年金、永续年金等类型。年金的终值是若干个均匀现金流的终值之和，年金的现值是若干个均匀现金流的现值之和。

4. 收益与风险是投资者最关注的要素。单一资产投资收益有单期收益率与多期收益率之分，长期债券投资可以通过贴现法计算到期收益率。单一资产投资的风险用标准差衡量。组合投资的收益率是单项资产投资收益率的加权值，组合投资的风险除受组合中各资产投资权重的影响外，还受组合资产之间的协方差或相关系数的影响。

5. 投资者可以通过计算各个证券的预期收益率、方差及各证券间协方差找出证券投资的有效集，然后找出有效集与该投资者等效用曲线相切的点，该切点代表的组合就是获得最大投资效用的组合，即最优投资组合。这就是以马柯维茨为代表的现代证券组合理论的主要内容。

6. 资本资产定价模型（CAPM）是论述风险和收益率关系的著名模型，模型的表达式为：$E(r_i) = r_f + \beta_i[E(r_M) - r_f]$，其中$\beta$系数是度量资产$i$的系统性风险的指标，一般而言，大多数股票的$\beta$值在0.5至1.5之间。

【复习思考题】

一、名词解释

复利终值　　复利现值　　年金　　持有期收益率　　β系数

资本资产定价模型

二、简答题

1. 什么是复利？复利终值的计算原理给个人或企业理财带来哪些启示？

2. 什么是年金？举例说明个人日常生活会发生的年金现象。

3. 简要说明风险与收益的计量方法。

4. 风险控制的方法有哪些？你如何看待风险？

三、计算题

1. 对于退休职工，某公司有两个可供职工选择的退休待遇方案：在退休之日一次性付给退休金100 000元，或分十年每年年末给付退休金12 000元。若社会平均收益率为6%，那么退休职工选择哪种方案更划算？

2. 假设一项投资在前五年每年年底获得6 000元收益，从第6年到第10年每年年底获得4 000元收益，投资的收益率为12%，投资者的最大投资额是多少？假设投资收益发生在每年年初，则投资者的最大的投资额又是多少？

3. 假设两家银行向你提供贷款。A银行的利率为8.2%，按年计息；B银行的利率为8%，按半年计息。你会选择哪一家银行为你提供贷款？

4. 某公司拟对科技公司股票、写字楼、企业债券、货币基金进行组合投资，四种资产的β系数分别为2、1.2、1、0.5，市场上国债的收益率为4%，市场平均风险资产的投资报酬率为8%。要求：(1) 计算各类资产的预期投资报酬率；(2) 若该公司以4:3:3投资前三种资产，计算该组合的预期报酬率和β系数；(3) 若该公司以4:3:3投资第1、2、4种资产，计算该组合的预期报酬率和β系数；(4) 若该公司想提高报酬率，应选择以上哪些资产进行组合？若该公司想降低投资风险，应选择以上哪些资产进行组合？

5. 给定两种证券、市场组合、无风险收益率的信息如表3-5所示。

表3-5　两种证券、市场组合、无风险收益率的信息

项目	期望收益率/%	与市场组合相关系数	标准差/%
证券1	15.5	0.90	20.0
证券2	9.2	0.80	9.0
市场组合	12.0	1.00	12.0
无风险收益率	5.0	0.00	0.0

要求：(1) 计算两种证券的β值。(2) 列出证券市场线的方程。(3) 计算两种证券的必要收益率，并判断两种证券定价的合理性。

第四章

公司财务分析

GONGSI CAIWU FENXI

财务会计信息是经济信息的基础。经济活动主体对内财务管理需要依靠财务分析提供有用的决策参考信息，对外投资时也需要通过财务分析了解投资对象的财务状况。无论是公司还是个人，在理财时都需要掌握基本的财务分析技能。本章重点介绍公司财务报告体系、财务分析的方法、财务分析的步骤、财务分析的局限性、财务分析的比率、财务比率的综合应用。

【本章学习目标】

了解财务报告体系的组成，熟悉财务分析的方法，理解财务报表分析的局限性；掌握基本财务比率的计算公式和含义；能够阅读财务报表并结合财务指标分析公司的财务状况和经营成果；能够利用杜邦财务分析法、财务状况综合评分法对公司的整体财务状况和综合业绩进行简单的评价。

【本章关键词】

财务报告体系　　财务比率　　杜邦财务分析法　　财务状况综合评分法

第一节　公司财务分析概述

一、公司财务报告体系

财务分析是以公司的财务会计报告为依据，对会计报告所提供的资料进行加工整理分析的一项经济活动。

财务会计报告是公司对外提供的反映公司某一特定日期财务状况和某一会计期间经营成果、现金流量的文件。

目前，我国公司的财务会计报告是以资产负债表、损益表、现金流量表为核心和纽带，联结其他报表及附表和附注的一个财务报告体系。公司财务会计报告一般分为年报、半年报、季报和月报。其中，会计报表是上市公司财务会计报告的主体和核心。

（一）基本会计报表

企业最基本的财务报表包括资产负债表、损益表、现金流量表。但由于目前上市公司还需要披露所有者权益变动表，因此，一般所说的基本会计报表包括上述四个表格。

1. 资产负债表。资产负债表是反映公司在某一特定日期的财务状况的静态报告（见表4－1）。该表是根据“资产＝负债＋所有者权益”的会计等式编制而成的，揭示的是某一时点企业的资产、负债、所有者权益以及它们之间的相互关系。

表4－1　××公司资产负债表

（2021年12月31日）　单位：万元

资　产	期末余额	年初余额	负债和所有者权益	期末余额	年初余额
流动资产：			流动负债：		
货币资金	50	100	短期借款	90	120
交易性金融资产	24	12	交易性金融负债	0	0
衍生金融资产	0	0	衍生金融负债	0	0
应收票据	22	16	应付票据	8	10
应收账款	398	796	应付账款	218	200
应收款项融资	0	0	预收账款	0	0
预付账款	8	44	合同负债	8	20
其他应收款	66	194	应付职工薪酬	34	28
存货	652	238	应交税费	8	10
合同资产	0	0	其他应付款	44	70
持有待售资产	0	0	持有待售负债	0	0
一年内到期的非流动资产	0	0	一年内到期的非流动负债	18	110
其他流动资产	0	0	其他流动负债	12	32
流动资产合计	1 220	1 400	流动负债合计	440	600
非流动资产：			非流动负债：		
债权投资	0	0	长期借款	490	900

续表

资　产	期末余额	年初余额	负债和所有者权益	期末余额	年初余额
其他债权投资	0	0	应付债券	520	480
长期应收款	0	0	其中：优先股	0	0
长期股权投资	90	60	永续债	0	0
其他权益工具投资	0	0	租赁负债	0	0
其他非流动金融资产	0	0	长期应付款	120	100
投资性房地产	0	0	预计负债	0	0
固定资产	1 934	2 476	递延收益	0	0
在建工程	70	36	递延所得税负债	0	0
生产性生物资产	0	0	其他非流动负债	30	40
油气资产	0	0	非流动负债合计	1 160	1 520
使用权资产	0	0	负 债 合 计	1 600	2 120
无形资产	16	12	所有者权益：		
开发支出	0	0	实收资本（或股本）	200	200
商誉	0	0	其他权益工具	0	0
长期待摊费用	30	10	其中：优先股	0	0
递延所得税资产	0	0	永续债	0	0
其他非流动资产	0	6	资本公积	20	32
非流动资产合计	2 140	2 600	减：库存股	0	0
			其他综合收益	0	0
			专项储备	0	0
			盈余公积	80	148
			未分配利润	1 460	1 500
			所有者（或股东）权益合计	1 760	1 880
资 产 总 计	3 360	4 000	负债和所有者权益合计	3 360	4 000

资产负债表每部分中各项目的排列一般以流动性的高低为序。资产表示公司所拥有或掌握的，以及其他公司所欠的各种资源或财产；负债表示公司所应支付的所有债务；股东权益表示公司的资产净值，即在清偿各种债务以后，公司股东所拥有的资产价值。

通过资产负债表可以了解公司的财务状况，对公司的偿债能力、资本结构的合理性、流动资金的充足性做出判断。

2. 利润表。利润表也称损益表，是反映企业一定时期的经营成果的会计报表（见表4－2）。它是一张动态报表，揭示了公司获取利润能力的大小和潜力以及经营趋势。

表4-2 ××公司利润表

（2021年12月31日） 单位：万元

项目	上年金额	本年金额
一、营业收入	5 800	6 100
减：营业成本	5 028	5 348
税金及附加	56	56
销售费用	40	44
管理费用	80	92
研发费用	0	0
财务费用	192	220
其中：利息费用	150	180
利息收入	20	30
加：其他收益	0	0
投资收益	48	80
其中：对联营企业和合营企业的投资收益	0	0
以摊余成本计量的金融资产终止确认收益	0	0
净敞口套期收益	0	0
公允价值变动净收益	0	0
信用减值损失	0	0
资产减值损失	0	0
资产处置收益	0	0
二、营业利润	452	420
加：营业外收入	34	20
减：营业外支出	10	40
三、利润总额	476	400
减：所得税费用	150	128
四、净利润	326	272

注：本章以下财务指标的计算数据均来自表4-1和表4-2。

损益表主要列示收入和与收入相配比的成本和费用，反映公司经营取得的利润。通过损益表可以了解分析公司的盈利能力、盈利状况、经营效率，对公司在行业中的竞争地位、持续发展能力做出判断。

3. 现金流量表。现金流量表是动态地综合反映一定会计期间企业的现金和现金等价物流入流出情况的报表（见表4-3）。这里的现金不仅包括库存现金，还包括银行存款、在途货币资金等其他货币资金。现金等价物是指企业持有的期限短、流动性强、易于转换为现金的投资，如短期国债和信誉良好的短期企业债。

当现金流量表结合其他财务报表一起使用时，所提供的信息能帮助使用者评价企业净资产的变动、财务结构（包括流动性和偿债能力）的变动以及企业为适应环境和时机的变化而影响现金流量的金额和时间的能力。

表 4－3 ××公司现金流量表

（2021 年 12 月 31 日） 单位：万元

项目	本年金额	上年金额
一、经营活动产生的现金流量：		
销售商品、提供劳务收到的现金	2 810	
收到的税费返还		
收到的其他与经营活动有关的现金	10	
经营活动现金流入小计	2 820	
购买商品、接受劳务支付的现金	2 363	
支付给职工以及为职工支付的现金	29	
支付的各项税费	91	
支付其他与经营活动有关的现金	14	
经营活动现金流出小计	2 497	
经营活动产生的现金流量净额	323	
二、投资活动产生的现金流量：		
收回投资得到的现金	4	
取得投资收益收到的现金	6	
处置固定资产、无形资产和其他长期资产收回的现金净额	12	
处置子公司及其他营业单位收到的现金净额		
收到其他与投资活动有关的现金		
投资活动现金流入小计	22	
购置固定资产、无形资产和其他长期资产支付的现金	369	
投资支付的现金	30	
支付其他与投资活动有关的现金		
投资活动现金流出小计	399	
投资活动产生的现金流量净额	－377	
三、筹资活动产生的现金流量：		
吸收投资收到的现金	—	
取得借款收到的现金	270	
收到其他与筹资活动相关的现金	—	
筹资活动现金流入小计	270	
偿还债务支付的现金	20	
分配股利、利润或偿付利息所支付的现金	152	
支付其他与筹资活动有关的现金	25	
筹资活动现金流出小计	197	
筹资活动产生的现金流量净额	73	
四、汇率变动对现金及现金等价物的影响		
五、现金及现金等价物净增加额	19	
加：期初现金及现金等价物余额	37	
六、期末现金及现金等价物余额	56	

4. 所有者权益变动表。所有者权益变动表是动态反映企业在一定会计期间内构成所有者权益的各组成部分当期的增减变动情况的报表（见表4－4）。依据“所有者权益增加－所有者权益减少＝所有者权益变动净额”的会计等式编制。

所有者权益变动表不仅包括所有者权益总量的增减变动，还包括所有者权益增减变动的重要结构性信息。特别是直接计入所有者权益的利得和损失，让报表使用者能准确找到所有者权益变动的根源。

表4－4 ××公司所有者权益变动表

（2021年12月31日） 单位：万元

项目	本年金额						上年金额
	股本	资本公积	减：库存股	盈余公积	未分配利润	所有者权益合计	
一、上年年末余额	100	10		40	730	880	
加：会计政策变更							
前期差错更正							
二、本年年初余额	100	10		40	730	880	
三、本年增减变动金额							
（一）净利润					136	136	
（二）直接计入所有者权益的利得和损失							
1. 可供出售金融资产公允价值变动净额							
2. 权益法下被投资单位其他所有者权益变动的影响							
3. 与计入所有者权益项目相关的所得税影响							
4. 其他							
上述（一）和（二）小计					136	136	
（三）所有者投入和减少资本							
1. 所有者投入资本							
2. 股份支付计入所有者权益的金额							
3. 其他							
（四）利润分配							
1. 提取盈余公积				60	－60	0	
2. 对所有者的分配					－56	－56	
3. 其他							
（五）所有者权益内部结转							
1. 资本公积转增股本							
2. 盈余公积转增股本							
3. 盈余公积弥补亏损							
4. 其他							
四、本年年末余额	100	10	0	100	750	960	

（二）会计报表附表和附注

1. 会计报表附表。会计报表附表是反映企业财务状况、经营成果和现金流量的补充报表。为了更加详细地解释、说明主要会计报表，在对外报送的财务会计报告中还要有会计报表的附表。同时，出于企业自身经营管理的需要，企业管理者也会要求编制各种会计报表的附表，以更加详细地补充说明其主表，从而有助于加深对主表各项会计指标的理解，揭示企业经营管理中存在的问题，总结经验教训。最常见的会计报表附表除前述所有者权益变动表外，还有资产减值准备明细表、利润分配表、分部报表等。

2. 会计报表附注。会计报表附注是为了便于会计报表使用者理解会计报表的内容而对会计报表的编制基础、编制依据、编制原则和方法及主要项目等所做的解释。

一般情况下，会计报表附注应当披露的内容有：公司的基本情况、会计报表的编制基础及遵循企业会计准则的声明、重要会计政策的说明、重要会计估计的说明、会计政策和会计估计变更以及差错更正的说明、对重要会计项目的进一步说明、或有和承诺事项、资产负债表日后非调整事项、关联方关系及其交易等需要说明的事项。此外，还应对重要资产转让及出售、企业合并与分立、重大投资与融资活动、会计报表重要项目等事项进行说明。资产负债表日后、会计报表批准报出日前提议或宣布发放的股利总额和每股股利金额（或分配给投资者的利润总额）以及其他有助于理解和分析会计报表需要说明的其他事项，也应在附注中披露。

二、财务分析的方法

进行财务分析，需要运用一些专门的技术方法。财务分析的方法主要有以下几种。

（一）比较分析法

比较分析法就是对两个或两个以上相关指标进行对比，揭示差异和矛盾。它是最基本的分析方法，没有比较，分析就无法开始。

比较分析的具体方法种类繁多，分类方式如下。

1. 按比较对象分类，可以分为差异分析、纵向分析、横向分析。与计划比较以揭示计划的实际执行结果和差距，称为“差异分析”；与本公司历史比较，以揭示事物的发展趋势，称为“纵向分析”；与同类公司比较以揭示公司自身所处的位置并寻找不足，称为“横向比较”。

2. 按比较内容分类，可以分为总量比较、比率比较。总量比较是比较会计要素的总量，如总资产、收入、净资产、净利润等，主要用时间序列进行分析，如研究利润的逐年变化趋势了解其增长潜力，或用于同业对比，了解公司的相对规模和竞争地位。比率比较是比较财务比率。财务比率是各会计要素的相互关系，反映其内在联系。比率比较是最重要的分析方式。它们是相对数，排除了规模的影响，使不同对象建立起可比性。

比较分析是同一指标不同时期的数值之间的比较。数值之间的差异可以用绝对数来表示，也可以用相对数来表示。因而，这种方式简单易懂、形象直观。

（二）因素分析法

因素分析法是指依据分析指标和影响分析指标变动的因素之间的关系，从数量上确定各种因素的变动对财务指标影响程度的分析方法。因素分析法有以下两种形式。

1. 连环替代法。连环替代法是指将影响财务指标的有关因素进行分解，用于测定每一个因素对财务指标影响程度的分析方法。

由于财务指标的差异是多种因素同时变化的结果，为测定各个因素各自发生变化对差异的影响程度，首先要确定影响指标变动的各个因素，并按照各因素之间的依存关系，编制分析公式，以确定替代顺序；其次是将其中一个因素作为可变因素，将其他因素暂时作为不变因素，依次替代，直至将各个因素都替换成变数为止。将各因素变动后的指标值与该因素替代前的指标值相比较，其差异就是各种因素对所分析财务指标的影响程度。

2. 差额计算法。它是根据各项因素的实际数与预算数的差额来计算各项因素影响程度的方法，是连环替代法的一种简化形式。

（三）比率分析法

比率分析法是指通过财务指标之间的比率关系，来分析和评价企业财务状况和经营成果，找出经营管理中存在的问题的方法。比率分析法由于是以相对数形式表现财务指标，所以应用范围较广，它是财务分析中应用最多的方法。

比率分析指标具体包括三种形式：

1. 相关比率。它是把两个性质不同，但又相互联系的数据加以对比所得到的比率。利用相关比率可以考察有联系的相关业务安排是否合理。

2. 结构比率。它是指某项指标内部各个组成部分所占的比重，据以分析该项指标的结构及其变化。

3. 动态比率。它从动态的角度，将不同时期的同项指标进行对比得到的比率，以更好地说明其变化趋势。

（四）趋势分析法

趋势分析法又称水平分析法，是通过对比两期或连续数期财务报告中相同指标，确定其增减变动的方向、数额和幅度，来说明企业财务状况或经营成果变动趋势的一种方法。

趋势分析法的具体运用主要有以下三种方式。

1. 重要财务指标的比较。对不同时期财务指标的比较，有以下两种方法。

（1）定基动态比率。定基动态比率是以某一时期的数额为固定基期数额而计算出来的动态比率。其计算公式为：

定基动态比率 = 分析期数额 ÷ 固定基期数额

（2）环比动态比率。环比动态比率是以每一分析期的前期数额为基期数额而计算出来的动态比率。其计算公式为：

环比动态比率 = 分析期数额 ÷ 前期数额

2. 会计报表的比较。会计报表的比较是将连续数期的会计报表的项目金额并排列示，比较其相同指标的增减变动金额和幅度，据以判断企业财务状况和经营成果发展变化的一种方法。

3. 会计报表项目构成的比较。会计报表项目构成的比较是以会计报表中的某个总体指标作为100%，再计算其各组成项目占该总体指标的百分比，从而比较各个项目百分比的增减变动，以此判断有关财务活动的变化趋势。

采用趋势分析法时，必须注意以下问题：所对比指标的计算口径必须一致；应剔除偶发性项目的影响；应运用例外原则对某项有显著变动的指标做重点分析。

三、财务分析的步骤

财务分析的一般步骤包括如下几点。

1. 明确分析目的，制订分析方案。财务分析首先要明确分析的目的，不同的目的对应不同的分析方案，影响着分析对象、分析范围和分析方法的采用，也决定着收集有关资料的广度和深度。因此，明确财务分析的目的是分析的出发点。

2. 搜集资料。财务分析所依据的主要资料是财务报告，因此，公司的资产负债表、损益表和现金流量表便是最基本的分析资料。此外，为了准确评估公司的财务状况和经营成果，还应该收集与公司经营活动有关的内部条件以及外部环境的历史、现状、前景等动态变化的资料。不仅要有本公司的有关资料，还要收集国内外同行业先进公司的资料。

3. 核实、整理资料。收集到的最原始的资料要成为对公司财务分析有直接效用的材料还需要做一些后续工作：一是核实资料的真实性、完整性、及时性以及权威性；二是对资料进行初步的加工整理，形成分析时可用的有价值的材料。

4. 分析现状，解释原因。分析现状是利用相关财务分析手段和财务分析方法对公司的财务状况进行分析，并对分析内容进行纵向和横向的对比，找出财务状况发生变化的原因。

5. 得出分析结论，撰写分析报告，提供对决策有用的信息。财务分析的最终目的是为财务决策提供依据。分析者要在上述比较和分析的基础上，将分析的结果形成书面报告，并提供给有关各方，以满足其决策的需要。

四、财务分析的局限性

财务分析对于了解企业的财务状况和经营业绩、评价企业的偿债能力和经营能力、制定经济决策等都有着重要的作用。但由于种种因素的影响，财务分析也存在一定的局限性。

1. 财务报表本身的局限性。财务报表没有披露企业的全部信息；列入报表的仅是企业可以利用的、可以用货币计量的经济资源；已经披露的财务信息存在会计估计误差，不一定是真实情况的准确计量，如广泛坚持的历史成本惯例使会计信息在通货膨胀面前的信任度大大降低。此外，管理层的各项会计政策选择有可能使财务报表数据扭曲了企业的实际情况。

2. 财务报表的可靠性问题。即使财务报表本身没有局限性，也还存在财务报表的真实性问题。常见的危险信号包括：财务报告形式不规范、反常数据、大额关联方交易、大额资本利得、异常的审计报告、无正当理由更换注册会计师……这些都暗示着企业财务报告可能存在过度粉饰的问题。

3. 财务指标的经济假设问题。财务分析需要先消除不同企业或不同时期的规模差异再进行比较。该过程暗含财务指标所涉及的相关项目构成比例的经济假设。例如，存货周转率暗含销货成本与存货水平之间存在固定不变的线性关系，事实上，存货最佳订货点与需求量的平方根成比例。因而，当需求量成倍增长时，存货只增长40%左右，随之存货周转率也仅增长40%左右。很显然，存货周转率不取决于规模。

4. 财务分析方法的局限性。无论使用何种分析法，财务分析的结果均是对过去经济事项的反映。随着环境的变化，比较标准也会发生变化。而在分析时，分析者往往只注重数据的比较，而忽略了经营环境的变化，这样得出的分析结论也是不全面的。

第二节　财务分析的基本比率

一、偿债能力比率

偿债能力是指公司偿还各种到期债务的能力。偿债能力分析可以揭示公司的财务风险。公司财务管理人员、债权人及投资者都十分重视偿债能力分析。

偿债能力分析包括短期偿债能力分析、长期偿债能力分析和偿债能力保障程度分析三部分。

（一）短期偿债能力分析

短期偿债能力是指公司偿还流动负债的能力。在资产负债表中，流动负债与流动资产形成一种对应关系。一般流动负债需以流动资产来偿付，因此可以通过分析公司流动负债与流动资产之间的关系来判断公司短期偿债能力。评价公司短期偿债能力的指标有流动比率、速动比率、现金比率、现金流量比率等。

1. 流动比率。流动比率是公司流动资产与流动负债的比率，表示每1元的流动负债，有多少流动资产做保障。

$$\text{流动比率} = \text{流动资产} \div \text{流动负债}$$
$$= 1\,400 \div 600 = 2.33 \qquad (4-1)$$

流动比率是衡量公司短期偿债能力的重要财务指标。比率越高，说明偿还流动负债的能力越强；反之则表明企业的短期偿债能力弱。一般认为流动比率值为2比较合适，因为流动资产中变现能力最差的存货金额约占流动资产总额的一半，剩余的流动性较大的流动资产至少要等于流动负债，公司的短期偿债能力才会有保障。

运用流动比率时需注意：（1）流动比率过高也可能是存货积压、应收账款增多以及待摊费用和待处理财产损失增加所致，而真正用来偿债的现金却严重短缺。所以，应收账款数额和存货的周转速度是影响流动比率的主要因素。（2）对公司而言，过高的流动比率意味着闲置现金的持有量过多，必然造成机会成本增加以及获利能力的下降。(3) 流动比率只有和同行业平均值、本公司历史值进行比较，才能明确其是高还是低。

注意：计算时一定要保证分子分母的口径一致，若流动资产使用资产负债表中的期末流动资产总额，则流动负债也应使用资产负债表中的期末流动负债总额。

2. 速动比率。速动比率是速动资产与流动负债的比率。流动资产扣除存货后的货币资金、交易性金融资产和各种应收、预付款项等，可以在较短时间内变现，这种资产称为速动资产。

$$速动比率 = 速动资产 \div 流动负债$$
$$= (1\,400 - 238) \div 600 = 1.94 \quad (4-2)$$

从流动资产中剔除存货主要是因为由于某种原因，部分存货可能已毁损但尚未处理；部分存货已办理质押，不能用于偿债；存货估价可能与变现金额相距甚远。因此，将可偿债资产定义为速动资产计算得出的速动比率所反映的短期偿债能力更令人信服。

通常认为正常的速动比率为1，低于1则被认为是短期偿债能力偏低。但由于应收账款的变现能力是影响速动比率的一个重要因素，所以不同行业的速动比率会有很大的差异，没有统一标准的速动比率。

3. 现金比率。现金比率是公司的现金资产与流动负债的比率。现金资产包括货币资金、交易性金融资产等。现金资产本身就是可以直接偿债的资产，而其他流动资产需要等待不确定的时间，才能转换为不确定金额的现金。

$$现金比率 = (货币资金 + 交易性金融资产) \div 流动负债$$
$$= (100 + 12) \div 600 = 0.187 \quad (4-3)$$

现金比率高，表明公司直接偿还流动负债的能力强，但过高的比率意味着流动负债未能有效运用，经常以获利能力低的现金资产保持，导致机会成本增加；过低的比率表明公司现金缺乏，可能会发生支付困难，将面临财务危机。

4. 经营现金流量比率。经济发展越快，经营现金流量在企业生存发展和经营管理中的影响就越大。流动比率、速动比率、现金比率都属于短期债务的存量比率，在分析企业短期偿债能力时，还需要计算经营现金流量比率。

经营现金流量比率，是经营活动产生的现金净流量与流动负债的比率。

$$经营现金流量比率 = 经营活动产生的现金净流量 \div 流动负债 \quad (4-4)$$

"经营活动产生的现金净流量"代表企业自发创造现金的能力，已经扣除经营活动自身所需的现金流出，是可以用来偿债的现金流量。

经营现金流量比率表明每1元流动负债的经营活动产生的现金净流量保证倍数。该比率越高，偿债能力越强。

(二) 长期偿债能力分析

长期偿债能力是指公司偿还长期债务的能力。分析公司长期偿债能力的指标主要有资产负债率、股东权益比率和利息保障倍数。

1. 资产负债率。资产负债率是负债总额与资产总额的比率。

$$\begin{aligned}资产负债率 &= (负债总额 \div 资产总额) \times 100\% \\ &= 2\ 120 \div 4\ 000 \times 100\% = 53\% \qquad (4-5)\end{aligned}$$

资产负债率分析需要注意：（1）从债权人立场看，他们希望该比率越低越好，比率低意味着公司偿债有保证，贷款不会有太大风险。（2）从股东角度看，在全部资本利润率高于借款利率时，负债比率越大越好；否则，越低越好。（3）从经营立场看，若举债过多，超出债权人承受能力，公司就借不到钱；若公司不举债，或负债比例小，说明公司畏缩不前，对前途信心不足。

2. 股东权益比率。股东权益比率也称产权比率、资本负债率，是负债总额与股东权益总额的比率。

$$\begin{aligned}股东权益比率 &= (负债总额 \div 股东权益总额) \times 100\% \\ &= 2\ 120 \div 1\ 880 \times 100\% = 113\% \qquad (4-6)\end{aligned}$$

股东权益比率分析需要注意：（1）该指标反映由债权人提供的资本与股东提供的资本的相对关系，反映公司的基本财务结构是否稳定。一般而言，股东资本大于负债总额较好，即比率小于1。（2）该指标反映了债权人投入的资本受到股东权益保障的程度，该比率越小，保障程度越高，债权人承担的风险越小。从上述计算结果看，××公司产权比例为113%，如果经营不是很景气，则表明该公司过度举债经营，财务结构不是特别稳定。如果该公司进行清算，则债权人的利益因股东提供资本所占比重较小而缺乏保障。

资产负债率和股东权益比率都是评价公司长期偿债能力的指标，但资产负债率侧重于分析债务偿付安全性的物质保障程度，股东权益比率则侧重于揭示财务结构的稳定程度以及自有资金对偿债风险的承受能力。

3. 利息保障倍数。利息保障倍数又称已获利息倍数或利息所得倍数，指公司缴纳所得税及支付利息之前的利润（即息税前利润）与利息费用的比率。

$$\begin{aligned}利息保障倍数 &= 息税前利润 \div 利息费用 \\ &= (272 + 128 + 180) \div 180 = 580 \div 180 = 3.22 \qquad (4-7)\end{aligned}$$

利息保障倍数分析需要注意：（1）从长期来看，利息保障倍数至少应大于1，该比率越大，公司偿付利息的能力越强。（2）确定公司的利息保障倍数需要将企业这项指标的数值同本公司连续几年的该指标数值、其他公司平均数值进行比较，一般采用年度最低指标数值作为标准，以此来推断公司的最低偿债能力。

二、营运能力评价指标

营运能力是指公司资产的周转运行能力。对此进行分析，可以了解公司的营业状况及经营管理水平。评价公司营运能力常用的财务比率为：总资产周转率、流动资产周转率、存货周转率、应收账款周转率。

1. 总资产周转率。总资产周转率是指公司的销售收入与总资产平均余额的比率。

$$总资产周转率 = 销售收入 \div 总资产平均余额$$

$$总资产平均余额 = (期初资产总额 + 期末资产总额) \div 2$$

$$总资产周转率 = 6\ 100 \div [(3\ 360 + 4\ 000) \div 2] = 1.66 \tag{4-8}$$

总资产周转率可以用来分析公司全部资产的使用效率。若该比率较低，说明公司利用其资产进行经营的效率较差，会影响公司获利能力。

2. 流动资产周转率。流动资产周转率是公司的销售收入与流动资产平均余额的比率。

$$流动资产周转率 = 销售收入 \div 流动资产平均余额$$

$$流动资产平均余额 = (流动资产期初余额 + 流动资产期末余额) \div 2$$

$$流动资产周转率 = 6\ 100 \div [(1\ 220 + 1\ 400) \div 2] = 4.66 \tag{4-9}$$

流动资产周转率表明在一个会计年度内公司流动资产周转的次数，它反映了流动资产周转的速度，该指标越高，说明公司流动资产的利用效率越好。在分析时应结合公司和同行业历年的数据进行比较。

3. 存货周转率。存货周转率指公司的销售成本与存货平均余额的比率。

$$存货周转率 = 销售成本 \div 平均存货$$

$$存货周转率 = 5\ 348 \div [(652 + 238) \div 2] = 12.02 \tag{4-10}$$

存货周转状况也可以用存货天数来表示，即表示存货周转一次所需要的时间，天数越短说明存货周转越快。

$$\begin{aligned} 存货周转天数 &= 360 \div 存货周转率 \\ &= 360 \div 12.02 \approx 30(天) \end{aligned} \tag{4-11}$$

存货周转率说明一定时期内公司存货周转的次数，可以用来测定公司存货的变现速度，衡量公司的销售能力及存货是否过量。该指标越高，说明存货周转越快，公司的销售能力越强，营运资金占用在存货上的金额越少。该指标越低，说明公司在产品销售方面存在一定问题。

4. 应收账款周转率。应收账款周转率是指公司一定时期销售收入与应收账款平均余额的比率，用来衡量公司的应收账款转变为现金的速度。

$$\begin{aligned} 应收账款周转率 &= 销售收入 \div 应收账款平均余额 \\ &= 6\ 100 \div [(398 + 796) \div 2] = 10.22 \end{aligned} \tag{4-12}$$

应收账款周转状况也可以用应收账款周转天数来表示，即表示应收账款周转一次所需要的时间，天数越短说明周转越快。

$$\begin{aligned} 应收账款周转天数 &= 360 \div 应收账款周转率 \\ &= 360 \div 10.22 \approx 35(天) \end{aligned} \tag{4-13}$$

应收账款周转率越高，说明公司催收账款的速度越快，可以减少坏账损失，而且资产流动性强，公司的短期偿债能力也会增强，在一定程度上可以弥补流动比率低的不利影响。若企业应收账款周转率过低，则说明企业催收账款的效率太低，或信用政策十分宽松，会影响公司资金利用率和资金的正常周转。

三、获利能力评价指标

对公司获利能力分析，一般只分析公司正常的经营活动的获利能力，不涉及非正常的经营活动。因为一些偶发的、特殊的经营活动，虽然也会给公司带来收益，但它不是经常和持久的，不能将其作为公司的一种获利能力加以评价。

评价获利能力常用的财务比率为销售净利率、总资产收益率、净资产收益率。

1. 销售净利率。销售净利率也称营业利润率，是指公司净利润总额与营业收入的比率。

$$\begin{aligned}\text{销售利润率} &= (\text{净利润} \div \text{营业收入}) \times 100\% \\ &= (272 \div 6\,100) \times 100\% = 4.46\% \end{aligned} \tag{4-14}$$

销售利润率说明了公司利润总额占营业收入的比例，它是以营业收入为基础分析企业获利能力，反映营业收入收益水平的指标，即每元营业收入所获得的利润。

2. 总资产收益率。总资产收益率又称总资产报酬率或资产净利率，是指公司的净利润与总资产平均余额的比率。

$$\begin{aligned}\text{总资产收益率} &= \text{净利润} \div \text{总资产平均余额} \times 100\% \\ &= 272 \div [(3\,360 + 4\,000) \div 2] \times 100\% = 7.4\% \end{aligned} \tag{4-15}$$

总资产收益率表明公司资产利用的综合效果，数值越高，表明资产利用效率越高，说明公司在增收节支上取得了良好的效果。

3. 净资产收益率。净资产收益率又称净资产报酬率，是指公司的净利润与净资产的比率。

$$\begin{aligned}\text{净资产收益率} &= \text{净利润} \div \text{净资产平均余额} \times 100\% \\ &= 272 \div [(1\,760 + 1\,880) \div 2] \times 100\% = 14.95\% \end{aligned} \tag{4-16}$$

净资产收益率用来衡量投资人投资的收益水平。该比率越高，说明由投资人享有的净利润就越多，投资人投资的收益水平就越高。

四、公司成长能力分析

公司未来的发展取决于其成长能力。公司的成长能力又可以从营业发展能力和财务发展能力两方面进行分析。

（一）营业发展能力分析

销售增长是企业发展的驱动力，分析企业的营业发展能力首先要分析企业的销售增长能力。同时，任何一家企业要实现价值的增长必须拥有一定的资源，分析企业营业发展能力时也要关注资产规模的增长。因此，评价企业营业发展能力的指标主要包括销售增长率和总资产增长率。

1. 销售增长率。销售增长率也称营业增长率，是指企业本年销售收入增长额同上年销售收入总额的比率。

$$\text{销售增长率} = \frac{\text{本年销售收入增长额}}{\text{上年销售收入总额}} \times 100\% \tag{4-17}$$

销售增长率是衡量企业经营状况和市场占有能力、预测企业经营业务拓展趋势的重要指标。该比率消除了营业规模的影响，更能反映企业的发展情况。

利用该指标进行企业营业发展能力分析时需要注意以下几点：① 注意分析销售增长率是否具有效益性。② 某时期的销售可能受到一些偶然的或非正常因素的影响，要正确地判断销售增长情况应结合企业历年或前3年的销售相关因素进行分析。③ 销售增长率受增长基数的影响。

2. 总资产增长率。总资产增长率是指本年总资产增长额同年初资产总额的比率，表明了企业资产规模增长水平对企业发展后劲的影响。

$$\text{总资产增长率} = \frac{\text{本年总资产增长额}}{\text{年初资产总额}} \times 100\% \tag{4-18}$$

总资产增长率越高，表明企业一个经营周期内资产经营规模扩张的速度越快。但也应注意资产规模扩张的质与量的关系，以及企业的后续发展能力，避免资产盲目扩张。另外，运用该指标时应注意分析企业资产增长的来源。如果一个企业资产的增长完全依赖于负债的增长，而所有者权益项目在年度内没有发生变动或者变动不大，则说明企业不具备良好的发展潜力。

（二）企业财务发展能力分析

企业财务发展能力分析可以从资本积累率、股利增长率和净利润增长率三方面进行。

1. 资本积累率。资本积累率也称净资产增长率，是指企业本年所有者权益增长额同年初所有者权益总额的比率，反映了所有者权益的增长情况。该指标从企业的资本积累方面展示企业的发展潜力，是考核企业发展能力的主要指标。

$$\text{资本积累率} = \frac{\text{本年所有者权益增长额}}{\text{年初所有者权益总额}} \times 100\% \tag{4-19}$$

资本积累率越高，表示企业资本积累越多，企业资本保全性越强，应付风险、持续发展的能力越大。如果资本积累率为负，则说明企业资本积累减少，所有者权益受到侵害。

2. 股利增长率。股利增长率是本年每股股利增长额与上年每股股利的比率，反映了企业股利的增长情况，是衡量企业发展性的一个重要指标。

$$\text{股利增长率} = \frac{\text{本年每股股利增长额}}{\text{上年每股股利}} \times 100\% \tag{4-20}$$

3. 净利润增长率。净利润增长率是指企业当期净利润增长额与上期净利润的百分比，该指标值越大代表企业盈利能力越强。

$$\text{净利润增长率} = \frac{\text{当期净利润增长额}}{\text{上期净利润}} \times 100\% \tag{4-21}$$

【知识链接4-1】　业绩评价的新指标——EVA

经济增加值（Economic Value Added，EVA），是从税后净营业利润中扣除包括股权和债务在内的所有资金成本后的经济利润，是公司业绩度量的指标，用来衡量企业为股东创造的财富大小。

EVA 评价指标最早于 20 世纪 90 年代由美国 Stern&Stewart 咨询公司提出，目前已成为评价企业盈利能力最流行的方法之一。我国在 2007 年 1 月 1 日开始施行的《中央企业负责人经营业绩考核暂行办法》中，首次将 EVA 纳入了对企业负责人的考核指标。

EVA 概念的实质是经济利润而不是传统的会计利润，在一定程度上弥补了传统会计利润指标的缺陷，更为重要的是，EVA 带来了绩效评价观念的更新。这种新观念认为：会计利润并不是真正的利润，只有收回资金成本之后的 EVA 才是真正的利润；如果 EVA 为负数，即便会计利润有盈余，也被认为企业在侵蚀股东财富。EVA 的计算并不是一个精确的数字，它是对会计利润进行多项调整后得出的一个估计值。简化的 EVA 计算公式如下：

$$EVA = NOPAT - WCCC \times TC$$

式中，*NOPAT* 表示经过调整的营业净利润，*WCCC* 表示企业的加权平均资本成本，*TC* 表示资本投入额。

NOPAT 以会计净利润为基础进行调整得到，调整的项目主要包括：商誉摊销、研发费用、递延所得税、先进先出存货利得、折旧、资产租赁等。这种调整的目的在于消除会计稳健主义对业绩的影响；减少管理当局进行盈余管理的机会；减少会计计量误差影响。

TC 由股权资本和债务资本构成。

通过向管理者收取资金成本，*EVA* 鼓励管理者高效投入资本和利用资产，使管理者可以有效地对债权人和股东负责。

EVA 是衡量公司业绩相对准确的尺度，对无论处于何种时间段的公司业绩，都可以做出相对准确的评价。

思考：用 *EVA* 指标和净利润指标衡量企业业绩，会对公司的理财行为造成什么不同的影响吗？

第三节　财务比率的综合应用

第二节所介绍的分析指标仅仅反映公司财务活动某一侧面的信息，公司必须将那些孤立的财务指标联系起来，进行综合财务分析，才能全面系统地分析和评价公司的财务状况和综合经营业绩。

综合财务分析采用的方法主要有杜邦财务分析法和财务状况综合评分法。

一、杜邦财务分析法

公司的财务管理是一个完整的系统，内部各因素是相互依存、相互作用的，任何一个因素的变动都会引起公司整体财务系统的改变。财务分析者必须深入了解公司财务系统内部的各项因素及其相互关系，才能较全面地揭示公司财务状况的全貌。

> 杜邦财务分析体系是由美国杜邦公司首创的利用各主要财务比率之间的内在联系来综合分析公司财务状况的方法。

杜邦财务分析法最显著的特点是将若干个用于评价企业经营效率和财务状况的比率按其内在联系有机地结合起来，形成一个完整的指标体系，并最终通过权益收益率来综合反映。采用这一方法，可使财务比率分析的层次更清晰、条理更突出，为报表分析者全面仔细地了解企业的经营和盈利状况提供方便，如图 4 – 1 所示。

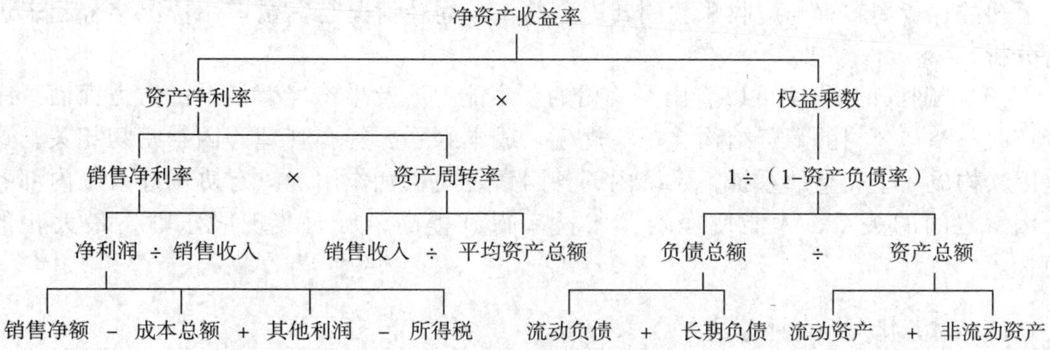

图 4 – 1　杜邦财务分析图

从杜邦财务分析图可知：

（1）净资产收益率是该分析系统中综合性最强、最有代表性的财务比率，是杜邦系统的核心。

公司财务管理的目标之一就是实现股东财富最大化，净资产收益率反映了股东（所有者）投入资金的获利能力，这一比率反映了公司筹资、投资和生产经营等各方面经营活动的效率。净资产收益率取决于公司总资产收益率和权益乘数。总资产收益率主要反映公司运用资产进行生产活动的效率，而权益乘数则主要反映公司的筹资情况，即公司的资金来源结构。

（2）总资产收益率是反映公司获利能力的一个重要财务比率，它反映了公司生产经营活动的效率，综合性也极强。

公司的销售收入、成本费用、资产结构、资产周转速度以及资金占用量等各种因素，都直接影响到总资产收益率的高低，总资产收益率是销售净利率与总资产周转率的乘积，因此可以从公司的销售活动与资产管理两方面来分析。

从销售方面看，销售净利率反映了公司净利润与销售收入之间的关系。一般而言，销售收入增加，公司的净利润也会随之增加。要想提高销售净利率，必须一方面提高销售收入，另一方面降低各种成本费用，这样才能使净利润的增长高于销售收入的增长，从而使销售净利率得到提高。由此可见，提高销售净利率必须在两方面下工夫：一是开拓市场，增加销售收入；二是加强成本费用控制，降低耗费，增加利润。

从资产方面看，应该分析以下两个方面：一是分析公司的资产结构是否合理，即流动资产与非流动资产的比例是否合理。资产结构不仅关系到公司的偿债能力，也会影响公司的获利能力。一般而言，如果公司流动资产中货币资金占的比重过大，就应当分析企业现金持有量是否合理，有无现金闲置现象，因为过量的现金会影响公司的获利能力；如果流动资产中的存货与应收账款过多，就会占用大量的资金，影响公司的资金周转。二是结合销售收入分析公司的资产周转情况。资产周转速度直接影响到公司的获利能力，如果公司资产周转较慢，就会占用大量资金，增加资金成本，减少公司的利润。资产周转情况的分析，不仅要分析公司总资产周转率，还要分析公司的存货周转率与应收账款周转率，并将其周转情况与资金占用情况结合起来进行分析。

（3）从杜邦分析法可以看出，公司的获利能力涉及生产经营活动的方方面面。净资产收益率与公司的筹资结构、销售规模、成本水平、资产管理等因素密切相关，这些因素构成一个完整的系统，系统内部各因素之间相互作用。只有协调好系统内部各个因素之间的关系，才能使净资产收益率得到提高，从而实现股东财富最大化的目标。

二、财务状况综合评分法

财务状况综合评分法是指将若干财务比率用线性关系结合起来，以分析评价公司财务水平的方法。

这种方法最早于1928年由亚历山大·沃尔在《信用晴雨表研究》和《财务报表比率分析》中提出，也被称为“沃尔评分法”。

（一）财务状况综合评分法的原理

财务状况综合评分法的基本原理是把若干财务比率（流动比率、产权比率、固定资产比率、存货周转率、应收账款周转率、固定资产周转率、自有资金周转率七项）用线性关系结合起来，对选中的财务比率给定其在总评价中的比重（比重总和为100），然后确定标准比率，并与实际比率相比较，采用一定的方法计算出每项指标的得分，最后得出总评分。

（二）财务状况综合评分法的应用步骤

1. 选择重要的财务比率。不同的分析者所选择的财务比率可能不尽相同。在选择财务比率时应注意所选择的比率要具有全面性、代表性和变化方向的一致性。一般情况下，分析者大都会选择第二节所介绍的四大类指标，然后在每类指标中选择分析者认为重要的具体指标，如表4－5所示。

2. 确定各项财务比率的权重。如何将100分的总分合理地分配给所选择的各个财务比率，是财务状况综合评分法中一个非常重要的环节。分配的标准是依据各个比率的重要程度，越重要的比率分配的权重越高，如表4－5所示。

3. 确定各项财务比率的标准值。财务比率的标准值即判断财务比率高低的标准，可以是企业的历史水平，可以是竞争企业的水平，也可以是同行业的平均水平。其中，最常见的是选择同行业的平均水平作为财务比率的标准值，如表4－5所示。

4. 计算企业在一定时期内各项比率指标的实际值。根据评估当年企业的会计报表，计算出评估公司各项评价指标的实际值。表4－5给定了AAA公司各项指标的实际值。

5. 计算各个财务比率的得分。将评估企业相关财务指标的实际值与标准值进行对比，用一定的方法，计算出评估企业各项指标的得分。计算方法不同，各指标得分自然会有差异。表4－5采用的是用实际值除以标准值得出相对比率，再用实际值乘以相对比率的方法进行计算。

表4－5　　AAA公司综合评分表

选定的指标	分配权重①	指标标准值②	指标实际值③	相对比率④＝③/②	实际得分⑤＝①×④
偿债能力指标	20				
资产负债率	12	60%	52%	0.87	10.4
已获利息倍数	8	5	2.82	0.56	4.5
盈利能力指标	38				
权益净利率	25	18%	14.17%	0.79	19.8
总资产报酬率	13	10%	6.8%	0.68	8.8
营运能力指标	18				
总资产周转率	9	2	1.5	0.75	6.8
流动资产周转率	9	5	4.29	0.86	7.7
发展能力指标	24				
营业增长率	12	8%	5.26%	0.66	7.9
资本累积率	12	10%	9.09%	0.91	10.9
综合得分	100				76.8

6. 计算综合得分。将各个财务比率的实际得分加总即可得到企业的综合得分。综合得分接近100分，说明企业的综合财务状况接近行业平均水平；综合得分明显超过100分，说明企业的综合财务状况优于行业平均水平；综合得分大大低于100分，说明企业的综合财务状况较差，应当积极采取措施加以改善。

AAA公司的综合业绩评分小于100分，说明企业的整体财务状况较差。但企业的偿债能力较强，财务风险较小。与同行业相比，企业的资产利用效率较高，不过企业盈利能力不强。

在财务状况综合评分法的各个步骤中，最关键也最困难的是第二步、第三步和第五步，即确定各项财务比率权重、标准值及计算各个财务比率的得分。

【延伸阅读4-1】 我国上市公司财务造假的13种手段及识别①

识别上市公司财务造假是投资机构、投资者、投研人员必备的技能，也是投行界从事并购重组等资本运作必做的功课之一。

一、上市公司财务造假的13种手段

1. 虚构收入：白条出库做销售入账；对开发票确认收入；虚开发票确认收入等。

2. 提前确认收入：存有重大不确定性时确定收入；完工百分比法的不适当运用；在仍需提供未来服务时确认收入；提前开具销售发票以美化业绩等。

3. 推迟确认收入：将应由本期确认的收入递延到未来期间确认。

4. 转移费用：一是有些费用不入账，通过计提折旧、存货计价、待处理挂账等跨期摊配项目来调节利润。二是由母公司承担，当公司经营不理想时，或调低上市公司应交费用标准，或承担上市公司的相关费用，甚至将以前年度已交纳的费用退回等。

5. 费用资本化、递延费用及推迟确认费用：费用资本化主要是借款费用及研发费用计入长期资产；递延费用主要涉及广告费、研发支出、修缮维护费、试车失败损失费等；推迟确认费用，如在新建工厂实际已投入运营时仍按未完工投入使用状态进行会计核算、费用不及时报账列支而虚挂往来等。

6. 多提或少提资产减值准备以调控利润：资产减值实际上是具有主观估计的一种市场模拟价格，其不确定性给企业管理者操纵利润提供了极大的空间。

7. 制造非经常性损益事项：非经常性损益不具备长期性和稳定性，对利润的影响是暂时的。非经常性损益项目的特殊性质，为公司盈利提供了机会。

8. 虚增资产和漏列负债：（1）多计存货价值：对存货成本或评价故意计算错误；或虚列存货，以隐瞒存货减少的事实；虚列销售收入导致应收账款虚列；或应收账款少提备抵坏账。（2）多计固定资产：例如少提折旧、将收益性支出列为资本性支出、利息资本化不当、固定资产虚增等；漏列对外欠款或短估应付费用等。

9. 潜亏挂账：基于上市包装的需要，虚增资产挂应收款项，或虚增存货、固定资产、无形资产、投资项目等。上市后因原主业发展不良，固定资产和无形资产急剧减值，但上市公司也不计提减值准备。另外，上市后继续包装，造成多项资产尤其是应收款项虚增。

10. 资产重组创造利润：通过不等价的资产置换为上市公司输送利润，目前仍然是利润操纵的主要手法之一，虽然因“非公允的关联交易差价不能计入利润”新规定而受限制，但仍可以通过非关联交易的资产重组方式为上市公司输送利润。

11. 通过投资事项调控利润：对亏损控股子公司减持股份后不纳入合并报表范围或者对投资事项减持股份后由权益法核算改为成本法核算，可以避免将子公司的亏损

① 中国上市公司财务造假13种手段及识别技能大全（附典型案例）［EB/OL］.（2017-07-28）. https://www.sohu.com/a/160626270_712322.

计入合并报表，同时还可以通过转让股权获取投资收益。此外，在投资初期将技术以无形资产对外“投资”创造利润。

12. 会计政策和会计估计变更：通过改变会计政策，如折旧年限、坏账计提比例、长期股权投资核算方法，改变会计报表合并范围，变更其他长期资产的摊销时间、递延收益的摊销方法、存货计价方法及坏账准备计提方法等。这些行为均会影响当期利润，导致前后期损益数据不可比。

13. 关联交易非关联化：关联交易非关联化是指公司将资产溢价出售给非关联方的同时，关联方通过其他方式弥补非关联方的损失；或者两家上市公司的关联方同时收购对方上市公司的资产，进行互换交易。

二、识别上市公司财务造假的 8 种方法

1. 税项分析法：小型上市公司欠税款项过多或过少，都有可能与虚开发票有关。

2. 应收款项和存货分析法：虚构收入的上市公司往往表现为应收款项急剧增加、应收账款周转率急剧下降；存货急剧增加，存货周转率急剧下降。

3. 毛利分析法：上市公司某块主营业务的收益大大超过同行业水平或者波动较大，就可能存在造假行为，上市公司虚构收入之后往往还有一些迹象，如惊人的高毛利。

4. 现金流量分析法：如果上市公司每股收益很高，而每股经营现金流量是负值，这样的上市公司往往存在造假行为。

5. 子公司分析法：一些公司会通过造假制造出业绩超级好的神奇子公司；还有些公司会在年底并购一些子公司；还有一些子公司在母公司报表中进进出出，都是不正常的现象。

6. 资产重组与关联交易分析法：如果一家上市公司主业关联交易占较大比重，其业绩往往不可靠；资产重组与关联交易创造投资收益也一定要小心，如果往来账在增加，也往往蕴含造假行为。

7. 资产质量分析法：由于虚构收入等原因，上市公司账面有很多资产可能是不良资产。不良资产要逐项分析，对一些租赁、承包、托管子公司或分公司更要多加注意。

8. 审计意见分析法：关注非标审计报告及管理层对此做出的说明，非标准无保留意见的审计报告往往蕴含着这家上市公司存在严重的财务问题。

更多内容请扫描二维码

思考：上市公司财务造假的动因有哪些？

本章小结

1. 财务报告是考察公司经营实际情况的重要“窗口”。要分析评价公司的财务状况和盈利水平，报表分析者除了要收集企业的资产负债表、损益表、现金流量表、所有者权益变动表外，还需要关注会计报表附表和会计报表附注。

2. 财务分析可以通过比较分析法、因素分析法、比率分析法、趋势分析法进行。各财务分析方法都能揭示公司财务状况的某个方面，需要综合利用。

3. 因为财务报表本身的局限性、财务报表的真实性、财务报表的经济假设及财务分析方法的局限性，财务分析的结论具有一定的局限性。

4. 财务比率是进行财务分析的最重要指标。财务比率一般包括反映偿债能力的比率、反映营运能力的比率、反映获利能力的比率、反映成长能力的比率四大类。每类比率又包括更具体的比率。

5. 综合财务分析采用的方法主要是杜邦财务分析法和财务状况综合评分法。杜邦财务分析法就是利用各主要财务比率之间的内在联系来综合分析公司财务状况的方法。财务状况综合评分法是指将若干财务比率用线性关系结合起来，以分析评价公司财务活动水平的方法。

【复习思考题】

一、名词解释

流动比率　　速动比率　　利息保障倍数　　净资产收益率　　股东权益比率
存货周转率

二、简答题

1. 财务分析有哪些可以利用的方法？

2. 财务分析比率是一个系统，系统内一般包括哪些大类指标？

3. 财务报表分析为什么具有局限性？如何避免财务报表分析的局限性？

4. 资产负债表如何反映公司的偿债能力？除资产负债表外，还有影响公司偿债能力的因素吗？

5. 杜邦财务分析法有哪些优点和不足？

6. 财务状况综合评分法有哪些优点和不足？

三、计算题

1. 近一段时期，杉木百货公司的流动比率大大提高，速动比率却有所下降，这是什么原因？该公司的流动性是否有所提高？该公司目前的净运营现金流为 50 000 元，流动负债为 180 000 元，存货为 100 000 元，计算该公司目前的流动比率及速动比率。

2. 某公司最近一年的净利润为 4 950 元，所得税税率为 34%，公司共支付了 1 200 元的利息费用，扣除折旧费用 1 300 元。该公司当年的利息倍数比率是多少？

3. 某公司无优先股，去年每股盈余为 4 元，每股发放股利 2 元，保留盈余在过去一年中增加了 500 万元。年底每股账面价值为 30 元，负债总额为 5 000 万元，计算该公司的资产负债率。

4. 某企业去年的销售净利率为 5.73%，资产周转率为 2.17；今年的销售净利率为 4.88%，资产周转率为 2.88。若两年的资产负债率相同，比较两年的权益净利率的高低。

四、案例分析

ABC 公司 2019—2021 年的主要财务数据和财务比率如表 4 –6 所示。

表 4 –6 ABC 公司 2019—2021 年主要财务数据和财务比率

项目	2019 年	2020 年	2021 年
销售额/万元	4 000	4 300	3 800
总资产/万元	1 430	1 560	1 695
普通股/万元	100	100	100
保留盈余/万元	500	550	550
所有者权益合计	600	650	650
流动比率	1.19	1.25	1.20
平均收现期/天	18	22	27
存货周转率	8.0	7.5	5.5
债务/所有者权益	1.38	1.40	1.61
长期债务/所有者权益	0.5	0.46	0.46
销售毛利率	20.0%	16.3%	13.2%
销售净利率	7.5%	4.7%	2.6%
总资产周转率	2.80	2.76	2.24
总资产净利率	21%	13%	6%

假设该公司没有营业外收支和投资收益，所得税税率不变，要求：

（1）分析说明该公司运用资产获利能力的变化及其原因；

（2）按顺序确定 2021 年与 2020 年相比销售净利率和资产周转率变动对资产获利能力的影响数额（百分位取整）；

（3）分析说明该公司资产、负债及所有者权益的变化及其原因。

中　篇

公司理财篇

第五章

现代公司理财基本范畴

XIANDAI GONGSI LICAI JIBEN FANCHOU

近年来，日渐完善的我国市场经济体系以及迅速发展的金融市场改变了计划经济体制下公司理财不被重视的局面，理财在经济组织中的地位得到凸显。了解公司理财的全貌是深入学习公司理财具体活动的前提。本章重点介绍现代企业制度与公司理财的关系、公司理财的对象与内容、公司理财的目标以及公司理财的方法。

【本章学习目标】

了解企业的类型，理解公司制企业的优势；理解公司现金流转的特点及管理目的；熟悉公司理财的内容；了解公司不同理财目标论的观点及利弊；理解公司目标实现中的利益冲突及协调；了解公司理财的方法。

【本章关键词】

企业制度　　公司理财对象　　公司理财目标　　公司理财内容

第一节　现代企业制度

一、独资企业

独资企业，也称“单人业主制”，一般是指由单个自然人出资组建的企业。独资企业的财产由出资者所有，企业本身不享有所有权，并由出资者承担无限债务责任，即出资者应当以其个人的全部财产而不是仅以其投资于该企业的财产对债务负责。独资企业属于自然人企业，是最初始和最古典的企业组织形式，在现代经济社会中，依然发挥着重要作用。

独资企业的内部结构简单，经营制约因素较少，经营灵活；但由于难以取得大量资金，从而限制了企业的规模和发展。一旦经营失败，无限清偿责任将使出资人不堪重负而导致个人的彻底破产。

二、合伙企业

合伙企业是由两个或两个以上的出资者按合伙协议、共同出资经营、共负盈亏的企业。合伙企业的出资人称为合伙人。合伙企业的财产归全体合伙人共有，普通合伙人对合伙企业的债务承担无限连带责任。与独资企业相比，合伙企业能够扩大企业规模，分散经营风险，发挥出资者的集体智慧和力量。不过，如果合伙人意见不一致，也会影响企业的经营决策，危及企业的生存。此外，合伙企业的财产所有者往往也是企业经营者，这不利于广泛吸收资金。

（一）合伙企业的类型

2006 年新修订的《中华人民共和国合伙企业法》将合伙企业分为三类。

1. 普通合伙企业：是指所有合伙人都是普通合伙人，都对企业债务承担无限责任的合伙企业。按我国现行规定，国有独资公司、国有企业、上市公司以及公益性的事业单位、社会团体不得成为普通合伙人。

2. 特殊的普通合伙企业：是指一个或数个合伙人在执业中因故意或重大过失造成合伙企业债务的，应当承担无限责任或无限连带责任，其他合伙人则以其在企业中的财产份额为限承担责任的合伙企业。这种方式适用于以专业知识和专门技能为客户提供有偿服务的专业服务机构。

3. 有限合伙企业：是指一部分合伙人（指普通合伙人）对企业债务承担无限责任，一部分合伙人（有限合伙人）对企业债务承担有限责任的合伙企业。有限合伙形式主要适用于风险投资领域。

（二）合伙企业的优缺点

合伙企业是典型的人合企业，不具有法人资格。其具有的基本特征有：由各合伙人组成；以合伙协议作为其法律基础；内部关系属于合伙关系；合伙企业作为一个整体对债权人承担无限责任，普通合伙人对企业债务承担无限连带责任。由此特点所决定的合伙企业的优缺点如下。

1. 优点：组建容易；内部结构简单、成本较低；与独资企业相比，能够扩大企业规模，分散经营风险，发挥出资者的集体智慧和力量；实行一人一票并经全体合伙人过半数通过的表决办法，可以避免完全由出资大小决定重大事项的情形。

2. 缺点：企业寿命有限；普通合伙人风险大；所有权难以转移；相互代理使每个合伙人代表合伙企业所发生的经济行为对所有合伙人均有约束力，合伙人之间较易发生纠纷。

三、公司制企业

公司是以盈利为目的而依法设立的，具有民事权利能力和行为能力，以自有资产独立承担民事责任的企业法人。

现代公司主要有有限责任公司与股份有限公司两种形式。

（一）有限责任公司

有限责任公司简称有限公司，是指由法定数量的股东所组成，公司股东以其出资额为限对公司债务承担有限清偿责任的公司。有限责任公司的主要特点有：（1）股东不限于自然人。（2）股东人数既有最低下限，也有最高上限。《公司法》规定有限责任公司的股东人数在1人以上，50人以下。（3）公司不能公开募集股份，不能发行股票，股东出资后获得的只是一种权利证书，不能在股票市场上自由买卖。

有限责任公司容易组建，通常采用董事单轨制，即董事和经理均由同一个人担任，股东风险较小。由于有限责任公司的股东只负有限责任，而且股东一般掌握经营权，容易助长股东的投机心理，使股东往往用较少的资本去冒很大的风险，也有许多有限责任公司以破产方式逃避债务，严重损害公司债权人的利益。同时，公司股本筹资只能在有限数量的股东范围内，使筹资受到一定限制；股东转让股本时必须征得其他股东的同意，资本转让较难。

（二）股份有限公司

股份有限公司也称股份公司，是指由一定人数的股东发起设立，全部资本划分成等额股份，股东以其认购的股份数额为限对公司债务承担责任的公司。股份有限公司的主要特点有：（1）股东不限于自然人。（2）股东不得少于法定最低人数。我国《公司法》规定应当有5人以上的发起人股东，并同时规定发起人股东人数不得超过200人。（3）股份有限公司是最典型的资合公司。

股份有限公司股东人数没有上限，可以筹集大规模资本，为公众提供简便灵活的投资场所；同时，其管理组织严密，能保证大规模工商业的有效经营。股份有限公司资本产权的社会化和公众化，使企业的经营置于社会的监督之下；其开设和歇业的法定程序较为复杂。股份有限公司所有权与经营权的分离程度高，出资者与经理人员之间的委托—代理关系复杂。与此同时，股份有限公司公司经营情况必须向公众披露，不利于保守商业秘密。

不同的企业组织形式有不同的特点，对公司理财活动也有不同的要求和影响。其中，股份有限公司是迄今为止最为活跃的组织形式，其在一定的金融制度环境下所面临的投资决策、融资决策和分配决策的内容十分广泛和复杂，理财活动最为典型。因此，本教材其后各章对公司理财基本原理和方法的介绍均以股份有限公司为例。

【延伸阅读5-1】　“乐视”神话的破灭①

1. “乐视”的成立

1997年，24岁的贾跃亭和妻子分别出资20万元，和朋友一起成立了垣曲县卓越

① 根据网络公开资料整理。

实业有限责任公司，注册资本50万元。公司业务横跨煤炭加工、物流运输、私立教育、钢材贸易及餐饮等多个领域。贾跃亭借此赚得了人生的第一桶金。

1999年，贾跃亭和好友王凡按照80%和20%持股比例（王凡所持股份后来转让给了贾跃民），创立了太原西伯尔电子工程有限公司，注册资本100万元，经营电力配件及防漏保护器材及电子产品的批发、零售业务。

2002年，贾跃亭出资70万元，其他股东出资30万元，成立山西西贝尔通信科技有限公司。一年后公司注册资本变更为3 000万元，贾跃亭出资额增加到2 400万元，占80%的份额。此后，太原西伯尔公司的业务逐步转移至山西西贝尔公司，直至山西西贝尔公司注销。

2003年，由山西西贝尔公司全额注资4 000万元创建北京西伯尔通信科技有限公司，经营室内网络覆盖业务。同年年底，北京西伯尔公司成立了无线星空事业部，专注于流媒体业务。

2004年，贾跃亭出资4 500万元、贾跃芳出资10万元，北京西伯尔公司出资490万元，将无线星空事业部从西伯尔公司分离出来，成立乐视移动传媒科技（北京）有限公司，后改名为乐视网信息技术（北京）股份公司（简称乐视网），专注于当时少有人问津的视频行业。

2007年11月，贾跃亭创立的电信设备公司Sinotel Technologies在新加坡上市，融资约2亿元，山西西贝尔公司的部分优质资产注入该公司。

2. “乐视”的扩张之路

从乐视网建立起，“乐视”王国开始野蛮生长，疯狂扩张。

2008年，创建乐视电影公司——乐视影业。

2010年，乐视网在国内创业板上市，成为我国互联网视频行业中第一个宣布盈利的企业、国内A股首家互联网视频上市公司，累计融资300亿元。

2012年8月，创建乐视互联网电视终端业务公司——乐视致新电子科技（天津）有限公司；9月，宣布推出自有品牌的智能超级电视；12月，创建定位高端葡萄酒消费的电子商务网站网酒网。

2013年9月，收购花儿影视100%的股权，继而获得《金婚》《甄嬛传》《芈月传》等影视剧的独家版权。

2014年3月，创建乐视体育公司；12月，贾跃亭发布“SEE”计划，进入汽车制造领域，打造乐视超级汽车。

2015年4月，发布乐视超级手机系列；8月，乐视金融成立，布局网络化金融业务；10月，斥资7亿美元，布局共享出行业务，收购易到公司。

2016年1月，乐视体育豪掷1亿元冠名北京国安足球队，球队改名为“北京国安乐视队；3月，成立了乐视（重庆）小额贷款有限公司；4月，宣布将投资10亿美元在美国内华达州建造汽车工厂；5月，斥资30亿元收购北京百鼎新世纪商业管理有限公司，布局房地产业务；8月，乐视斥资30亿元收购酷派手机。

2016 年 12 月，乐视网公布当年营收达到 220 亿元，利润达到 5.6 亿元，市值超过 600 亿元，乐视网和关联公司形成的“乐视生态”市值达到 3 000 亿元。

2016 年胡润百富榜，贾跃亭以 420 亿元财富排名第 31 位。

3. “乐视”的崩塌

2016 年 3 月，持续亏损的西伯尔科技 Sinotel Technologies 从新加坡退市。11 月，乐视手机资金链中断，并迅速蔓延至乐视生态各条业务线。贾跃亭公开承认乐视出现了资金问题。

2017 年 4 月，易到公司司机提现出现问题；5 月，乐视手机业务停滞，各地供应商陆续到乐视大厦讨债；6 月，招商银行上海川北支行向上海市高院请求冻结“乐视”体系及贾跃亭夫妇名下银行存款共计人民币 12 亿元；7 月，融创中国注资 150 亿元入主乐视，乐视网董事长变更为孙宏斌，但是注入资金被迅速耗尽。同时，贾跃亭出走美国。

2017 年和 2018 年，乐视网分别亏损 182 亿元和 57 亿元，市值缩水至 100 亿元，公司面临退市。

2019 年 4 月，因乐视网及贾跃亭涉嫌信息披露违法违规等行为，证监会决定对乐视网及贾跃亭立案调查。

思考：结合“乐视”的发展历程，说明有限公司、股份公司和上市公司各自的优劣势。

更多内容请扫描二维码

第二节　公司理财的对象和基本内容

一、公司理财的对象

现代市场经济中，商品生产和交换所形成的错综复杂的经济关系，均以资金为载体，资金运动成为各种经济关系的体现。公司理财全部围绕资金运动展开。现金是企业资金运动的起点和终点，其他资产都是现金在流转中的转化形式，现金运动是企业资金运动的动态表现，因此公司理财的对象是现金及其流转。

（一）现金流转的分类

按期限长短的不同，企业现金流转可以分为短期流转和长期流转。

现金转变为非现金资产，然后又恢复到现金，所需时间不超过一年的流转是短期流转，称为现金的短期循环。短期循环中的资产是短期资产，包括现金本身和企业正常经营周期内可以完全转变为现金的存货、应收账款、短期投资及某些待摊和预付费用等。

现金转变为非现金资产，然后又恢复到现金，所需时间在一年以上的流转是长期流转，称为现金的长期循环。长期循环中的非现金资产是长期资产，包括固定资产、长期投资、无形资产、递延资产等。

（二）现金流转的不平衡与管理

市场经济条件下，企业要十分注重现金流转的管理。现金流转管理要求以整体的观点审视现金流转的全过程，使企业的现金分布均衡、流通顺畅。在现实中，现金流转往往出现不平衡状态，收支完全相等的情况实际上很少出现。

企业出现现金流转不平衡的情况的内部原因主要有如下几点：

1. 扩张或收缩。处于扩张阶段的企业，一般要通过负债等形式筹集现金。而经营规模缩小的企业会因减少支出和变卖资产有可能使现金流入量大于流出量。

2. 盈亏状况。没有扩张计划的盈利企业，其现金流转一般比较通畅。但也可能由于付出股利、偿还借款、更新设备等发生临时流转困难。而亏损企业短期内有可能依靠折旧、资产变现等内部资金来源维持经营，长期来看，如果没有外部资金来源，其现金流转是不可能维持的。

现金流转不平衡的外部原因主要有：

1. 市场的季节性变化。企业的销售、采购、人工费用等开支都有季节性变化，这些要素的季节性变化会使现金流转呈现季节性的特点，如销售淡季时现金不足，销售旺季过后可能积存过剩现金。

2. 经济波动。在经济收缩时，生产和采购减少，企业可能会有过剩的现金。如果预知经济不景气的时间很长，企业会推迟固定资产的重置，折旧积存的现金也会增加。当经济“热”起来时，现金需求迅速扩大，积存的过剩现金很快被用尽。

3. 通货膨胀。通货膨胀会使企业遭受现金短缺的困难，企业唯一的希望是利润增加，否则现金会越来越紧张。

4. 竞争。竞争会对企业的现金流转产生不利影响，如价格竞争会使企业现金流入立即减少，广告竞争会立即增加企业现金流出。

认识、掌握现金流转的规律是为了管理好企业的财务活动和生产经营活动。企业财务人员应该及时分析现金流转状况并进行动态调整。对于现金不足的情况，可以通过提高财务杠杆、增加权益资本、降低股利支付率、从低效益项目中抽回资金，以及提高现有资本的回报水平等措施解决。企业出现现金闲置常常令现金短缺企业极为羡慕，但同样也是个令人棘手的问题。因为现金越多，机会成本越大。如果企业无法从内部挖掘出增长的潜力，对现金闲置的处理一般是通过多元化的经营战略投入其他行业或者还给股东等。

二、公司理财的内容

公司理财主要研究公司如何根据其整体目标利用金融市场、商品市场和劳动力市场进行资源的优化配置，即研究公司如何筹集资金、如何使用资金及如何分配其经营成果。公司理财的具体内容包括下列四个方面。

（一）筹资决策与管理

资金是理财活动的起点。公司筹集的资金有自有资金和借入资金两种。自有资金是公司通过向投资者吸收直接投资、发行股票、公司内部留存收益等方式取得；借入资金是公司通过向金融机构借款、发行债券、赊购、租赁等方式取得。公司筹资活动的决策和管理就是要根据资金的需要时间和数量及时足额筹到相应的资金，并在通过资本结构控制一定财务风险的前提下使筹集资金的成本最低。

（二）投资决策与管理

公司取得资金后，必须将资金投入使用，以谋求最大的经济效益。公司投资包括对内投资和对外投资。对内投资，即公司为了其简单再生产和扩大再生产而在固定资产、无形资产等方面进行的长期投资和在现金、应收账款、存货等方面进行的短期投资；对外投资，即公司以购买股票、债券等方式或直接向其他公司投入资金的形式实现的对其他公司的投资。投资活动的决策与管理就是根据公司所筹集资金的规模决定投资规模，并在分析比较各种可能的投资方案基础上，选择投资报酬率高而风险低的投资项目。

（三）营运决策与管理

公司在日常生产经营过程中会发生一系列的资金收付。首先，要进行商品或材料的采购，以便从事生产和销售活动，同时还要支付工资和其他营业费用；其次，在商品售出后收回资金；最后，当公司现有资金不能满足企业经营需要时，还要采取短期借款方式来筹集所需资金。公司营运活动的决策与管理就是在满足生产、销售各环节的资金需求前提下，加快资金的周转速度，提高各类资金的使用效率。

（四）分配决策与管理

公司通过投资或资金营运活动会获得利润，这表现为资金的增值或取得投资收益。公司的利润要按照一定的顺序进行分配。首先要依法纳税；其次要用来弥补亏损、提取公积金；剩余利润作为投资者的收益分配给投资人或暂时留存公司或作为投资者的追加投资。随着分配过程的进行，资金或者退出公司或者留存公司。经营成果的分配决策与管理就是要本着公平合理的原则，确定分配规模和分配方式，以达到长期利益最大化。

【知识链接 5－1】　　公司理财学与其他学科的关系

公司理财学又称为公司金融学、公司财务管理学，是对企业经营过程中资金运营、投融资、利润分配及资本营运等财务管理活动进行深入研究的一门学科，目的在于总结出理性、简洁的工具和方法，用于指导现实的理财行为，优化企业的财务状况，促进和保障企业的可持续发展。

公司理财学立足于微观经济，置身于宏观经济，涉及会计、财政、金融、税务、管理、法律等多个学科。与公司理财学关系最密切的学科主要有会计学和金融学。

1. 公司理财学与会计学的关系

公司理财学与会计学的研究对象都与资金运动过程有关。两者存在着深刻的历史渊源，在公司实务中总是紧密联系在一起，不仅会计工作是财务工作的基础，而且不少公司的财务与会计在机构和岗位设置上有交叉现象。尽管如此，公司理财学与会计学也有着本质的区别，是两个相互独立的学科。

会计学研究的是如何对企业资金运动全过程和结果进行事后反映。会计工作遵循的指导原则是《企业会计准则》，会计部门在企业中属于经济信息部门，其职能主要是反映资金运动，目标是为会计信息使用者提供在经济决策中有用的财务会计信息。

公司理财学研究的是如何管理企业的资金运动，理财工作遵循的指导原则是《企业财务通则》，属于企业的经济管理工作，其职能主要是计划、控制资金运动和协调财务关系，目标是在考虑风险和报酬的基础上实现企业价值最大化。

2. 公司理财学与金融学的关系

在英文中，财务与金融都用 finance 表示，两者都研究金融市场、金融工具、金融机构提供的服务。但两者的区别也非常明显：

（1）研究的角度不同。金融学主要从宏观体系、市场的角度进行研究，公司理财学从微观企业的角度进行研究。

（2）研究的对象不同。金融学研究区域、国家乃至跨国资金的运动及运动规律，公司理财学研究企业资金的运动及运动规律。

（3）研究目的不同。金融学的研究目的是如何建立有效的金融市场，如何设计科学、合理的金融工具，如何为金融市场中资金供求双方提供优质服务。公司理财学研究的目的是如何利用现有金融市场，如何充分运用各种金融工具和享受金融机构所提供的服务，以最大限度地增加企业价值和股东财富。

第三节　公司理财目标

一、公司目标及其对公司理财的要求

公司是以盈利为目的的经济组织。公司一旦成立，就会面临竞争，并始终处于生存和倒闭、发展和萎缩的矛盾之中，公司必须生存下去才能有活力，只有不断发展才能求得生存。因此，公司目标可以分为生存、发展和获利。

1. 生存。公司在市场中生存下去有两个基本条件：第一是以收抵支。企业一方面支付货币从市场上获得所需资源，另一方面提供市场所需要的商品或服务以换回货币，公司从市场上获得的货币至少要等于付出的货币，才能维持经营，这是公司长期存续的基本条件。第二是到期偿债。公司为扩大业务规模或满足经营周转的需要可以对外借债，作为债务人必须承诺按期还本付息，否则就可能被债权人接管或依法破产。

相应地，公司生存的威胁主要来自两个方面：一是长期亏损，它是公司终止的内在原因；二是不能偿还到期债务，它是公司终止的直接原因。为此，公司力求保持以收抵支和偿还到期债务的能力，减少破产的风险，使企业能够长期、稳定地生存下去，这是公司目标对公司理财提出的第一个要求。

2. 发展。公司在市场竞争中求发展，在发展中求生存。市场经济的客观规律要求公

司必须按照市场需求组织生产经营，投入更多、更好的物质资源、人力资源，并改进技术和管理。在市场经济中，各种资源的取得，都需要付出货币，企业的发展离不开资金。因此，筹集公司发展所需的资金，是公司目标对公司理财的第二个要求。

3. 获利。获利是公司经营的出发点和归宿，也是实现公司经营目标的关键。盈利就是使公司资产获得超过其投资的回报，或者说，公司在市场交换中获得的货币大于付出的货币。因此，讲求经济效益，不断提高劳动生产率，通过合理、有效地使用资金获利是公司目标对公司理财的第三个要求。

二、不同的公司理财目标

公司理财的目标，总体而言，是公司经营目标在财务上的集中和概括。根据现代企业理财理论和实践，最具代表性的公司理财目标主要有以下几种。

（一）利润最大化

利润是指税后收益。利润最大化观点认为利润代表了公司新创造的财富，利润越多说明公司的新增财富越多，越接近公司目标。

以利润最大化作为公司理财目标有其合理的方面。这是因为公司追求利润最大化，就必须讲求经济核算，加强管理，这些都有利于提高经济效益。每个公司都追求利润最大化的目标，也可以使整个社会的财富实现最大化。

这种观点的不足之处是：

1. 未能区分不同时期的报酬，没有考虑货币的时间价值，难以正确判断不同时期利润的大小。显然，今年获利 100 万元和明年获利 100 万元，对公司的影响是不同的。

2. 没有考虑所获利润和投入资本额的关系，不便于在不同时期不同公司之间进行比较。例如，同样获得 100 万元的利润，甲公司投入资本 200 万元，乙公司投入资本 300 万元，哪一个更符合公司的目标？

3. 没有考虑获取利润所承担风险的大小。例如，同样是投入 200 万元，当年获利 100 万元，甲公司的获利已全部转化为现金，乙公司的获利则主要是应收账款，并可能发生坏账损失，哪一个更符合公司目标？若不考虑风险大小，利润最大化目标可能会使公司在进行财务决策时不顾风险大小而去追求最大的利润，造成高风险，从而导致公司破产。

4. 利润最大化往往会使公司决策带有短期行为倾向，只顾眼前的最大利润，而不顾公司的长远发展和社会责任。

（二）每股收益最大化或资本利润率最大化

每股收益是税后收益与普通股股数的比值；资本利润率是税后收益与资本额的比率。每股收益或资本利润率是将公司盈利与投入资本挂钩的指标。把公司的收益和投入的资本联系起来考察，能够表明公司的盈利率，可以在不同资本规模的公司之间或公司不同期间进行比较，揭示盈利水平的差异。但以每股收益最大化或资本利润率最大化为目标仍存在的不足之处是：

1. 仍然没有考虑资金的时间价值。

2. 仍然没有考虑风险问题，不能避免公司的短期行为。

（三）股东财富最大化

股东财富最大化是指通过财务上的合理经营为股东带来最多的财富。上市公司的股东财富由其所拥有的股票数量和股价决定。在股票数量一定时，股价越高，股东财富越多，股东财富最大化也就是股价最大化。该观点的理论依据是资本的强权理论和股东利益与社会利益相统一理论。前者认为资本的专用性、非流动性、稀缺性和信号显示功能等决定了“资本雇佣劳动”是最合理的企业制度，企业财务应当以股东利益为基本取向。后者认为最大限度地为股东赚取财富就能极大地增进社会福利。

股东财富最大化目标的优点有：

1. 考虑了货币的时间价值和风险因素。

2. 注重企业利益的长远性，能避免企业追求短期行为。

3. 对上市公司而言，股价的高低代表了投资大众对公司价值的客观评价，股东财富最大化目标比较容易量化，便于考核和奖惩。

股东财富最大化目标的缺点有：

1. 通常只适用于上市公司。

2. 即便是对上市公司，也存在着股价受众多因素影响，而这些因素并非都是公司所能控制的问题。

3. 股东利益至上，忽略了其他利益相关者的利益。

此外，在弱式有效证券市场状况下，如果片面强调股东财富最大化，则会导致企业经营行为短期化，风险增大。

（四）公司价值（财富）最大化

公司价值也称公司财富，它是指公司当前所具有的价值或所拥有的财富。

现代财务理论中，公司价值体现为公司在永续经营中不断获取现金流量的能力。公司价值可用以下公式来表示：

$$V = \sum_{t=1}^{n} \frac{NCF_t}{(1+r)^t} \tag{5-1}$$

式中，V 代表公司价值，NCF_t为公司在 t 年预期得到的现金净流入量，r 为贴现率，n 为产生现金流量的总期数。

从式（5－1）可以看出，公司价值与预期的报酬成正比，与预期风险成反比。以公司价值（财富）最大化为目标就是要通过公司的合理经营，采用最优的财务政策，在考虑资金时间价值和风险报酬的情况下，不断增加公司财富，使公司总价值达到最大，从而使股东的财富最大化。

以公司价值（财富）最大化为目标的优点有：

1. 考虑了资金的时间价值和风险因素，有利于统筹安排资金的筹集、投资方案的选择，合理制定分配政策。

2. 反映了股东对公司资产保值增值的要求。从某种意义上说，股东财富越多，公司市场价值就越大，追求股东财富最大化可以促使公司资产保值或增值。

3. 有利于克服管理上的片面性和短期行为。

4. 有利于社会资源的合理配置。社会资源通常流向价值最大化或财富最大化的公司或行业，从而有利于实现社会效益的最大化。

当然，以公司价值（财富）最大化作为目标也存在一些问题。比如，如何客观准确地对未来公司价值进行计量仍然是一个难题。但综合分析以上各种观点，公司价值（财富）最大化有利于体现公司理财的总体目标，更能揭示市场认可的公司价值，而且它还比较充分地考虑了资金的时间价值和风险因素。所以，公司价值（财富）最大化通常被认为是一个较为合理的理财目标。

三、公司理财目标的选择

现实中，不同的企业所处的外部宏观环境不同，企业的内部治理结构不同，企业内部环境要素各异，其理财目标也会有很大的差异。各企业要综合考虑自身所面临的内外部因素，理性选择适合自身的理财目标。

（一）考虑宏观环境的影响

计划经济体制下，“产值最大化”曾是我国国有企业所追求的财务管理目标。改革开放之初，人们的利益动机被激发而经济法律制度不完善的时候，一切“向钱看”成为很多民营企业的财务目标。可见，公司理财目标的选择与宏观经济管理方式、经济体制密切相关。

（二）考虑公司治理的影响

从企业内部治理对理财目标确定的影响来看，在美国以“股东主权加竞争性资本市场”为特点的、以外部控制为主的公司治理模式中，股东在财务决策中起主导作用，公司的财务经理非常重视股东利益，以股东财富最大化作为财务管理目标，而股东财富主要表现为股价的上涨，因此，财务管理目标又转化为股价最高。在日本“股权加债权共同治理的银行导向型”、以内部控制为主的公司治理模式中，财务决策必须兼顾各方面的利益关系，这就使得追求企业价值最大化成为更多企业财务管理目标的合理选择。

（三）考虑内部环境的影响

不同的企业，组织形式、发展规模、内部管理水平、发展所处阶段及在社会经济中的地位不同，考虑问题的视角不同，财务目标也会有不同的选择。如公司并非刚成立就会盈利，处于生存阶段的公司的理财目标应该是力求使公司生存下来，不太可能考虑到更多的利益相关者的利益，更不太可能考虑到社会责任等问题。等到公司生存无忧，开始谋求更长远发展的时候，理财目标才会多元化，才会更多考虑利益相关者的利益。

综上所述，理论上关于公司理财的目标有多种观点，每种观点也各有利弊。尽管前述分析表明“公司价值最大化”的目标被更多的人所认同，但实务中，并非所有公司都选择该目标。一个公司理财目标的确定，既要符合企业财务活动的客观规律，体现宏观经济体制和企业经营方式的要求，又要充分考虑企业财务管理的实际情况，使之具有实用性和可操作性。

此外，前述目标实际上指公司理财所要追求的总目标，是相对抽象的。实务中的公司理财目标往往是具体的，由一个或多个财务指标构成。如每股收益率的增长、资本的可获得性、销售或投资利润率的增长、股票升值和股利支付水平等。

四、公司理财目标与利益冲突

公司的财务活动涉及众多利益相关者的利益。公司财务目标与这些利益相关者的目标既有协调、相互促进的一面，也有冲突、相互对立的一面。公司财务目标的实现离不开与利益相关者的利益协调。

（一）委托代理与利益冲突

股份公司最大的特点是所有权和经营权分离。两权分离的优点是所有权的变更不影响经营，有利于增加公司价值，提升股东财富。因此，人们认为股份公司是价值创造、股东财富增值的最佳平台。但这并不意味着公司理财的目标自然会实现。这是因为两权分离产生的委托代理问题必然带来委托人与代理人之间的利益冲突，公司理财目标能否实现在很大程度上取决于对这些利益冲突的协调。

1. 股东与管理层的利益冲突及协调

股东将公司委托给管理层经营，股东是委托人，管理层是代理人。从历史经验看，现代公司的财产关系之所以采用委托—代理方式，是因为通过这种方式可以获得分工效果和规模经济。但这种经济效益是以代理人忠实地服务于委托人为前提的。现实情况往往是委托人和代理人的行为目标有冲突，管理层希望在提高股东财富的同时获得更多的自身利益（如报酬、休闲时间、在职消费及职业声望等），股东则希望以最小的管理成本获得最大的股东财富。在信息不对称的情况下，这种目标的冲突会引起管理层对股东目标的背离，管理层既存在道德风险的可能，也存在逆向选择的可能。

对这种利益冲突，股东可以采取的协调机制包括激励、监督、约束和解聘。

激励是把管理层的报酬同其绩效挂钩。常见的激励方式有绩效股和管理层股票期权计划。

监督是指通过建立有效的公司治理结构，在股东大会、董事会、监事会和经营管理者之间合理配置权限和公平分配利益，明确各自职责，做到所有者、管理者和其他利益相关者之间的制衡，做到各相关主体责权利的对等，减少代理成本。

约束即干预，指通过公司股票的机构持有者与管理层进行协调，对公司的经营提出建议，从而影响公司管理层的经营活动。

解聘即通过股东大会解聘工作出现严重失误或有严重违反法律、法规行为的管理层。

2. 股东和债权人的利益冲突及协调

当债权人把资金借给公司后，两者就形成了委托—代理关系。由于债权人不参与公司的经营管理及债务契约的风险与收益的“不对等”性，股东在获得债权人的资金后，在实施其财富最大化目标时有可能在一定程度上损害债权人的利益。如股东没有征得债权人的同意，改变原定资金的用途，将其投资于风险更高的项目，项目成功，大部分盈利归股东所有，项目失败，债权人也将遭受损失；股东没有征得债权人的同意，要求经营者举借新债，致使旧债价值降低；向股东派发与当期利润不相符的红利，使公司资产价值下降，危害债权人的利益等。

对此，债权人通常会采取如下措施保护自身的利益：一是降低债券投资的支付价格或提高资本贷放的利率；二是在债务契约中增加各种限制性条款进行监督；三是当发现公司管理层有违反契约的行为时，中止借款或要求较高的利率补偿其可能遭受的损失。这些措施要么会提高公司的融资成本，要么会限制公司的财务自由度，影响公司理财目标的实现。为避免此类问题的出现，公司必须把保护债权人的利益放在重要的位置，以协调好与债权人的利益冲突。

（二）社会责任与利益冲突

公司除了与前述两类重要的利益相关者发生财务关系外，还必然会与其他利益相关者发生相互关系。为此，必然会产生公司是否需要承担社会责任和如何承担社会责任的问题。

社会责任理念自20世纪60年代末兴起，目前越来越受到人们的重视。社会责任理论强调企业在进行决策时不能只考虑自身的利益，还需要考虑社会利益，承担社会责任。

公司财务目标与其承担的社会责任息息相关。公司承担社会责任与公司财务目标具有一致的方面。如公司为实现其理财目标必须不断开发新技术、新产品，降低成本，增加投资，这些都有利于为社会提供符合市场需要的产品，增加社会就业等；企业为员工提供合理的薪金和安全的工作环境，可以提高员工的积极性，提高劳动效率，增加公司盈利。同时，公司承担社会责任，如开展一些社会公益活动，也有利于提高企业的社会形象与知名度，促进公司产品或劳务的销售，有利于财务目标的实现。但是，社会责任与公司财务目标之间也有矛盾的一面。例如，公司单纯追求自身的财务利益而引发的伪劣产品生产、职业病、环境污染等行为，使社会利益受损。同时，企业承担过多的社会责任，必然会增加成本，降低股东收益，从宏观上也会降低整个社会资源的分配效率。

在处理社会责任与公司财务目标的关系上，正确的观点应该是公司要承担必要的社会责任，而不需要承担过多的社会责任。要求公司承担必要的社会责任，除了加强包括劳动合同法、产品安全法、消费者权益保护法、污染防治法等法律内容在内的制度建设，以规范企业的社会责任，让所有企业均衡地分担社会责任成本外，还要强化社会的商业道德建设、行政监督及舆论监督。而从公司自身的角度而言，把履行社会责任纳入企业全局和长远的发展战略中，制定相应的政策，已经成为企业发展历程中不可忽视的重要方面，且关系到企业在未来经济发展中的竞争力。而财务管理目标是企业总目标的重要组成部分，涉及企业的长远发展战略，它与社会责任理论的结合更是一个不可回避的问题。

本章小结

1. 企业制度有三种最基本的形式：独资企业、合伙企业、公司企业。根据公司债务清偿责任的不同，现代公司主要包括有限责任公司与股份有限公司两种形式。不同的企业制度，理财活动既有许多共性，也有许多不同之处。本教材主要立足于股份有限公司来讲述公司理财。

2. 公司理财的对象是现金流转。在企业实际经营活动中，受内外部因素的影响，企业的现金流转平衡是相对的，不平衡是绝对的。现金流转管理的目的是使企业现金分布均衡、流通顺畅。

3. 公司理财的内容具体包括筹资活动的决策与管理、投资活动的决策与管理、营运活动的决策与管理、经营成果的分配决策与管理。

4. 根据现代企业理财理论和实践，公司理财的目标包括利润最大化、每股收益最大化或资本利润率最大化、公司价值（财富）最大化。其中，公司价值（财富）最大化被理论界广泛地认同。此外，公司不同的理财活动还有不同的分部目标。

5. 公司理财目标实现的过程中有许多利益冲突，公司必须采取有效措施协调这些利益冲突。

【复习思考题】

一、名词解释

有限责任公司　　股份有限公司　　现金流转　　公司价值最大化

二、简答题

1. 股份有限公司和有限责任公司有什么异同?

2. 阐述你对公司理财目标的理解。

3. 实务中，“现金为王”是企业财务管理的基本理念，你如何理解这一理念?

4. 公司追求理财目标过程中有哪些利益冲突，你认为该如何管理这些利益冲突?

三、案例分析

每个企业都希望成为百年企业，每位企业家也确实殚精竭虑地朝着这一目标迈进。然而现实却并不尽如人意。有数据显示，中国民营企业的平均寿命只有2.9年，每年约有100万家民营企业破产倒闭。大型企业集团的平均寿命也只有7.8年，其中有40%的企业在创业阶段就宣告破产。请结合本章延伸阅读5－1的材料，分析乐视从曾经的辉煌迅速走向衰落的原因及其带来的启示。

第六章

公司筹资管理

GONGSI CHOUZI GUANLI

公司在生产经营活动的每一个环节都离不开资金，资金是保证各环节顺利运转的一个重要条件，因而，筹资管理是公司理财的核心内容。筹资理财的关键是在确定资金需要量的基础上，在众多的筹资方式中选定使公司资本结构达到最佳的筹资方式及筹资数额。

【本章学习目标】

熟练掌握企业资金需要量的预测方法；掌握股权融资、债务融资、混合证券融资的具体方式及其优缺点；掌握资金成本的计算方法；熟练运用杠杆原理分析企业风险情况，并能够正确应用比较资金成本法和 EBIT - EPS 分析法进行最佳资本结构决策。

【本章关键词】

资金需要量　　股权融资　　债务融资　　混合证券融资　　资本成本

杠杆原理　　资本结构

第一节　资金需要量预测

企业在筹资之前，应当采用一定的方法预测资金需要量，只有这样，才能使筹集来的资金既能保证满足生产经营的需要，又不会有太多的闲置。企业资金需要量的预测方法主要有销售百分比法和资金性态模拟法。

一、销售百分比法

销售百分比法，是指以资金与销售额的比率为基础，预测未来资金需要量的方法。

运用销售百分比法预测资金需要量以下列假设为前提：（1）企业的部分资产和负债与销售额同比例变化；（2）企业各项资产、负债与所有者权益结构已达到合理状态。

运用销售百分比法预测资金需要量的步骤如下。

（1）预计销售增长率：一般情况下，进行财务预测时把销售数据视为已知数，作为财务预测的起点和基础。

（2）确定随销售额变动而变动的资产和负债项目，并计算这些项目数额占销售额的百分比。确定销售百分比时既可以使用某基期的数据，也可以使用若干期的平均数据。

（3）确定需要增加的总资金额：销售的增长必然带来公司资产和负债各项目的变化，从而引起公司资金需要量的变化。计算公式为：

资金需要总量 = 预测年度增加的资产 − 预测年度增加的负债

= 销售增加额 ×（变动性资产占销售百分比 − 变动性负债占销售百分比）　（6−1）

（4）考虑内部资金来源，确定对外资金需要量。

对外资金需要量 = 资金需要总量 − 内部资金量　（6−2）

其中，预计年度的留存收益是重要的内部资金来源。

【例6−1】 华夏公司2021年12月31日的资产负债表见表6−1。

表6−1　华夏公司资产负债表

（2021年12月31日）　单位：万元

资产	金额	负债与所有者权益	金额
现金	10	应交税费	10
应收账款	30	应付账款	20
存货	60	短期借款	50
固定资产净值	80	应付债券	20
		实收资本	60
		留存收益	20
资产合计	180	负债与所有者权益	180

假定华夏公司2021年的销售收入为250万元，销售净利率为10%，股利支付率为60%，生产能力还有剩余，即增加收入不需要进行固定资产方面的投资。如果2022年的销售收入提高到300万元，并维持2021年的销售净利率和股利支付率。按销售百分比法，华夏公司2022年对外资金需要量预测是多少？

解：（1）确定销售额增长率。

销售额增长率 =（300 − 250）/250 × 100% = 20%

（2）确定随销售额变动而变动的资产和负债项目，并计算销售百分比。

一般情况下，资产负债表中的现金、应收账款和存货项目都随销售量的增加而增加，因为较多的销售量需要占用较多的存货，发生较多的应收账款，导致现金需求增加。根据题意，固定资产不随销售量的增加而增加，保持不变；在负债与所有者权益一方，应付账款和应交税费也会随销售量的增加而增加，但实收资本、应付债券、短期借款等不会自动增加，留存收益的变化情况与公司股利分配相关。具体变动情况如表6-2所示。

表6-2　　华夏公司销售百分比表　　单位：%

资产	占销售收入的百分比	负债与所有者权益	占销售收入的百分比
现金	4	应交税费	4
应收账款	12	应付账款	8
存货	24	短期借款	不变动
固定资产	不变动	应付债券	不变动
		实收资本	不变动
		留存收益	不变动
合计	40	合计	12

表6-2中，"不变动"是指该项目不随销售量的变化而变化。占销售收入的百分比由表6-1中该项目的金额除以2021年的销售收入求得，如存货占销售的百分比为：$60 \div 250 \times 100\% = 24\%$。

（3）确定需要增加的资金总额。

从表6-2中可以看出，华夏公司销售收入每增加100元必须增加40元的资金占用，但同时也自动增加12元的资金来源，净资金需要额为28元。

华夏公司销售收入预计从2021年的250万元增加到2022年的300万元，增加50万元。按照公式（6-1），该公司2022年总资金需要量的计算如下：

$$总资金需要量 = 50 \times (40\% - 12\%) = 14（万元）$$

（4）确定对外资金需要量。

根据题意，华夏公司2022年的内部资金来源包括2022年增加的留存收益。计算如下：

$$2022年增加的留存收益 = 300 \times 10\% \times (1 - 60\%) = 12（万元）$$

用总资金需要量减去内部资金来源金额，即可得到华夏公司2022年的对外资金需要量：

$$对外资金需要量 = 14 - 12 = 2（万元）$$

二、资金性态模拟法

> 资金性态模拟法是指根据资金习性预测未来资金需要量的方法。

资金习性，是指资金的变动与产销量变动之间的依存关系。按照资金习性的不同，可将资金分为不变资金、变动资金和半变动资金（见表6－3）。

表6－3　　不变资金、变动资金和半变动资金的特征与形态

项目	特　征	形　态
不变资金	在一定的产销量范围内，不受产销量变动的影响而保持固定不变的那部分资金	（1）为维持营业而占用的最低数额的现金；（2）原材料的保险储备；（3）必要的成品储备；（4）固定资产占用的资金
变动资金	随产销量的变动而成同比例变动的那部分资金	（1）直接构成产品实体的原材料、外购件等占用的资金；（2）在最低储备以外的现金、存货、应收账款
半变动资金	受产销量变动的影响，但不成同比例变动的资金	一些辅助材料占用的资金

半变动资金可以采用一定的方法划分为不变资金和变动资金。

设产销量为自变量 x，资金占用量为因变量 y，它们之间的关系可用公式表示：

$$y = a + bx \tag{6-3}$$

式中，a 为不变资金，b 为单位产销量或产销额所需变动的资金。

根据公式（6－3），只要已知 a、b，根据预测期的产销量或产销额 x，即可得出资金占用量。根据确定 a、b 的方法的不同，资金性态模拟法又分为高低点法和回归直线法。

（一）高低点法

高低点法是指根据企业一定期间内资金占用的历史资料，按照资金习性原理和 $y = a + bx$ 的直线方程式，选用最高收入期和最低收入期的资金占用量之差，同这两个收入期的销售额之差进行对比，先求 b 的值，然后再代入原直线方程，求出 a 的值，从而推测资金发展趋势。其计算公式为：

$$b = \frac{最高收入期资金占用量 - 最低收入期资金占用量}{最高销售收入 - 最低销售收入} \tag{6-4}$$

$$a = 最高收入期资金占用量 - b \times 最高销售收入$$

或：

$$a = 最低收入期资金占用量 - b \times 最低销售收入 \tag{6-5}$$

【例6－2】　东方公司历史上现金占用与销售收入之间的关系如表6－4所示，用高低点法计算东方公司2022年的资金需要量。

表6－4　　东方公司2016—2020年现金和销售收入情况　　单位：万元

年份	销售收入（x）	现金占用（y）
2017	2 000 000	110 000
2018	2 400 000	130 000
2019	2 600 000	140 000
2020	2 800 000	150 000
2021	3 000 000	160 000

解：根据以上资料采用高低点法确定资金习性方程计算如下：

$$每万元销售收入占用变动资金=\frac{160\ 000-110\ 000}{3\ 000\ 000-2\ 000\ 000}=0.05(万元)$$

$$销售收入占用不变资金总额=160\ 000-0.05\times 3\ 000\ 000=10\ 000(万元)$$

$$或=110\ 000-0.05\times 2\ 000\ 000=10\ 000(万元)$$

存货、应收账款、流动负债、固定资产等也可以根据历史资料做同样的划分，并计算出这些项目的资金习性方程（数据及计算过程略，结果见表6－5）。

表6－5　　分项资金需要量预测　　单位：万元

项目	年度不变资金（a）	每万元销售收入所需变动资金（b）
流动资产		
现　　金	10 000	0.05
应收账款	60 000	0.14
存　　货	100 000	0.22
小　　计	170 000	0.41
减：流动负债		
应付账款及应付费用	80 000	0.11
净资金占用	90 000	0.30
固定资产		
厂房、设备	510 000	0
所需资金合计	600 000	0.30

根据表6－5的资料得出预测模型为：

$$y=600\ 000+0.30x$$

如果2022年的预计销售收入为3 500 000万元，则东方公司2022年资金需要量计算如下：

2022年的资金需要量＝600 000＋0.30×3 500 000＝1 650 000（万元）

（二）回归直线法

回归直线法，是根据若干期业务量和资金占用的历史资料，运用最小平方法计算不变资本和单位销售额变动资金的一种资金性态模拟方法。

回归直线法分析的基本步骤是：

（1）确定成本与业务量之间的相互关系，并用回归直线方程 $y=a+bx$ 予以表示。

（2）根据最小二乘法，可形成下列联立方程式：

$$\sum y=na+b\sum x$$

$$\sum xy=a\sum x+b\sum x^2 \tag{6-6}$$

（3）根据上述方程，求解 a 值和 b 值。

有了 a 值和 b 值，即可建立资金习性模型。再将预计年度的产销量或产销额代入资金习性模型，即可确定预计年度的总资金需要量。

【例6－3】　东方公司2017年至2021年的产销量和资金需要量如表6－6所示，若

2022 年的预计产销量为 7.8 万吨，要求建立资金的回归直线方程，并预测 2022 年的资金需要量。

表 6－6　　东方公司 2017—2021 年产销量与资金需要量

年份	产销量 x/万吨	资金需要量 y/万元
2017	6.0	500
2018	5.5	475
2019	5.0	450
2020	6.5	520
2021	7.0	550

解：根据回归直线方程确定资金习性模型的过程如下：

根据表 6－6 整理出建立回归直线方程所需要的数据，如表 6－7 所示。

表 6－7　　回归直线方程数据计算

年份	产销量 x_i/ 万吨	资金需要量 y_i/ 万元	$x_i y_i$	x_i^2
2017	6.0	500	3 000	36
2018	5.5	475	2 612.5	30.25
2019	5.0	450	2 250	25
2020	6.5	520	3 380	42.25
2021	7.0	550	3 850	49
$n = 5$	$\sum x_i = 30$	$\sum y_i = 2\ 495$	$\sum x_i y_i = 15\ 092.5$	$\sum x_i^2 = 182.5$

将表 6－7 的数据代入式（6－6）求得 a、b 值为：

$$a = 205 \qquad b = 49$$

则资金习性模型为：$y = 205 + 49x$

将 2022 年预计产销量代入上式，即可得 2022 年的资金需要量 $= 205 + 49 \times 7.8 = 587.2$（万元）。

回归直线法是更为精确的一种预测方法，使用该方法时必须注意以下问题：（1）资金需要量与营业业务量之间线性关系的假定应符合实际；（2）确定 a、b 值，应利用预测年度前连续若干年的历史资料，一般要有三年及以上的历史资料；（3）应考虑价格等因素的变动情况。

第二节　公司长期资金来源的主要方式

一、股权融资

股权融资是指通过吸收直接投资、发行普通股票、利用留存收益筹集的资金。

（一）吸收直接投资

1. 吸收直接投资的出资方式

企业采用吸收直接投资的方式筹集资金时，投资者可以以现金、实物、工业产权、非专利技术和土地使用权等方式出资。

按现行规定，股东不得以劳务、信用、自然人姓名、商誉、特许经营权或者设定担保的财产等作价出资。另外，权属不清的财产，处于查封、冻结状态的财产以及其他不能自由转让的财产也不能用作公司出资。

2. 对吸收直接投资的评价

吸收直接投资的优点包括：

（1）吸收直接投资所筹集的资金属于自有资金，自有资金与债务资金相比，能增强企业的信誉和借款能力。吸收的直接投资越多，举债能力就越强。

（2）吸收直接投资可以直接获取投资者的先进设备和先进技术，有利于尽快形成企业生产经营能力，尽快开拓市场。

（3）吸收直接投资所筹资金属于自有资金，不需要支付利息和偿还本金，不存在偿债风险。可根据企业经营状况好坏，向投资者支付较多或较少的报酬，比较灵活，所以财务风险较小。

吸收直接投资的缺点包括：

（1）资金成本较高。投资者的投资目的主要是获利，作为被投资企业而言，应支付较高的投资报酬。特别是企业经营状况较好和盈利能力较强时，更是如此。

（2）企业控制权容易分散。不同的投资者投资目的不尽相同，有的是为了单纯获利，而有的则是为了取得被投资企业的控制权。当投资者的投资数额达到一定比率时就会获得相应的控制权和管理权，从而会威胁到原投资者的权益。

（二）发行普通股

股票是股份公司为筹集自有资金而发行的有价证券，是投资人投资入股以及取得股利的凭证，它代表了股东对股份制公司的所有权。普通股是股份公司依法发行的具有管理权的、股利不固定的股票。普通股具备股票的基本特征，是股份公司资本的最基本组成部分。

1. 普通股的分类

（1）按股票票面是否记名划分，股票分为记名股票和无记名股票。我国市场上的股票均为记名股票。

（2）按发行对象和上市地区划分，股票分为A股、B股、H股和N股。A股是指以人民币标明票面价值并以人民币认购和交易的股票。B股是以人民币标明票面金额，以外币认购和交易的股票。H股是在香港上市的股票，N股是在纽约上市的股票。

2. 普通股发行条件

股份公司发行普通股必须符合《公司法》《证券法》《上市公司证券发行管理办法》等法律的规定，具体应该具备的条件依普通股发行的情形不同而不同。以我国主板市场为例，根据《首次公开发行股票并上市管理办法》的规定，现阶段主板市场股票发行的主要条件如下：

（1）最近3个会计年度：净利润均为正数且累计≥3 000万元，净利润以扣除非经常性损益前后较低者为计算依据；经营活动产生的现金流量净额累计≥5 000万元或营业收入累计≥3亿元；

（2）发行前股本总额≥3 000万元；公众持股至少为25%；发行时股本总额≥4亿元，发行比例可以降低，但不得≤10%；发行人的股权清晰，不存在重大权属纠纷；

（3）最近一期末无形资产（扣除土地使用权、水面养殖权和采矿权等后）占净资产的比例≤20%；

（4）最近一期末不存在未弥补亏损；

（5）近3年内主营业务和董事、高级管理人员没有发生重大变化，实际控制人没有发生变更。注册资本已足额缴纳，主要资产不存在重大权属纠纷，近3年内不得有重大违法行为。

3. 普通股发行价格

股票的发行价格是指股份公司发行股票时，将股票出售给投资者所采用的价格，也是投资者认购股票时的支付价格。股票发行价格通常根据股票市场价格水平和公司预期收益状况等因素确定。股票发行价格可采用以下三种方式：

（1）等价发行，也称平价发行，是指公司以股票面值作为发行价格，发行其股票。

（2）时价发行，也称市价发行，即公司以已发行流通在外的原股票市价为基准，来确定新发行的股票的价格。它是最为常见的一种股票发行方式。

（3）中间价发行，即以原股票面值和市场价格的中间值作为新股的发行价格。

4. 股票上市

股票上市指股份有限公司公开发行的股票经批准后在证券交易所进行挂牌交易。股票上市对公司的影响有利有弊。其有利影响主要有：便于利用股票收购其他公司；便于利用股票市场表现客观评价企业；便于利用股票激励职员；有助于提高公司知名度等。其不利影响主要有：公司失去隐私权；限制经理人员操作的自由度；费用较高；容易招致敌意收购等。

5. 对普通股筹资的评价

普通股筹资的优点如下：

（1）普通股没有固定的到期日，不存在不能偿付的风险。

（2）公司发行股票后，每年分配给股东股利的多少，取决于公司当年的盈利水平和公司所采取的股利分配政策，没有固定的股利负担。

（3）发行普通股筹集的资金是公司最基本的资金来源，反映了公司的实力，可以作为其他方式筹资的基础，尤其可以为债权人提供保障，能增强公司的举债能力。

（4）利用优先股或债券筹资，通常有许多限制，这些限制往往影响公司经营的灵活性，而利用普通股筹资则没有这种限制。

普通股筹资的缺点如下：

（1）在众多的筹资方式中，通常普通股筹资方式的资金成本最高，主要是因为股利要从净利润中支付。另外，普通股筹资要支付一定数额的咨询、评估、宣传、代理发行等费用。

（2）利用普通股筹资，出售新的股票，引进新的股东，容易导致老股东控制权的分散。

（3）发行普通股进行筹资，加大了公司被收购的风险。

（三）留存收益筹资

1. 留存收益筹资的渠道

留存收益筹资是指公司利用历年生产经营所累积的盈余公积和未分配利润获取股权资金。

留存收益是企业资金的一项重要来源，实际上是股东对企业进行追加投资。

2. 对留存收益筹资的评价

留存收益筹资的优点主要有：（1）资金成本较普通股筹资成本低；（2）保持普通股股东的控制权；（3）增强公司的信誉。

留存收益筹资的缺点主要有：（1）筹资数额有限；（2）资金使用受制约。

【延伸阅读 6-1】 为什么有的公司 IPO 审核未通过?①

2018 年，第十七届发审委全年共审核 172 家企业拟在 A 股市场 IPO 的申请，共有 59 家企业未通过过会审核，这些未过会企业存在的问题集中在以下五个方面。

1. 生产经营的合法性。24 家企业因为生产经营不合法合规而未通过，占比近 41%。具体表现有：工商登记证照不全；有被税务部分追缴税款的风险；未取得土地及房产权属证书；未取得环境影响评价审批或受到环保处罚；未取得安全生产许可或强制产品认证证书、技术鉴定证书等；股权架构、境外资金来源不合法；未缴纳社保和公积金；劳务派遣用工比例过高等。

2. 生产经营的独立性。涉及生产经营独立性不符合要求的企业共有 35 家，占比近 60%。具体表现有：供应商集中度高、供应商与第一大客户重合、入股供应商的交易价格不公允、与供应商存在关联关系、供应商成立时间短；客户集中度高、经销商成立时间短、与客户或经销商存在关联关系；关联交易金额占比高、关联交易价格不公允、关联方大额无息资金拆借、代垫费用或代付成本；与控股股东、实际控制人及其控制的其他企业之间存在同业竞争等。

3. 财务数据的合理性。涉及财务数据不真实不合理的共 56 家，占比近 95%。具体表现为：毛利率水平与同行业可比公司差异大、境内外客户毛利率差异较大、境内不同客户之间毛利率差异大；净利润增幅与同行业可比公司差异大；营业收入增幅与净利润增幅、应收账款增幅不匹配，经营性现金流量净额与同期净利润不匹配等。

---

① 廖士光. 2018 年 A 股市场 IPO 企业审核问题研究报告［R］. 上证研报〔2019〕014 号.

4. 盈利能力的持续性。涉及盈利能力持续性内容的企业共34家，占比近58%。具体表现有：经营模式、盈利模式、产品结构、经营环境已发生重大变化；行业地位及所处行业经营环境已经或者将发生重大变化；经营业绩对主要供应商或客户、关联方、政府采购、税收优惠和政府补贴等存在重大依赖；侵犯第三方知识产权或存在法律纠纷、有潜在法律纠纷的专利和核心技术，核心技术存在被其他技术替代、淘汰的风险等。

5. 会计处理的准确性、谨慎性。涉及会计处理准确性内容的企业共43家，占比近73%。具体表现有：收入确认时点、方式、条件不谨慎，对经营业绩构成重大影响；费用确认不完整，确认跨期；资产减值计提不谨慎、不充分；放宽信用政策刺激销售，增加收入；股权激励没有作股份支付处理，股权公允价值不合理；申报财务报表与原始财务报表存在重大差异，会计政策、会计估计变更或会计差错更正的原因、依据不合理等。

思考：为什么有些公司不愿意公开发行普通股进行融资？

更多内容请扫描二维码

二、债务融资

（一）长期借款

长期借款是指企业向银行或其他金融机构借入的期限在一年以上的各项借款。长期借款主要用于购置固定资产和满足长期流动资金占用的需要。长期借款是企业筹措长期负债资金的重要方式之一。

1. 长期借款的种类

长期借款的种类很多，各企业可根据自身的情况和各种借款条件选择使用。

（1）按照资金的用途不同，长期借款分为固定资产投资借款、更新改造借款、科技开发和新产品试制借款等。

（2）按提供资金的机构不同，长期借款分为政策性银行借款、商业银行借款。

（3）按有无担保划分长期借款分为信用借款和担保借款。信用借款指不需企业提供抵押品，金融机构仅凭其信用发放的贷款；担保借款指要求借款企业提供相应的担保而获得的借款。

2. 取得长期借款的条件

企业取得长期借款的条件主要有：

（1）企业实行独立核算，自负盈亏，具有法人资格，有健全的机构和相应的企业管理的技术人才；

（2）借款用途合理合法，具有借款项目的可行性报告；

（3）具有一定的物资和财产保证，担保单位具有相应的经济实力；

（4）具有偿还贷款本息的能力；

（5）财务管理和经济核算制度健全，资金使用效果良好；

（6）在有关金融部门开立账户并能办理结算。

3. 长期借款的保护性条款

由于长期借款的期限长、风险大，按照国际惯例，银行通常会对借款企业提出一些有助于保证借款按时足额偿还的保护性条款。这些条款主要包括以下几类：

（1）一般保护性条款。一般保护性条款适用于大多数借款合同，主要包括：对借款企业流动资金保有量的规定；支付现金股利和购入股票的限制；资本支出规模的限制；限制公司再举债规模；不准在正常情况下出售较多资产等。

（2）特殊保护性条款。特殊保护性条款针对某些特殊情况而列入部分借款合同中，主要包括：贷款专款专用；不准企业投资于短期内不能收回的资金项目；限制企业高级职员的薪金和奖金总额；要求企业主要领导人在合同有效期内不得离职；要求企业主要领导人购买人身保险等。

（3）例行保护性条款。这类条款作为例行常规，在大多数借款合同中都会列出，主要包括：定期向提供贷款的金融机构提交财务报表；不准在正常情况下出售较多的非产成品存货，以保持企业正常生产经营能力；如期清偿应缴纳税金和其他到期债务，以防被罚款而造成不必要的现金流失；不准以资产做其他承诺的担保或抵押；不准贴现应收票据或出售应收账款，以避免或有负债等。

4. 对企业长期借款融资的评价

长期借款融资的优点主要有：

（1）长期借款利率一般低于发行公司债券的利率，且不涉及审批、发行等，交易成本低。另外，借款利息具有减税效应，减少了企业实际的资金成本。

（2）长期借款融资是企业与银行等金融机构双方间的债权债务关系，一般不涉及公众和其他利益相关者，因此，只要借贷双方达成协议，借款企业即可取得借款，相比公募资金，所需时间较短。

（3）长期借款是借贷双方的直接协商，在借款期限、利率、规模及还款等有关事项上都具有较大的灵活性，借款企业可以根据自己的实际情况与银行协商确定。

（4）债权银行通常不干预企业的生产经营活动，不会影响企业的股权结构，有利于保护股东对企业的控制力。

长期借款融资的缺点主要有：

（1）长期负债的利息是企业必须定期支付的固定费用，如果企业经营状况不佳，这部分费用将成为企业沉重的负担。如果企业因经营不善而财务流动性差，企业还将面临破产的风险。

（2）基于风险的考虑，银行一般不愿意发放巨额的长期借款。与发行股票和债券相比，长期借款的融资规模有限。

（3）银行基于自身资金安全的考虑，往往会在借款合同中附加很多保护性条款，这些条款对企业资金用途、资产处置等经营行为都有严格的约束，对企业的经营活动有很强的限制作用。

（二）发行债券

债券是经济主体为筹集资金而发行的，用于记载和反映债权债务关系的有价证券。

由企业发行的债券称为企业债券或公司债券。这里所说的债券指期限超过1年的公司债券，通常是为建设大型项目筹集的大笔长期资金。

1. 债券的种类

公司债券有多种形式，常见的分类方式如下。

（1）按票面利率是否变化划分，债券分为固定利率债券和浮动利率债券。固定利率债券是指在偿还期内不调整利率的债券。浮动利率债券则是指在偿还期内按约定的方式调整利率的债券。

（2）按有无特定的财产担保划分，债务分为抵押债券和信用债券。发行公司以特定财产作为抵押品的债券为抵押债券。因为抵押资产不同，抵押债券又分为一般抵押债券、不动产抵押债券、设备抵押债券及证券信托债券等。信用债券是指没有特定财产作为抵押，凭信用发行的债券。

2. 债券发行条件

我国《证券法》规定，公开发行公司债券的公司必须具备下列相关条件。

（1）股份有限公司的净资产额不低于人民币3 000万元，有限责任公司的净资产额不低于人民币6 000万元。

（2）累计债券总额不超过公司净资产额的40%。

（3）最近3年平均可分配利润足以支付公司债券1年的利息。

（4）所筹集资金的投向符合国家产业政策。

（5）债券的利率不得超过国务院限定的利率水平。

（6）国务院规定的其他条件。

3. 债券的发行价格

债券的发行价格是债券发行时使用的价格，亦即投资者购买债券时的支付价格。公司债券的发行价格通常有三种：平价、溢价和折价。平价指以债券的票面金额为发行价格；溢价指以高出债券票面金额的价格为发行价格；折价指以低于债券票面金额的价格为发行价格。

债券发行价格的确定方法见第七章第二节“债券投资价值评价”。

4. 对债券筹资的评价

债券筹资的优点如下：

（1）债券发行费用比股票低，而且债券的利息费用可在税前支付，起到了抵减税款的作用，使得债券实际筹资成本较低。

（2）债券持有人并非公司股东，无权参与公司经营管理，只能从公司获取固定利息，因而发行债券不会影响股东对公司的控制权。

（3）由于债券的利息是固定的，且在所得税前支付。公司如能保证发行债券所筹集资金的投资收益率高于债券利息率，那么公司将获得更多的杠杆收益。

债券筹资的缺点如下：

（1）债券还本付息的特点增加了公司的财务风险。如果公司经营状况不佳，特别是投资收益率低于债券利息率时，公司就会背上沉重的债务负担，此种状况持续一段时间后，公司就会出现无力偿还债务的局面，最终可能导致破产。

（2）债券筹资的限制条件比长期借款的限制条件要多，这种限制可能影响企业的投资收益以及以后的筹资能力。

（3）利用债券筹资有一定的限度，当公司的负债比率超过一定程度后，债券筹资的成本会迅速上升，风险增大，导致债券难以发行。

三、混合证券融资

（一）优先股融资

1. 优先股的特征

优先股是股份公司依法发行的具有一定优先权的股票。从法律上来讲，企业对优先股股东不承担法定的还本义务，通过发行优先股获得的资金是企业自有资金的一部分。

优先股是一种复杂的证券，它虽属于自有资金，但却具有债券的性质。其特征表现为：

（1）相对于普通股的优先权。优先股股利分配先于普通股股利分配；优先股股东对公司剩余财产的求偿权虽在债权人之后，但先于普通股股东。

（2）股息固定。优先股的股息在发行股票之前就已确定。相比债券利息必须无条件支付而言，优先股股息的支付具有很大的灵活性。当公司无利润或利润不足时，可不支付，以后也不一定补偿。

2. 优先股的种类

优先股按发行条款和股利分配条款的不同，分类如下。

（1）按欠发的股利可否累积，优先股分为累积优先股与非累积优先股。累积优先股是指在某个营业年度内，如果公司所获得的盈利不足以分派规定的股利，日后优先股的股东对往年未给付的股息有权要求如数补给。非累积优先股是指如果某年公司所获得的盈利不足以按规定支付当年股利时，股东不能要求公司在以后年度中予以补发。

（2）按可否参与剩余利润分配，优先股分为参与优先股与非参与优先股。当企业利润增大时，除享受既定比率的利息外，还可以跟普通股共同参与利润分配的优先股，称为参与优先股。除了既定股息外，不再参与利润分配的优先股，称为非参与优先股。

（3）按可否转换为普通股，优先股分为转换优先股和不可转换优先股。可转换优先股是指允许优先股持有人在特定条件下把优先股转换成一定数额的普通股。否则，就是不可转换优先股。可转换优先股是近年来日益流行的一种优先股。

（4）按可否赎回，优先股分为可赎回优先股和不可赎回优先股。可赎回优先股是指允许发行该类股票的公司，按原来的价格再加上若干补偿金将已发行的优先股收回。当公司认为能够以较低股利的股票来代替已发行的优先股时，就往往行使这种权利。反之，就是不可赎回优先股。

3. 对优先股筹资的评价

优先股筹资的优点如下：

（1）没有固定的到期日，不用偿还本金。大多数优先股附有收回条款，使得使用这种资金时更有弹性。如当财务状况较弱时发行，而财务状况较强时收回，有利于结合资金需求，同时也能控制公司的资本结构。

（2）股利的支付既固定，又有一定弹性。一般而言，优先股都采用固定股利，但固定股利的支付并不构成公司的法定义务。如果财务状况不佳，则可暂时不支付优先股股利。

（3）优先股筹资能扩大权益基础，可增加公司的信誉，增强公司偿付债务的能力，从而吸引更多的借入资金。

（4）通常优先股股东不能参与公司经营管理，这就保证了普通股股东对公司的控制权。

优先股筹资的缺点如下：

（1）筹资成本较高。优先股的股利要从税后利润中支付，不同于债务利息可在税前扣除；公司发行优先股筹资，需承担较高的股利支付额。

（2）影响普通股的利益。由于优先股先于普通股分配利润，在公司盈利额不多时，为保证优先股的固定利率，普通股股东可能没有股利。在清偿公司剩余财产时，也可能会发生上述情况。

（3）筹资限制较多。发行优先股，通常有许多限制条款，例如，对普通股股利支付上的限制，对公司借债的限制等。

【知识链接6－1】　我国现阶段的优先股制度

2014年3月21日，我国发布并开始实施的《优先股试点管理办法》对优先股发行做了如下基本规定：

1. 上市公司和非上市公众公司可以发行优先股。上市公司既可以公开也可以非公开发行优先股。非上市公众公司只能非公开发行优先股。公司现阶段只能发行累积优先股、非参与优先股、不可转换优先股（商业银行除外）。

2. 只有符合以下情形之一的上市公司可以公开发行优先股：其普通股为上证50指数成分股；以优先股作为支付手段购并其他上市公司；以减少注册资本为目的回购普通股。

3. 发行优先股的上市公司还必须满足下列条件：与控股股东或实际控制人的人员、资产、财务分开，机构、业务独立；内控制度健全；不存在重大会计违规事项；最近三个会计年度连续盈利且年均可分配利润不少于优先股一年的股息；最近三年现金分红情况符合公司章程及有关监管规定；募集资金用途明确，与公司业务范围、经营规模相匹配。

4. 上市公司已发行的优先股不得超过公司普通股股份总数的50%，且筹资金额不得超过发行前净资产的50%，已回购、转换的优先股不纳入计算。

5. 优先股采取固定股息率，每股票面金额一百元，发行价格不得低于票面金额。公开发行的价格或股息率以市场询价或证监会认可的其他公开方式确定。非公开发行优先股的票面股息率不得高于最近两个会计年度公司年均加权平均净资产收益率。

6. 上市公司非公开发行优先股只能面向办法规定的合格投资者发行，每次发行对象不得超过二百人，且相同条款优先股的发行对象累计不得超过二百人。

（二）可转换债券融资

1. 可转换债券的概念

可转换债券简称可转债，是一种被赋予了股票转换权的公司债券，是普通债券和认股权证明的组合，具有公司债券和股票的双重特点。可转换债券的投资者同时拥有债权和股票期权两项权益。发行公司也相当于同时发行了债券和认股证。

我国从1992年深宝安可转换债券的探索，到1997年《可转换公司债券管理暂行办法》的颁布，到2006年5月8日正式实施《上市公司证券发行管理办法》及2020年《上市公司证券发行管理办法》的修订，可转换债券走过了一段坎坷的历程。

可转债的基本要素有：

（1）票面利率：按规定，我国公司发行可转债的利率不超过银行同期存款的利率水平。

（2）票面金额：我国现行规定，票面金额为100元，最小交易单位是1 000元，与普通债券一致。

（3）发行规模：在我国，可转换债券的发行额不少于1亿元，发行后资产负债率不得高于70%。

（4）期限：包括债券期限和转股期。前者通常根据公司的偿债计划、偿债能力以及股权扩张的步伐来制定转债的期限。国际市场上可转债期限一般为5～10年，我国规定为最短1年，最长6年。后者指可以转换成股票的期间。我国规定：可转债自发行之日起六个月后方可转换为公司股票。

（5）转股价格或转换比率：通常初始转股价格比股票价格要高，溢价水平的高低取决于公司未来增长的预期以及过去的经营业绩。我国现行规定：上市公司可转债的转股价格应不低于募集说明书公告日前20个交易日该公司股票交易均价和前一个交易日的均价。

（6）转股价格调整条款：包括除权调整和特别向下调整。除权调整旨在保障可转债投资人的权益。当发行公司进行股份拆细、送股、转增股本、配股、增发或低于每股股票时价再次发行可转债时，均会按约定的比例调整转股价格。特别向下调整主要是保障投资人于持有期内，因标的股票价格持续下滑乃至无法执行转换权利时，对转股价格的重新设定。

2. 对可转债筹资的评价

可转债兼具债券和股票的功能和优势，在一定程度上克服和弥补了单一性能金融工具的固有缺陷，能充分适应融资者动态化的需求和投资者追求利润最大化的行为特征。其优点表现如下：

（1）投资者投资可转债初期可以取得稳定的利息收入；当企业经营步入正轨时还可以实施转股，有机会取得更大的收益。这些有利于吸引投资者。

（2）有利于降低资金成本。一方面，可转债的利率明显低于普通债券（20%左右），可降低公司的财务费用。另一方面，可转债因其可转股性，能减轻公司还债压力，回避债券融资的风险。此外，可转债的利息费用也在税前列支，具有财务优势。

（3）增加资本结构弹性。可转债首先表现为一种负债，发行后增加公司的负债率，有利于发挥负债的杠杆作用。转换为股票后，能使企业获得股权资本，降低资产负债率，为企业以后的筹资创造条件。而且这种筹资方式能够使企业直接面对投资公众的硬性债务约束，从根本上解决企业过度负债的问题。可转债转股的灵活性有助于企业在债权、股权筹资中形成一个合理、动态的均衡结构。

（4）有利于减少直接增发普通股会带来的股权稀释效应。如果企业刚刚设立，或存在其他原因使企业发生亏损时，如发行股票筹资，股票价格一般较低，要筹集相同数量的资金需要发行更多的股票，从而稀释原有股权。使用可转换债券筹资，一般将转换价格设在高于普通股市价的20%～30%，通过转换后，通常比直接发行股票的股数要相对减少20%～30%。

可转债筹资具有如下缺点：

（1）存在不转换风险。如果公司发行可转债后，经营业绩下降，股票市价不升反降，投资者的转股行为会中断，此时，公司可能面临回购债券的压力，增加了公司的财务风险。另外，即使股票市价超过转股价格，但可转债持有人不行使转换权，公司同样必须面对还本付息的压力。

（2）股价大幅度上涨的风险。当公司发行可转债后，股票价格大幅上扬，可转换债券持有人纷纷行使转换权，在这种情况下，公司当初直接发行股票或一般债券筹资对公司更有利。

（3）利用可转债筹资，公司既要保证可转债发行后股价有吸引投资者转股的表现，又必须保证股价不能大幅度上涨。要做到这一点，公司管理人员的经营压力较大。

【知识链接6－2】　认股权证的发行与公司融资

认股权证是由股份公司发行的，能够按特定的价格，在特定的时间内购买一定数量该公司股票的选择权凭证。认股权证的基本要素包括认购数量、认购价格、认购期限、赎回条款。

认股权证不是一种直接的融资工具，但它对公司融资可以起到辅助作用。

1. 认股权证作为一种特殊的筹资手段，对于公司发行新债券或优先股股票具有促销作用。

2. 有利于公司筹集额外现金。公司发行认股权证可以获得权证的销售收入。

3. 认股权证往往是公司在发行债券时搭售发行的，可以降低公司债券的发行利率，为公司节约债务资金成本。

第三节　公司资本结构管理

一、资本成本

（一）资本成本的含义

资本成本是指企业筹集和使用资金时而支付的各种费用。它包括筹资费用和使用费用。

1. 筹资费用。筹资费用是指企业在资金筹措过程中为取得资金而支付的各种费用，包括银行借款的手续费，发行股票、债券需支付的代理发行费等。筹资费用通常是在筹措资金时一次支付，在资金使用过程中不再发生。

2. 使用费用。资金使用费是指企业因使用资金而支付给投资者的报酬，如股利、利息等。长期资金的使用费用随资金用量和用资时间长短而变动。

在公司理财中，资本成本一般用相对数表示，其计算公式如下：

$$K = \frac{D}{P-F} = \frac{D}{P(1-f)} \tag{6-7}$$

式中，K 为资本成本率，以百分率表示；D 为年资金占用费；P 为筹资总额；F 为资本筹资费用额；f 为筹资费用率，即资本筹集费占筹资总额的比率。

在公司金融活动中，资本成本可有多种计量形式：在比较各种筹资方式时，使用个别资本成本；在进行资本结构决策时，使用加权平均资本成本。

（二）个别资本成本

为了满足企业进行长期筹资决策的需要，应区分各种资金来源以测算其资金成本。个别资本成本主要包括：长期借款成本、债券成本、优先股成本、普通股成本、留存收益成本。

1. 长期借款成本

长期借款成本是指借款利息和筹资费用。由于借款利息一般允许在所得税前支付，因此，企业实际负担的利息为税后利息。所以，企业长期借款成本的计算公式为：

$$K_L = \frac{I_L(1-T)}{L(1-f)} \times 100\% = \frac{R_L(1-T)}{(1-f)} \times 100\% \tag{6-8}$$

式中，I_L 为长期借款年利息，T 为所得税税率，L 为长期借款总额，R_L 为长期借款的年利率。以下公式中相同符号含义同此公式。

【例6-4】 某公司向银行取得200万元，5年期借款，年利率为10%，每年付息一次，到期一次还本，借款手续费率为0.3%，所得税税率为25%。计算该公司银行借款成本。

解：按公式（6-8）计算，该银行借款成本为：

$$K_L = \frac{10\% \times (1-25\%)}{(1-0.3\%)} \times 100\% = 7.52\%$$

2. 债券成本

债券成本是指债券利息和筹资费用，其计算公式为：

$$K_b = \frac{I_b(1-T)}{B(1-f)} \times 100\% \tag{6-9}$$

式中，I_b 为债券年利息，B 为债券筹资总额。

值得注意的是，由于债券可以按面值发行，也可以折价或溢价发行，无论以何种价格发行债券，其年利息均按照面值乘以票面利率确定，其筹资总额均按实际发行价格计算。

【例 6-5】 某公司发行面值为 1 000 万元，票面利率为 7% 的 5 年期长期债券，利息每年支付一次。发行费为发行价格的 5%，公司所得税税率为 25%。计算该公司债券成本。

解：如果公司债券按面值的 120% 发行，按公式（6-9）计算该公司债券成本为：

$$k_b = \frac{1\,000 \times 7\% \times (1-25\%)}{1\,000 \times 120\% \times (1-5\%)} \times 100\% = 4.61\%$$

3. 优先股成本

优先股属于权益资金，权益资金的资金占用费是向股东分派的股利和股息，而股息是以所得税后净利支付的，不能抵减所得税。优先股成本计算公式为：

$$K_P = \frac{D_P}{P_P(1-f)} \times 100\% \qquad (6-10)$$

式中，D_P 为优先股年股息，P_P 为优先股筹资总额。

【例 6-6】 某公司为了进行一项投资，按面值发行优先股 240 万元，预计年股利率为 10%，筹资费率为 5%。计算该公司优先股成本。

解：按公式（6-10）计算，该公司优先股成本为：

$$K_P = \frac{240 \times 10\%}{240 \times (1-5\%)} \times 100\% = 10.53\%$$

4. 普通股成本

普通股成本的计算有多种方法。

（1）股利模型法

如果公司的收益每年按一个固定的比率增长，并采用固定股利率分配政策，则股利也会每年按一个固定的比率增长，此时普通股成本的计算公式为：

$$K_S = \frac{D_1}{P_0(1-f)} + g \qquad (6-11)$$

式中，D_1 为第一年的预计股利，P_0 为普通股筹资总额，按发行价格计算，g 为股利的预计年增长率。

【例 6-7】 某公司发行面额为 1 元的普通股 1 000 万股，每股发行价格为 5 元，筹资费用为全部发行筹资额的 5%，预计第一年每股股利为 0.1 元，以后每年递增 4%。计算该公司普通股成本。

解：按公式（6-11）计算，该公司普通股成本为：

$$K_S = \frac{1\,000 \times 0.1}{1\,000 \times 5 \times (1-5\%)} + 4\% = 6.1\%$$

（2）资本资产定价模型（CAPM）法

资本成本从投资人的角度可以理解为因投入资金而要求的收益率水平。普通股成本也可以理解为普通股股东要求的收益率水平。因此，可以用前述第三章的 CAPM 模型来计算普通股成本。计算公式如下：

$$K_S = E(r_i) = r_f + \beta_i[E(r_M) - r_f] \quad (6-12)$$

式中，K_S为普通股成本，其他符号含义见第三章。

（3）风险溢价法

普通股股东的投资风险高于债券投资者的投资风险。因而，股东会在债券投资者要求的收益率 K_b 基础上增加一定的风险溢价，即

$$K_S = K_b + RP_c \quad (6-13)$$

式中，RP_C为普通股股东因比债权人承担更高风险而要求的风险溢价，一般为4%～6%。

5. 留存收益成本

公司的留存收益从表面上看，似乎没有成本。实际上，留存收益属于普通股股东，普通股股东同意将其留在公司而不作为股利发放，意味着要求与普通股等价的报酬。因此，留存收益成本的确定方法与普通股成本基本相同，只是用股利模型法时不用考虑筹资费用。

$$K_R = \frac{D_1}{P_0} + g \quad (6-14)$$

（三）加权平均资本成本计算

当企业通过多种方式筹资时，加权平均资本成本用于衡量企业筹资的总体代价。加权平均资本成本是企业全部长期资本的总成本，通过对个别资本成本进行加权平均来确定。其计算公式为：

$$WACC = \sum_{j=1}^{n} k_j W_j \quad (6-15)$$

式中，$WACC$ 为加权平均资本成本，k_j 为某种资本的成本，W_j 为某种资本在全部资本中的比重。

【例 6-8】 某公司共有长期资本（账面价值）1 000 万元，其中长期借款 100 万元，债券 200 万元，优先股 100 万元，普通股 400 万元，留用利润 200 万元，其个别资本成本分别为 6%、6.5%、12%、15%、14.5%。计算该公司的加权平均资本成本。

解： $WACC = 6\% \times 10\% + 6.5\% \times 20\% + 12\% \times 10\% + 15\% \times 40\% + 14.5\% \times 20\%$
$= 12\%$

二、杠杆原理

财务管理中的杠杆效应表现为：特定的成本或费用的存在而导致的当某一财务变量较小幅度变动时，另一相关变量会以较大幅度变动。财务管理中的杠杆效应有三种形式：经营杠杆、财务杠杆和复合杠杆。

（一）经营杠杆

固定成本在销售收入中的比重大小，对企业风险有重要影响：在某一固定成本的作用下，销售量变动对息税前利润产生的作用，被称为经营杠杆。经营杠杆具有放大企业风险的作用。

经营杠杆的大小一般用经营杠杆系数表示。经营杠杆系数（DOL）是指息税前利润变动率相当于产销量变动率的倍数。其计算公式为：

$$DOL=\frac{\text{息税前利润变动率}}{\text{产销量变动率}}=\frac{\text{基期边际贡献}}{\text{基期息税前利润}} \tag{6-16}$$

【例6-9】　某企业生产A产品，固定成本为60万元，变动成本率为40%，当企业的销售额为400万元时，计算该企业的经营杠杆系数。

解：该企业的经营杠杆系数为：

$$DOL_{(1)}=\frac{400-400\times 40\%}{400-400\times 40\%-60}=1.33$$

以上计算结果表明：在销售额为400万元时，销售额的增长（减少）会引起利润1.33倍的增长（减少）。

经营杠杆系数将随固定成本的变化呈同方向变化，即在其他因素一定的情况下，固定成本越高，经营杠杆系数越大。同理，固定成本越高，企业经营风险也越大；如果固定成本为零，则经营杠杆系数等于1。

（二）财务杠杆

财务杠杆，是指由于固定资金成本的存在而导致普通股每股利润（EPS）变动率大于息税前利润变动率的杠杆效应。只要在企业的筹资方式中有固定资金成本支出的债务优先股，就会存在财务杠杆效应，但不同企业财务杠杆的作用程度是不同的。

财务杠杆作用的大小通常用财务杠杆系数表示。财务杠杆系数（DFL）是指普通股每股收益的变动率相当于息税前利润变动率的倍数。其计算公式为：

$$DFL=\frac{\text{每股收益变动率}}{\text{息税前利润变动率}}=\frac{\text{基期息税前利润}}{\text{基期息税前利润}-\text{基期利息}-\text{优先股股息}/(1-\text{所得税税率})} \tag{6-17}$$

【例6-10】　某公司全部资本为5 000万元，其中债务资本占40%，利率为12%，所得税税率为25%，当息税前利润为600万元时，税后利润为270万元。计算该公司的财务杠杆系数。

解：该公司的财务杠杆系数为：

$$DFL=\frac{600}{600-5\,000\times 40\%\times 12\%}=1.67$$

由上例计算结果可知，当息税前利润增长（减少）1倍，普通股每股利润增长（减少）1.67倍。

财务杠杆系数将随固定财务费用的变化呈同方向变化，即在其他因素一定的情况下，固定财务费用越高，财务杠杆系数越大。同理，固定财务费用越高，企业财务风险也越大；如果企业固定财务费用为零，则财务杠杆系数为1。

（三）复合杠杆

复合杠杆是由于固定生产经营成本和固定资金成本的共同存在而导致的普通股每股收益变动率大于产销量变动率的杠杆效应。只要企业同时存在固定生产经营成本和固定资金成本等财务支出，就会存在复合杠杆效应。

复合杠杆作用的大小可用复合杠杆系数（DTL）表示，复合杠杆系数是指普通股每股收益变动率相当于产销量变动率的倍数。其计算公式为：

$$DTL=\frac{\text{普通股每股收益变动率}}{\text{产销量变动率}}$$

$$=\frac{\text{基期边际贡献}}{\text{基期息税前利润}-\text{基期利息}-\text{优先股股息}/(1-\text{所得税税率})} \quad (6-18)$$

【例 6－11】 某企业生产甲产品，销售量在 30 000 件时售价为 200 元，单位产品变动成本为 150 元，固定成本为 500 000 元，利息支出为 300 000 元，普通股每股利润为 0.75 元。计算该企业的复合杠杆系数。

解： 该企业的复合杠杆系数为：

$$DTL=\frac{30\,000\times(200-150)}{30\,000\times(200-150)-500\,000-30\,0000}\approx 2.14$$

以上计算结果表明，该企业产销量每变动 1%，就引起普通股每股利润变动 2.14%，即普通股每股收益变动率是产销量变动率的 2.14 倍。

三、资本结构决策

（一）影响资本结构的因素

通常情况下，企业的资本结构由长期债务资本和权益资本构成。资本结构即指长期债务资本和权益资本各占的比例。合理的融资结构可以降低融资成本，发挥财务杠杆的调节作用，使企业获得更大的净资产收益率。

影响资本结构的因素包括以下方面：

1. 企业财务状况。企业获利能力越强、财务状况越好、变现能力越强、抗风险能力越强，举债筹资就越有吸引力。

2. 企业资产结构。企业拥有固定资产比重较大，主要通过长期负债和发行股票筹集资金；企业拥有流动资产比重较大，主要通过流动负债筹集资金；资产适用于抵押贷款的企业举债额较多。

3. 企业产品销售情况。销售比较稳定的企业，其获利能力也相对稳定，能够负担相对较大的固定财务费用；如果销售具有较强的周期性，则企业将承担较大的财务风险。

4. 投资者和管理人员的态度。如果一个企业的股权较分散，企业所有者并不担心控制权旁落，所以会更多采用发行股票的方式来筹资。反之，企业被少数股东所控制时，为了保证少数股东的绝对控制权，多采用优先股或负债方式筹资。另外，喜欢冒险的财务管理人员，可能会使用高负债资本结构；稳健的财务人员则使用低负债资本结构。

5. 贷款人和信用评级机构的影响。一般而言，大多数债权人都不希望企业拥有过多负债。同理，如果企业债务过多，信用评估机构可能会降低企业信用等级，从而影响企业的筹资能力。

6. 行业因素。行业不同，资产结构不同，经营风险不同，往往会有不同的资本结构。

7. 所得税税率的高低。企业利用负债可以获得减税利益，因此，所得税税率越高，负债的好处越多；所得税税率越低，采用负债方式的减税利益越不明显。

8. 利率水平的变动趋势。如果财务管理人员认为利息率暂时较低，预计将来有可能回升，那么企业应大量发行长期债券，从而在若干年内把利率固定在较低的水平上。

（二）资本结构决策方法

最佳资本结构，是指在一定条件下使企业加权平均资本成本最低、企业价值最大的资本结构。确定最佳资本结构的方法主要有比较资本成本法和 EBIT – EPS 分析法。

1. 比较资本成本法

比较资本成本法是通过计算和比较各资本结构方案的加权平均资本成本，选择加权平均资本成本最低的资本结构为最佳资本结构的方法。

【例 6 – 12】 某企业计划年初资本结构如表 6 – 8 所示。

表 6 – 8　　某企业计划年初资本结构

资金来源	金额/万元	比重
长期债券（年利率 10%）	100	12.5%
优先股（年股利率 8%）	200	25%
普通股 50 000 股	500	62.5%
合　　计	800	100%

其他有关资料如下：普通股市价每股 100 元，今年期望股息为 12 元，预计以后每年股息增加 3%，该企业所得税税率为 25%，假定发行各种证券均无筹资费用。该企业拟增加资金 200 万元，有两方案供选择。甲方案：发行债券 200 万元，年利率为 12%；普通股股利增加到 15 元，以后每年还可增加 3%，由于企业风险增加，普通股市价将跌到 96 元。乙方案：发行债券 100 万元，年利率为 11%；另发行普通股 100 万元，普通股市价、股利与年初相同。该企业采用哪种方案合适？

解： 根据上述资料，可分别计算甲、乙方案的加权平均资本成本如表 6 – 9 和表 6 – 10 所示。

表 6 – 9　　甲方案加权平均资本成本计算表

资金来源	金额/万元	权重/%	资本成本
老债券	100	10.20	10% ×（1 – 25%）= 7.5%
新债券	200	20.41	12% ×（1 – 25%）= 9%
优先股	200	20.41	8%
普通股	480	48.98	15 ÷ 96 + 3% = 18.625%
小　计	980	100	7.5% × 10.20% + 9% × 20.41% + 8% × 20.41% + 18.625% × 48.98% = 13.36%

表 6－10　　　　乙方案加权平均资本成本计算表

资金来源	金额/万元	比率/%	资本成本
老债券	100	10	10% × （1－25%） =7.5%
新债券	100	10	11% × （1－25%） =8.25%
优先股	200	20	8%
普通股	600	60	12 ÷100 +3% =15%
合　计	1 000	100%	7.5% ×10% +8.25% ×10% +8% ×20% +15% ×60% =12.175%

通过比较可以看出，甲方案的加权平均资本成本较高，为 13.36%，乙方案的加权平均资本成本较低，为 12.175%，故采用乙方案筹资对企业较为有利。

比较资本成本法通俗易懂，计算过程比较简单，是确定资本结构的一种常用的方法。但由于所拟订的方案数量有限，故存在把最优方案漏掉的可能。

2. EBIT－EPS 分析法

EBIT－EPS 分析方法又称每股收益无差别点法，它以追求企业每股盈余（EPS）最优为目的，综合考虑负债资本成本、税收作用、企业市场状况等，确定企业的最佳资本结构。

假设企业的边际贡献率为 a，固定费用为 F，所得税税率为 T，原流通股本为 N，销售收入为 S。现企业欲增加筹资 N_1，已知债务利息率为 i，则企业筹资决策可通过图 6－1 进行分析。

图 6－1 中，负债筹资线的函数表达式为：$EPS=(aS-F-N_1 i)(1-T)/N$，表示当企业追加资本以负债方式筹资时，每股盈余随销售额变动的函数。权益筹资线的函数表达式为 $EPS=(aS-F)(1-T)/(N+N_1)$，表示当企业追加资本以发行股票方式筹资时，每股盈余随销售额变动而变动的函数。

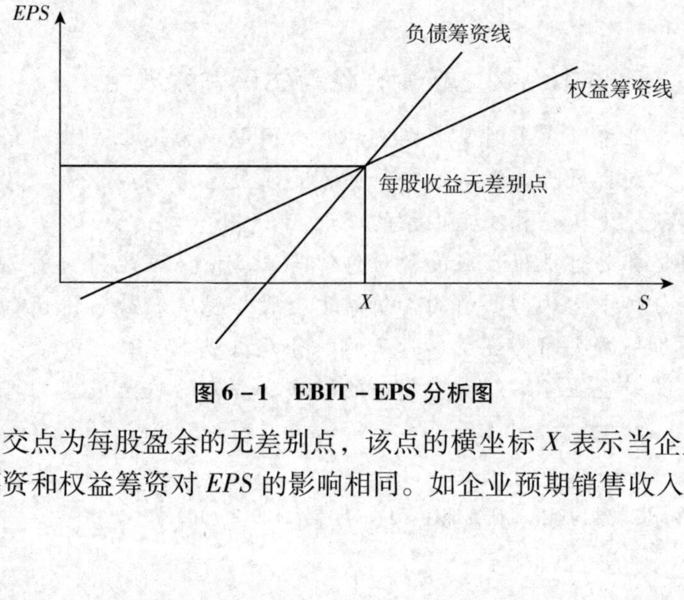

图 6－1　EBIT－EPS 分析图

两条直线的交点为每股盈余的无差别点，该点的横坐标 X 表示当企业销售收入为 X 时，企业债务筹资和权益筹资对 EPS 的影响相同。如企业预期销售收入超过 X，就应采用负债筹资，否则应采用权益筹资，以使得 EPS 最大。

【例 6－13】 某企业计划年初的资本结构如表 6－11 所示。

表 6－11　　某企业资本结构表

资金来源	金额/万元
长期借款（年利率 10%）	200
长期债券（年利率 12%）	300
普通股（5 万股，面值 100 元）	500
合计	1 000

本年度该企业考虑增资 200 万元，有两种筹资方案，甲方案：发行普通股 2 万股，面值 100 元。乙方案：发行长期债券 200 万元，年利率为 13%。增资后预计计划年度息税前利润可达到 120 万元，所得税税率为 25%。该企业采用哪种方案合适？

解： 采用每股收益无差别点分析法，该企业最佳筹资方式决策如下：

$$EPS_{甲} = \frac{(EBIT - 200 \times 10\% - 300 \times 12\%) \times (1 - 25\%)}{5 + 2}$$

$$EPS_{乙} = \frac{(EBIT - 200 \times 10\% - 300 \times 12\% - 200 \times 13\%) \times (1 - 25\%)}{5}$$

令 $EPS_{甲} = EPS_{乙}$，解得：$EBIT = 147$（万元）

结论：因 120 万元小于 147 万元，应采用甲方案筹资。

EBIT－EPS 分析法在企业筹资决策中得到广泛运用，但该方法只考虑了资本结构对每股盈余的影响，并假定每股盈余最大，股票价格也就最高，忽视了债务比例变化引起的风险增加。事实上，随着负债的增加，投资者的风险加大，股价和企业价值也会有下降的趋势，因此，单纯用 EBIT－EPS 分析法有时会做出错误的决策。但在资本市场不完善的时候，投资人主要根据每股利润的多少来做出投资决策，每股利润的增加也的确有利于股价的上升。

【延伸阅读 6－2】资本结构之权衡理论与优序融资理论①

资本结构是企业筹资决策时需要解决的核心问题。为追求企业价值最大化，统筹考虑筹集资本的方式、风险、资本成本等因素是至关重要的。权衡理论、优序融资理论是从动态视角研究资本结构决定因素的理论。

权衡理论将债务的可抵税形成的税盾价值与过度债务可能引发财务危机的成本纳入资本结构理论分析中，认为公司的价值等于全股本融资的公司价值加上企业因债务抵税产生的税盾价值减去因债务增加带来的财务危机成本。初始阶段债务的破产成本低于税盾收益，随着企业资本结构中债务的增加，债务的破产成本的增长速度渐渐增

① 赖楠，刘一鸣．资本结构理论及研究综述［J］．营销界，2019（10）．

加，并直至破产成本等于甚至大于税盾收益。企业应该选择破产成本小于等于税盾收益的点确定最优资本结构。该理论在现实应用的困难在于最优资本结构的数据难以观测。

优序融资理论是指当企业需要融资时，一般首先使用内部资金进行融资，内部资金不足时，将进行外部融资；外部融资时又首选债务融资，资金仍募集不足时才会进行股权融资。其他逆向选择一般均假设企业内部信息持有者（经理）与外部信息匮乏者（投资者）之间的信息不对称程度是随着时间发生变化的，经理选择在与投资者信息不对称程度最低时发行股票进行融资。

思考：

1. 债务融资对公司的财务影响表现在哪些方面？

2. 人们普遍认为我国上市公司更偏好股权融资，为什么会出现与优序融资理论大相径庭的现象？

更多内容请扫描二维码

本章小结

1. 资金需要量预测是企业筹资管理的前提。常用的预测方法有销售百分比法和资金性态模拟法。

2. 公司筹资是指公司通过一定的渠道，采取适当的方式，获得所需资金的一种行为。我国企业目前筹资方式主要有：股权融资、债务融资和混合证券融资。

3. 资本成本指企业为筹措和使用资金所必须支付的代价。资本成本包括用资费用和筹资费用两部分，资本成本主要用于企业筹资决策和投资决策。

4. 财务管理中的杠杆效应有三种形式，即经营杠杆、财务杠杆和复合杠杆。经营杠杆系数反映产销量变动与息税前利润变动之间的关系，可用于衡量企业经营风险的大小；财务杠杆系数反映息税前利润变动与普通股每股利润变动之间的关系，可用来衡量企业财务风险的大小；复合杠杆系数反映产销量变动与每股利润变动之间的关系，可用于衡量企业总风险的大小。

5. 最佳的资本结构是指企业在一定时期内，使加权平均资本成本最低、企业价值最大时的资本结构。在一定条件下，公司可以采用比较资本成本法或 EBIT－EPS 分析法在可选资本结构方案中选择更合理的方案。

【复习思考题】

一、名词解释

资本成本　WACC　经营杠杆　财务杠杆　复合杠杆　资本结构

二、简答题

1. 请比较吸收直接投资、普通股筹资、优先股筹资的优缺点。

2. 债务筹资有哪些主要形式?
3. 简述资本成本的含义与作用。
4. 简述经营杠杆、财务杠杆、复合杠杆与企业风险的关系。

三、计算题

1. 某企业2021年12月31日的简略式资产负债表如表6－12所示。

表6－12　**2021年某企业简略式资产负债表**　单位：元

资　产		负债及所有者权益	
现金	20 000	应付账款	100 000
应收账款	170 000	应交税费	10 000
存货	160 000	长期负债	230 000
固定资产	300 000	股本	430 000
长期股权投资	110 000	留存收益	20 000
无形资产	30 000		
合计	790 000	合计	790 000

企业2021年实现销售收入1 000 000元，税后净利润为40 000元，并发放了股利16 000元；该企业2022年计划销售额将达到1 600 000元，销售净利率和股利支付率维持2021年的标准不变，厂房设备的生产能力未饱和，有关零星资金需要量为20 000元。试采用销售百分比法预测2022年追加资金的需要量（假设公司流动资产和流动负债均随销售的变化而变化，其他资产和长期负债及股本不随销售变化而变化）。

2. 某公司采用融资租赁方式于2022年年初租入一台设备，价款为200 000元，租期为4年，租期年利率为10%。要求计算：（1）采用每年年末支付租金方式时的应付租金；（2）采用每年年初支付租金方式时的应付租金。

3. 某公司2021年利润表的有关资料如表6－13所示。

表6－13　**某公司利润表**　单位：万元

项目	金额	项　目	金额
销售收入	4 000	变动成本	2 400
固定成本	1 000	息税前利润	600
利息	200	所得税	200

要求：计算经营杠杆系数、财务杠杆系数和复合杠杆系数。

4. 某企业目前拥有资金2 000万元，其中：长期借款800万元，年利率10%；普通股1 200万元，每股面值1元，发行价格20元，目前价格也为20元，上年每股股利为2元，预计年股利增长率为5%，所得税税率为25%。该公司计划筹资100万元，有两种筹资方案：第一种，增加长期借款100万元，借款利率上升到12%；第二种，增发普通股4万股，普通股每股市价增加到25元。

要求：（1）计算该公司筹资前的加权平均资本成本；（2）采用比较资本成本法确定该公司最佳的资本结构。

四、案例分析

1991年，34岁的张兰带着在国外打工积攒的2万美元在北京开始了“阿兰餐厅”的经营。此后，张兰又相继开办了“阿兰烤鸭大酒店”和“百鸟园花园鱼翅海鲜大酒楼”。2000年，张兰以6 000万元的价格卖掉了这三家企业，与其他创业成员一起成立了俏江南股份有限公司，在北京国贸中心创立了第一家“俏江南”品牌餐厅。2006年，俏江南投资3亿元全力打造为精英商务交际服务的“兰会所”。2007年，俏江南的营业额达到了10亿元，全国分店已达几十家。2008年8月，俏江南成为北京奥运会唯一指定中餐服务商；9月夏季达沃斯论坛时40多位国家首脑云集俏江南；10月俏江南受美国白宫邀请，为总统布什准备了一顿丰盛的午宴。

至此，俏江南的野心开始膨胀，打算收购农场、牧场、酒庄、调味料公司，还计划在全世界每年开100家分店，进入世界企业500强。2008年，俏江南引入投资方鼎晖投资，鼎晖以2亿元换取了俏江南10%的股权，并与公司最大的股东张兰签署了对赌协议。对赌的内容是：俏江南最迟于2012年必须上市，否则张兰需要出资4亿元回购鼎晖的股份。虽然条件苛刻，但当时信心满满的张兰还是答应了这份对赌协议。

2011年，俏江南向证监会提交了上市申请，但在2012年1月，俏江南的名字出现在“终止审查”名单中。2012年，转战港股的俏江南仍未能在规定期限内在香港上市。张兰输掉了赌局。由于无法从鼎晖资本手中回购股份，张兰在俏江南已经失去了话语权。2014年欧洲私募股权基金CVC宣布获得俏江南83%的股份，张兰成为仅持股百分之十几的小股东，张兰辞去了俏江南董事职务，净身出户，儿子汪小菲接手。没过多久，汪小菲也退出了俏江南。

思考：

1. 俏江南在如日中天的时候为什么没能在A股成功上市？
2. 俏江南公司的理财有什么经验教训？
3. 张兰黯然退出俏江南对其他企业股权融资有什么启发？

第七章 公司投资管理

GONGSI TOUZI GUANLI

投资是公司理财最核心的内容。公司投资主要有项目投资和证券投资之分。公司投资管理的关键是要对投资对象进行价值评估，并选择适当的方式进行投资决策。

【本章学习目标】

了解项目投资的特点与决策程序；掌握投资项目现金流量的分析方法；掌握项目投资决策评价指标的计算及其应用原理；理解项目投资不确定分析的含义及基本方法。熟悉证券投资的目的与特点；掌握债券、股票价值评估的方法；理解证券投资组合管理的策略和基本方法。

【本章关键词】

项目投资现金流量分析　　项目投资决策方法　　不确定性分析
证券投资价值评估　　证券投资组合

第一节　项目投资管理

一、项目投资管理概述

（一）项目投资的特点

项目投资是对特定项目所进行的一种长期投资行为。对工业企业而言，主要包括以新增生产能力为目的的新建项目投资和以恢复或改善原有生产能力为目的的更新改造项目投资两大类。项目投资具有以下特点。

1. 投资规模较大，投资回收期较长。项目投资，尤其是新建项目的投资规模往往较大，投资的回收期少则几年，多则几十年，是一种长期投资行为。

2. 投资风险较大。项目投资之所以风险大，一方面是由于项目投资的规模大、时间长，另一方面是由于项目投资中固定资产的“专用性”，一旦市场发生意料之外的变化，往往会给企业带来较大的损失。

3. 项目投资的次数较少。营运资金的投资是经常性的，而项目投资由于具有以上特点，往往不宜过于频繁，企业必须量力而行。

4. 项目投资决策必须严格遵守相应的程序。对企业而言，项目投资十分重要，有时甚至关系到企业的生死存亡，所以必须十分慎重，严格遵守投资各个环节的管理程序。

（二）项目计算期与项目投资资金的确定

1. 项目计算期。项目计算期是指投资项目从投资建设开始到最终清理结束整个过程的全部时间，包括建设期和运营期。其中，建设期是指从项目资金正式投入开始到项目建成投产为止所需要的时间，建设期的第一年初称为建设起点（记作第 0 年），建设期的最后一年末称为投产日（记作第 s 年）。从投产日到终结点之间的时间间隔称为运营期（记作 p 年）。运营期一般应根据项目主要设备的经济使用寿命期确定。

项目计算期（n）为建设期（s）与运营期（p）之和。

2. 项目投资资金。原始总投资是反映项目所需现实资金的价值指标，是指企业为使投资项目完全达到设计生产能力而投入的全部现实资金。

投资总额是反映项目投资总体规模的价值指标，它等于原始总投资与建设期资本化利息之和。其中建设期资本化利息是指在建设期应计入投资项目价值的有关借款利息。

（三）项目投资的决策程序

项目投资对企业未来发展的影响较大，必须遵循一定的决策程序。项目投资的决策程序一般包括以下几个步骤。

1. 投资项目的提出。一般而言，新增生产能力的投资项目由企业的高层管理者提出，而更新改造的投资项目可以由企业中层或基层管理者提出。

2. 投资项目的可行性分析。当投资项目提出以后，就必须从多个方面进行可行性分析，编写投资项目可行性分析报告。投资项目的可行性分析一般分为国民经济可行性分析、财务可行性分析、技术可行性分析。本节主要介绍财务可行性分析。

3. 投资项目的决策。在投资项目可行性分析报告的基础上，企业应做出最后的决策。对于投资额特别大的项目应由董事会或股东大会投票表决，对于投资额较小的项目，则可以由企业的管理层做出决策。

4. 投资项目的实施与控制。在投资项目的实施过程中，必须加强对建设进度、建设质量、建设成本等方面的管理，使投资项目保质保量完成。但是，在投资项目的实施过程中，如果发现国家政策、市场环境、企业内部环境等方面发生了某些重大变化，使原来可行的投资项目变得不可行了，则必须尽早果断停止投资项目的建设，或采取其他补救措施，力求减少损失。

二、项目投资现金流量分析

（一）现金流量概念

> 现金流量是指由项目投资所引起的现金流入量和现金流出量的统称。

现金流量可以动态反映投资项目的投入和产出的相对关系。这时的“现金”是一个广义的现金概念，它不仅包括各种货币资金，而且包括项目投资所需投入的企业所拥有的非货币资源的变现价值。

现金流量是评价项目投资是否可行的一个基础性指标。在进行项目投资决策分析时，通常用现金流出量、现金流入量和现金净流量来反映项目投资的现金流量。现金流出量（COF）是指由于项目投资而引起的企业现金支出的增加额；现金流入量（CIF）是指由于项目投资而引起的企业现金收入的增加额；现金净流量（NCF）则是一定时期内现金流入量减去现金流出量的差额。

（二）现金流量预测的假设

为方便项目投资现金流量的确定，首先做出以下假设。

1. 全投资假设。即假设在确定投资项目的现金流量时，只考虑全部投资的运营情况，而不具体考虑项目建设的资金来源。该假设的实质是指进行项目现金流量分析时不考虑包括利息支付、本金偿还、股利支付等在内的与融资相关的现金流量。

2. 建设期间投入全部资金假设。即假设项目投资的资本性支出都在建设期投入，生产经营期只有经营性支出。

3. 经营期和主要固定资产折旧年限一致假设。即假设项目的主要固定资产的折旧年限或使用年限与经营期相同。

4. 时点指标假设。即项目投资涉及的价值指标都作为时点指标处理。其中，建设投资在建设期内有关年度的年初发生；流动资金投资在建设期末发生；经营期内各年的收入、成本、摊销、利润、税金等项目的确认均在年末发生；项目最终报废或清理所产生的现金流量均发生在终结点。

（三）现金流量预测的原则

在预测投资项目的现金流量时应该遵循以下原则。

1. 实际现金流量原则。该原则的含义是指投资项目现金流量必须以不同时期实际收到和付出的现金流量作为计算数据，其实质是考虑未来通货膨胀对项目现金流量的影响。

2. 增量现金流量的原则。该原则又称相关原则、边际原则，其含义是项目现金流量因该投资项目而发生，或没有该投资项目就不会发生。该原则在应用中要注意以下两点。(1) 要考虑项目的附加效应，即在预测投资项目现金流量时，要以该投资对企业所有经营活动产生的整体效果为基础进行分析，而不是孤立地仅考察该项目本身。(2) 要区分相关成本和非相关成本：相关成本是指与该投资项目决策有关的必须加以考虑的成本，如差额成本、重置成本、机会成本等。非相关成本是指与该投资项目无关的不必加以考虑的成本，如沉没成本、历史成本、账面成本等。

3. 税后原则：指项目所有现金流入量或流出量均以税后概念考虑，因为只有税后现金流量才与投资者的利益相关。

（四）项目现金流量预测的具体方法

项目现金流量的预测一般采用分期预测的方法。将项目分为建设期和营业期（也称为寿命期）两阶段进行处理，或将项目分为期初（建设期）、营业期和期末（也称为终结期）三阶段进行处理。

1. 建设期现金流量。建设期现金流量一般包括：(1) 因投资项目占用土地而支出的土地使用费。(2) 固定资产方面的投资，包括固定资产的购入或建造成本、运输成本和安装成本等。(3) 流动资产方面的投资，包括投入的现金、材料等。(4) 其他方面的投资，包括与固定资产投资有关的职工培训费、注册费等。(5) 原有固定资产的变价收入。

建设期现金流量除原有固定资产的变价收入为现金流入量外，其他部分均为现金流出量。

2. 营业期现金流量。营业期现金流量一般按年度计算。营业期现金流入量主要包括从事生产经营活动而使企业增加的营业收入和该年回收额；营业期现金流出量则主要由付现成本和所得税构成，付现成本是指每年需要实际支付现金的成本，非付现成本主要包括折旧额和摊销额。

(1) 当投入资金为自有资金时，经营期现金净流量通常可以表示为：

$$\begin{aligned}\text{现金净流量}(NCF) &= \text{销售收入} - \text{付现成本} - \text{所得税} + \text{该年回收额}\\ &= \text{营业利润} - \text{所得税} + \text{非付现成本} + \text{该年回收额}\\ &= \text{净利润} + \text{非付现成本} + \text{该年回收额} \qquad (7-1)\end{aligned}$$

(2) 当投入资金为借入资金时，由于规定经营期间的借款利息支出可以在税前列支，从而减少了企业的利润，但根据全投资假设，在进行投资决策时，不应该考虑借款利息，所以在确定现金净流量时，必须加上该年的利息支出。此时，经营期现金净流量可以用下式表达：

$$\begin{aligned}NCF &= \text{销售收入} - \text{付现成本} - \text{所得税} + \text{该年回收额} + \text{该年利息费用}\\ &= \text{净利润} + \text{非付现成本} + \text{该年回收额} + \text{该年利息费用} \qquad (7-2)\end{aligned}$$

该年回收额主要包括以下三个方面：固定资产残值收入、原来垫支在各种流动资产上的资金收回以及停用土地的变价收入等。

经营期现金流量分析还需要考虑各年净营运资金的增减变化情况。

【例7-1】 甲公司准备投资一个新项目，该项目需要投资固定资产100万元，使用寿命5年，采用直线法折旧，期满剩余的残值为10万元。另外，需投资20万元用于员工培训，在建设期初发生，其他不计。该项目建设期为1年，投产后每年可实现销售收入120万元，每年付现成本80万元。假定所得税税率为25%，试计算该项目的现金净流量。

解：该项目的现金净流量分析如表 7－1 所示。

表 7－1　新项目现金净流量计算分析表　单位：万元

年份	0	1	2	3	4	5	6
投资额	120						
销售收入			120	120	120	120	120
付现成本			80	80	80	80	80
折旧成本			18	18	18	18	18
营业利润			22	22	22	22	22
净利润			16.5	16.5	16.5	16.5	16.5
固定资产残值							10
各年 NCF	(120)		34.5	34.5	34.5	34.5	44.5

注：表中各年折旧＝（固定资产原值－残值）/折旧年限＝（100－10）/5＝18（万元）。

三、项目投资决策的基本方法

（一）非贴现的投资评价方法

1. 静态投资回收期法

静态投资回收期是指在不考虑资金时间价值的情况下，收回全部投资额所需要的时间。该指标一般以年为单位，包括两种情况：（1）含建设期的投资回收期（以下以 P 表示）；（2）不含建设期的投资回收期（以下以 P_S 表示）。显然 $P=P_S+S$，其中 S 为建设期。计算公式如下：

$$投资回收期 = 累计\ NCF\ 开始出现正值的年份数 - 1 + \frac{上年累计\ NCF\ 的绝对值}{当年\ NCF} \tag{7-3}$$

【例 7－2】　如果某项目的现金净流量如表 7－2 所示，试计算该项目的静态投资回收期。

表 7－2　某项目现金净流量表

年份	0	1	2	3	4	5
NCF_t	－150	40	50	50	60	70

解：首先，计算该项目的累计现金净流量，如表 7－3 所示。

表 7－3　某项目累计现金净流量表

年份	0	1	2	3	4	5
$\sum NCF_t$	－150	－110	－60	－10	50	120

从累计现金净流量可知，该项目的投资回收期满足 $3 \leqslant P \leqslant 4$，根据公式计算：

$$P = 3 + 10 \div 50 = 3.2(年)$$

静态投资回收期法的优点有：（1）计算简便，选择标准直观，易于理解；（2）将对现金净流量的预测重点放在“近期”，有利于控制投资风险。

静态投资回收期法的缺点是：（1）没有考虑资金的时间价值，这种缺陷可以用贴现投资回收期法弥补；（2）没有考虑回收期满后的现金流量状况，可能导致决策者优先考虑急功近利的投资项目。

2. 投资利润率法

投资利润率又称投资报酬率（*ROI*），是指投资项目投产期间的平均净利润与投资项目的投资额之间的比率，一般以百分比表示，其计算公式为：

$$\text{投资利润率}(ROI) = \frac{\text{年平均净利润}}{\text{投资额}} \times 100\% \qquad (7-4)$$

如果投资利润率高于企业要求的最低收益率或无风险收益率，则该投资项目可行；如果投资利润率低于企业要求的最低收益率或无风险收益率，则该项目不可行。在多个投资项目的互斥性决策中，项目的投资利润率越高，应该选择投资利润率高的投资项目。

【例7-3】 某公司拟建一条生产线，有A、B两个投资方案，基本情况如表7-4所示。假设无风险投资收益率为6%，该公司应该选择哪个方案？

表7-4 **A、B投资方案资料表** 单位：万元

年度	投资方案			
	A方案		B方案	
	投资额	净利润	投资额	净利润
第一年	50	3	100	7
第二年		5		10
第三年		8		9
第四年		12		6

解： 根据以上资料计算：

A方案年平均净利润 =（3 +5 +8 +12） ÷4 =7（万元）

B方案年平均净利润 =（7 +10 +9 +6） ÷4 =8（万元）

A方案的投资利润率 =7 ÷50 ×100% =14%

B方案的投资利润率 =8 ÷100 ×100% =8%

通过计算可知，A、B两种方案的投资利润率都大于6%，其中A方案的投资利润率大于B方案的投资利润率。如果该企业采用投资利润率法进行决策，则应该选择A方案。

（二）贴现的投资评价方法

1. 净现值法

净现值法是项目投资动态决策的最基本的方法。净现值（*NPV*）是指在项目计算期

内，按某一贴现率计算的投资项目未来各年现金净流量的现值之和。其计算公式为：

$$净现值(NPV) = \sum_{t=0}^{n} \frac{NCF_t}{(1+r)^n} \quad (7-5)$$

式中，NCF_t为项目在第 t 年的净现金流量，r 为贴现率，n 为项目的计算期。

采用净现值法评价投资项目的判断标准是：（1）单项决策时，若 $NPV \geq 0$，则项目可行；$NPV < 0$，则项目不可行。（2）多项互斥投资决策时，在净现值大于零的投资项目中，选择净现值较大的投资项目。

净现值法是项目投资评价中常用的方法，其主要优点有：（1）考虑了资金的时间价值，增强了投资经济性评价的实用性；（2）考虑了项目计算期内全部净现金流量，体现了流动性与收益性的统一；（3）考虑了投资风险，项目投资风险可以通过提高贴现率加以控制。

净现值法也存在某些缺点，主要有：（1）净现值是一个绝对数，不能从动态的角度直接反映投资项目的实际收益率，在进行互斥性投资决策，而投资额不等时，仅用净现值法往往无法确定投资项目的优劣；（2）净现值的计算比较复杂，且较难理解和掌握；（3）净现值的计算需要正确选择贴现率，而实际上贴现率的选择比较困难。

【例 7-4】 某企业需投资 180 万元引进一条生产线，该生产线有效期为 6 年，采用直线法折旧，期满无残值。该生产线当年投产，预计每年可获净利润 20 万元。如果该项目的行业基准贴现率为 8%，试计算其净现值并评价该项目的可行性。

解：$NCF_0 = -180$（万元）

每年折旧额 $= 180 \div 6 = 30$（万元）

则投产后各年相等的现金净流量（NCF_t）$= 20 + 30 = 50$（万元）

$NPV = -180 + 50 \times (P/A, 8\%, 6)$

$= -180 + 50 \times 4.623 = 51.15$（万元）

由于该项目的净现值大于 0，所以该项目可行。

2. 净现值率法

净现值率（$NPVR$）是指投资项目的净现值占原始投资现值总和的百分比。计算公式为：

$$净现值率(NPVR) = \frac{项目净现值}{原始投资现值} \times 100\% \quad (7-6)$$

净现值率是一个贴现的相对量评价指标。采用这种方法进行投资项目评价的标准是：如果 $NPVR \geq 0$，则项目可行；如果 $NPVR < 0$，则项目不可行。

净现值率法的优点是：（1）考虑了资金的时间价值；（2）可以动态反映项目投资的资金投入与产出之间的关系。其缺点是：（1）不能直接反映投资项目的实际收益率；（2）在资本决策过程中可能导致片面追求较高的净现值率，在企业资本充足的情况下，有降低企业投资利润总额的可能。

【例 7-5】 某投资项目的建设期为 1 年，经营期为 5 年，其现金净流量如表 7-5 所示，贴现率为 10%，要求计算该项目净现值率，并评价其可行性。

表 7－5　　　　某投资项目现金净流量表

年份	0	1	2	3	4	5	6
NCF_i	－120	－60	80	80	80	80	80

解：首先计算项目的净现值，计算结果如下：

$$NPV = -120 - 60 \times (P/F,10\%,1) + 80 \times (P/A,10\%,5) \times (P/F,10\%,1)$$
$$= -120 - 60 \times 0.909 + 80 \times 3.791 \times 0.909$$
$$= 101.14(\text{万元})$$

其次计算该项目的净现值率：

净现值率($NPVR$) $= 101.14 \div [120 + 60 \times (P/F,10\%,1)] \times 100\% = 57.59\%$

该项目的净现值率大于 0，故可以投资。

3. 现值指数法

现值指数法也称获利指数法（Profitability Index，PI），是指投资项目经营期各年现金净流入（NCF_t）现值与原始投资支出现值（PV）的比率，用计算公式表示为：

$$PI = \sum_{t=1}^{n} \frac{NCF_t}{(1+r)^t} \div PV \qquad (7-7)$$

从净现值率和现值指数的定义可知这两个指标存在以下关系：

现值指数(PI) = 1 + 净现值率($NPVR$)

采用这种方法的判断标准是：如果 $PI \geqslant 1$，则该投资项目可行；如果 $PI < 1$，则该投资项目不可行。如果几个投资项目的现值指数都大于 1，那么现值指数越大，投资项目的效果越好。但在进行互斥性投资决策时，正确的选择原则不是选择现值指数最大的项目，而是在保证现值指数大于 1 的情况下，使追加投资收益最大化。

现值指数法的优缺点与净现值法的优缺点基本相同，但有一项重要区别是：现值指数法可以从动态的角度反映投资项目的资金投入与总产出之间的关系，可以弥补净现值法在投资额不同的项目之间不便比较的缺陷。

【例 7－6】 沿用【例 7－5】的材料，要求计算该项目净现值率，并评价项目的可行性。

解：该项目的现值指数为：

$$PI = \frac{80 \times 3.791 \times 0.909}{120 + 60 \times 0.909} = 1.58$$

由于该项目的现值指数大于 1，根据判断标准，该项目可行。

4. 内含报酬率法

内含报酬率（IRR）又称内部收益率，是指投资项目实际可以实现的收益率，也被定义为能使投资项目的净现值等于零时的折现率。

内含报酬率（IRR）满足下列等式：

$$NPV = \sum_{t=0}^{n} NCF_t (1+IRR)^{-t} = 0 \qquad (7-8)$$

内含报酬率的计算是解一个 n 次方程，通常采用试误法来计算 IRR 的值。

内含报酬率是一个贴现正指标，采用该方法的决策标准为：（1）当内含报酬率大于等于资金成本率（或预期收益率）时，项目可行；否则项目不可行；（2）当进行多项目互斥决策时，内含报酬率越大越好。

内含报酬率法的优点主要有：（1）考虑了资金的时间价值；（2）可以反映出投资项目的真实报酬率，且不受行业基准收益率高低的影响，比较客观，有利于对投资额不同的项目进行决策。

内含报酬率法的缺点主要有：（1）计算比较复杂，特别是对每年现金净流量不相等的投资项目而言，一般要经过多次测算才能求得答案；（2）当经营期大量追加投资时，可能导致多个 IRR 出现，或偏高或偏低，缺乏实际意义；（3）再投资收益率假设与实际可能不符。

【例 7－7】 某投资项目的现金净流量如表 7－6 所示。

表 7－6　　某投资项目现金净流量表

年份	0	1	2	3	4	5
NCF_i	－180	70	70	70	70	70

如果该项目的资金成本率为 10%，试用内含报酬率法判断该项目投资的可行性。

解：从投资项目的现金净流量表可知，各年的营业期现金净流量均相等，可以采用简化方法计算该项目的内含报酬率：

$$(P/A, IRR, 5) = 180 \div 70 = 2.571$$

查表得：当 $r = 25\%$ 时，$(P/A, 25\%, 5) = 2.689$；当 $r = 30\%$ 时，$(P/A, 30\%, 5) = 2.436$。则：

$$IRR = 25\% + \frac{2.689 - 2.571}{2.689 - 2.436} \times (30\% - 25\%) = 27.33\%$$

通过计算可知，$IRR = 27.33\% > 10\%$，该投资项目可行。

【延伸阅读 7－1】 净现值法（NPV）与内含报酬率法（IRR）的比较[①]

净现值法是将净现值是否大于零作为判断方案可行性的标准；内含报酬率法是将内含报酬率能否高于资金成本率作为判断方案可行性的标准。项目投资决策中最重要也最常用的两种方法有显著的差异。

1. 揭示财富增长形式不同。NPV 可以直接彰显投资项目对企业带来的绝对收益，促使投资决策与股东利益最大化目标具备高度一致性。IRR 则反映的是投资项目带来的收益率，在互为排斥投资项目决策时难以避免分析结论和股东利益最大化目标背道而驰现象的发生。从根本上剖析，IRR 最高的投资决策未必是确保净现值达到最大值

① 崔海．投资项目净现值法与内含报酬率法比较研究［J］．现代商业，2018（10）．

的最优选择。倘若企业用现金成本获取目标资金，*NPV* 法在促使企业提升现有资金使用效果与效率方面优于 *IRR* 法，利于实现投资收益最大化。

2. 投资收益假设区分。*NPV* 法开展决策评估工作时将实际资金成本当作再投资收益率，而 *IRR* 法将项目本身获利当作再投资利率。*NPV* 法的再投资利率凸显科学合理性，而以 *IRR* 当作再投资利率容易导致预期收益被高估，做法欠妥，有失稳健。

3. 指标计算方面区别分析。*NPV* 计算需要合理选择贴现率，*IRR* 计算不需要选择贴现率，依照 *IRR* 高低确定方案选择优先顺序即可。当年度净现金流量不等时，*IRR* 需要通过数次试误计算方能获得可靠参考值，计算流程烦琐且容易出现差错。*NPV* 的计算过程相对简单，出现误差的可能性稍小。一旦在方案实施期间出现资金成本变化或者通胀情况，*IRR* 法更善于对投资报酬率进行适时改动。

思考：为什么在投资决策中净现值法应用范围更广？

更多内容请扫描二维码

四、项目投资决策方法的应用

（一）单一投资项目的财务可行性分析

1. 如果某一个投资项目的评价指标同时满足以下条件，则可以断定该投资项目无论从哪个方面而言都具备财务可行性，应当接受此投资方案。这些条件是：$NPV \geqslant 0$，$NPVR \geqslant 0$，$PI \geqslant 1$，$IRR \geqslant r$（r 为资金成本率或投资项目的行业基准利率），投资回收期低于或等于标准投资回收期，即 $P \leqslant P_0$（其中 P_0 为标准投资回收期），$ROI \geqslant$ 基准投资利润率。

2. 如果某一个投资项目的评价指标同时不满足上述条件，即同时发生以下情况：$NPV<0$，$NPVR<0$，$PI<1$，$IRR<I$，$P>P_0$，$ROI<$ 基准投资利润率，就可以断定该投资项目无论从哪个方面而言都不具备财务可行性。毫无疑问，此时应当放弃该投资项目。

3. 如果在评价过程中发现某项目的主要指标 $NPV \geqslant 0$，$NPVR \geqslant 0$，$PI \geqslant 1$，$IRR \geqslant i$，但次要或辅助指标 $P>P_0$ 或 $ROI<$ 基准投资利润率，则可断定该项目基本上具有财务可行性；相反，如果出现 $NPV<0$，$NOVR<0$，$PI<1$，$IRR<r$ 的情况，即使 $P<P_0$ 或 $ROI>$ 基准投资利润率，也可基本断定该项目不具有财务可行性。

（二）多个互斥项目的比较与优选

企业在进行项目投资决策时，常常会碰到多个可供选择的投资项目，企业必须从中选择一个项目的情况，这就是互斥项目的投资决策问题。投资决策中的互斥项目决策是指在决策时涉及多个相互排斥、不能同时并存的投资方案。互斥方案决策过程就是在每一个入选方案都已具备财务可行性的前提下，利用具体决策方法比较各个方案的优劣，利用评价指标从备选方案中最终选择一个最优方案的过程。

互斥方案决策的方法主要有净现值法、净现值率法、差额投资内含报酬率法和年等额净回收额法。

1. 净现值法和净现值率法适用于原始投资相同且项目计算期相等的多方案比较决策，即可以选择净现值或净现值率大的方案作为最优方案。

【例 7-8】 某个固定资产投资项目需要原始投资 1 500 万元，有 A、B、C、D 四个相互排斥的备选方案可供选择，各方案的净现值指标分别为 320.89 万元、411.72 万元、520.60 万元和 456.26 万元。该项目选择哪个方案更好？

解：按净现值法进行比较决策如下：

A、B、C、D 每个备选项目方案的 NPV 均大于零，表明这些方案均具备财务可行性。

因为 520.60 > 456.26 > 411.72 > 320.89，

所以 C 方案最优，其次为 D 方案，再次为 B 方案，最差为 A 方案。

由于这些方案的原始投资额相同，采用净现值率法判断时结果也完全相同。

【例 7-9】 A 公司正在使用一台旧设备，其原始成本为 100 000 元，使用年限为 10 年，已使用 5 年，已计提折旧 50 000 元，使用期满后无残值。如果现在出售可得收入 50 000 元，若继续使用，每年可获得收入 104 000 元，每年付现成本 62 000 元；若采用新设备，购置成本为 190 000 元，使用年限为 5 年，使用期满后残值为 10 000 元，每年可获得收入 180 000 元，每年付现成本为 84 000 元。假定该公司的资金成本率为 12%，所得税税率为 30%，新旧设备均采用直线法计提折旧，要求做出是继续使用旧设备，还是出售旧设备并购置新设备的决策。

解：首先，计算两个方案的年营业现金净流量，如表 7-8 所示。

表 7-7 中折旧额的计算方法如下：

使用旧设备方案的固定资产折旧额 = 50 000 ÷ 5 = 10 000（元）

更新设备方案的固定资产折旧额 = （190 000 - 10 000） ÷ 5 = 36 000（元）

表 7-7　两个方案的年营业现金净流量表　单位：元

项目	使用旧设备	采用新设备
销售收入	104 000	180 000
付现成本	62 000	84 000
年折旧额	10 000	36 000
税前净利润	32 000	60 000
所得税	9 600	18 000
税后净利润	22 400	42 000
营业现金净流量	32 400	78 000

则两个方案的现金流量见表 7-8。

表 7－8　两个方案的现金流量表　单位：元

项目	0	1	2	3	4	5
使用旧设备原始投资	－50 000					
营业现金净流量		32 400	32 400	32 400	32 400	32 400
现金流量合计	－50 000	32 400	32 400	32 400	32 400	32 400
更新设备原始投资	－190 000					
营业现金净流量		78 000	78 000	78 000	78 000	78 000
固定资产残值						10 000
现金流量合计	－190 000	78 000	78 000	78 000	78 000	88 000

其次，计算两个方案净现值。

采用旧设备方案的净现值＝32 400×（P/A，12%，5）－50 000

＝32 400×3.605－50 000＝66 802（元）

采用新设备方案的净现值＝78 000×3.605＋10 000×0.567－190 000

＝96 860（元）

通过计算，固定资产更新后，可增加净现值 30 058（96 860－66 802）元，因此，应进行固定资产更新。

2. 差额投资内含报酬率法和年等额净回收额法适用于原始投资不相同的多项目比较，后者尤其适用于项目计算期不同的多项目比较决策。

差额投资内含报酬率法，是指在计算出两个原始投资额不相等的投资项目的差量现金净流量的基础上，计算差额投资内含报酬率，并据以判断两个投资项目孰优孰劣的方法。使用此方法时，当差额投资内含报酬率大于或等于基准收益率或设定贴现率时，原始投资额大的项目较优；反之，则投资少的项目为优。差额投资内含报酬率的计算过程与内含报酬率的计算过程一样，只是所依据的是差量现金净流量。该方法还经常被用于更新改造项目的投资决策中。当该项目的差额投资内含报酬率指标大于或等于基准收益率或设定贴现率时，应当进行更新改造；反之，就不需要进行更新改造。

【例 7－10】　某企业有两个可供选择的投资项目，其差量现金净流量如表 7－9 所示。假设行业基准贴现率为 10%，要求就以下两种不相关情况选择投资项目。

（1）该企业的行业基准贴现率 r 为 8%；

（2）该企业的行业基准贴现率 r 为 12%。

表 7－9　甲、乙项目现金净流量情况　单位：万元

年份	0	1	2	3	4	5
甲项目的现金净流量	－200	128.23	128.23	128.23	128.23	128.23
乙项目的现金净流量	－100	101.53	101.53	101.53	101.53	101.53
ΔNCF	－100	26.7	26.7	26.7	26.7	26.7

解：根据所给资料可知，差量净现金流量（甲项目的现金净流量－乙项目的现金净流量）如下：

$\Delta NCF_0 = -100$ 万元，$\Delta NCF_{1-5} = 26.70$ 万元

经过计算可知，甲、乙两方案的差额投资内含报酬率为 10.49%。

在第（1）种情况下，由于差额投资内含报酬率大于 8%，所以应该选择甲项目。

在第（2）种情况下，由于差额投资内含报酬率小于 12%，所以应该选择乙项目。

年等额净回收额法是指根据所有投资项目的年等额净回收额指标大小来选择最优项目的一种投资决策方法。某一方案的年等额净回收额等于该方案净现值与相关的资本回收系数的乘积。若某方案净现值为 NPV，设定折现率或基准收益率为 r，项目计算期为 n，则年等额净回收额可按下式计算：

$$A = NPV \times (A/P, r, n)$$

$$\text{或} = NPV/(P/A, r, n) \tag{7-9}$$

式中，A 为该项目的年等额净回收额；$(A/P, r, n)$ 为 n 年折现率为 r 的资本回收系数；$(P/A, r, n)$ 为 n 年折现率为 r 的年金现值系数。年等额净回收额法是在所有投资项目中，选择以年等额净回收额最大项目的方法。

【例 7-11】 某企业拟投资新建一条生产线。现有三个方案可供选择：甲方案的原始投资为 200 万元，项目计算期为 5 年，净现值为 120 万元；乙方案的原始投资为 150 万元，项目计算期为 6 年，净现值为 110 万元；丙方案的原始投资为 300 万元，项目计算期为 8 年，净现值为 -1.25 万元。行业基准折现率为 10%。该企业应选择哪个方案？

解： 按年等额净回收额法进行决策的分析如下：

因为甲乙方案的净现值均大于零，所以这两个方案具有财务可行性。

因为丙方案的净现值小于零，所以该方案不具有财务可行性，只需对甲、乙两方案进行评价即可。

甲方案的年等额净回收额 = 甲方案的净现值/（P/A，10%，5）

$= 120 \div 3.791 \approx 31.65$（万元）

乙方案的年等额净回收额 = 乙方案的净现值/（P/A，10%，6）

$= 110 \div 4.355 \approx 25.26$（万元）

因为 $31.65 > 25.26$，显然甲方案优于乙方案。

五、项目投资的不确定性分析

（一）不确定性分析的含义

> 不确定性分析是指对决策方案受到各种事前无法控制的外部因素变化与影响所进行的研究和估计。

客观事物发展多变的特点以及人们对客观事物认识的局限性，使得人们对客观事物的预测结果可能偏离人们的预期，从而使结果具有不确定性，投资项目也不例外。尽管在投资项目决策分析与评价工作中已就项目市场、技术、设备、工程方案、环境保护、配套条件、投资融资和投入产出价格等方面做了尽可能详尽的研究，但项目经营的未来

状况仍然可能与设想状况发生偏离，项目实施后的实际结果仍然可能与预测状况发生偏离，投资项目因而可能面临潜在危险。为了提高项目投资决策的科学性，减少评价结论的偏差，就需要进一步研究某些经济因素的变化对项目投资方案经济效益的影响，于是就产生了项目投资的不确定性分析。

不确定性分析是决策分析中常用的一种方法。通过该分析可以尽量弄清和减少不确定性因素对经济效益的影响，预测项目投资对某些不可预见的政治与经济风险的抗冲击能力，从而证明项目投资的可靠性和稳定性，避免投产后不能获得预期的利润和收益，以致使企业亏损。

（二）不确定性分析的方法

进行不确定性分析时，除依靠决策人的知识、经验、信息和对未来发展的判断能力外，还要采用科学的分析方法。通常采用的方法有以下几种。

1. 盈亏平衡分析法。盈亏平衡分析法是通过盈亏平衡点（BEP）分析项目成本与收益的平衡关系的一种方法。各种不确定因素（如投资、成本、销售量、产品价格、项目寿命期等）的变化会影响投资方案的经济效果，当这些因素的变化达到某一临界值时，就会影响方案的取舍。盈亏平衡分析的目的就是找出这些临界值，即盈亏平衡点（BEP），判断投资方案对不确定因素变化的承受能力，为决策提供依据。

2. 敏感性分析法。敏感性分析法是指从众多不确定性因素中找出对投资项目经济效益指标有重要影响的敏感性因素，并分析、测算其对项目经济效益指标的影响程度和敏感程度，进而判断项目承受风险能力的一种不确定性分析方法。

敏感性分析法的目的是：

（1）找出影响项目经济效益变动的敏感性因素，分析敏感性因素变动的原因，并为进一步的不确定性分析（如概率分析）提供依据；

（2）研究不确定性因素变动引起项目经济效益值变动的范围或极限值，分析判断项目承担风险的能力；

（3）比较多方案的敏感性大小，以便在经济效益值相似的情况下，从中选择不敏感的投资方案。

根据不确定性因素每次变动数目的多少，敏感性分析法可以分为单因素敏感性分析法和多因素敏感性分析法。

3. 概率分析。概率分析又称风险分析，是通过研究各种不确定性因素发生不同变动幅度的概率分布及其对项目经济效益指标的影响，对项目可行性和风险性以及方案优劣做出判断的一种不确定性分析法。概率分析常用于大中型重要项目的评估和决策之中。

概率分析的具体做法是通过计算项目目标值（如净现值）的期望值及目标值大于或等于零的累积概率来测定项目风险大小，为投资者决策提供依据。

4. 风险调整贴现率法。风险调整贴现率法的基本思路是：对于高风险的项目，采用较高的贴现率计算净现值，然后根据净现值法的规则来选择方案。关键在于如何根据风险的大小来确定包括风险的贴现率，即风险调整贴现率。确定一个含有风险的贴现率有多种方法，如资本成本定价模型、综合资本成本法以及利用项目本身的风险来估计贴现率等。

5. 肯定当量法。肯定当量法的基本思路是：先用一个系数把有风险的现金流量调整为无风险的现金流量，然后用无风险的贴现率去计算净现值。

$$NPV = \sum_{i=0}^{n} \frac{a_i CFAT_i}{(1+r)^i} \tag{7-10}$$

式中，a_i为第 i 年现金流量的肯定当量系数（指不确定的 1 元现金流量期望值相当于使投资者满意的肯定的金额的系数），它在 0 到 1 之间；r 为无风险的贴现率；$CFAT_i$ 为税后现金流量。

第二节　证券投资管理

一、公司证券投资概述

（一）公司证券投资的目的

证券投资是指投资者将资金投资于股票、债券、基金及衍生证券等资产，从而获取收益的一种投资行为。对于经营实业的公司而言，进行证券投资的主要目的有以下几个方面。

1. 与企业长期资金计划相配合。企业进入成长期后，需要多次发行证券进行大规模的筹资。但是发行长期证券筹集的资金在短期内往往不会全部用于投资项目，而是配合项目进度分次投入。这样就可以将暂时闲置的资金投资于证券，按投资项目的需要合理选择不同期限的证券以获取较高的投资收益。

2. 存放暂时闲置的资金。企业在生产经营过程中，需要维持一定的现金余额。但是现金不能产生收益，因此，在日常现金管理中，企业财务人员都选择将闲置的资金进行证券投资。选择流动性强、有稳定收益的证券来代替现金，既能获得投资收益，又能在企业需要现金时将其迅速变现。此种目的下的证券投资是将证券视为现金的替代物。

3. 获得长期稳定的投资收益。有时企业拥有大量资金闲置，且在较长的时间内没有大量的现金支出计划，也没有收益较好的投资项目，此时企业就可以利用这笔资金进行长期投资。与短期投资不同，长期投资的收益主要来自投资期内的现金形式的利息、股利和价值增长。

4. 获得被投资企业的控制权。持有某一公司一定量的股票就可影响甚至控制该公司的经营决策。很多企业在发展过程中，需要控制与其处于同一产业链或者相关产业链上的企业，往往就采取投资目标企业股票的方式来达到目的。

（二）证券投资的风险

证券投资风险是指由于证券投资活动受到多种不确定因素的共同影响，而使得实际投资出现不利结果的可能性。

证券投资风险最常见的分类是按风险的来源分为违约风险、利息率风险、购买力风险、流动性风险、期限性风险。

违约风险是指证券发行人无法按时支付利息或偿还本金的风险。一般而言，除财政部发行的国库券外，地方政府和公司发行的债券或多或少都存在违约风险。

利率风险是指由于利率变动而引起证券价格波动，使投资者遭受损失的风险。不同期限的证券，利率风险不一样，期限越长，风险越大。

购买力风险又称通货膨胀风险，是指由于通货膨胀而使货币的购买力下降的风险。一般而言，在通货膨胀期间，一些预期报酬率会上升的资产的购买力风险通常会低于那些报酬率固定的资产的购买力风险。因此，投资房地产、短期负债以及普通股等资产比投资固定收益类证券更适合避免购买力风险。

流动性风险也称变现力风险，是指无法在短期内以合理价格卖掉资产的风险。现代经济活动中，判断一个公司破产的标准不是资不抵债，而是流动性标准。因此，持有太多变现力不强的资产是比较危险的，尤其是面临大笔负债需要偿还的时候。

期限性风险是指由于债券期限长而给投资人带来的风险，又称到期风险。一项投资到期日越长，不确定因素就越多，投资人承担的风险就越大。

（三）证券投资风险的防范方法

1. 做足做好证券投资分析。在投资证券前，投资者应对证券进行充分的分析。证券分析包括基本分析和技术分析。基本分析主要用来确定证券的内在价值，通过对宏观经济、行业及公司的分析，了解证券的内在品质，确定证券的基本价格定位。技术分析主要根据证券的市场价格及交易量的变动情况及两者之间的联系，对证券的价格走势进行预测，以期在合适的时机买进或卖出证券，获取投资收益。

2. 投资组合法。这是最能体现分散风险思想的投资方法。投资组合又称资产组合，是指投资者将资金同时投入收益、风险、期限不同的若干种资产中，借助资产多样化效应，分散单个资产风险进而减少所承受的投资总风险。投资组合理论是目前非常流行的风险控制理论。

3. 利用期货、期权交易进行套期保值。企业要利用期货、期权交易管理证券投资的风险，一定要坚守套期保值的初衷，切忌变为市场的套利者，而且还要合理地选择套期保值的策略。否则，一旦演变为市场的套利者或者套期保值策略不当，因为期货交易和期权交易的高杠杆性，企业不仅不能达到规避证券投资风险的目的，还可能使自身面临更大的风险。

（四）证券投资价值评估的基本方法

证券投资价值评估最常用的方法有贴现法和市场法。

1. 贴现法。贴现法也称收入的资本化定价方法，是对拟投资证券未来预期的各期现金流进行贴现，贴现值之和即为有价证券的价值。

对于任何一种有价证券，用现金流贴现法评估其内在价值需要确定三个变量：一是证券投资未来各期会产生的收入；二是贴现率；三是证券持有期数。投资者只要确定这三个基本变量，就可以计算出证券的理论价值。

2. 市场法。市场法是利用市场上同样或类似证券的近期交易价格，经过直接比较或类比分析以估测证券价值的方法。

投资者在购置某资产时，他所愿意支付的价格不会高于市场上具有相同用途的替代品的现行市价。市场法要求充分利用证券成交价格等信息，以此为基础判断和估测被评估证券的价值。市场法是证券评估中最简单、最有效的方法，它能够客观反映证券目前的市场情况，其评估的参数、指标直接从市场中获得，评估值更能反映市场现实价格，评估结果易于被各方理解和接受。但是市场法需要以公开活跃的市场作为研究基础，否则会因缺少可对比数据而难以应用。

二、债券投资价值评价

（一）债券价值评价的基本模型

出于简化的考虑，我们假定债券不存在违约风险，其名义和实际支付金额都是确定的，尤其假定通货膨胀的幅度可以精确地做出预测。基于这些假设，使用现金流贴现法评价债券价值，债券价值即等于债券投资预期各期现金流（即利息与本金）的现值之和。一般而言，债券定价的基本公式如下：

$$V_b = \sum_{t=1}^{n} \frac{C_i}{(1+r)^t} + \frac{M}{(1+r)^n} \tag{7-11}$$

式中，V_b表示债券价值，C_i表示年票面利息，M表示债券面值，r表示贴现率，n表示债券的期数。以下公式中没有特别说明时相同符号的含义同此处所示。

【例7-12】 某企业拟于2022年6月1日购买一张面值10 000元的债券，其票面利率为8%，每年5月31日支付一次利息。该债券于5年后的5月31日到期。假定购买时的市场利率为6%，债券的价格为10 500元。该企业是否应购买该债券？

解： 该债券的决策通过下列步骤计算分析得出：

$$\begin{aligned} V &= 10\ 000 \times 8\% \times (P/A, 6\%, 5) + 10\ 000 \times (P/F, 6\%, 5) \\ &= 800 \times 4.2124 + 10\ 000 \times 0.7473 = 10\ 842.90(\text{元}) \end{aligned}$$

可见，该债券的价值大于其价格，该债券是值得购买的。

（二）几种特殊债券的估值模型

1. 利随本清债券价值的评估模型

$$V_b = \frac{(M + M \times r_m \times n)}{(1+r)^n} \tag{7-12}$$

式中，r_m 指债券票面利率。

2. 零息债券、贴现债券价值的评估模型

$$V_b = \frac{M}{(1+r)^n} \tag{7-13}$$

3. 一年内多次付息债券价值的评估模型

一般情况下，债务利息按年支付，但利息支付的频率也可能是半年一次或每季度一次。此种债券价值的评估模型如下：

$$V_b = \sum_{t=1}^{mn} \frac{C/m}{(1+r/m)^t} + \frac{M}{(1+r/m)^{mn}} \tag{7-14}$$

式中，C 表示债券每年利息，m 表示年付息次数。

以上介绍的债券定价模型都是按照一个统一的贴现率对债券所有的现金流进行贴现。事实上，在不同的经济发展环境下，社会资本平均收益率会发生变化，因此，在债券存续期较长的情况下，用一个始终一致的贴现率对债券进行估值并不准确。准确的方法是将债券看作未来一系列现金流的结合，以不同的贴现率分别求出每个现金流的现值并加总。

三、股票投资价值评价

（一）股息贴现模型（Discounted Dividend Method，DDM）

股息贴现模型也称红利贴现模型，是指用某一贴现率对公司未来股息进行贴现，以确定股票价值的方法。

1. 基本模型

1938 年，美国投资理论家威廉姆斯在其《投资价值理论》一书中提出：股票的内在价值应等同于该股票持有者在公司的经营期内预期能得到的股息收入按一定贴现率计算的现值。在该书中，他提出了如下公式：

$$V_s = \frac{D_1}{1+r} + \frac{D_2}{(1+r)^2} + \frac{D_3}{(1+r)^3} + \cdots = \sum_{t=1}^{\infty} \frac{D_t}{(1+r)^t} \qquad (7-15)$$

式中，V_s 代表普通股每股现值，D_t 代表第 t 期股利，r 代表投资者的期望报酬率（即折现率）。

该公式表明在公司运营期间投资者一直持有该股票，该股票在现在时点上的价值为该公司营运期间每年预期股利收益折现值的总和。

在实际投资活动中，大多数投资者并不长期地持有某一公司的股票，对于这类投资者而言，如果他仅短期持有该种股票两年，这时股票的现值的公式则为：

$$V_s = \frac{D_1}{1+r} + \frac{D_2}{(1+r)^2} + \frac{P_2}{(1+r)^2} \qquad (7-16)$$

式中，D_1、D_2为投资者持有两年的股息收益，P_2为第二年末股票的预期卖价。

只要假定在第二年末，股票新的购买者根据后期的红利 D_3、D_4、…、D_n 出价，并且红利的预期与折现率对卖者与买者都保持不变，这样，第二年末股票的预期价格为：

$$P_2 = \frac{D_3}{1+r} + \frac{D_4}{(1+r)^2} + \cdots + \frac{D_n}{(1+r)^{n-2}}$$

将上式代入式（7 – 16），可得到式（7 – 15）。因此，式（7 – 15）即为股票价值评估的基本模型。

股票定价的股利贴现基本模型显示，如果能够准确地预测股票未来每期的股息及贴现率，就可以计算股票的内在价值。在对贴现率的预测上，一般以权益资产的必要收益率为基准。该必要收益率通常可以用资本资产定价模型（CAPM）来确定。在对股票未来每期股息进行预测时，关键在于预测每期股息的增长率。如果用 g_t 表示第 t 期的股息增长率，其数学表达式为：

$$g_t = \frac{D_t - D_{t-1}}{D_{t-1}} \tag{7-17}$$

式中，D_t表示第 t 期的股利，D_{t-1}表示第 $t-1$ 期的股利。

2. 零增长模型

零增长模型是股息贴现模型的一种特殊形式，它假定股息是固定不变的。零增长模型不仅可以用于普通股的价值分析，而且适用于永久债券和优先股的价值分析。股息不变的数学表达式为：

$D_0 = D_1 = D_2 = \cdots = D_\infty$，或者，$g_t = 0$。

将股息不变的条件代入式（7－15），得到：

$$V_0 = \sum_{t=1}^{\infty} \frac{D_t}{(1+r)^t} = D_0 \sum_{t=1}^{\infty} \frac{1}{(1+r)^t} = \frac{D_0}{r} \tag{7-18}$$

【例 7－13】 某种股票每年股利均为 2 元，投资者要求的最低报酬率为 5%，求该股票的价值。

解： 该股票的价值为：

$$V = D \div R_s = 2 \div 5\% = 40(\text{元})$$

结果表明，在该股票每年股利为 2 元，市场报酬率为 5% 的条件下，当该股票市价为 40 元或 40 元以下时便可投资。

在实际中，普通股的股利一般不是固定不变的，但优先股的股利基本上每年是固定的，所以，用零增长模型计算股票价值非常适合于计算优先股股票的价值。

3. 不变增长模型（戈登模型）

不变增长模型也称固定增长模型、戈登模型（Gordon Model），是股息贴现模型的第二种特殊形式。不变增长模型有以下 3 个假定条件：第一，股息的支付在时间上是永久性的；第二，股息的增长速度是一个常数；第三，模型中的贴现率大于股息增长率，即 r 大于 g。

根据上述 3 个假定条件，可以将式（7－15）改写为：

$$V_0 = \sum_{t=1}^{n} \frac{D_0(1+g)^t}{(1+r)^t} = \frac{D_0(1+g)}{r-g} = \frac{D_1}{r-g} \tag{7-19}$$

式中，D_0、D_1分别是初期和第一期支付的股息。

在已知股票价格的情况下，要计算股票投资的预期报酬率，只要求出上述公式中的 r 值即可：

$$r = (D_1 \div P_0) + g \tag{7-20}$$

【例 7－14】 某企业股票目前的股利为 2 元，预计年增长率为 3%，投资者期望的最低报酬率为 8%，求该股票的内在价值。

解： 该股票的内在价值为：

$$P = 2 \times (1+3\%)/(8\% - 3\%) = 41.2(\text{元})$$

若按 41.2 元的价格买进，则下年度预计的投资报酬率为：

$$r=(D_1\div P_0)+g$$
$$=2\times(1+3\%)\div 41.2+3\%=8\%$$

4. 多元增长模型

在这一模型中，假定在将来的某一时点之后，股利将以固定的速度增长，即公司处于固定成长期，股利现值的计算可使用不变增长模型计算。而在此之前，公司处于非固定成长期，股利现值将由投资者分别算出。

具体而言，假定这个时点为 T，则股利 D_1、D_2、…、D_T将由投资者分别估算，直至股利以固定速度 g 增长。多元增长模型的计算公式为：

$$V_0=\sum_{t=1}^{T}\frac{D_t}{(1+r)^t}+\frac{D_{T+1}}{(r-g)(1+r)^T} \quad (7-21)$$

【例 7－15】 预期某公司的股票股利在未来 3 年内高速增长，增长率达到 15%，以后转为正常增长，增长率为 10%，已知该公司最近支付的股利为每股 3 元，投资者要求的最低报酬率为 12%。试计算该公司股票目前的市场价值。

解：该股票的市场价值可通过如下步骤计算：

第一步，计算第一阶段（前 3 年）的股利现值，计算过程见表 7－10。

表 7－10　　第一阶段（前 3 年）的股利现值

年份	股利（D_t）	现值系数（12%）	现值（$PV\,D_t$）
1	$3\times(1+15\%)$	0.8929	3.0804
2	$3\times(1+15\%)^2$	0.7972	3.1629
3	$3\times(1+15\%)^3$	0.7118	3.2476
合计			9.4909

计算结果显示，前三年股票的价值 $V_1=9.4909$（元）。

第二步，计算第二阶段（第 3 年以后）的股票价值。

先计算第三年末的价值：

$$V=D_4/(R_s-g)$$
$$=3\times(1+15\%)^3\times(1+10\%)\div(12\%-10\%)=250.94(\text{元})$$

再将该价值贴现到期初：

$$V_2=250.94\times(1+12\%)^{-3}=250.94\times0.7118=178.619(\text{元})$$

最后，将上述两步所计算的现值相加，便能得到目前该股票的价值，即

$$V=9.4909+178.619=188.11(\text{元})$$

股息贴现模型主要利用反映公司经营的相关参数，如企业增长率、公司资本收益率、公司股利发放率等。由于这些参数在公司经营状况不发生重大变化的情况下基本保持稳定状态，不随证券市场的变化而变化，因此，由股息贴现模型计算出的股票价值相对稳定。

（二）市盈率（Price/Earning，P/E）模型

市盈率是衡量股票投资价值的重要指标之一。其计算公式为：

$$\text{市盈率}=\text{每股市价}\div\text{每股利润} \quad (7-22)$$

使用上年每股利润计算得到的市盈率称为静态市盈率，使用当年每股利润计算得到的市盈率称为动态市盈率。

公司的价值取决于它的盈利能力，而市盈率指标在一定程度上反映了价格和盈利能力的关系。盈利高且保持快速成长的上市公司，市场价格所反映的每股市盈率水平也越高。反之，盈利越差，市盈率水平越低。因此，我们可以将市盈率作为股票定价的一种依据。

以市盈率为股票定价，需要引入一个“标准市盈率”进行对比。有了标准市盈率，股票估价公式如下：

$$股票价值 = 每股收益 \times 标准市盈率 \tag{7-23}$$

标准市盈率的确定有多种方法，通常使用的有：同类行业内，风险因素和经营状况相似的公司的市盈率；上市公司所在行业的市盈率平均值；上市公司的历史平均市盈率值；市场指数的P/E值。

【例7-16】 某公司的市盈率为15，该公司的每股收益为0.8元，行业同类企业股票的平均市盈率为20，求该股票的价值和价格。

解：该股票的价值和价格分别为：

股票价格 = 15 × 0.8 = 12（元）

股票价值 = 20 × 0.8 = 16（元）

计算结果说明市场对该股票的评价略低，股价基本正常，有一定的吸引力。

与股息贴现模型相比，市盈率模型的历史更为悠久。市盈率模型具有以下几方面的优点：（1）可以直接应用于不同收益水平的股票价格之间的比较；（2）对于那些在某段时间内因没有支付股息而无法用股息贴现模型估值的股票，市盈率模型同样适用；（3）模型所涉及的变量预测比股息贴现模型的变量预测要简单。

相应地，市盈率模型也存在一些缺点：（1）其理论基础较为薄弱；（2）只能决定不同股票市盈率的相对大小，不能决定股票绝对的市盈率水平；（3）该模型有一定的适用范围，有些公司不能采用这种方法定价，如业绩太差甚至亏损的公司、流通股市盈率已经低于合理市盈率的公司等。尽管如此，由于操作较为简便，市盈率模型仍然是一种被广泛使用的股票价值分析方法。

【延伸阅读7-2】　PEG估值法

市盈率估值法是投资者常用的证券估值方法。

投资者常常会用行业平均市盈率作为合理倍数来评估公司价值。但事实上，对一个行业内经营发展各不相同的企业的市盈率进行平均是不合理的。每家企业的净利润增速是不同的，一家企业市盈率的高低应该取决于企业的增速。

也有学者主张用企业的历史平均市盈率作为其合理倍数，这个观点也有其不合理性。因为企业的成长不太可能是线性的。只有那些业绩持续稳定增长的企业，才适合用历史平均市盈率去衡量它的价值。

著名基金经理彼得·林奇在PE的基础上提出了一个新的估值指标PEG。

$$PEG = 公司的市盈率/公司未来3到5年的盈利增长速度$$

PEG也称为市盈率相对盈利增长比率，它把股票当前的价值和其未来的成长联系起来。当PEG=1时，表明市场赋予这只股票的估值可以充分反映其未来业绩的成长性。如果PEG大于2，说明公司利润增长达不到估值的预期，则这只股票的价值就可能被严重高估。如果PEG小于0.5，说明公司的利润增长远高于预期的估值，则这只股票的价值就可能被严重低估。

PEG告诉投资者，相对市盈率估值，投资者更应该关注公司的利润增长情况。

思考：对公司或公司股票估值应该如何确定合理市盈率的倍数？

更多内容请扫描二维码

（三）市净率（Price/Book Value，P/B）模型

市净率是指每股市价与每股净资产的比率。它反映的是普通股股东愿意为每1元净资产支付的价格，用于说明市场对公司资产质量的评价。其计算公式为：

$$市净率 = \frac{每股市价}{每股净资产} \tag{7-24}$$

市净率反映了市场对于上市公司净资产经营能力的溢价判断。

与市盈率一样，在不同的市场状况下，市净率指标也会发生波动：在牛市条件下，上市公司的市净率指标会纷纷上扬，高于理论水平；而在熊市条件下，上市公司的市净率会伴随市场指数的下滑而不断下跌，低于理论水平。

利用市净率法评价股票价值的思路与市盈率法思路相同，需要引入一个“标准市净率”进行对比。有了标准市净率，股票估价公式如下：

$$股票价值 = 每股净资产 \times 标准市净率 \tag{7-25}$$

标准市净率的确定有多种方法，通常使用的方法有：同类行业内，风险因素和经营状况相似的公司的市净率；上市公司所在行业的市净率平均值；上市公司的历史平均市净率值。

用市净率模型评估股票价值的通常做法是：当某公司实际股票价格高于以标准市净率计算的股票价值时，表明股价高估，应当卖出；反之，当某一上市公司的实际股票价格低于以标准市净率计算的股票价值时，表明股价低估，应当买进。

【例7-17】　假设某行业内龙头上市公司2020年的每股净资产（BVPS）为18.56元。目前，同行业上市公司的平均市净率为7，当该公司股票价格为160元/股时，在不考虑交易成本的情况下投资者是否应该购买该股票？

解：思路一：以160元/股购买该上市公司股票时的市净率为

$$P/B = 160/18.56 = 8.62 > 7$$

思路二：用公式（7-25）确定该上市公司股票每股价值为

$$V = 7 \times 18.56 = 129.92(元) < 160(元)$$

计算结果表明：该公司股票价格已经被高估，不值得以160元/股的价格购买。

四、证券投资组合管理

证券投资组合是指在进行证券投资时，不是将所有的资金都投向单一的某种证券，而是有选择地投向一组证券。投资风险存在于各个国家的各种证券中，它们随经济环境的变化而不断变化。简单地把资金全部投向一种证券，便要承担巨大的风险。证券投资组合是证券投资的重要武器，它可以帮助投资者全面捕捉获利机会，降低投资风险。

（一）证券投资组合管理的策略

在证券投资组合理论的发展过程中，形成了不同的组合策略。最常见的有以下几种：

1. 保守型策略。这种策略认为最佳证券投资组合是要尽量模拟市场现状，将尽可能多的证券纳入组合，以便分散风险，得到与市场所有证券的平均收益相同的收益。采用保守型策略能分散掉全部可分散风险，不需要高深的专业知识，投资管理费比较低，但其获得的收益不会高于证券市场上所有证券的平均收益，属于收益不高，风险不大的投资组合策略。

2. 冒险型策略。这种策略认为与市场完全一样的组合不是最佳组合，只要投资组合做得好，就能击败和超越市场，取得远远高于市场平均水平的收益。在这种组合中，成长型的证券所占比例较高，而那些低风险、低收益的证券所占比例较低。另外，组合的随意性强，变动频繁。使用这种策略所获得收益高，风险大。

3. 适中型策略。这种策略认为证券的价格，特别是股票的价格是由特定企业的经营业绩来决定的。市场上股票价格的一时沉浮并不重要，只要企业经营业绩好，股票价格一定会升到其应有的价格水平。采用这种策略的投资者，一般都善于对证券进行分析，通过分析，选择高质量的股票和债券，组成投资组合。适中策略如果使用得当，可获得较高的收益，而又不会承担太大的风险。但投资者必须具备丰富的投资经验，拥有进行证券投资的各种专业知识。各类机构投资者在进行证券投资时一般都采用此种策略。

（二）证券投资组合的方法

进行证券投资组合的方法有很多，常见的方法通常有以下几种。

1. 选择足够数量的证券进行组合。这是一种最简单的证券投资组合方法。采用这种方法时，不是进行有目的的组合，而是随机选择证券，随着证券数量的增加，风险会逐步减少，当数量足够多时，大部分可分散风险都能分散掉。

2. 1/3组合法。此方法是把全部资金的1/3投资于风险大的证券，1/3投资于风险中等的证券，1/3投资于风险小的证券。这种投资组合法是一种进可攻、退可守的组合法，虽不会获得太高的收益，但也不会承担巨大风险，是一种常见的组合方法。

3. 选择投资收益呈负相关的证券进行组合。例如，汽车制造公司的股票和石油公司的股票构造的组合。当油价大幅度上涨时，石油公司的收益会增加，但油价的上涨会影响汽车的销量，使汽车公司的收益降低。只要选择得当，这样的组合对降低风险有十分重要的意义。

本章小结

1. 项目投资是对特定项目进行的一种长期投资项目。项目投资决策首要的步骤是预测项目投资的现金流量，然后选择合适的决策方法。项目投资决策的基本方法包括非贴现投资评价方法和贴现投资评价方法两大类。非贴现投资评价方法常见的有静态投资回收期法和投资利润率法；贴现投资评价方法主要有净现值法、净现值率法、现值指数法和内含报酬率法。

2. 净现值 *NPV* 是指在项目计算期内，投资项目未来各年现金净流量现值的代数和。单项决策时的评价标准为：若 $NPV \geqslant 0$，则项目可行；若 $NPV < 0$，则项目不可行。

3. 净现值率 *NPVR* 是指投资项目的净现值占原始投资现值总和的百分比。其评价标准是：当 $NPVR \geqslant 0$ 时，则项目可行；当 $NPVR < 0$ 时，则项目不可行。

4. 现值指数 *PI* 是指各年营业期现金净流入的现值合计与原始投资支出现值合计之比。其评价标准是：如果 $PI \geqslant 1$，则该投资项目可行；如果 $PI < 1$，则该投资项目不可行。

5. 内含报酬率 *IRR* 是指能使投资项目的净现值等于零时的折现率。其评价标准为：当内含报酬率大于等于资金成本率时，项目可行；否则项目不可行。

6. 证券投资是指把资金投资于金融性资产，以便获取股利或者利息收入的投资。公司证券投资的可能目的有：与企业长期资金计划相配合、存放暂时闲置的资金、获得长期稳定的投资收益、获得被投资企业的控制权。

7. 债券的价值是指所持有债券未来所能获得的利息和本金的现值之和。

8. 股票投资价值的评价方法主要有股息贴现法、市盈率法和市净率法。股息贴现法是以股票未来股息收入贴现值作为股票价值的方法。市盈率法是用标准市盈率乘以公司每股收益的结果作为股票价值。市净率法则是用标准市净率乘以公司每股净资产的结果作为股票价值。

9. 证券投资组合是指在进行证券投资时有选择地投向一组证券。证券投资组合常用的方法有：选择足够数量的证券进行组合，1/3 组合法，选择投资收益呈负相关的证券进行组合。

【复习思考题】

一、名词解释

现金流量　　投资回收期　　净现值　　现值指数　　内含报酬率

证券投资组合

二、简答题

1. 简述项目投资的特点及其决策管理程序。
2. 如何分析投资项目的现金流量？
3. 项目投资决策的 *NPV* 法和 *IRR* 法有什么区别和联系？
4. 简述证券投资组合管理的策略。

5. 简述证券投资组合的方法。

三、计算题

1. 某企业准备购入一台设备以扩大生产能力。现有甲、乙两个方案可供选择。甲方案需投资20 000元，使用寿命为5年，采用直线法折旧，5年后无残值，5年中每年销售收入为15 000元，每年付现成本为5 000元。乙方案需投资30 000元，采用直线法折旧，使用寿命也是5年，5年后有残值收入4 000元，5年中每年销售收入为17 000元，付现成本第一年为5 000元，以后逐年增加修理费200元，另需垫支营运资金3 000元。假设所得税税率为25%，资金成本为10%。要求：（1）计算两个方案的现金流量；（2）计算两个方案的净现值；（3）计算两个方案的现值指数；（4）计算两个方案的内含报酬率；（5）计算两个方案的投资回收期；（6）试判断应采用哪一个方案。

2. 某公司计划于2022年9月1日购买一份面值为100万元、期限为3年的A公司同日发行的债券，其票面利率为6%，每年的8月31日支付一次利息，并于3年后的8月31日到期。假设该债券发行时的市场利率为8%，该债券的市价为94万元。试判断该公司是否应该进行投资，并计算该债券的到期收益率。

3. 某公司的普通股基年股利为6元，估计年股利增长率为6%，期望收益率为15%，打算两年后转让，估计转让价格为30元。计算该普通股的价值。

四、案例分析

"体操王子"李宁退役后于1989年创立"李宁"运动品牌，1990年李宁有限公司（以下简称李宁公司）创立，并于2004年在香港上市。30年间，李宁公司历经兴衰沉浮，目前，集运动及休闲鞋类、服装、器材和配件产品的营销、研发、设计、制造、经销及零售于一体，成为国内领先的运动品牌之一。

1990—2003年的兴起阶段：1990年公司成立后，在国内服装行业的高速发展及体育产业市场化的背景下，依靠参与大型赛事赞助，尤其是连续成为1992年、1996年、2000年、2004年奥运会赞助商，李宁迅速成为知名民族运动品牌。品牌效应给公司带来了丰厚回报，2003年，公司营收和归母净利润分别为12.76亿元和0.94亿元。

2004—2010年的鼎盛阶段：2004年李宁公司在香港上市，国内其他运动品牌也加速扩张，加之北京奥运会的召开，国内运动鞋服市场规模大幅增长。在此背景下，李宁公司开始实施经销渠道扩张战略。六年间，经销渠道从2 272个扩大到了7 333个，公司业绩因此加速增长，营收和归母净利润年复合增长率分别为31%和42%，2010年营收和归母净利润达到顶峰，分别为94.85亿元和11.08亿元。

2011—2014年的衰落阶段：从2011年开始，国内运动鞋服行业规模增速下滑。李宁公司的国内市场占有率被安踏超过，店铺经销渠道库存积压严重，经销商盈利大幅下降，渠道也由8 255个快速下降到了5 626个。营收和归母净利润因此持续下滑，2012—2014年三年间，李宁累积亏损达30亿元。困境产生的原因除前期对于运动品牌市场的过度预判外，与其前期加速扩张经销渠道不无关系。以分销商为主导容易导致品牌与顾客缺少交流，对市场变化难以做出快速反应。

2015年至今的复苏阶段：经过了行业"关店潮"后，主要运动品牌营收和净利润逐渐上升。2014 年底，创始人李宁回归担任公司 CEO。李宁回归后，公司确立了“提供李宁品牌体验价值”的目标，公司由体育装备提供商转型为“互联网 + 运动生活体验提供商”；重启多品牌战略，获得 Danskin 在国内和澳门的独家经营权，推出自营品牌李宁 YOUNG，并与小米合作推出新一代智能跑鞋；销售渠道方面，执行单店差异化策略，加强对经销商的支持和管控，优化渠道结构，开拓线上销售渠道，完善线上线下一体化运营模式等。在一系列战略调整措施下，公司的经营状况迅速恢复。2017 年总营收同比增长 11%，实现净利润 5.15 亿元。截至 2019 年，李宁的销售网络为 6 262 家，遍布全国 31 个省、自治区及直辖市。

思考：

1. 李宁公司兴衰沉浮的经历给企业的投资带来哪些启示？
2. 成功的投资决策需要考虑哪些因素？

第八章

公司股利分配管理

GONGSI GULI FENPEI GUANLI

公司理财的最终目的是获利，以提升公司价值和投资者收益。公司获利后采取什么样的利润分配方案既是国家财务法规约束的产物，也是公司自身选择的结果。事实上，利润分配政策也是公司融资政策的重要组成部分。

【本章学习目标】

了解公司利润分配的原则；了解利润分配的项目与顺序；掌握股利支付的程序、股利支付的方式；熟悉公司股利分配政策的类型及影响股利分配政策确定的因素。

【本章关键词】

利润分配　　股利分配　　股利支付形式　　股利政策

第一节　公司利润分配

一、公司利润分配的主体和客体

利润分配是将公司实现的净利润，按照国家财务制度规定的分配形式和分配顺序，在国家、公司和投资者之间进行的分配。

利润，也称为收益，是指公司在一定期间内的除所有者投资以外的经济资源的净增加。利润分配的过程与结果，是关系到所有者的合法权益能否得到保护，公司能否长期、稳定发展的重要问题，为此，公司必须加强利润核算和分配管理。

（一）公司利润分配的主体

利润分配主体是指公司利润分配过程中起决定性作用的参与者，它的存在决定着分配的范围、规模、方式及利润分配关系的性质。所有权主体与公司法人产权主体是两大利润分配的主体。由于公司股东成员日趋社会化，所有权权能逐渐彻底分离，公司法人产权实际包含了所有权的三个内容，即占有权、使用权、处置权，从而使公司成为利润分配主体。同时，不管股份公司的权能如何分离，所有者的权益必须得到保障。尽管随着股份公司实践的发展，这种所有者的权益已集中体现在公司剩余价值的索取权上，但公司所有者依然掌握着部分利润的分配权，因此公司所有者集团或股东集团构成股份公司利润分配的另一主体。

（二）公司利润分配的客体

公司实现利润是利润分配的前提，利润是公司在一定期间内取得的经营成果。它反映了公司一定时期内生产经营活动的最终财务成果。在利润的基础上进行永久性差异和时间性差异的调整便可进一步计征公司所得税，利润总额扣除所得税后可得到税后利润，它是公司利润分配的物质基础，是公司利润分配的客体。

利润总额一般由营业利润、营业外收入、营业外支出及以前年度损益调整四部分构成。即

$$利润总额 = 营业利润 + 营业外收支净额 + 以前年度损益调整$$

营业利润是公司利润的主要来源，是公司在某一会计期间的营业收入和为实现这些营业收入所发生的费用、成本比较计算的结果。其计算公式为：

$$\begin{aligned}营业利润 =& 营业收入 - 营业成本 - 营业税金及附加 - 销售费用 - 管理费用\\ &- 财务费用 - 资产减值损失 + 公允价值变动损益 + 投资净收益\end{aligned} \tag{8-1}$$

营业外收支净额是指与公司的生产经营活动无直接关系的各项收支的差额。营业外收入包括非流动资产处置利得、非货币资产交换利得、财务重组利得、盘盈利得、政府补贴、捐赠利得等；营业外支出包括非流动资产处置损失、非货币资产交换损失、财务重组损失、盘亏损失、公益性捐赠支出、非常损失等。

以前年度损益调整是指公司在本期发现的，以前年度发生的少计成本费用、多计收益而应该调整减少本期利润的数额；或由于以前年度发生的多计成本费用、少计收益而应该调整增加本期利润的数额。

【例 8-1】 ABC 公司 2021 年产品销售利润 260 万元，其他销售利润 45 万元，投资净收益 18 万元，固定资产盘亏净损失 4 万元，收到税务部门返还的增值税税款 16 万元，审计中发现应予以调整的上年度多计提的固定资产折旧 14 万元，管理费用 12 万元，财务费用 8 万元，计算 ABC 公司 2021 年的营业利润和利润总额。

解： ABC 公司 2021 年的营业利润和利润总额分别为：

$$营业利润 = 260 + 45 - 12 - 8 = 285（万元）$$

$$利润总额 = 285 + 18 - 4 + 16 + 14 = 329（万元）$$

二、公司利润分配的原则

公司利润分配取决于公司特定的产权结构，体现了利润分配参与者之间的经济利益关系。为保证利润分配顺利实现，分配行为需遵循一定的原则。在市场经济条件下，公司利润分配应遵循下列原则。

（一）一般性原则

1. 产权明晰，分之有据原则。由于参与公司利润分配的各主体具有不同的经济利益，因而利润分配的不公平就会引起各方矛盾。减少矛盾的办法就是在分配前制定客观的分配标准。索取权大小是制定标准的主要依据，为确保分配顺利进行，产权明晰必不可少。

2. 依法分配原则。为规范公司的利润分配行为，国家制定和颁布了若干法律、法规，规定了公司利润分配的基础要求、一般程序和重大比例。公司在进行利润分配时应严格遵守国家的财经法律、法规，依据法定的程序进行操作。

3. 资本保全原则。利润分配是对资本增值部分的分配，而不是对资本金的返回。一般情况下，公司不能在没有盈利或发生亏损的情况下向投资者分配利润。

（二）公平性原则

1. 兼顾各方利益原则。利润分配涉及国家、公司、投资者、职工等有关各方的经济利益。公司首先要向国家缴纳所得税，以保证政府的财政收入。投资者作为资本投入者，依法享有利润分配权。只有将净利润归投资者所有，所有者才会有投资的动力。职工作为利润的直接创造者，公司应该提供有吸引力的工资奖金及福利待遇。总之，利润分配必须贯彻兼顾各方利益的原则，既要满足国家集中财力的需要，又要考虑公司自身发展的要求；既要维护投资者的合法权益，又要保障职工的切身利益。

2. 保护债权人权利原则。公司利润分配时对债权人权利的保护体现在利润分配之前，不能以拖欠债务为代价进行分配；利润分配后还应保持一定的偿债能力，不能因分配而造成公司财务枯竭，以免在日后产生财务危机，损害债权人利益。此外，如果公司与债权人有长期债务契约，其利润分配方案还应征得债权人的同意。

（三）效率性原则

1. 效率第一原则。该原则体现在利润分配要能调动各方的积极性：一是要能充分调动出资者的投资积极性，使其所投资本的贡献得到合理评价；二是能充分调动管理者的积极性，使其管理才能得到合理评价；三是能充分维护公司法人财产权，使公司长远发展得到重视。

2. 比例合理原则。在公司利润分配中必须理顺积累与消费的关系，合理确定保证生产发展的留存利润和分配给利润分配参与者的利润之间的比例。在利润既定的情况下，积累与消费此消彼长，消费注重当前利益，积累注重长远利益，两者之间应协调一致。

三、公司利润分配的顺序与形成的项目

（一）利润分配的顺序

根据有关法规的规定，公司当年实现的利润，一般应按照下列顺序进行利润分配。

1. 依法缴纳企业所得税。企业所得税是企业按照国家税收法律规定，对某一经营年度所得，按规定的税率计算并缴纳的税款。

应纳税所得额 = 公司利润总额 − 弥补以前年度亏损 − 国家规定其他项目应调减的利润 + 国家规定应调增的计税利润　(8−2)

应纳所得税税额 = 应纳税所得额 × 适用税率　(8−3)

2. 税后利润分配。税后利润的分配顺序如下：

(1) 弥补以前年度亏损，计算可供分配的利润。

(2) 提取法定盈余公积金。在不存在年初累计亏损时，法定盈余公积金按照税后净利润的10%提取，当累计额达到注册资本的50%时，可不再继续提取。

(3) 支付优先股股息。如果公司有发行在外的优先股，则在提取法定盈余公积金之后，需要根据承诺的股息率向优先股股东支付优先股股息。

(4) 提取任意盈余公积金。按照公司章程或股东会议决议计提任意盈余公积金，其比例视公司的需要而定。

(5) 支付普通股股利。公司弥补亏损和提取法定盈余公积金后所余收益，可以按普通股股东所持的股份比例分配。

公司股东会或董事会有违反上述利润分配顺序（见表8−1），在抵补亏损和提取法定盈余公积金之前向股东分配利润的，必须将违反规定的利润退还公司。

表8−1　利润分配表①

编制单位：　年度　单位：元

项目	行次	本年金额	上年金额
一、净利润	1		
加：年初未分配利润	2		
其他转入	3		
二、可供分配的利润	4		
减：提取法定盈余公积金	5		
提取任意盈余公积金	6		
提取职工奖励及福利基金*	7		
提取储备基金*	8		
提取企业发展基金*	9		
利润归还投资者	10		
三、可供投资者分配的利润	11		
减：应付利润	12		
四、未分配利润	13		

① 表中加*的三项基金计提适用于外商投资企业。其中，职工奖励及福利基金用于职工非经常性奖励、补贴购建和修缮职工住房等集体福利；储备基金用于弥补企业亏损，经批准增加资本；企业发展基金用于企业发展，经批准转增资本。

（二）利润分配形成的项目

按照上述利润分配的顺序，公司利润分配所形成的项目如下。

1. 盈余公积金。盈余公积金分为法定盈余公积金和任意盈余公积金。公司提取的盈余公积金主要用于以下几个方面。

（1）弥补亏损。公司发生的年度亏损以及超过税前补亏期限（5 年）的亏损也可以用以前年度提取的盈余公积金弥补。

（2）支付股利。为维护股票信誉，股份制公司可用盈余公积金补亏，补亏后经股东大会特别决议，还可用盈余公积金按照不超过股票面值 6% 的比例向股东支付股利。不过支付股利后的法定盈余公积金不得低于注册资本的 25%。

（3）用于扩大生产经营。盈余公积金作为积累也可用于扩大生产经营，但动用后的法定盈余公积金仍不得低于注册资本的 25%。

（4）用于转增注册资本。公司的盈余公积金经股东大会特别决议后，可以用于增加注册资本，但在转增资本后，法定盈余公积金的比例一般不得低于公司注册资本的 25%。

2. 向投资者分配的利润。通常情况下，如果公司当年无利润，则不得向投资者分配利润。公司税后利润在完成上述各项分配后的余额，可向投资者进行分配，形成股东的回报。股东的回报包括以下几个方面。

（1）优先股股利。优先股股利分配的有关内容必须在公司优先股发行的有关章程、协议的条款中做出明确规定，并且要具体细致，如优先股的股利率、优先股股东是否参与公司红利分配、优先股股利是否积累计算、优先股股东参与公司红利分配的具体标准等。在有盈利的情况下，优先股股利的分配一般只要按公司有关章程执行便可，而不存在决策问题。

（2）普通股股利。普通股股利也指红利，是指公司按照董事会提交股东大会审议批准的股利率或每股股利金额，这是公司向股东发放的投资报酬。股利的来源是公司的盈利，会计账面上必须要有税后盈余是股利分配的前提。

第二节　公司股利分配概述

一、股利分配的概念及意义

股利分配是指公司向股东分派股息红利。股利分配是公司利润分配的一部分，包括股利支付程序中各日期的确定、股利支付比率的确定、支付现金股利所需资金的筹集方式的确定等。

股利分配在公司经营中起着至关重要的作用，关系到公司未来的长远发展、股东对投资回报的要求和资本结构的合理性。合理的股利分配方案一方面可以为企业规模扩张提供资金来源，另一方面可以为公司树立良好形象，吸引潜在的投资者和债权人，实现公司价值即股东财富最大化。因此，上市公司非常重视股利分配方案的制订，通常会在综合考虑各种相关因素后，对各种不同的股利分配方案进行比较，最终选择一种符合本公司特点与需要的股利分配方案予以实施。

股利分配方案的发布也会对市场产生重要影响。“信号传递”理论认为，公司股利分配方案是一种有效的信号传递工具。股利分配方案的变化往往是公司经营状况发生变化的信号，这些信号既有积极的市场影响，也有消极的市场影响。资本市场的效率性越强，这种传递方式越有效、成本越低。因为投资者相信，管理层拥有公司目前最真实全面的经营发展信息，他们会通过发放股利向投资者证明其经营能力。投资者由于具有不同的股利偏好特性，会选择在适合自己股利偏好的上市公司群落周围积聚。因此，公司可以通过设计和修改股利分配方案，在股利分配方案中包含更丰富的信息来吸引投资者。

二、公司股利分配与投融资的关系

股利分配作为公司理财的重要环节，关系着管理当局、股东、债权人等各方面的利益，也与公司的未来发展密切相关。多发股利，意味着管理者可控资源减少，削弱了他们的权力，而企业需要融资时又必须求助于资本市场，降低了融资效率，增加了交易成本。因此，股利决策也可以看成保留盈余决策，属于企业内部融资问题，在某种意义上可以归为融资决策的范畴，并非一项独立的财务管理内容。此外，由于公司的融资决策与投资决策直接相关，因此，公司的股利决策与投资决策、融资决策存在相互影响、相互作用的关系（见图 8 -1）。

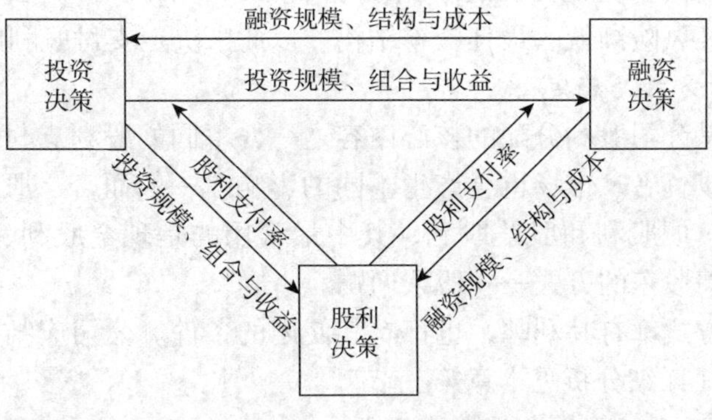

图 8 -1　公司股利决策与公司投资决策、融资决策的关系

投资决策影响融资决策和股利决策，融资决策影响投资决策和股利决策，股利决策同样影响投资决策和融资决策。任何将三者割裂开来的行为，都不可能真正解决财务管理中的实质性问题。

企业面临的成长机会不同，所采取的财务决策也不同。在高成长机会的条件下，企业往往采取积极的投资策略，所需要的资金也比较多，会通过多种渠道筹集发展所需的资金；在低成长机会的条件下，企业往往采取比较稳妥的投资策略，所需的资金量较为适中，主要通过负债融资来优化资本结构，提高股权收益率；在无成长机会的条件下，企业很少投资甚至停止投资，只维持正常的运转，所需资金量相对较少，会出现股票回购、大量派发股利的现象。

三、公司股利分配的内容

公司股利分配是一项复杂的财务决策，涉及的内容很多，比较重要的内容包括以下几点。

（一）股利支付率的确定

股利支付率是指股利占净收益的比重。其计算公式为：

$$股利支付率 = 每股股利 \div 每股净收益 \times 100\%$$
$$或 = 股利总额 \div 净利润总额 \times 100\% \quad (8-4)$$

公司实现的净收益超过发放股利的金额即为留存收益，因此，留存收益率与股利支付率之和等于1，即

$$股利支付率 + 留存收益率 = 1 \quad (8-5)$$

传统的股利支付率反映的是支付股利与净利润的关系，并不能反映股利的现金来源和可靠程度。因此，公司理财理论将此指标进行了修改。

$$现金股利支付率 = 现金股利或分配的利润 \div 经营现金净流量 \quad (8-6)$$

现金股利支付率反映本期经营现金净流量与现金股利的关系，比率越低，企业支付现金股利的能力就越强。这一指标的修改比传统股利支付率更能体现支付股利的现金来源和可靠程度。

股利支付率的高低取决于公司的股利政策（见本章第四节），公司要综合考虑经营扩张资金需求、财务风险高低、最佳资本结构，以此来决定支付股利的比例。

（二）股利支付方式的确定

股利支付方式是公司股利分配的核心内容之一，不同的股利支付方式反映了公司不同的经营方略，对投资者、市场也会产生不同的影响。一般而言，股利支付方式有现金股利、财产股利、负债股利和股票股利，其中最常用的是现金股利、股票股利。此外，还有一种间接的回馈股东的方式——股票回购。

各种股利支付方式都有其利弊，也都有其使用的条件。公司应结合自身的情况合理选择股利支付方式（详细分析见本章第三节）。

（三）支付现金股利所需资金的筹集方式

对于现金流充沛的公司而言，发放现金股利所需要的资金可以依靠自身力量来解决。对于现金流比较紧张的公司而言，如果决定采用现金股利的方式向投资者分配股利，则还需要考虑发放股利的现金来源方式，如贷款或处置部分资产。股利现金筹集的总原则是不影响公司正常的生产经营，不影响公司资产的流动性。

（四）股利支付的程序

股份有限公司向股东支付股利必须按照日程安排来进行。分配预案通过后，要向股东宣布发放股利的方案，并确定股利宣告日、股权登记日、除息日和股利发放日。

1. 股利宣告日：即董事会将股东大会讨论通过的股利支付方案正式予以公告的日期。公告中将宣布每股支付的股利、股权登记日、除息日和股利发放日。

2. 股权登记日：即有权领取股利的股东资格登记截止日期，也称为除权日。只有在股权登记日前登记在公司名册上的股东，才有权领取本次股利，而在股权登记日之后登记在册的股东即使在股利发放日之前买进股票，也无权领取本次股利。

3. 除息日：即领取股利的权利与股票相互分离的日期，在股权登记日的次日（工作日）。在除息日前，股利权属于股票持有者即享有领取股利的权利；从除息日开始，股利权与股票相分离，新购入股票的人不能领取股利，从即日起，公司股票的交易称为无息交易，其股票称为无息股。

4. 股利发放日：即向股东发放股利的日期。

【例8-2】　假定ABC公司2021年11月15日发布公告：“本公司董事会在2021年11月15日的会议上决定，本年度发放每股为1元的股利；本公司将于2022年1月2日将上述股利支付给已在2021年12月15日登记为本公司股东的人士。”请说明上述日期分别代表什么含义。

解：本例中，2021年11月15日为A公司的股利宣告日；2021年12月15日为其股权登记日；12月16日为股权除息日；2022年1月2日则为其股利发放日。

第三节　股利支付方式的选择

一、股利支付方式及其财务影响

（一）现金股利

现金股利是以现金支付的股利，它是股利支付的常见及主要方式。

1. 现金股利的具体形式。现金股利可细分为以下几种形式。

（1）正常现金股利。正常现金股利一般每季度、每半年或一年发放一次，表示公司希望以后能保持按同一频率按时发放股利。

（2）正常现金股利加额外股利。正常现金股利加额外股利既能保证期望稳定股息的投资者每期获得固定的股利，也可以将公司经营效益好的年份的收益分配给投资者。

（3）特别股利。特别股利是一种公司一次性发放的股利。

（4）清偿股利。清偿股利是一种特殊形式的股利，是破产公司以耗竭储备金分配股利，作为已缴股本的退还；有时也泛指公司将其部分资产按比例分配给股东，以减少已缴股本。

2. 现金股利的财务影响。现金股利的发放可以消除股东对未来收入不确定性的疑虑，增强他们对公司的信心。在信息不对称的情况下，发放现金股利还可以向市场传递公司经营状态良好、现金流丰富、公司管理层对未来经营充满信心以及对投资者的负责态度等信息。因此，现金股利成为西方国家公司股利发放的主要形式，也最容易被投资者所接受。

当然，采用现金股利形式，意味着公司在一个较短的时期内将要支付大量的现金，这势必会增加公司的支付压力，影响公司资金的正常周转，降低公司的短期偿债能力。同时，也有悖于保留资金进行再投资的公司发展需要。

3. 采用现金股利支付形式的条件。鉴于现金股利对公司财务状况的重大影响，采用现金股利支付形式必须具备一定的条件：（1）有足够的未指定用途的留存收益；（2）有充足的现金；（3）分配股利后资产的流动性能达到一定标准，不影响公司的偿债能力。

（二）财产股利

财产股利是指公司以现金以外的资产作为股利分配给股东的一种股利支付形式。

1. 财产股利的具体形式。常见的有实物股利和证券股利两种形式。

实物股利是指公司以实物形态的资产如产成品等，作为股利支付给股东，多用于额外股利的支付。采用实物股利支付形式，并不会增加公司的现金流出，因此适宜在公司现金支付能力较弱时采用。

证券股利是指公司以持有的其他公司发行的有价证券作为股利支付给股东。证券股利是财产股利中最常见的一种形式，对股东而言，由于有价证券流动性和安全性较好，其获利能力超过现金，因而一般愿意接受；对公司而言，将有价证券作为股利发放给股东，既发放了股利，保持了股利政策的稳定性，又保留了对其他公司的控制权。

2. 财产股利的财务影响。采用财产股利支付形式对公司的积极影响主要有以下几点。

（1）减少现金支付压力。采用财产股利支付形式，不会增加公司的现金流出，因而可以减少公司的现金支付压力，特别是在公司现金短缺时尤其如此。

（2）保持公司股利政策的稳定性。当公司财务出现暂时困难，不支付股利势必会影响投资者对公司的信心，支付现金股利又缺少现金时，采用财产股利支付形式，可以保持公司股利政策的稳定性，树立良好的公司形象。

（3）保持对其他公司的控制权。当公司为达到对其他公司进行控制的目的，用大量现金购买其股票后，无多余现金发放股利时，将所购股票作为股利发给股东，有利于保持对其他公司的控制权。

采用财产股利支付形式也不可避免地给公司带来一些负面影响，主要有以下几点。

（1）公司难免有一些股东期待定期分得的股利，若公司以财产形式支付股利，他们需要将收到的财产出售以获取现金收入，财产在变现过程中不可避免地将付出代价，从而减少了他们的实际收益。因而他们有可能出售手中持有的股票，转而进行其他投资。

（2）公司采用财产股利支付形式，表面上是公司现金短缺的一种表现，也有可能会被一些投资者认为是公司财务状况陷入困境的先兆，从而会损害公司的财务形象，间接还会影响公司的股价。

（三）负债股利

负债股利是公司以负债支付的股利，即公司暂时拖欠要给股东派发的红利。

1. 负债股利的形式。负债股利可以有两种形式：（1）以公司的应付票据支付给股东；（2）以发行公司债券抵付股利。前者拖欠股利时间短，后者拖欠股利时间长。

2. 负债股利的财务影响。公司采取负债股利支付形式，通常是公司在已宣告发放股利而又缺少现金的情况下采用的一种权宜之计，目的是维护公司的信誉和股利政策的连续性。对股东而言，收到带息票据或公司债券虽然距收到现金尚有一段时间间隔，但可以获得额外的利息收入，一般情况下也可以接受。对公司而言，采用负债股利支付形式虽然推迟了支付现金的时间，但也有负面影响，即增加了利息支出和到期还本付息的偿债压力。所以，一般情况下公司很少采用这种形式。

财产股利和负债股利实际上是现金股利的替代，目前在我国公司实务中很少使用，但并非法律所禁止。

（四）股票股利

股票股利是公司以增发的股票作为股利的支付方式。一般而言，在新兴的证券市场上，上市公司比较喜欢用股票股利的方式进行股利分配，以迎合投资者。

1. 股票股利的形式。实务中，公司发放股票股利有送股和转增股票两种形式。

（1）送股。送股是指公司将未分配利润转化为新增股本发放给投资者。送股受公司本年度可分配利润多少的影响。送股是公司对股东分红回报的一种方式，股东需要缴纳所得税。

（2）转增股票。转增股票是指公司将资本公积金转化为新增股本发放给投资者。严格来说，转增股本并不是公司对股东的分红回报，但对股东而言与送股有相同效果。资本公积金转增股票，股东不需要纳税。

2. 股票股利的财务影响。股票股利并不直接增加股东的财富，既不影响公司的资产和负债，也不影响股东权益总额，但会引起所有者权益各项目的结构发生变化。它是将股东权益中留存收益的一部分转入股本账户，增加了公司的永久性资本，从而避免了公司现金的流出。公司发放股票股利，获取股票股利的股东，虽然其股份数有所增加，但其在公司中所占权益的比重仍未变动。

采用股票股利支付形式对公司财务的积极影响主要有以下几点。

（1）保留现金。当公司未来发展前景看好，需要大量现金来扩大经营业务时，采用股票股利支付形式，可以避免因发放现金股利而造成公司现金短缺，促进公司的发展。

（2）便于股票流通。当公司经营状况良好，股价上涨过快，股票价格过高，投资者产生恐惧心理，不利于股票交易时，采用股票股利支付形式，可以将过高的股价降至一个利于交易的范围内，使本公司股票更具有吸引力，有利于股票流通。西方经济学家认为，股票股利超过25%，应视同股票分割。

（3）有利于吸引股东。这种吸引力来自两方面：一方面，股票股利能帮助股东避税。由于股票不是纳税所得，而现金股利需要缴纳所得税，因而采用股票股利支付形式可以帮助股东避税。另一方面，有利于股东灵活安排投资。股东可以根据自身对公司未来发展的判断，选择继续持有股票或出售股票。

同样，股票股利也会给公司财务带来负面影响，主要有以下几点。

（1）采用股票股利支付形式，有可能被认为是公司现金周转不灵的先兆，特别是当公司财务报表所反映的投资收益率低于投资者预期或投资项目运转不良时尤其如此，从而会影响公司的财务形象和再筹资能力，影响公司的股价。

（2）采用股票股利支付形式的公司，往往未来有良好的投资机会，当公司宣告发放股票股利后，其股价通常会上扬。如果事后的发展与投资者的期望相反，投资者便会抛售股票，从而导致公司股价急剧下跌。

（3）如果公司同时存在普通股和优先股，只给普通股股东发放股票股利，两种股本的结构会发生变化。同时，在公司存在库藏股票的情况下，如果只按发行在外的股票发放股票股利，则股东在股票发行总额中的持股比例就会有所增加。

（4）发放股票股利的费用往往比发放现金股利高，因而会增加公司的费用支出。

【知识链接8-1】　上市公司“高送转”被禁止

2018年11月，上交所和深交所相继发布《上市公司高送转信息披露指引》（以下简称《指引》），以合理规范上市公司送转股行为，维护证券市场秩序和广大投资者利益。

《指引》中对各板块高送转的标准确定如表8-2所示。

表8-2　《指引》中对各板块高送转的规定标准

	沪主板	深主板	中小板	创业板
高送转标准	每10股送转5股或以上	每10股送转5股或以上	每10股送转8股或以上	每10股送转10股或以上

按《指引》中的规定，符合下列条件之一的企业才可以披露高送转方案。

1. 上市公司最近两年同期净利润应当持续增长，且每股送转比例不得高于上市公司最近两年同期净利润的复合增长率。

2. 上市公司在报告期内实施再融资、并购重组导致净资产有较大变化的，每股送转比例可以不受前款规定的限制，但不得高于上市公司报告期末净资产较之于期初净资产的增长率。

3. 上市公司最近两年净利润持续增长且最近3年每股收益均不低于1元，上市公司认为确有必要提出高送转方案的，每股送转比例可以不受前两款规定的限制，但应当充分披露高送转方案的主要考虑及其合理性，向投资者揭示风险，且其送转后每股收益不得低于0.5元（深交所规定仅适用于依据年度财务报表进行高送转的）。

《指引》也规定了不得披露高送转方案的情形：

1. 上市公司送转股方案提出的最近一个报告期净利润或预计净利润为负值、净利润同比下降50%以上，或者送转后每股收益低于0.2元。

2. 上市公司提议股东、控股股东及其一致行动人、董事、监事及高级管理人员在前3个月存在减持情形或者后3个月存在减持计划。

3. 上市公司存在限售股（股权激励限售股除外）的，在相关股东所持限售股解除限售前后3个月内。

（五）股票回购

如果一个公司的现金超过其投资的需要量，又没有较好的投资机会，最好的方法是分配股利，但出于股东避税、控股等方面的考虑，公司可能通过股票回购而非现金股利的方式进行分配。股票回购也是现金股利的替代方式。这种方式首先流行于20世纪70年代的美国。

1. 股票回购的方式。常见的有公开市场购买、投标出价购买和议价购买三种方式。

公开市场购买是指公司通过经纪人在公开市场上回购发行在外的股票。

投标出价购买是指公司按某一特定价格向股东购买股票。投标出价往往高于当时的市价。

议价购买是指公司以协商定价的方式，直接向大股东回购股票。

2. 股票回购的财务影响。公司采用股票回购形式，主要出于以下考虑。

（1）增加公司在股利分配上的灵活性。回购股票作为库藏股票，既可以用来交换被收购兼并公司的股票，又可以待机出售，换回现金。

（2）消除潜在的被控制的风险。公司通过股票回购，减少流通在外的普通股股数，可以防止和减少被其他公司收购或兼并的可能性，确保公司的控制权不会旁落他人。

（3）提高公司的股票价格。当公司管理层认为公司股票价格偏低时，通过股票回购，可以提高公司股票价格，以维护公司声誉。

（4）改变不合理的资本结构。如果公司全部资本中，股权资本比例过大，而债务资金比例过小，那么通过股票回购，可以减少股权资本的数额，相应增加债务资金的比例，使公司资本结构趋于合理，以降低综合资本成本率。

（5）有利于吸引股东。相比现金股利，股票回购不仅可以帮助投资者避免高额的现金股利税收，而且可以使股东投资有更大的灵活性，需要现金的股东可以选择卖出股票，而不需要现金的股东可以继续持有股票。

股票回购可能给公司带来的负面影响主要表现在以下方面。

（1）容易产生公司管理层无良好投资计划的印象，从而会影响公司的财务形象。此外，股票回购需要支付大量资金，容易造成资金紧张，降低资产流动性，影响公司的后续发展。

（2）股票回购价格不合理，会使公司在经济上蒙受损失。此外，回购股票无异于股东退股，会减少公司资本，不仅在一定程度上会削弱对债权人利益的保护，而且会忽视公司的长远发展，损害公司的根本利益。

（3）公司如果经常回购股票，难免有操纵股价之嫌，而且容易产生内幕交易，加剧公司行为的非规范化，损害投资者的利益，招致证券监督管理部门的干涉。

【例8-3】　某公司目前发行普通股股票400万股，每股市价15元。公司本年度预计净收益1 000万元，决定用400万元发放现金股利或回购股票。如果发放现金股利，每股发放股利1元；如果回购股票，回购价格为16元，可回购25万股，回购股票前后公司股票市盈率保持不变。发放现金股利或回购股票后公司的相关财务数据如表8-3所示。

表 8－3　某公司的相关财务数据表

项目	公司整体	每股股票
发放现金股利：		
现金股利	400 万元	1.00 元/股
预计年净收益	1 000 万元	1 000/400＝2.5 元/股
市盈率	15/2.5＝6	—
发放现金股利后股票价格	400×15＝6 000 万元	15.00 元/股
股票回购：		
股票回购额	400 万元	—
预计年净收益	1 000 万元	1 000/（400－25）＝2.67 元/股
市盈率	15/2.5＝6	—
股票回购后股票价格	375×16＝6 000 万元	2.67×6＝16.00 元/股

由表 8－3 可知，公司股东有两种方法得到每股 1 元的收益：一是通过领取每股 1 元的现金红利；二是通过股票回购，每股市价由 15 元上升为 16 元。在股票回购中，非常重要的一点是要保持股票回购前后公司股票市盈率不变，这样，在回购中使出售股票和保留股票的股东都得到一个公平价格，没有人因此获利，也没有人因此受损。

【知识链接 8－2】　我国允许股票回购的情形

2018 年 10 月 26 日，全国人大通过了关于修改《公司法》的决定。与修改前的《公司法》相比，修改后的《公司法》适当放宽了允许收购本公司股份的条件和范围，规定了六类允许收购的情形。

1. 减少公司注册资本；
2. 与持有本公司股份的其他公司合并；
3. 将股份用于员工持股计划或者股权激励；
4. 股东因对股东大会做出的公司合并、分立决议持异议，要求公司收购其股份；
5. 将股份用于转换上市公司发行的可转换为股票的公司债券；
6. 上市公司为维护公司价值及股东权益所必需。

股票回购新规是为了进一步完善市场的基础性制度，让制度更加符合当前的中国国情，从而有利于市场经济的发展。对于上市公司而言，股票回购新规有利于提高公司的质量，帮助公司更好地健全管理体系，从而维护公司各股东的权益。

二、股利支付方式的选择

公司在进行股利分配决策时，一定要依据国家的有关法律、法规，站在有利于公司长远发展、有利于实现公司理财目标的立场上科学决策。公司在选择股利发放形式时，必须权衡各种发放形式的利弊，考虑其他限制条件而加以选择。

1. 考虑法律法规的限制。公司在进行股利分配政策决策，确定股利发放形式时，必须对国家有关法律、法规对各种股利发放形式的规定和限制条件加以考虑，在遵守国家有关法律、法规的前提下，选择合适的股利发放形式。

2. 考虑公司所处的生命周期阶段。公司在其生命周期的不同阶段，各方面的条件和需求不同，因而会选择不同的股利发放形式。在公司创立之初，融资条件较差，投资需求较大，公司可能更倾向选择不分配；在公司成长之时，需要留用利润扩大再生产，公司会更多地偏向股票股利，仅支付少量的现金股利以维护公司形象；在公司扩张阶段，因公司形象良好，外部融资能力强，虽然仍可能继续送配股，但现金股利支付水平越来越强；公司处于成熟阶段后，销售稳定，现金流转良好，因而更倾向选择现金股利，现金股利支付的比率更高。

3. 考虑多种股利支付形式的组合。每种股利支付形式各有其优缺点，如果公司仅选择一种支付形式，难免顾此失彼。为此，公司可结合公司所处发展阶段，考虑来自法律、契约、财务等方面的限制，选择股利支付形式的组合，发挥各种股利支付形式的综合优势，实现股利分配政策的积极效应。例如，送股加配股的组合、现金股利加送股的组合、现金股利加配股的组合、现金股利加送股加配股的组合等。而且，在每种组合中，还可以利用比例的调整来实现公司的财务目的。

第四节　公司股利分配政策

一、公司股利分配政策的类型

常见的股利分配政策有四种：剩余股利政策、固定股利或稳定增长股利政策、固定股利支付比率政策、正常股利加额外股利政策。

（一）剩余股利政策

剩余股利政策是指在公司有良好的投资机会时，根据一定的目标资本结构，测算出投资所需的股权资本量，公司如有盈余应首先考虑投资需要，在满足投资需要后还有剩余，再用来发放股利，否则就不发放股利。

剩余股利政策将股利支付比率与公司未来的投资机会有机地结合起来。若公司未来有良好的投资计划，则应将留存收益用于投资，少分或不分股利；反之，则应将留存收益的大部分或全部，作为股利分配给股东。

1. 股利分配方案的确定。公司采用剩余股利政策时，其股利分配方案的确定，一般分为以下四个步骤。

（1）确定目标资本结构。通常情况下，最佳资本结构以综合资本成本最低，股权资本收益率最高，资产保持适宜的流动性为标准。其中，综合资本成本最低是主要标准。

（2）在确定的目标资本结构下，测算出投资计划对股权资本的需要总额。

（3）由于在正常情况下留存收益的资本成本低于新普通股成本，因而应最大限度地利用留存收益来满足投资计划对股权资本的需要；如果留存收益仍不能满足投资计划的需要，再考虑发行新股来弥补不足。

（4）投资计划所需股权资本得到充分满足后，若仍有剩余，再将其作为股利发放给股东。

【例 8－4】 假定 ABC 股份有限公司 2021 年共实现税后利润 500 万元，预计下年投资计划所需资金为 800 万元，该公司采用剩余股利政策，请分析其股利分配方案。

解： 其股利分配方案的制订过程如下。

（1）假定该公司经测算，当股权资本和债务资本各占 50% 时，其综合资本成本最低，即最佳资本结构为 1:1，原有资本结构已达到此比例。

（2）按最佳资本结构的要求，投资计划对股权资本的需要总额为：

$$800 \times 50\% = 400\text{（万元）}$$

（3）由于通过增加留存收益（盈余公积金、公益金和未分配利润）已能满足投资计划对股权资本的需要，因此暂不考虑发行新股。

（4）在税后利润充分满足投资计划对股权资本的需要后，可用来发放股利的金额为：

$$500 - 400 = 100\text{（万元）}$$

假定该公司无优先股，流通在外的普通股股数为 1 000 万股，则该公司每股股利为：

$$100\text{ 万元}/1\,000\text{ 万股} = 0.1\text{（元/股）}$$

2. 公司采用剩余股利政策的理由。公司采用剩余股利政策是为了降低资本成本，优化资本结构。在例 8－4 中，如公司将税后利润全部用于发放股利，为满足投资计划对资金的需要，公司将不得不对外负债或发行新股。由于发行新股的成本比利用留存收益的成本高，且发行新股要受到种种限制，若发行失败，800 万元资金全部采用负债筹资，则会导致公司偿债能力降低，债权人风险增加，新增负债的资本成本无疑将会提高，其综合资本成本也势必会增加。而公司如采用剩余股利政策，投资计划所需资金 400 万元用留存收益解决，400 万元通过负债解决，并未改变原有合理的资本结构，且综合资本成本相应也较低。

对股东而言，采用剩余股利政策虽然使当期股利收益减少，但由于留存收益增加，每股净权益增加，从而可以从股价上涨中得到实惠，特别是当公司投资项目的收益率高于股票市场必要报酬率时，大多数股东倾向于将留存收益用于再投资，而不愿作为股利来分配。

综上所述，采用剩余股利政策的公司，其股利支付数额在资本结构不变的前提下，随着未来投资计划对资金需要量和盈利水平的变动而变动。在盈利水平不变的情况下，股利支付数额随着未来投资计划对资金需要量的增加而降低，随着未来投资计划对资金需要量的减少而增加；在未来投资计划对资金需要量不变的情况下，股利支付数额随盈利的增加而增加，随盈利的减少而减少。

（二）固定股利或稳定增长股利政策

固定股利或稳定增长股利政策要求公司无论经营状况好坏，盈利高低，在较长时期内，将发放的股利固定在某一特定水平上保持不变，只有当公司管理层认为未来的盈利将会显著地、不可逆转地增长时，公司才增加每股的年度股利发放数额。

1. 公司采用固定股利或稳定增长股利政策的原因。公司采用固定股利或稳定股利政策是为了避免出现由于经营不善而削减股利的情况。具体原因如下：

（1）向股东传递着公司稳定发展的信息，有利于树立良好的公司形象，增强投资者对公司的信心，从而有利于稳定公司的股票价格。

（2）有利于股东安排收支，对那些依赖股利收入维持生产或生活的股东而言尤其如此。若公司支付的股利忽高忽低，则会失去部分股东的支持，股票价格也会因此受到影响。

（3）股利的固定支付随着盈利的增加而逐步增长，可以在一定程度上消除投资者对未来股利的不安全感。通常情况下，投资者总是愿意以较高的价格购买股利稳定的股票，从而有利于降低公司股权资本的成本率。

（4）稳定的股利政策有利于吸引机构投资者购买公司股票。一些西方国家对银行、信托公司和人寿保险公司等机构投资者进行证券投资做了法律上的限制，他们只能购买具有稳定股利发放记录的公司股票。

2. 固定股利或稳定增长股利政策的缺点。该股利政策的不足之处主要在于股利的支付与公司盈利情况脱节。当盈利较低时仍需支付固定的、相对较高的股利，可能由此导致公司资金短缺，财务状况恶化，从而影响公司进一步发展。另外，固定的股利使公司不能像剩余股利政策那样保持较低的资本成本。

（三）固定股利支付比率政策

固定股利支付比率政策是指公司事先确定一个股利占税后利润的百分比，以后每年均按这一比率向股东发放股利的政策。由于每年的税后利润总额是变化的，各年的股利额随公司经营状况的好坏而上下波动，经营状况好、盈利多的年份支付的股利多；反之，则支付的股利少。故该股利政策也称变动的股利政策。

【例 8－5】　某公司长期以来用固定股利支付率政策进行股利分配，确定的股利支付率为 30%。2021 年税后净利润为 1 500 万元，如果仍然继续执行固定股利支付率政策，计算本年度公司将要支付的股利和公司 2021 年的权益资本缺口。

解：本年度公司将要支付的股利为：

$$1\,500\times30\%=450\text{（万元）}$$

如果公司下一年度的投资预算为 2 000 万元，目标资本结构中权益资本占比为 60%。按照目标资本结构的要求，公司投资方案所需的权益资本额为：

$$2\,000\times60\%=1\,200\text{（万元）}$$

则公司 2021 年度的权益资本缺口为：

$$1\,200-(1\,500-450)=150\text{（万元）}$$

1. 公司采用固定股利支付比率政策的原因。公司采用固定支付比率政策的理由主要在于以下方面。

（1）将股利的支付与公司的盈利情况有机结合起来，充分体现“利多多分，利少少分，无利不分”的分配原则。

（2）避免在公司盈利大幅度下降的年份，因支付固定的、相对较高的股利而使公司财务状况陷入困境。

（3）在推行内部职工持股制度的公司，特别是内部职工持股比例较高的公司，采用该股利政策，还可以将职工的利益与公司的盈利情况有机结合起来，从而有利于调动广大职工的积极性和创造性，增强企业活力，为公司盈利的逐年增长奠定良好基础。

（4）有利于增加股东的财富。随着公司盈利的稳定增长，公司外部股东的股利收益也会不断增加，促使更多的投资者积极购买公司的股票，引发公司股票价格上涨，从而有利于实现股东财富最大化的目标。

2. 固定股利支付比率政策的缺点。按投资回收期的长短，投资者分为长期投资者和短期投资者两种。从长期投资者的角度看，股利是公司向公众传达公司财务状况、经营成果等信息的工具，即使从一个较长时期看，在该政策下，股东所获取的股利之和并不少于按固定股利政策支付的股利，但由于盈利的不稳定带来的股利忽高忽低，会影响股东对公司未来发展的信心。从短期投资者的角度看，在这一股利政策下，由于所购股票在其持有期内能否分到股利和分到多少股利是一个未知数，只好对这类公司的股票采取敬而远之的态度。综上所述，采用固定股利支付比率政策的公司，将可能面临投资者信心缺失，公司股票价格下跌的窘境。

（四）正常股利加额外股利政策

正常股利加额外股利政策也称低正常股利加额外股利政策，指公司在一般情况下每年只支付较低的正常股利，只有当公司经营状况非常好且盈利较多时，再根据实际情况向股东支付额外股利。正常股利是固定的，但额外股利并不固定。

【例 8-6】 某公司 2020 年度实现的净利润为 1 000 万元，2021 年实现的净利润为 1 050 万元，如果公司采用正常股利加额外股利政策，规定每年较低的正常股利额为 100 万元，当实现净利润比上年增长 5% 时或 5% 以上时，将净利润的 1% 作为额外股利。2021 年公司净利润较 2020 年净利润恰好增长 5%。计算 2021 年公司发放的股利数额。

解：若该公司采用正常股利加额外股利政策，则该公司 2021 年度应发放的股利如下：

正常股利总额：100 万元

额外股利总额：$1\,050 \times 1\% = 10.5$（万元）

股利合计为 110.5 万元

1. 公司采用正常股利加额外股利政策的原因。公司采用该股利政策，往往基于如下理由。

（1）使公司在股利支付方面具有较大的灵活性。当公司盈利较少或需要较多的资金以满足投资计划的需要时，可以只支付较低的正常股利，减轻公司的财务压力；当公司盈利出现大幅度增长时，可以通过增发额外股利将盈利分配给股东，以增强股东对公司未来发展的信心，使公司股票价格维持在一个较高的水平上。

（2）使公司股东中那些靠股利维持生活的人，每年均能得到数额较少但相对稳定的股利收入，从而稳住这些股东。

2. 正常股利加额外股利政策的缺点。在该股利政策下，正常股利虽然较低但却是固定的，因而不论公司盈利情况如何均需支付，这就使公司在盈利较少而对资金需求较高时，产生“雪上加霜”的不利影响。若公司盈利情况持续向好，连年支付额外股利，长此以往股东就往往会把额外股利看成正常股利的一部分，如公司在某年因盈利减少而取消额外股利，股东可能据此错误地认为公司财务状况出现了问题，公司股票价格也可能因此下跌，从而影响公司的再筹资能力。

鉴于该股利政策存在的缺陷，公司在采用该政策时应谨慎行事。一般而言，只有那些各年盈利情况变动较大且资金需要量难以确定的公司，才适宜采用该政策。

综上所述，不同的股利政策各有优劣。公司在股利决策时，可以参照上述股利政策的基本思路，综合考虑影响股利政策的有关因素，并结合自身一定时期的实际情况选择合适的股利政策。

二、影响公司股利分配政策选择的因素

公司在制定股利政策时会受到很多因素的影响，概括而言，主要有以下几种因素。

（一）国家宏观经济环境

一国经济的发展具有周期性，企业的发展会随着国家宏观经济周期及由此带来的经济政策的变化而变化，当一国经济处于不同的发展阶段时，宏观经济环境对企业股利政策的制定具有不同的影响。而且，不同时期，国家对行业的支持和企业发展前景不同，企业也会制定不同的股利政策。国家宏观经济环境对股利政策制定的影响，在形式上表现为由前几年的大比例配送到近年来现金股利的逐年增加。

（二）股利发放限制因素

股利分配政策的制定将影响公司的财务状况和投资机会，并和股东及债权人的利益密切相关，为了保护各方的利益，各个国家通过法律和行政法规对企业股利政策的制定进行规范。我国《公司法》和其他有关的法律法规对企业股利政策制定做出了具体的规定，主要表现为如前所述的资本保全要求及留存盈利的规定。

除这些法律性的限制因素外，影响股利分配政策选择的其他限制性因素还包括前述债务的契约性规定。

（三）公司内部因素

1. 变现和筹资能力。如果公司的资产变现能力和筹资能力较强，现金来源较为充裕，则其股利支付能力也较强。

2. 盈利的稳定性。一般而言，公司的盈利越稳定，其股利支付率也就越高。因为从稳定股票价格、维持良好的市场形象的目的出发，企业总是力图维持较为稳定的股利政策。此外，收益稳定的公司由于其经营和财务风险较小，能以较低的代价、更容易地筹集负债资金。

3. 公司所处的发展阶段。处于成长阶段的公司，投资机会比较多，往往处于资金紧

缺状态，一般较少支付股利；处于成熟阶段的公司，盈利的稳定性较强，公司有保持固定或稳定增长股利政策的基础；处于衰退阶段的公司，公司的盈利率进一步下降，往往带来股利支付率的下降。

（四）股东因素

影响公司股利分配政策选择的股东因素主要有以下两方面。

1. 避税动因。公司的股利政策会受其股东缴纳所得税状况的左右。由于股利收入的税率要高于资本利得的税率，则多留少分派的股利政策可以给富有的股东带来少纳所得税或者递延纳税的目的。如果一个公司绝大多数股东是低收入阶层，股东会更重视当期股利收入，税负状况并不是他们关心的内容，他们更喜欢较高的股利支付率。

2. 保持控制权。如果公司支付大量的现金股利，然后再发行新的普通股以融通所需资金，那么现有股东的控制权就有可能被稀释。同时，随着新普通股的发行，流通在外的普通股股数必将增加，最终导致普通股每股收益和每股市价的下降，从而对现有股东产生不利影响。

总之，由于各个公司所处的行业、面临的环境、规模都不相同，因此无法找到一个适合所有公司的股利政策。制定股利政策需要考虑的因素很多，这些因素之间往往是相互联系和相互制约的。因此，企业在制定股利政策时，应结合企业的具体情况全面分析。

【延伸阅读 8-1】 现金保卫战①

2020 年 3 月 17 日晚，万科发布 2019 年年报：营业收入 3 678.94 亿元，同比增长 23.59%；实现归母净利润 388.72 亿元，同比增长 15.10%。这几日，万科股价未能扭转颓势，以跌为主。

除了营收、净利润增长不及预期，万科宣布的 2019 年度分红派息方案同样令投资者失望。公司分红派息预案为每股分红 1.045 元，2019 年度拟合计派发现金股息 118 亿元（含税），占公司 2019 年合并报表中归属于上市公司股东的净利润的比例为 30.38%。对比 2016 年、2017 年、2018 年的分红方案，分红金额占归母净利润的比例分别是 41.48%、35.42%和 34.97%，万科的分红比例正逐年下调。

对此，万科董事会主席郁亮表示，如果没有疫情，公司还是会维持 35% 的分红比例，“但人算不如天算，我们还是要多留点现金应对”。

有专业人士根据调研情况认为，疫情对上市公司盈利稳定性的伤害不小，不少公司确实有留存收益保障发展的需求，分红政策将存变数。目前仍然能坚持高比例分红的行业，往往具有商业模式发展成熟、市场竞争格局稳定、现金流状况稳健、受疫情影响较小等特点。

---

① 江芬芬．疫情突袭，上市公司的分红策略变了［N］．金陵晚报，2020-03-27.

对此，国泰君安某研究员提出“分红的双重选择”观点，认为分红存在两个伪命题，一是借钱分红，二是增长分红。在他看来，尽管投资者都希望获得高股息，但借钱分红不应该持续。因此，面临现金流为负和降杠杆率双重压力的上市公司，降低分红率从策略上而言是更优的选择。

思考：什么样的公司具备高比例派现的股利分配能力？高比例派现的股利分配行为是否与“现金为王”的财务理念相悖？

更多内容请扫描二维码

本章小结

1. 利润是指公司在一定期间内增加的除所有者投资以外的经济资源的净增加。利润分配是将公司实现的利润，按照国家财务制度规定的分配形式和分配顺序，在国家、公司和投资者之间进行的分配。

2. 为保证公司利润分配顺利实现，分配行为须遵循一定的原则：一般性原则；公平性原则；效率性原则。

3. 公司的利润总额在缴纳所得税后，必须按照财务制度的规定按一定的顺序进行分配。公司利润分配所形成的项目包括盈余公积金和向投资者分配的利润。

4. 公司股利分配决策与公司的投资决策与融资决策相互影响，是公司理财的核心内容。公司股利分配的内容包括股利支付率的确定、股利支付方式的选择、发放现金股利所需资金的筹集以及股利支付程序的规划。

5. 公司支付股利可以采取现金股利、财产股利、负债股利、股票股利、股票回购的方式。公司要考虑法律的制约、自身发展所处的阶段合理选择股利支付方式。

6. 常见的股利分配政策主要有四种：剩余股利政策、固定股利或稳定增长股利政策、固定股利支付比率政策、正常股利加额外股利政策。

7. 影响公司股利分配政策的因素包括国家宏观经济环境、股利发放的限制因素、公司内部因素和股东因素。

【复习思考题】

一、名词解释

股利分配　　财产股利　　股票股利　　股票回购　　剩余股利政策

固定股利支付比率政策

二、简答题

1. 公司利润分配应遵循哪些原则？

2. 公司当年实现的净利润应按什么顺序进行利润分配？

3. 通过比较现金股利、股票股利和股票回购对股东的财务影响，说明你更偏好哪种股利支付方式。

4. 公司制定股利政策时会受到哪些因素的影响？

三、计算题

1. 某公司2022年拟投资1 000万元购买一台设备以扩大生产，该公司目标资本结构为自有资金占80%，借入资金占20%。该公司2021年度的税后利润为1 000万元，一直以来实行固定股利政策，每年分配股利300万元。要求：

（1）如果公司继续执行固定股利政策，计算2022年该公司需从外部筹集的自有资金的数额。

（2）如果该公司计划2022年的股利分配实行剩余股利政策，计算该公司可向股东分配多少股利。

2. 按照剩余股利政策，假定某公司目标资本结构为自有资金与借入资金之比为3:2，该公司下一年度计划投资600万元，今年年末实现的净利润为1 200万元，那么股利分配时，应从税后净利润中保留多少用于投资需要后，再将剩余利润发放股利？

3. 某公司现有发行在外的普通股股票25万股，2021年度实现净利润125万元，计划发放现金股利50万元，除息日后股票价格为50元/股。若公司决定改变股利分配方式，将发放现金股利变为回购公司部分股票，要求回答以下问题：

（1）股票回购价格应为多少？

（2）应回购多少股？

（3）若回购价格低于或者高于问题（1）计算的结果，会对公司产生什么影响？

四、案例分析

为制订2021年的股利分配方案，某公司于2022年初召开了董事会。会上，董事长首先做了如下发言："自2005年上市以来，公司的经营状况、获利状况均呈现了稳定增长态势。为优化市场形象，增强投资者对我公司股票的信心，公司每年都在0.2元/股到0.5元/股之间给股东派发现金股利。然而，2021年度公司获利水平大幅下降，总资产报酬率从2020年的15%下降至4.5%，且现金流量也趋于恶化。这种趋势预计近期内不能获得根本性改观……今天会议的重要议题是就2021年度的股利分配进行讨论并形成预案。下面请各位充分发表意见和建议。"以下是两位董事的发言：

董事张兵：本人认为公司2021年度应分配一定比例的现金股利，理由在于：第一，公司长期以来均分配了现金股利，且呈逐年递增趋势，若2021年停止分配现金股利，难免影响公司的市场形象和理财环境。第二，据测算，公司若按2020年0.5元/股支付现金股利，约需现金2 500万元，而我公司目前资产负债率仅为40%，尚有约20%的举债空间，按目前的资产规划初步测算，可增加举债约1 000万元，因此，公司的现金流量不会出现问题。

董事刘强：本人认为公司2021年度应暂停支付现金股利，理由在于：第一，公司2021年经营及获利状况的不利变化主要因环境因素导致，此环境因素能否在短期内有明显改善尚难预测。而一旦环境不能改善，公司将可能陷入较长时间的经营困境，为保护公司的资本实力，不宜分配现金股利。第二，公司尽管有较强的负债能力，但由于报酬率下降，举债的财务风险较大，在没有较好的投资机会时，不宜盲目通过举债发放现金股利。第三，公司的现金存量不多，且现金流量状况不佳。公司目前尚有近 8 000 万元的未分配利润，建议可分配股票股利，一方面有利于稳定公司市场形象，另一方面又能节约现金支出。

董事张兵：本人不赞成分配股票股利，因为分配股票股利后，股本总额将会增加，若 2022 年获利状况不能改善，则会导致每股收益大幅度下降，这对公司市场形象的影响将会弊大于利。

思考：

（1）假如你是该公司董事，你会赞同或提出何种建议？为什么？

（2）公司股利政策是否会影响公司股票价值？为什么？

第九章

公司营运资金的管理

GONGSI YINGYUN ZIJIN DEGUANLI

营运资金是公司日常经营中短期占用的资金，表现为现金与现金类资产、应收账款及存货等。营运资金的周转速度及平均占用余额直接影响公司对资金尤其是短期资金的需求量。因此，加速营运资金的周转，减少营运资金的占用，用最低的成本满足生产经营周转的需要，以实现企业经营目标成为公司理财人员的一项重要的日常工作。

【本章学习目标】

了解公司营运资金筹资的政策，短期筹资的特点及主要方式和成本分析；掌握现金管理、应收账款管理和存货管理的目标与成本分析，并能运用相关的模型，对现金、应收账款和存货制定较优的管理策略。

【本章关键词】

营运资金　短期筹资　现金管理　应收账款管理　存货管理

第一节　公司营运资金政策

一、公司营运资金的含义

营运资金有广义和狭义之分。广义的营运资金是指一个企业流动资产的总额，狭义的营运资金是指企业的流动资产总额减去各类流动负债后的余额，是企业在生产经营中可用的流动资产净额，也称净营运资金。本章中的营运资金主要指狭义的营运资金。

营运资金 = 流动资产 − 流动负债

流动资产指可以在一年或超过一年的一个营业周期内变现或耗用的资产，主要包括库存现金、银行存款、交易性金融资产、应收账款、预付账款、存货等；流动负债指必须在一年或超过一年的一个营业周期内偿还的债务，包括短期借款、应付账款、预收账款、应交税费等。

流动资产和流动负债最显著的特点是其“流动性”，对公司的生存与发展起着至关重要的作用。一般而言，营运资金为正数，表明企业的流动负债有足够的流动资产作为偿付的保证；反之，则意味着偿债能力不足。

二、公司营运资金的筹资政策

（一）公司营运资金筹资的要求

公司营业资金的筹资既要能保证有足够的资金满足企业生存经营的需要，又要保证能按时按量地偿还各种到期债务，其具体要求如下：

1. 合理确定并控制流动资金的需要量。流动资金的需要量取决于企业经营规模和流动资金周转的速度，同时受市场及供产销情况的影响。企业应综合考虑各种因素，合理确定流动资金的需要量，既要保证企业经营的需要，又不能因安排过量而浪费。

2. 加快资金周转，提高资金使用效率。当企业的经营规模一定时，流动资产周转速度与流动资金需要量成反方向变化，企业应适度加快存货周转，缩短应收账款的收款周期，延长应付账款的付款周期等，以改进资金的利用效果。

3. 合理安排流动资产和流动负债的比例关系，保证企业有足够的短期偿债能力。如果一个企业的流动资产比较多，流动负债比较少，说明企业的短期偿债能力较强，反之则较弱。如果企业的流动资产太多，流动负债太少，说明流动资产闲置或流动负债利用不足，也不是正常现象，所以，要合理安排两者的比例关系，既要节约使用资金，也要保证企业有足够的偿债能力。

（二）营运资金筹资政策

流动资产按照用途可以分为临时性流动资产和永久性流动资产。临时性流动资产指那些受季节性、周期性影响的流动资产，如季节性存货、销售和经营旺季的应收账款；永久性流动资产则指那些即使企业处于经营低谷也仍然需要保留的、用于满足企业长期稳定需要的流动资产。

流动负债按照资金来源的不同分为临时性负债和自发性负债。临时性负债指为了满足临时性流动资金需要所发生的负债，如商业零售企业春节前为满足节日销售需要，超量购入货物而举借的债务；自发性负债指直接产生于企业持续经营中的负债，如商业信用筹资和日常运营中产生的其他应付款，以及应付工资、应付利息、应付税金等。

根据企业对流动资产和流动负债分类的搭配方式，可以将营运资金筹资政策分为配合型筹资政策、激进型筹资政策和稳健型筹资政策三种。

1. 配合型筹资政策。配合型筹资政策的特点是对于临时性流动资产，运用临时性负债筹集资金满足其资金需要；对于永久性资产，运用长期负债、自发性负债和权益资本筹集资金满足其资金需要。该政策要求企业临时负债筹资计划严密，现金流动与预期安排相一致。在季节性低谷时，企业除了自发性负债外没有其他流动负债；只有在临时性流动资产的需求高峰期，才举借各种临时性债务。配合型筹资政策如图 9－1 所示。

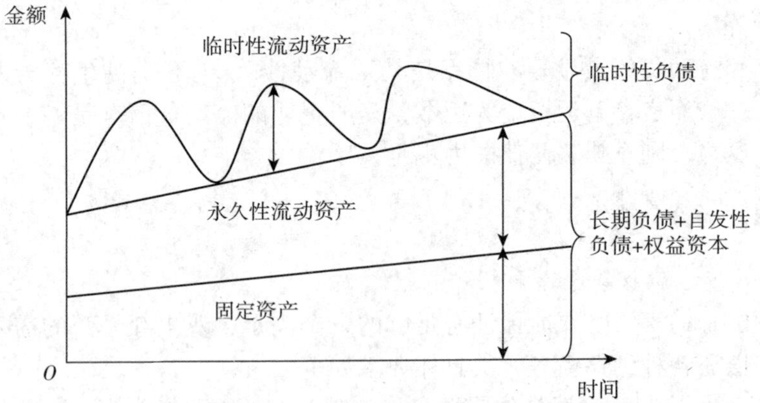

图 9－1　配合型筹资政策

配合型筹资政策的基本思想是将资产与负债的期间相配合，以降低企业不能偿还到期债务的风险和尽可能降低债务的资本成本。事实上，由于资产使用寿命的不确定性，往往达不到资产与负债的完全配合。因此，管理者应该充分考虑这种不确定性的影响。

2. 激进型筹资政策。激进型筹资政策的特点是临时性负债不但满足临时性流动资产的资金需要，还满足部分永久性资产的资金需要。在此政策下，临时性负债在全部资金来源中占比较大，企业的资本成本较低。但是，为了满足永久性资产的长期资金需要，企业必然要在临时性负债到期后重新举债或申请债务展期，这样便会经常地举债和还债，加大筹资难度和风险，还可能面临由于短期负债利率的变动而增加企业资本成本的风险。管理者在运用此政策时要充分考虑到它是一种收益性和风险性均较高的营运资金筹资政策。激进型筹资政策如图 9－2 所示。

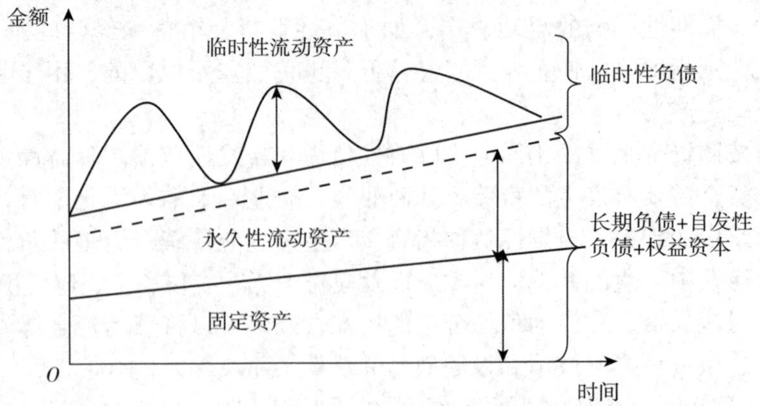

图 9－2　激进型筹资政策

3. 稳健型筹资政策。稳健型筹资政策的特点是临时性负债只满足部分临时性流动资产的资金需要，另一部分临时性流动资产和永久性资产，则由长期负债、自发性负债和权益资本作为资金来源。在此政策下，临时性负债占企业全部资金来源的比例较小，企业无法偿还到期债务的风险较低，同时蒙受短期利率变动损失的风险也较低。此外，企业因长期负债资本成本高于临时性负债的资本成本，以及经营淡季时仍需负担长期负债利息，使企业的收益降低。因此，该政策是一种风险性和收益性均较低的营运资金筹集政策。稳健型筹资政策如图 9－3 所示。

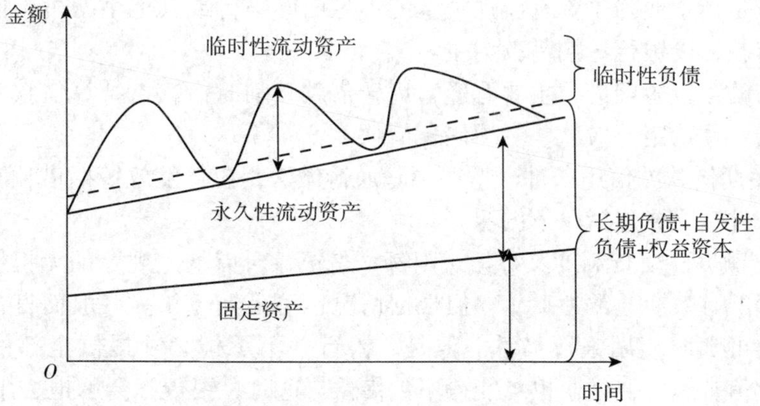

图 9－3　稳健型筹资政策

第二节　公司短期筹资管理

一、公司短期筹资的特点

> 短期筹资是期限在一年以内的为满足企业临时性流动资金需要而进行的筹资活动。

企业的短期资金一般通过流动负债的方式取得。与长期负债筹资相比，短期筹资有以下特点。

1. 筹资速度快。长期负债的债权人为了保护其债权的安全，往往要对债务人进行全面的财务调查和周密的财务分析，所需时间一般较长。而短期筹资由于在较短时间内可归还，其债权人顾虑较少，只对债务人的近期财务状况进行调查，因而费时较短。所以，短期筹资速度较快。

2. 筹资具有灵活性。长期负债的债务人往往要受借款合同的限制性契约条款的约束，而短期筹资要灵活很多。正因为如此，短期筹资可以使企业资金结构灵活组合，成为企业一种调度资金的手段。此外，因企业的流动资产数量随供产销的变化而高低起伏不定，短期筹资数额波动性较大。

3. 资金成本较低。流动负债的资金成本比长期负债的资金成本要低，因为短期借款的利率比长期借款或债券的利率要低，且筹资费用也比长期负债要少得多。有时，短期筹资会是零成本。

4. 筹资风险较大。流动负债需要在短期内偿还，如果债务人在短期内没有足够的资金偿还债务，就会陷入财务危机。

二、公司短期筹资方式及成本

（一）短期借款

短期借款是指企业为了弥补流动资金的不足而向银行或其他金融机构借入的期限在一年以内的借款，以银行短期借款为主。

我国目前的银行短期借款主要有经营周转借款、临时借款、结算借款、票据贴现借款、卖方信贷、预购定金借款、专项储备借款等。

1. 银行短期借款的信用条件。按照国际通行做法，银行发放短期借款时，往往附带一定的信用条件，主要包括以下内容。

（1）信贷额度。信贷额度又称信贷限额，是银行对借款人规定的无担保贷款的最高额。信贷限额的有效期通常为1年，但根据情况也可延期1年。一般而言，企业在批准的信贷限额内可随时使用银行借款。但是，银行并不承担必须提供全部信贷限额的义务。如果企业信誉恶化，企业也可能得不到借款。这时，银行不会承担法律责任。

（2）周转信贷协定。周转信贷协定又称循环贷款协定，是银行具有法律义务承诺提供不超过某一最高限额的贷款协定。在协定的有效期内，只要企业的借款总额未超过最高限额，银行就必须满足企业任何时候提出的借款要求。企业享用周转信贷协定，通常要对贷款限额的未使用部分付给银行一笔承诺费。

【例9-1】 2021年东方公司取得为期一年的周转信贷额度为1 000万元，承诺费率为0.4%。2021年1月1日从银行借入500万元，8月1日又借入300万元，如果年利率为8%，则公司2021年末向银行支付的利息和承诺费共为多少？

解： 利息 $=500\times8\%+300\times8\%\times5/12=50$（万元）

未使用的贷款额 $=1\ 000-[500+300\times(5/12)]=1\ 000-625=375$（万元）

承诺费 $=375\times0.4\%=1.5$（万元）

（3）补偿性余额。补偿性余额是银行要求借款企业在银行中保持按贷款限额或实际借用额一定百分比（一般为10%～20%）的最低存款余额。从银行的角度而言，补偿性余额可降低贷款风险，补偿遭受的贷款损失。对于借款企业而言，补偿性余额提高了借款的实际利率。实际利率的计算公式为：

$$\text{实际利率}=\frac{\text{名义借款金额}\times\text{名义利率}}{\text{名义借款金额}\times(1-\text{补偿性余额比例})}=\frac{\text{名义利率}}{1-\text{补偿性余额比例}} \tag{9-1}$$

【例9-2】 某企业按年利率8%向银行借款20万元，银行要求维持贷款限额20%的补偿性余额，那么企业实际可用的借款只有16万元，计算该项借款的实际利率。

解： 该项借款的实际利率则为：

$$\frac{20 \times 8\%}{16} \times 100\% = 10\%$$

（4）借款抵押。银行向财务风险较大的企业或对其信誉不甚了解的企业发放贷款时，需要有抵押品，以减少自己蒙受损失的风险。短期借款的抵押品经常是借款企业的应收账款、存货、股票、债券等。银行接受抵押品后，将根据抵押品的面值决定贷款金额，一般为抵押品面值的30%～90%。这一比例的高低，取决于抵押品的变现能力和银行的风险偏好。抵押借款的成本通常高于非抵押借款。

（5）偿还条件。贷款的偿还分为到期一次偿还和在贷款期内定期（每月、季）等额偿还两种方式。一般而言，企业不希望采用后一种偿还方式，因为这会提高借款的实际利率；而银行不希望采用前一种偿还方式，因为这会加重企业的财务负担，增加企业的拒付风险，同时会降低实际贷款利率。

（6）其他承诺。银行有时还要求企业为取得贷款而做出其他承诺，如及时提供财务报表、保持适当的财务水平（如特定的流动比率）等。如企业违背所做出的承诺，银行可要求企业立即偿还全部贷款。

2. 银行短期借款利息的支付方式。银行短期借款的利息支付方式通常有三种。

（1）利随本清法。利随本清法又称收款法，是在借款到期时向银行支付利息的方法。采用这种方法，借款的名义利率等于其实际利率。

（2）贴现法。贴现法是银行向企业发放贷款时先从本金中扣除利息部分，到期时借款企业再偿还全部本金的一种计息方法。

贴现法下，实际贷款利率计算公式为：

$$\text{贴现贷款实际利率} = \frac{\text{利息}}{\text{贷款金额} - \text{利息}} = \frac{\text{名义利率}}{1 - \text{名义利率}} \quad (9-2)$$

【例9-3】　某企业从银行取得借款200万元，名义利率为10%，利息为20万元，按贴现法付息，企业实际可动用的贷款为180万元，计算该项贷款的实际利率。

解：该项贷款的实际利率为：

$$\frac{10\%}{1 - 10\%} = 11.11\%$$

（3）加息法。加息法是银行将贷款的利息与贷款本金合并，要求企业分期等额偿还贷款的一种利息支付方式。银行将根据名义利率计算的利息加到贷款本金上，计算出贷款的本息合计值，借款企业在贷款期内分期均额偿还本息之和。借款企业实际只平均使用了贷款本金的一半，却支付了全额利息，企业实际承担的利率是名义利率的2倍。

【例9-4】　某企业从银行借入年利率为10%的短期贷款10万元，银行规定分12个月等额偿还本息，计算该项贷款的实际利率。

解：加息法下的实际利率 $= \frac{10 \times 10\%}{10 \div 2} = 20\%$

（二）商业信用

商业信用是指企业在正常的经营活动和商品交易中由于延期付款或预收账款所形成的企业间的信贷关系。它是企业间的直接信用行为，在短期负债筹资中占相当大的比重，其主要形式有应付账款、应付票据和预收账款。

1. 应付账款。应付账款是企业购买商品暂未付款而欠买方的账款，即延期支付货款。对于卖方而言，之所以允许买方延期支付货款，自然是为了促销。但为了鼓励购买单位尽早付款，卖方往往都规定一些信用条件，主要包括现金折扣和付款期限。如果供应商提供现金折扣信用条件，但买方放弃现金折扣，在信用期限内付款，则买方便要承担因放弃现金折扣而造成的隐含利息成本，即：

$$\text{放弃现金折扣的年成本率} = \frac{\text{现金折扣}}{1-\text{现金折扣}} \times \frac{360}{\text{信用期限}-\text{折扣期限}} \quad (9-3)$$

【例 9-5】 某企业拟在“2/10，n/30”信用条件下购进一批原料。这个信用条件意味着企业如果在 10 天内付款，可享受 2% 的现金折扣；若不享受现金折扣，货款应在 30 天内付清，计算该企业放弃现金折扣的年成本率。

解：放弃现金折扣的年成本率为：

$$\text{放弃现金折扣的年成本率} = \frac{\text{现金折扣}}{1-\text{现金折扣}} \times \frac{360}{\text{信用期限}-\text{折扣期限}}$$

$$= \frac{2\%}{1-2\%} \times \frac{360}{30-10} \times 100\% = 36.73\%$$

计算结果表明：只要企业筹资成本小于 36.73%，企业就应当在第 10 天还款。

2. 应付票据。应付票据是企业按照延期付款的结算要求，所开具的反映债权债务关系的票据，又称商业汇票。根据承兑人不同，可以分为商业承兑汇票和银行承兑汇票。支付期限一般为 6 个月，最长不能超过 9 个月。应付票据可以带息，也可以不带息，不带息条件下为免费筹资，在带息条件下，一般没有其他信用条件，利息通常会低于银行借款的利率。利用应付票据的成本比较低，但应付票据到期必须归还，若延期便要支付罚金，风险较大。

3. 预收账款。预收账款是指供货方在交付货物之前向买方预先收取部分或全部货款的信用形式。对于供货方而言，预收账款相当于向买方借用资本后用货物抵偿而形成的短期资本，它一般适用于生产周期长、资本需求量大的货物销售。显然，这种方式下供货方是没有成本代价的，但买方的成本比较高，买方在计算成本时需要考虑资金的时间价值和机会成本。

商业信用筹资最大的优点是容易取得。对于多数企业而言，商业信用是一种持续性的信用形式，且无须正式办理筹资手续。如果没有现金折扣或使用不带息票据，商业信用筹资不负担成本。其缺陷在于期限较短，在放弃现金折扣时所付出的成本较高。

第三节　现金管理

一、现金管理的目标

现金是可以立即投入流通的交换媒介，其最重要的特点是普遍的可接受性，是公司中流动性最强的资产，因此，衡量一项资产的流动性时，也通常用“可变现性”这个概念。这里的现金既包括企业的库存现金、银行存款，也包括其他货币资金，如银行本票、银行汇票等。

留存在企业中的现金是准备随时用于支付的，如果留存不足，将发生财务风险；如果留存过多，则会使企业产生经济损失。此外，现金最容易发生错弊，因此，现金管理的目标可以归纳为以下方面。

1. 保证现金的收支平衡，使企业有足够的支付能力，避免产生财务危机。

2. 保持现金的适度存量，满足生产经营活动的需要，提高资金的使用效率。

3. 健全内部控制制度，保证货币资产的安全完整。

二、现金的持有动机与成本

（一）现金的持有动机

公司之所以持有现金，一般出于交易性动机、预防性动机和投机性动机。

1. 交易性动机。交易性动机是指企业必须持有一定现金以满足其日常业务活动的现金支付需要。企业的收支活动往往不可能同步同量。如果收大于支，就会形成现金库存，反之，则需要借入现金。企业必须维持适当的现金余额，才能保证交易活动的正常进行。

由于交易性动机而使企业持有的现金余额称为交易性现金余额，其需要量取决于企业的生产经营规模。一般而言，规模越大，交易性现金余额越多；反之则越小。此外，企业生产经营的性质、特点等也会影响企业交易性现金余额的大小。

2. 预防性动机。预防性动机是指企业持有一定现金以应付意外事件所产生的现金需要。现代企业面临的经济环境日趋复杂，可能出现的自然灾害等，都可能使企业未来的现金需要发生变动，因此，为满足企业未来意外事件的支付需要，企业应该持有比正常交易需要更多的现金。

为预防性动机而持有的现金余额称为预防性现金余额，其需要量的多少与企业的现金流量的不确定性、企业的筹资能力及企业的经营风格有关。现金流量的不确定性越大、企业的筹资能力特别是短期筹资能力越弱、经营的稳健性越差，企业预防性现金需要量越大，反之则越少。

3. 投机性动机。投机性动机指企业持有一定现金以备满足某种投机行为的现金需要，比如购买廉价的原材料，在适当的时机购入价格合适的有价证券等。

为投机性动机而储备的现金余额称为投机性现金余额。对绝大多数的企业而言，储备现金而计划在未来从事某种投机行为的现象很少发生，一般企业不会专门为投机性动机而安排现金余额。

在实际工作中，往往很难明确区分以上三种情况，到底何种动机需要持有多少现金余额，都必须根据具体情况进行具体分析。

（二）持有现金的成本

企业持有现金的成本即持有成本，主要包括机会成本、管理成本和短缺成本。

1. 机会成本。机会成本是指企业持有现金势必会放弃现金用于其他投资所获得的其他收益。企业为了经营业务，需要一定量的现金是必要的，但持有过多的现金，势必会造成机会成本很高，这对于企业而言是不经济的。

2. 管理成本。管理成本是指企业持有现金会发生的管理费用，如管理人员工资、福利、安全设施费用等。管理成本是一种固定成本，与现金持有量之间无明显变化关系。如果持有量超过一定范围，管理成本也会发生相应变化。

3. 短缺成本。短缺成本是指因缺乏必要的现金，不能应付业务开支的需要，而使企业蒙受损失或为此付出的代价。现金的短缺成本随现金持有量的增加而下降，随现金持有量的减少而上升。

三、最佳现金持有量的确定

确定最佳现金持有量的方法很多，最常用的是成本分析模式、存货管理模式和随机模式。

（一）成本分析模式

成本分析模式是通过分析持有现金的成本，确定其目标量。如上所述，现金的持有成本由机会成本、管理成本和短缺成本构成，最佳现金持有量是使持有总成本达到最低的现金持有量。其实施的具体步骤为：

1. 根据不同现金持有量测算并确定有关成本的数值；
2. 按照不同现金持有量及其相关成本资料编制最佳现金持有量测算表；
3. 在测算表中找出总成本最低时的现金持有量，即最佳现金持有量。

现金持有量和持有成本之间的关系可以用图9－4表示。

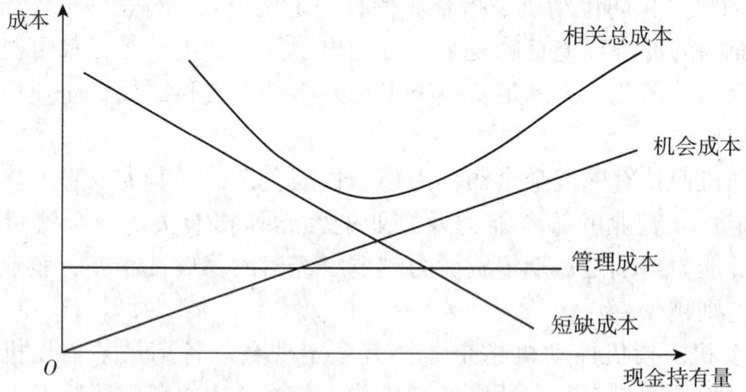

图9－4　成本分析模式下的现金成本

【例9－6】　某企业有四种现金持有方案，各自的持有成本见表9－1。

表9－1　某企业现金持有方案及持有成本数据表　单位：元

项目	甲方案	乙方案	丙方案	丁方案
现金持有量	40 000	50 000	60 000	80 000
机会成本	3 000	6 000	9 000	15 000
管理成本	5 000	5 000	5 000	5 000
短缺成本	10 000	8 000	6 000	1 000
持有总成本	18 000	19 000	20 000	21 000

从以上几种方案的持有总成本来分析，甲方案的总成本最低，则相对应的现金持有量40 000元为最佳现金持有量。

（二）存货管理模式

现金持有量的存货管理模式由威廉·鲍曼（William Baumol）提出，又称为鲍曼模型。存货管理模式的建立有以下几个假设条件：

（1）企业在一定时期内现金流入和现金流出的速度稳定且可以预测。

（2）每次将有价证券变现为可支付现金的交易成本已知。

（3）短期有价证券的利率和报酬率已知。

成本分析模式告诉我们，较多的现金持有能减少短缺成本，但会增加机会成本；较少的现金持有能降低机会成本却会增加短缺成本。如何使企业在平时只持有较少的现金，又能避免短缺成本，还能减少机会成本呢？我们可以在拥有多余现金时，将现金转换为有价证券；在现金不足时，将有价证券转换成现金来满足企业的需要。但现金和有价证券之间的转换，也需要成本，这就是交易成本，如买卖佣金、证券过户费、印花税等。

一般而言，企业持有现金总成本用公式表示如下：

$$\text{持有现金总成本} = \text{交易成本} + \text{现金持有机会成本} \tag{9-4}$$

该公式表明：在实现现金和有价证券之间的转换时，会发生交易成本，持有现金的同时会丧失其他的投资而出现机会成本，但不需要考虑短缺成本。

现金的交易成本则与现金转换次数、每次的转换量有关。企业在一定时期现金使用量确定的前提下，每次以有价证券换回现金的金额越大，企业平时持有的现金量便越高，转换的次数就越少，现金的交易成本就越低，反之，现金的交易成本就越高。如果用C表示某一时期的现金持有总量，则该时期现金的平均持有量为$C/2$；用T表示整个期间（通常为1年）企业交易现金总量；用F表示有价证券每次交易发生的固定的交易成本；用R表示有价证券的报酬率，则持有现金总成本可用下列公式表示：

$$\begin{aligned}\text{持有现金总成本} &= \text{交易成本} + \text{现金持有机会成本}\\ &= \text{交易次数} \times \text{每次交易成本} + \text{平均现金余额} \times \text{有价证券报酬率}\\ &= \frac{T}{C} \times F + \frac{C}{2} \times R \end{aligned} \tag{9-5}$$

【例9-7】 假设某企业现金收支状况比较稳定，预计全年（按360天计算）需要现金400万元，现金持有量为20万元，现金与有价证券的转换成本为每次400元，有价证券的年收益率为8%，计算该企业的持有现金总成本。

解：交易成本=（4 000 000÷200 000）×400=8 000（元）

现金持有机会成本=（200 000÷2）×8%=8 000（元）

持有现金总成本=交易成本+现金持有成本（机会成本）

=8 000+8 000=16 000（元）

最佳现金持有量是指总成本最低时的现金持有量，最佳现金持有量可通过对公式求导得出：

$$C^* = \sqrt{\frac{2TF}{R}} \tag{9-6}$$

最佳现金持有量也可用图 9－5 表示。

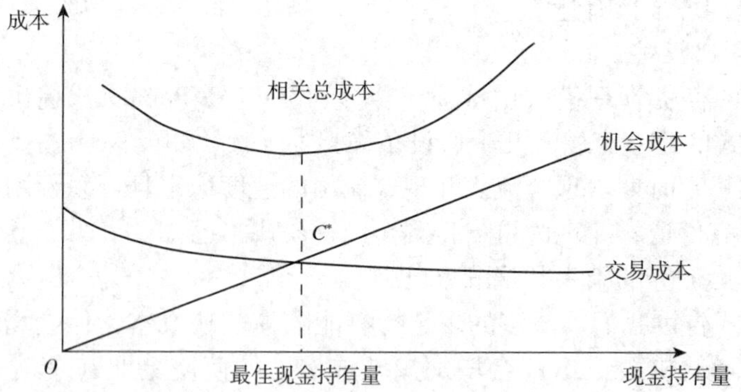

图 9－5　存货管理模式下的现金成本

【例 9－8】　某企业预计一个月内交易所需的现金总量为 40 万元，准备用短期有价证券变现取得，有价证券每次变现的费用为 40 元，证券的市场利率为 6%，计算该企业的最佳现金持有量。

解：该企业的最佳现金持有量为：

$$C^* = \sqrt{\frac{2TF}{R}} = \sqrt{\frac{2 \times 400\,000 \times 40}{6\% \div 12}} = 80\,000(\text{元})$$

$$\text{一个月的最佳变现次数} = 400\,000 \div 80\,000 = 5(\text{次})$$

需要指出的是，利用存货管理模式虽然能比较精确地测算出最佳现金持有量和有价证券的变现次数，对货币资金的管理和有价证券的管理有一定的作用，但使用时需要满足以上几个假设条件，受到了很多限制，因此，采用存货管理模式确定最佳现金持有量必须与管理人员的经验判断相结合。

（三）随机模式

实务中，企业现金流量具有很大的不确定性，现金持有量往往是随机波动的。基于此，米勒·奥尔提出了有两条控制线（最高控制线 H 和最低控制线 L）和一条回归线 R 的随机模式（如图 9－6 所示）。在这种模式下，现金持有量在 H 线和 L 线之间波动时，无须进行调整。当现金持有量超过 H 线或低于 L 线时，才进行调整。最低控制线 L 取决于短缺现金的风险程度、企业借款能力、企业日常周转所需资金、银行要求的补偿性余额等因素。

回归线 R 可按下列公式计算：

$$R = \sqrt[3]{\frac{3b \times \delta^2}{4i}} + L \qquad (9-7)$$

其中，b 表示交易成本，δ 表示企业每日现金持有量变动的标准差，i 表示以日为基础计算的现金机会成本率。

最高控制线 H 的计算公式为：

$$H = 3R - 2L \qquad (9-8)$$

【例 9－9】　某企业管理层决定现金持有量最低控制线 L 应为 10 000 元，估计企业现金流量标准差为 1 000 元，持有现金的年机会成本为 14.04%，换算为 i 值是 0.00039，

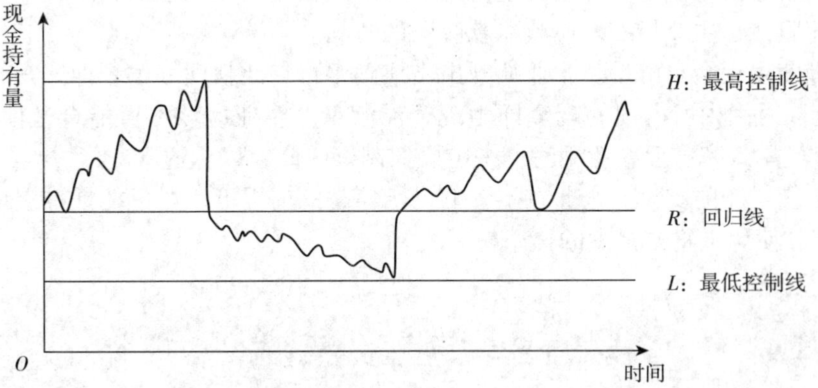

图 9－6　随机模式下现金持有量和时间的关系

$b=150$ 元。计算该企业的现金持有量最高控制线 H 的值。

解：根据模型，可求得：

$$R=\sqrt[3]{\frac{3\times150\times1\ 000^2}{4\times0.00039}}+10\ 000=16\ 607(\text{元})$$

$$H=3\times16\ 607-2\times10\ 000=29\ 821(\text{元})$$

该企业目标现金持有量为 16 607 元。若现金持有量达到 29 821 元，则买进证券 13 214元（=29 821－16 607）；若现金持有量降至 10 000 元，则卖出证券 6 607 元（=16 607－10 000）。

四、现金日常收支管理

（一）加强对库存现金的管理

企业要加强对库存现金的管理，首先应遵守国家制定的《现金管理暂行条例》，同时建立企业内部现金管理制度。

《现金管理暂行条例》的主要内容包括：

1. 企业支付现金从本单位库存现金限额中支付或从开户银行中提取，不得从本单位现金收入中直接支付（即坐支）。

2. 企业收入的现金应于当日送存开户银行，当日送存银行有困难的，应由开户银行确定送存时间。

3. 现金适用范围主要包括：（1）与个人有关的工薪津贴、劳保、福利、差旅费、奖金等支付；（2）向个人收购农副产品和其他物资的价款；（3）结算起点以下的零星支出和中国人民银行规定需要支付现金的其他支出等。

企业内部现金管理制度包括：建立由专人管理现金的制度，做到钱账分离，以防止现金丢失和出现差错；企业应建立健全现金账目，逐笔记录现金收支，并做到日清月结，账款相符。

（二）控制现金收支，降低现金余额

为使企业现金持有量降到最低，提高现金的使用效率，一般可考虑运用以下方法。

1. 力争现金流量同步，即使现金流入与流出的发生时间保持一致。

2. 加速收账，主要指缩短应收账款收账的时间。

3. 合理使用现金浮游量。企业从开出支票到银行将此款项划出企业账户，需要一段时间，在这段时间内所占用的现金即为现金浮游量。企业应该尽可能合理使用浮游量，以提高资金使用效率，但在使用时，一定要控制好时间，以免透支。

4. 推迟应付款的支付。企业在不影响自己信誉的前提下，尽可能地推迟应付款的应付期，以充分使用供货方提供的信用。

【延伸阅读 9-1】　什么原因导致企业资金链断裂?[①]

企业要正常经营，维持运转，就必须保持现金—资产—现金（增值）的良性循环。资金链是一个企业的血液循环系统，因资金链断裂而导致企业破产的案例不在少数，前有巨人集团、德隆集团、亚细亚商城因资金链断裂而倒闭，近有辉山乳业、齐星集团因资金链断裂而深陷泥潭。

《中欧商业评论》曾研究近十年以来发生的数十起企业因现金流断裂而倒闭或深陷财务危机的案例，总结出资金链断裂的几大原因。

1. 营运资金不足导致的财务危机。这表现为企业规模扩张过快，以超过其财务资源允许的业务量进行经营，过度交易，从而造成营运资金不足。

2. 账期风险引发的资金链断裂。现实生活中，一些零售商为开新店或者扩大经营规模，没有在规定的时间内回款，长此以往，既会让供应商资金周转不畅，对进货、缴税等带来负面影响和经营风险，也使零售商存在突然关闭、老板卷款逃跑等风险。

3. 流动负债难以归还导致的流动性枯竭。流动负债需要持续地重新谈判或滚动安排负债。在这个过程中，如果企业用短期贷款来为永久性流动资产融资，就容易造成企业偿债能力下降，引发资金断裂。

4. 对外担保贷款和投资失误造成企业资金链断裂。担保是一种法律行为，作为担保人签字即意味着在借款人不能按照约定偿还借款时承担偿还责任。而投资失误方面，无法取得投资回报从而给企业带来风险的案例不在少数。

资金链断裂导致企业失败，核心问题在于企业缺乏管理财务风险的能力和控制现金流的能力。面对日益激烈的市场竞争，企业面临的生存环境复杂多变，通过提升企业现金流的管理水平，可以合理地控制营运风险，提升企业整体资金的利用效率，从而不断加快企业自身的发展。

思考：为什么“现金为王”被视为企业资金管理的核心理念？企业日常营运管理中如何体现该理念？

更多内容请扫描二维码

① 要防范资金链断裂风险，这7点要知道［EB/OL］.（2017-05-22）. https://finance.qq.com/original/MissMoney/MM00546.html.

第四节 应收账款的管理

一、应收账款的管理目标

应收账款是指企业采用赊销、分期付款等销售方式对外销售产品、材料、供应劳务及其他原因，应向购货或接受劳务单位或个人收取的款项。

发生应收账款的原因主要有以下几点。

1. 增加销售，增强市场竞争力。在激烈的商业竞争环境下，企业为扩大销售量，增强竞争力，除了依靠产品质量、价格、广告、售后服务等方面外，赊销往往难以避免。赊销是发生应收账款的主要原因。

2. 减少存货，加速资金周转。应收账款的增加意味着存货的减少，存货的减少可以降低存货的储存费用、保险费用和管理费用等。并且，存货的减少将增大企业的速动资产，提高企业的即期偿债能力，修饰企业的财务指标。

尽管企业通过赊销等方式能增强企业的竞争力，但企业同样面临一定的风险，如应收账款是否能如期地收回、在收回过程中会产生多少费用等，因此，企业应该加强对应收账款的管理。应收账款的管理目标一般包括如下几点。

1. 充分发挥应收账款的功能，即扩大销售量和减少存货的功能。
2. 衡量应收账款所产生的收益、成本和风险，并做出有利于企业的信用决策。
3. 加快对应收账款的回收。

二、应收账款的成本

企业占用在应收账款上的资金，一般会发生相关成本，主要包括以下方面。

1. 管理成本。管理成本是指支付的与应收账款管理有关的费用，如客户信用调查费、信息收集费、收账费等。

2. 机会成本。机会成本是指由于将资金投放于应收账款而失去的获取其他投资收益机会的成本。一般情况下，这种机会成本应按有价证券的利率确定。

3. 坏账成本。坏账成本是指到期无法收回应收账款而发生的损失。发生坏账的原因有许多，如客户破产、解散、财务状况恶化、故意拖欠等。一般而言，应收账款数额越大，拖欠时间越长，发生坏账的机会就越大。

三、信用政策制定

应收账款赊销效果的好坏取决于信用政策，信用政策包括信用期限、信用标准、现金折扣政策。事实上，确定信用政策也是公司应收账款管理的内容。

（一）信用期限的确定

信用期限是企业允许客户从购货到付款之间的时间。较长的信用期限自然会吸引更多的顾客，从而实现更高的销售收入，但应收账款持有的机会成本、收账费用和坏账损失会相应增加，风险也更大。相反，较短的信用期限不足以吸引客户，可能带来销售收入的下降，但所发生的成本相对较少，风险也较小。

信用期限的确定主要是分析改变信用期限对收入和成本的影响。如果延长信用期限，销售收入的增加大于它所增加的收账费用、机会成本、坏账损失，就应该延长信用期限；相反，则缩短信用期限。

【例9－10】 某企业现在采用30天的信用期限，拟改变信用政策，将信用期限放宽至60天，其他条件不变，设风险投资报酬率为10%（一年以360天计算），其他相关数据见表9－2。请分析说明该企业是否应该改变当前的信用政策。

表9－2　某企业信用销售相关数据表　单位：元

	当前的信用政策（信用期限30天）	拟定的信用政策（信用期限60天）
销售量（单价6元）	10 000	12 000
销售额	60 000	72 000
变动成本（单价4元）	40 000	48 000
固定成本	5 000	5 000
可能发生的收账费用	1 000	1 500
可能发生的坏账损失	2 000	4 000

解： 首先计算放宽信用期限增加的收益，然后计算增加的成本，最后比较结果。

1. 信用期限变化对收益的影响

收益的增加＝销售量的增加×单位边际贡献

$$=(12\ 000-10\ 000)\times(6-4)=4\ 000\text{（元）}$$

2. 信用期限变化对成本、费用的影响

30天信用期限应计利息＝应收账款平均余额×变动成本率×资金成本率

$$=\frac{60\ 000}{360}\times 30\times\frac{40\ 000}{60\ 000}\times 10\%=333\text{（元）}$$

60天信用期限应计利息＝应收账款平均余额×变动成本率×资金成本率

$$=\frac{72\ 000}{360}\times 60\times\frac{48\ 000}{72\ 000}\times 10\%=800\text{（元）}$$

①应计利息的增加＝800－333＝467（元）

②收账费用的增加＝1 500－1 000＝500（元）

③坏账损失的增加＝4 000－2 000＝2 000（元）

3. 比较收益的增加额和成本费用的增加额

收益增加额－成本费用增加额＝4 000－（467＋500＋2 000）＝1 033（元）

分析表明，改变信用期限能增加收益1 033元，企业应该采用60天信用期限。

（二）信用标准的确定

信用标准是指客户获得企业的交易信用所应具备的条件。如果客户达不到该项信用标准，就不能享受企业按商业信用赋予的各种优惠，或只能享受较低的信用优惠。

1. 信用的5C评级法。许多公司使用传统但主观的“5C”方法来评定信用等级。“5C”具体包括以下几方面。

（1）品质（Character）：指顾客的信誉，即履行偿债义务的可能性。企业必须设法了解顾客过去的付款记录，确认其是否遵守承诺，按期如数归还欠款，与其他供货企业的关系是否良好。

（2）偿付能力（Capacity）：指顾客的偿债能力，即其流动资产的数量和质量以及与流动负债的比例。通常判断的主要依据是客户以往的偿债记录、经营方式等，同时也应对客户经营情况进行实地考察。

（3）资本（Capital）：指顾客的财务实力和财务状况，表明顾客可能偿还债务的背景。

（4）抵押品（Collateral）：指顾客拒付款项或无力支付款项时能被用作抵押的资产。

（5）条件（Conditions）：指可能影响顾客付款能力的经济环境等。

2. 信用评分法。信用评分法是按客户的信用风险档次给出一定的分值，并以此进行信用评估的一种方法。评分公式为：

$$Z = \sum a_i x_i \tag{9-9}$$

式中，Z表示某客户的信用评分，a_i表示事先拟定的对第i种财务比率和信用品质进行加权的权数，x_i表示第i种财务比率或信用品质的评分。

式中的财务比率或信用品质主要包括流动比率、资产负债率、利息保障倍数、销售利润率、信用评估等级等，通常是对收集的资料进行分析后确定；各种要素的权数是根据财务比率或信用品质的重要程度确定，也可通过多元统计分析法确定。

使用这种方法时要设定一个区分优劣的信用风险的临界值，如果客户的得分高于临界值，则授予信用，否则予以拒绝。

对顾客信用等级进行评定的部门主要有两个：一是大型企业设立的专门调查和评估客户信用情况的部门；二是社会上专业的信用资信评估机构。

（三）现金折扣政策

现金折扣政策是给予客户付款时的优惠政策，它不同于商业折扣。现金折扣政策主要包括折扣期限和折扣率：折扣期限是为客户规定的可享受现金折扣的付款时间；折扣率是客户提前付款时给予的价款优惠比率。

现金折扣的主要目的是吸引顾客为享受现金折扣而提前付款，缩短企业的平均收款期限，同时还能吸引顾客为享受折扣而前来订货，扩大企业的销售量，带来收益。当然，现金折扣也会增加企业成本。企业采用什么程度的现金折扣，还要与信用期限结合起来考虑，最终的抉择仍然是权衡收益和成本，能使带来的收益大于增加的成本的方案，则为企业应选择的方案。

四、应收账款管理方法

信用政策制定后，企业还应采取各种有效的措施，加强对应收账款的管理，减少坏账给企业带来的损失。应收账款管理的主要方法如下。

（一）监督应收账款的收回

企业已经发生的应收账款时间有长有短，客户归还应收账款的时间也不一样，有的在信用期限内，有的超过信用期限。一般而言，拖欠的时间越长，收回欠款的可能性就越小，形成坏账的可能性就越大，因此，企业必须采取一些有效的、科学的管理方法，对应收账款的回收情况进行监督，以加速应收账款的收回。常用的方法有账龄分析法和ABC 分析法。

1. 账龄分析法。账龄分析法是通过编制账龄分析表来显示应收账款账龄长短的方法。如某公司的账龄分析表见表 9－3。

表 9－3　某公司账龄分析表

2021 年 12 月 31 日

应收账款账龄	账户数量	金额/万元	比重/%
信用期内	200	48	33.80
超过信用期 1～30 天	50	36	25.35
超过信用期 31～60 天	30	35	24.65
超过信用期 61～90 天	20	18	12.68
超过信用期 90 天以上	10	5	3.52
合计	310	142	100.00

通过对应收账款账龄的分析，管理人员能及时了解应收账款情况，对每个信用期限的应收账款比例给予适当的判断，特别要把逾期应收账款作为工作的侧重点。此外，还必须进一步制定新的信用政策，同时做好相关记录。

2. ABC 分析法。ABC 分析法又称重点管理法，是现代经济管理中广泛运用的一种管理方法，它是将所有企业的欠款按欠款额进行分类，分别采用不同的收账策略的一种方法。这种方法既能保证重点，加快货款的收回，又能使收账费用与预期的收益相联系。

【例 9－11】　某公司 2021 年 12 月 31 日应收账款的账面余额为 240 万元（见表 9－4），给企业的资金周转带来一定的困难，为及时收回欠款，请用 ABC 分析法进行分析确定回收策略。

表 9－4　某公司应收账款分布情况

<table>
<tr><th>客户</th><th>欠款金额/万元</th><th>欠款期</th><th>欠款额比重/%</th><th>类别</th></tr>
<tr><td>甲</td><td>130</td><td>6 个月</td><td>54.17</td><td>A</td></tr>
<tr><td>乙</td><td>55</td><td>5 个月</td><td>22.91</td><td rowspan="2">B</td></tr>
<tr><td>丙</td><td>45</td><td>4 个月</td><td>18.75</td></tr>
<tr><td>丁</td><td>10</td><td>1 个月</td><td>4.17</td><td>C</td></tr>
<tr><td>合计</td><td>240</td><td>—</td><td>100</td><td>—</td></tr>
</table>

解：对以上三类客户可以采用不同的收账策略：对 A 类客户可以采用信件催收、打电话、派专人催收、委托代理机构处理，甚至可以借助法律的方法解决；对 B 类客户可以通过信件、电话等方式催收；对 C 类客户只需发出通知其付款的信函即可。

当然，还可以采用其他的方式，如对员工采取有效的激励措施促使其积极收回应收账款，采用应收账款追踪分析法等。

（二）应收账款坏账准备金制度

只要有应收账款就有发生坏账的可能性。按照权责发生制和谨慎性原则的要求，必须对坏账发生的可能性预先进行估计，并计提相应的坏账准备金。坏账准备金的计提比例与应收账款的账龄存在密切的关系。应收账款坏账准备金的具体计提比例可以由公司根据自己的实际情况和以往的经验加以确定。我国现行会计制度对股份有限责任公司计提坏账准备金做了一些详细的规定，例如，当公司应收账款坏账准备金的计提比例低于5%时，应该在会计报表附注中说明计提的比例及理由。

（三）应收账款让售

应收账款让售是指公司把应收账款出让给债务代理公司的行为。公司和债务代理公司对每一个客户的基本信用条件达成一致，客户直接把所欠款项付给债务代理公司，由债务代理公司承担客户不付款的风险。债务代理公司折价购入应收账款，折价比率通常是发票金额的0.35%～4%。社会整体的平均折价比率一般在1%左右。

第五节 存货管理

一、存货管理的目标

存货是指企业在生产经营过程中为销售或耗用而储备的物资，包括各种原材料、燃料、低值易耗品、包装物、产成品、半成品等。存货在企业的流动资产中占据很重大的比重，一般为50%，有的甚至达到80%，而且，存货还是一项变现能力较差的流动资产，因此，存货管理水平的高低直接影响企业的生产经营状况，并最终影响企业的收益。

企业保存存货的目的，或者说存货的功能有两个。

1. 保证生产和销售的正常进行。一般情况下，企业很难做到供、产、销在数量上和时间上的绝对平衡。如果没有一定的存货，一旦生产或销售所需物资短缺，就会影响企业生产和销售的正常进行，严重时会导致生产和销售的中断，造成惨重的损失。

2. 获取规模效益。批量采购原材料，可以获得价格上的优惠，还可以减少管理及采购费用；批量组织生产，可以使生产均衡，降低生产成本；批量组织销售，可以及时满足客户对产品的需求，有利于销售规模的迅速扩大。

存货功能能否正常发挥取决于存货管理水平。如果管理不善，存货过高，会造成存货过时、损坏变质，并增加利息和保险费等不必要的成本；如果存货过低，就可能因缺货而造成损失。存货管理的目标就是在存货成本和存货收益之间做出权衡，进而达到二者的最佳组合。具体而言，就是合理规划，确定存货资金占用量；加强日常控制，提高存货周转速度，在使存货达到总成本最低的同时，提高经济效益。

二、存货的成本

与存货有关的成本主要有以下几种。

（一）取得成本

取得成本指为取得某种存货而支出的成本，通常用 TC_a 表示，主要包括订货成本和购置成本。

1. 订货成本。订货成本指取得订单的成本，如办公费、差旅费、邮资、电话费等。订货成本由固定成本和变动成本组成。固定成本如常设采购机构的基本开支，与订货次数无关，通常用 F_1 表示；变动成本与订货次数有关，如差旅费、邮资等，每次订货的变动成本通常用 K 表示。如果存货年需要量用 D 表示，每次进货量用 Q 表示，则订货成本的计算公式为：

$$\text{订货成本} = F_1 + \frac{D}{Q} \times K \tag{9-10}$$

2. 购置成本。购置成本指存货本身的价值，经常用数量和单价的乘积来确定。如果存货年需要量用 D 表示，单价用 U 表示，则购置成本为 DU。

存货取得成本的计算公式为：

$$\begin{aligned}\text{取得成本} &= \text{订货成本} + \text{购置成本}\\ &= \text{订货固定成本} + \text{订货变动成本} + \text{购置成本}\\ &= F_1 + \frac{D}{Q} \times K + DU \qquad (9-11)\end{aligned}$$

（二）储存成本

储存成本指为保存存货而发生的成本，包括存货占用资金所应计的利息、仓库费用、保险费用、存货破损、变质损失等。通常用 TC_c 表示。储存成本又分为固定成本和变动成本。固定成本与存货数量的多少无关，如仓库折旧、仓库职工的工资等，通常用 F_2 表示；变动成本与存货的数量有关，如存货资金的应计利息等，如果单位变动成本用 K_c 表示，则计算公式为：

$$\text{储存成本} = \text{储存固定成本} + \text{储存变动成本} = F_2 + \frac{D}{2} \times K_c \tag{9-12}$$

（三）缺货成本

缺货成本指由于存货供应中断而造成的损失，包括材料中断造成的停工损失、产成品库存短缺而丧失的销售机会成本损失等。如果生产企业以紧急采购代用材料解决库存材料中断之急，那么缺货成本表现为紧急采购代用材料所增加的购入成本。缺货成本通常用 TC_s 表示。

综上所述，如果以 TC 表示存货成本，则计算公式为：

$$TC = TC_a + TC_c + TC_s$$
$$= (F_1 + \frac{D}{Q} \times K + DU) + (F_2 + \frac{D}{2} \times K_c) + TC_s \quad (9-13)$$

企业存货的最优化，即 TC 为最小值。

三、存货管理方法

为实现存货管理的目标，关键在于确定一个最佳的存货数量，并对存货数量加以控制。在长期的实践中形成了一些有效的存货管理方法，主要包括存货经济批量法、存货储存期控制法等。

（一）存货经济批量法

存货的经济批量是指能够使一定时期存货总成本最小的订货数量。要确定存货经济批量，需要先做以下假设。

1. 企业能够及时补充存货，即需要订货时便立刻取得存货；
2. 能集中到货，而不是陆续入库；
3. 不允许出现缺货情形，即 $TC_s = 0$；
4. 需求量稳定，并且能预测，即 D 为已知常量；
5. 存货的价格稳定，且不存在数量折扣，即 U 为已知常量；
6. 仓储条件及所需现金不受限制；
7. 所需存货市场供应充足，不会因买不到所需存货而影响其他方面。

企业在满足以上假设的条件下，存货总成本的公式为：

$$TC = TC_a + TC_c$$
$$= \left(F_1 + \frac{D}{Q} \times K + DU\right) + \left(F_2 + \frac{D}{2} \times K_c\right) \quad (9-14)$$

因为 F_1、K、D、U、F_2、K_c 均为常量，TC 的大小取决于 Q，为求出 TC 的极小值，只要对它求导即可，可得到

$$Q^* = \sqrt{\frac{2KD}{K_c}} \quad (9-15)$$

这个公式称为经济订货量的基本模型，计算所得的订货数量可使总成本最低。

这个基本模型还可以演变为其他形式：

①每年最佳订货次数公式

$$N^* = \frac{D}{Q^*} = \frac{D}{\sqrt{\frac{2KD}{K_c}}} = \sqrt{\frac{DK_c}{2K}} \quad (9-16)$$

②与批量有关的存货总成本公式

$$TC(Q^*) = \frac{KD}{\sqrt{\frac{2KD}{K_c}}} + \sqrt{\frac{2KD}{K_c}}\frac{K_c}{2} = \sqrt{2KDK_c} \quad (9-17)$$

③经济订货量占用资金

$$I^* = \frac{Q^*}{2} \times U = \frac{\sqrt{\frac{2KD}{K_c}}}{2} \times U = \sqrt{\frac{KD}{2K_c}} \times U \tag{9-18}$$

④最佳订货周期公式

$$t^* = \frac{1}{N^*} = \frac{1}{\sqrt{\frac{DK_c}{2K}}} \tag{9-19}$$

【例 9-12】 某企业每年耗用某种材料 4 900 千克，该材料单位成本为 10 元，单位储存成本为 2 元，每次订货成本为 25 元，则：

$$经济订货量\ Q^* = \sqrt{\frac{2KD}{K_c}} = \sqrt{\frac{2 \times 25 \times 4\,900}{2}} = 350(千克)$$

$$每年最佳订货次数\ N^* = \frac{D}{Q^*} = \frac{4\,900}{350} = 14(次)$$

$$经济订货量总成本\ TC(Q^*) = \sqrt{2KDK_c} = \sqrt{2 \times 25 \times 4\,900 \times 2} = 700(元)$$

$$经济订货量占用资金\ I^* = \frac{Q^*}{2} \times U = \frac{350}{2} \times 10 = 1\,750(元)$$

$$最佳订货周期\ t^* = \frac{1}{N^*} = \frac{1}{14}(年) = 26(天)$$

（二）基本模型的扩展

在一般情况下，企业不能做到随用随时能取得存货，因此，不能等到存货用光再去订货，而应提前订货。存货的储存量达到多少时企业必须再订货呢？这就涉及订货点，订货点是指发出订货单时存货的储存量，也称为再订货点（用 R 表示），订货点的确定取决于以下几个因素：

1. 全年需求量 D；
2. 平均每日的正常耗用量 d；
3. 预计每日的最大耗用量 f；
4. 交货期的正常天数 t，即企业订货日至收到货物的时间；
5. 安全储存量 B，又称为保险准备量，指为防止临时需求量增大或送货延误等特殊原因而估计的存货。

其计算公式为：

$$R = d \times t + B \tag{9-20}$$

$$B = (f - d) \times t \tag{9-21}$$

【例 9-13】 某企业耗用的甲材料，年需要量为 3 600 千克，经济订货量为 240 千克，预计每天最大耗用量为 15 千克，交货时间为 6 天（一年以 360 天计算），计算该材料的订货点。

解：平均每日的正常耗用量为：3 600 ÷ 360 = 10（千克）

安全储存量为：（15 − 10）×6 = 30（千克）

订货点为：10×6+30=90（千克）

这说明，当该企业甲材料的储存量达到90千克时，就要立即提出订货240千克的申请。

（三）存货储存期控制法

储存货物会占用资金，并要支付仓储管理费用，而且储存期越长，成本越高，此外，还可能导致企业的商品滞销或霉烂，给企业带来不可估量的损失，因此加强对存货储存期的控制，对缩短存货的储存时间，加速存货的周转，提高经济效益，降低经营风险有非常重大的意义。

企业储存货物发生的费用，分为固定储存费用和变动储存费用，前者与存货的储存时间无关，后者与存货的储存时间有关，它们和利润之间的关系为：

利润=毛利-销售税金及附加-固定储存费用-变动储存费用

变动储存费用=每日变动储存费用×储存期

保本时，利润=0

则：存货保本储存期=（毛利-销售税金及附加-固定储存费用）/每日变动储存费用

存货保利储存期=（毛利-销售税金及附加-固定储存费用-目标利润）/每日变动储存费用

一般而言，已过保本储存期的存货要注意积压的或滞销的商品，对于确属要继续处理的，要通过降价或促销的方式，尽快将之处理；超过保利储存期但未超过保本储存期的存货，企业应当密切监督，防止发生过期损失。企业每隔一段时间应对各类商品的销售状况做出总结，及时调整企业未来的产品结构，提高存货的周转速度。

【例9-14】 某商品流通企业购进甲商品5 000件，进货单价为50元，销售单价为70元（均不含增值税），该商品的固定储存费用为40 000元，销售税金及附加为3 000元，每日变动储存费用为300元。（1）计算该批存货的保本储存期；（2）若该企业想获利1 800元，则该企业的保利储存期是多少？（3）若该存货实际储存期为145天，则企业实际获利是多少？

解：（1）该批存货的保本储存期=［（70-50）×5 000-3 000-40 000］÷300=190（天）

（2）若该企业想获利18 000元，则：

保利储存期=［（70-50）×5 000-3 000-40 000-18 000］÷300=130（天）

（3）若该存货实际储存期为145天，则

企业实际获利18 000-300×15=13 500（元）

四、存货控制系统

存货管理不仅需要各种模型帮助确定适当的存货水平，还需要建立相应的存货控制系统。传统的存货控制系统有定量控制系统和定时控制系统两种。定量控制系统是指当存货下降到一定水平时即发出订货单，订货数量是固定的和事先决定的。定时控制系统是每隔一段固定时间，无论现有存货水平多少，即发出订货申请。这两种系统都较简单和易于理解，但不够精确。

现在许多大型企业都已采用计算机存货控制系统。当存货数据输入计算机后，计算机即对这批货物进行跟踪。此后，每当有该货物被取出时，计算机就及时做出记录并修正库存余额。当存货下降到订货点时，计算机自动发出订单，并在收到订货时记下所有的库存量。计算机系统能对大量多种类的存货进行有效管理。

伴随着业务流程重组的兴起以及计算机行业的发展，存货管理系统也得到了很大的发展。从物料资源规划（MRP）发展到制造资源规划（MRP－Ⅱ），再到企业资源规划（ERP），以及后来的柔性制造和供应链管理，甚至是外包等管理方法，都大大地提高了企业存货管理能力。这些新的生产方式把信息技术革命和管理进步融为一体，提高了企业的整体运作效率。以下是两个典型的存货控制系统。

（一）ABC 控制系统

ABC 控制系统就是把企业种类繁多的存货，依据其重要程度、价值大小或者资金占用等标准分为三大类：A 类为高价值存货，品种数量占整个存货量的 10%～15%，但价值占全部存货价值的 50%～70%；B 类为中等价值存货，品种数量占全部存货量的 20%～25%，价值占全部存货价值的 15%～20%；C 类为低价值存货，品种数量多，占整个存货量的 60%～70%，价值占全部存货价值的 10%～35%。针对不同类别的存货分别采用不同的管理方法：A 类存货应作为管理的重点，实行重点控制、严格管理；而对 B 类和 C 类存货的重视程度则可依次降低，采取一般管理。

（二）适时制库存控制系统

适时制库存控制系统又称零库存管理、看板管理系统。它最早由丰田公司提出并将其应用于实践，是指制造企业事先与供应商和客户协调好：只有当制造企业在生产过程中需要原料或零件时，供应商才会将原料或零件送来；产品生产完成后就被客户拉走。这样，制造企业的存货持有水平就可以大大下降，企业的物资供应、生产和销售形成连续的同步运动过程。显然，适时制库存控制系统需要的是稳定而标准的生产程序以及诚信的供应商，否则，任何一个环节出现差错都将导致整个生产线瘫痪。目前，已有越来越多的企业利用适时制库存控制系统减少甚至消除对存货的需求，即实行零库存管理。

【延伸阅读 9－2】　　广东美的公司大存货管理①

美的公司是家电行业的龙头企业，旗下拥有美的、小天鹅、威灵、华凌、安得、美芝等十余个品牌。由于经济波动、市场的季节性变化及市场竞争等因素，家电行业的销量起伏很大，存货的管理与流转具有一定的风险，企业常会在销售旺季存货不足，而在销售淡季存货过剩，造成资金周转困难，产品滞销。作为龙头企业的美的公司，也曾因为存货管理不到位，遭遇了巨大的亏损。

① 胡毅．企业存货管理现状与对策研究——以广东美的公司为例［J］．财经界（学术版），2016（8）．

从历年的财务报表和资产负债表可以看出，美的公司2006年至2007年，存货占总资产的比值分别为35%、39%，平均周转次数分别为3.6次、3.7次。彼时，美的公司经营状况持续下滑，由于经济总形势走低，旺季销售过后，仍有大量存货囤积滞销，产生了大量的管理成本。又由于电器行业创新不断，存货的销售更是难以为继。2006年，美的销售额同比下跌5.5%。

2008年之后美的公司进行了存货改革，采用“零库存”战略，灵活调用周边存货资源，避免存货囤积滞销产生的大量管理费用，加强了资金流动效率。从资产负债表中可以看出，2008年、2009年两年间，存货在总资产中的比例分别为0.0855%、1.8592%，周转次数上升近两倍。经历了此次改革之后，美的销售额迅速上升，截至2012年，销售收入达1 027亿元，与格力集团并排成为我国家电业的两大龙头企业。

思考：传统存货管理模式有哪些弊端？美的公司的“零库存”战略属于哪种典型的存货控制系统？

更多内容请扫描二维码

本章小结

1. 营运资金是公司日常经营中短期占用的资金，是流动资产与流动负债的差额。根据企业对流动资产和流动负债分类的搭配方式，可以将营运资金筹资政策分为配合型筹资政策、激进型筹资政策和稳健型筹资政策三种。

2. 公司短期筹资方式主要有短期借款、商业信用，商业信用的具体形式主要包括应付账款、应付票据和预付账款。

3. 企业持有现金一般出于交易性动机、预防性动机和投机性动机。企业持有现金成本即持有成本，主要包括机会成本、管理成本和短缺成本。确定最佳现金持有量的方法包括成本分析模式、存货管理模式和随机模式。企业要加强对库存现金的管理，采用现金流量同步、加速收账、合理使用现金的浮游量及推迟应付款的支付等措施控制现金收支，降低现金余额。

4. 应收账款是企业通过赊销扩大销售的结果。应收账款存在管理成本、机会成本、坏账成本。应收账款赊销效果的好坏取决于信用政策，信用政策包括信用期限、信用标准、现金折扣政策。应收账款的管理方法主要有通过账龄分析法和ABC分析法监督应收账款的收回情况；计提应收账款坏账准备金；让售应收账款；对员工采取有效的激励措施促使其积极收回应收账款以及采用应收账款追踪分析法等。

5. 存货是保证企业正常生产经营活动所必需的。与存货有关的成本主要有取得成本、储存成本及缺货成本。存货管理的方法主要包括存货经济批量法、存货储存期控制法等。两个典型的存货控制系统是ABC控制系统和适时制库存控制系统。

【复习思考题】

一、名词解释

最佳现金持有量　　企业信用政策　　存货经济批量法

二、简答题

1. 企业持有现金的动机是什么？企业持有现金的成本有哪些？

2. 企业如何加强现金的日常管理？

3. 何谓信用政策？如何形成对公司有利的信用政策？

4. 什么是存货成本？存货成本包括哪些内容？

三、计算题

1. 某公司预计年度销售额为 2 400 万元，目前的信用期为：$N/30$，坏账损失率为 2%，收账费用为 24 万元，变动成本率为 65%，资本成本为 10%。为扩大销售，增强公司竞争力，使销售额增加到 2 640 万元，公司准备将信用期限政策变为 $N/60$，坏账损失率为 3%，收账费用为 40 万元，其他条件不变，要求：通过计算说明该公司是否应该改变信用政策。

2. 某企业全年耗用甲材料 4 320 千克，该材料单位成本为 10 元，单位储存成本为 2 元，每次订货成本为 32 元，要求：(1) 计算经济订货批量；(2) 计算每年最佳订货次数；(3) 计算最佳订货周期；(4) 计算全年总成本。

3. 某企业一个月需用现金 80 000 元，可采用有价证券转换。该企业每天现金收支均衡，有价证券每次转换成本为 100 元，有价证券年利率为 12%。计算该企业月内最合理的现金持有量及有价证券转换次数。

4. 华南公司经常向海东公司购买原材料，海东公司给出的付款条件是（2/10，$N/30$）。有一天，华南公司财务经理刘林查阅了公司关于此项业务的会计账目，惊讶地发现，会计人员对此项交易的处理是一般在收到货后 15 天支付货款。当刘林询问为什么不接受现金折扣时，负责该项业务的李会计回答说："这一项交易资本成本仅为 2%，而银行贷款利率为 10%，因此没有必要接受现金折扣。"要求：(1) 计算该公司不接受现金折扣的实际成本为多少。(2) 如果该公司无法获得贷款不得不使用商业信用资金时，为降低年利息成本，你对刘林有什么建议？

四、案例分析

天虹商场股份有限公司（以下简称天虹）成立于 1984 年，是一家中外合资的零售企业，在广深地区有着较大的影响力，于 2010 年在深交所上市。面对电商对实体零售的冲击、百货同质化竞争加剧的局面，天虹率先推进自我转型变革和新业态布局，全力布局全渠道。当前已成为开启全渠道转型程度最高的百货企业之一。

天虹在 2010 年 3 月就推出网上天虹，进入电商领域，2013 年起明确全渠道的发展战略，发展至今已形成"虹领巾 + 微信 + 微品"三位一体的线上入口，结合"天虹到家 + 跨境电商体验店 + 自提点"实现门店电商化。2014 年，为实现全渠道的数字化，天虹推出一系列立体电商，如网上天虹、智慧管家、天虹微店等，将传统零售服务与电子商务有机融合。天虹在线上线下任一平台的订单信息都会在网络平台上共享和集中处理，实现了全渠道销售的规范化、统一化（见图9－7）。

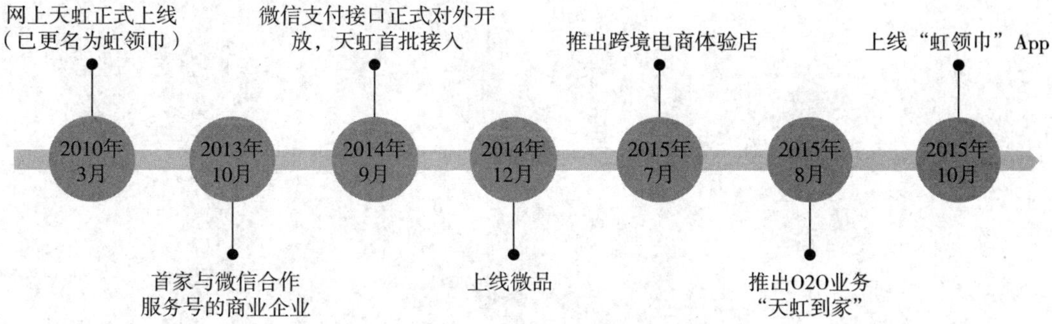

图9－7 天虹全渠道转型之路

2014年至2015年，天虹积极实施供应链升级战略。天虹开展了“源头采购”业务，并与许多供应商达成战略合作关系，构建领先的全球化供应链体系。天虹还通过大数据平台，与供应商共享货物库存和物流信息，实现了全渠道库存管理。此外，为了加强与供应商的合作，天虹推出“天虹金融”等供应链金融服务，为供应商解决短期资金问题。

2015年完成全渠道数字化战略以及供应链升级战略后，天虹又顺应消费升级的环境和趋势，开始实施体验式销售战略，通过将实体店移动互联网化、购物中心体验化、生活方式主题编辑化“三化”转型，按照顾客生活方式为顾客组合商品，并用顾客乐于接受的方式售卖，满足顾客便利生活和优质的生活需求，以达到提升客户体验、增强客户消费黏性的效果。

截至2016年，天虹股份三大战略全部转型完成。

在过去三五年，百货行业不景气阶段，不少零售企业关店离场，零售上市公司大多放缓甚至停止开店步伐。然而天虹凭借创新型业态、数字化支持，实现了逆势扩张。从20家重点零售百货公司/购物中心业态拓展店情况来看，天虹在2015年至2017年间百货及购物中心门店净增7家，门店增长位居前列。

请结合天虹官网公开的报表数据，从营运资金周转周期、应收账款周转率、存货周转率及应付账款周转率等指标，分析上述战略转型对天虹公司营运资金管理带来了哪些有利的影响。

下　篇

家庭理财篇

第十章

个人理财理论基础

GEREN LICAI LILUN JICHU

随着个人收入来源渠道的增加，物质财富的不断积累，理财的重要性已经被大多数人所认可，如何进行合理有效的理财规划日益成为人们所关注的重要问题。本章主要介绍个人理财的基础理论及基础知识。

【本章学习目标】

掌握马斯洛需求层次理论的基本内容及其对个人理财的启示；了解生命周期理论及其在个人理财中的应用原理；掌握持续收入理论的基本内容及其对个人理财的启示；了解个人理财的目标、主要内容、遵循的原则和常见误区。

【本章关键词】

马斯洛需求层次理论　　生命周期理论　　持续收入理论　　理财目标

理财内容　　理财原则

第一节　马斯洛的需求层次理论

一、马斯洛需求层次理论的基本内容

美国著名心理学家马斯洛（Abraham. H. Maslow）通过长期研究，提出了需求层次理论。

（一）需求层次分析

1. 生理需求。生理需求是人类维持个体生存的最原始、最基本的物质性需求。它是

最强烈的不可避免的最底层需求，也是推动人们行动的强大动力。当一个人为生理需求所控制时，其他一切需求都被推到幕后。当生理需求得到相对满足时，人的注意力才会集中到高一层次的需求上。

2. 安全需求。安全需求即免于受外来侵害和威胁的需求，包括人的健康与安全、劳动保护、职业安全、生活稳定、社会保障、社会秩序与治安、退休金与生活保障等。人们希望有一个和平、安定、良好的社会环境，在这个社会环境中，健康、正常人的安全需求基本上可以得到满足。

3. 社交需求。社交需求又称爱与隶属需求，是指个人对爱、情感和归属的需求。个人在生活中需要朋友、爱人、孩子；希望得到爱和爱他人；希望交友融洽、相互忠诚信任、有和谐的人际关系；希望依附一定的组织与团体，被团体接纳，有归属感。

4. 尊重需求。尊重需求是自尊、自重和受别人尊重的需求，包括自我尊重需求，如独立、自由、自信、成就等；社会尊重需求，如名誉、地位、社会认可、被他人尊敬等。这类需求被满足后可以增强人的自信心；反之则会出现自卑心理。

5. 自我价值实现需求。自我价值实现是指希望能够充分发挥自己的聪明才智，做一些自己觉得有意义、有价值、有贡献的事，实现自己的理想与抱负。

马斯洛首先提出五个需求层次，然后又在尊重需求与自我价值实现需求之间加入了求知、审美两个需求层次。求知需求包括好奇心、求知欲、探索心理及对事物认知和理解的需求；审美需求则指人有追求匀称、整齐、和谐、鲜艳、美丽等事物而获得心理上满足的需求。

马斯洛认为，这七种需求是按上述次序依次满足的。其中，生理安全需求是低层次的需求，而爱、尊重、求知、审美及自我实现则是高层次的需求。只有在较低层次的需求得到满足之后，才能出现较高层次的需求。

在马斯洛看来，各层次的需求之间存在如下关系：

1. 各种需求并不是杂乱无章的，而是相对排列成层次，呈阶梯状，由低到高逐层递升。底层的需求得到满足之后，上层的需求方能依次出现，并得到满足。当然，每一层次的需求并不是截然分开的，各层次需求之间有密切的联系，在实际生活中，生理需求往往与其他需求交织在一起。而且，对于不同的人而言，并不一定要在满足了低层次需求的基础上才会出现较高一层次的需求，而会出现颠倒的现象。

2. 同一时期内，一个人可能同时存在几种需求，但必定有一种需求占主导地位，成为推动行为的主导动机。人在不同的年龄阶段和不同的条件下，总存在某种最重要、最迫切的需求，突出于其他需求之上而成为优势需求。如果优势需求长期得不到满足，则会引起一系列无理行为或个性缺陷。

3. 人的需求满足是相对的。七种需求都不可能完全得到满足，越是高层次的需求，满足程度越低。这是因为每个人对满足的理解和判断是不同的，而有些需求尤其是高层次需求是无限的。

（二）需求层次论的两大规律

马斯洛还提出了两条重要的规律。

1. “剥夺/主宰”律。该规律说明某一需求被剥夺得越多，就越缺乏、越不足，这个需求就越突出、强烈。或者说，越缺少的东西越想要，越匮乏的东西越重要。剥夺得越多，该需求给家庭消费带来的效用越大，相应地，其价值也越大，在家庭的支出计划中所占比重也会越大。

2. “满足/激活”律。该规律说明某一需求获得满足的程度越高，这一需求的重要性就变得越低。此时，相邻的较高层次需求的重要性就会突出。因为人的需求客观存在多重选择性，作为理性的人或家庭，为追求个人或家庭效用总值最大化，必然会转向另一个或几个新的需求。

二、马斯洛需求层次理论对个人理财的启示

马斯洛需求层次论是个人理财重要的理论基础，对个人理财有重要的启示作用。总体而言，这种启示作用表现在如下两方面。

1. 有助于个人分阶段做好理财计划。个人可依据马斯洛需求层次理论判断目前所处的需求阶段，并预知下期的需求。根据所掌握的信息，个人可提前做好理财计划，通过安排包括本期在内的若干期的理财计划，可在总体上进行控制，以实现个人在不同阶段的需求。

2. 有助于个人在本期将有限的资源配置于不同的需求之上。马斯洛认为，人在某一阶段的需求不是单一的，而是多种需求的复合体，而且在该复合体中有一种需求占优势地位或主导地位。鉴于此，个人家庭可根据需求层次理论，并利用前期所积累的经验，确定本期的各种需求及其比例。按照此比例，个人便可将资源分配于各种需求上。

具体而言，马斯洛需求层次理论对于分析不同层次个人的需求，探讨满足个人各类需求的理财途径有很大的帮助。各层次需求与理财活动的关系分析如下。

1. 不同收入水平的个人对生理需求的实现要求不同。低收入个人的生理需求主要体现在能够吃饱穿暖，恩格尔系数非常高，住房主要通过租赁解决，这时的理财主要是开源节流，想方设法增加个人储蓄，为未来做准备；而中高收入个人则追求生活品质，消费支出的绝对值较大，需要购置住宅，享受汽车、高档电器等耐用消费品，因此，此类个人进行理财时，需要保证其生理需求的高水平满足，安排足够的日常开支。

2. 保险是实现安全需求的最重要手段。目前，我国居民整体已经解决温饱问题，人们开始追求生活稳定、免于灾难，希望未来一旦出现失业、发生意外事故以及退休收入大幅度降低等情况时能够有一定的保障。在个人进行理财的过程中，可以通过合理购买保险来规避或削减这类风险，使其安全需求得到较大程度的满足。

3. 社交需求可以通过子女教育投资和居住选择得到满足。以教育储蓄、教育保险等为子女进行教育投资，累积所需的教育经费已经成为大多数人理财的重要环节之一。社交是现代人日常生活的重要组成部分，而良好的居住环境是社交顺利开展的保障。因此，进行住宅规划时，就必须充分考虑所选住宅的周边环境，包括交通、教育配套、居住人群特点、休闲娱乐设施、社区知名度等。

4. 尊重需求可以通过一定的财富积累和退休准备来实现。通过合理的理财方式，获

得一定财富是被别人尊重认可的一种重要方式。此外，理财在实现尊重需求方面还体现在退休后。现代社会，人的平均寿命越来越长。只有通过理财为自己准备足够的养老资金，才能保证自己老有所养，不会成为别人的负担。否则，依靠政府救济或子女赡养，根本谈不上尊重需求的实现。

5. 自我价值实现需求的满足往往需要一定的资金保障。自我价值实现需求是一种希望自我发展的最高需求，而追求发挥自己的全部能力必须在不断自我提高完善的同时有足够的资金保障。自我完善需要不断地学习，因此在个人理财的过程中，必须定期安排足够的培训费用，为自我实现储备足够的知识和能力。通过各类投资理财积累财富，创立自己的事业，实现个人理想，是自我实现的重要途径。

【延伸阅读 10－1】　2009—2019 年我国城镇居民消费性支出对比①

2009 年至 2019 年 10 年间，伴随着我国国民经济的快速发展，我国居民消费不仅总体水平有了较大提高，而且消费结构也发生了较大变化。总体消费水平方面，人均消费支出总额由 12 264.54 元增长到了 21 559 元，年均增长 7.58%。消费结构方面，尽管食品烟酒支出始终占比最高，但占比幅度有较大的下降，由 36.52% 下降到了 28.2%，该指标已连续 8 年下降。在房价、住房租金增长及电信价格下调的背景下，居住支出已取代交通通信，成为占比居第二位的支出，由 10.47% 增长到了 23.4%。10 年间，占比变化幅度较为明显的还有：衣着支出占比由 10.47% 下降到了 6.2%，表明日常生活费用的进一步下降；医疗保健支出占比由 6.98% 上升到了 8.8%，表明居民对身心健康的关注（见表 10－1）。

表 10－1　2009 年、2019 年我国居民人均消费支出情况

消费支出项目	2009 年		2019 年	
	金额/元	占比/%	金额/元	占比/%
食品烟酒	4 478.54	36.5	6 084	28.2
衣着	1 284.2	10.5	1 338	6.2
居住	1 228.91	10	5 055	23.4
生活用品及服务	786.94	6.4	1 281	6
医疗保健	856.41	7	1 902	8.8
交通和通信	1 682.57	13.7	2 862	13.3
教育文化娱乐	1 472.76	12	2 513	11.7
其他商品和服务	474.21	3.9	524	2.4
合计	12 264.54	100	21 559	100

思考：如何用马斯洛需求层次理论解释我国居民消费结构的变化？

① 数据来源于中国国家统计局网站，http：//www. stats. gov. cn/。

第二节　生命周期理论

一、生命周期理论的基本内容

（一）基本理论及推论

生命周期理论是由莫迪利安尼（Franco Modigliani）提出的。该理论认为"消费者将选择一个合理的、稳定的消费率，接近于他预期一生的平均消费"，或者个人在各年龄阶段的消费支出，将取决于他的终生收入，即整个生命周期的全部收入，因此，消费者现期消费不仅与现期收入有关，而且与消费者以后各期收入的期望值、开始时的资产和个人年龄大小有关。

为了便于分析论证，莫迪利安尼做了如下假定。

1. 消费者收入不变，直至退休后收入为零，利息收入也为零；

2. 消费者一生中消费不变，没有遗产。

在这些假定下，莫迪利安尼做出了以下推论。

1. 一国储蓄率完全与其人均收入无关。个人储蓄是以生命周期的消费为基础，取决于其终生收入，独立于国家的人均收入水平。大量的统计资料和实证研究也证明了这一点。高收入国家中，储蓄率有高也有低，而有些人均收入较低的发展中国家，储蓄率却相对较高。虽然，各国的储蓄率有所差异，但就每一个人而言，其一生的储蓄曲线随生命周期而呈现明显的峰型。

2. 从一个国家来看，经济的长期增长率越高，总储蓄变化率将上升；经济增长率为零时，总储蓄变化率为零。因为经济增长率为零时，收入和人口都保持不变，总财产也不变，在这种静态状况下，退休者从早期积累的财富中提取的储蓄，正好抵消了正在工作的人们为退休而进行的储蓄，因此，总储蓄变化率为零。

3. 即使没有财产继承，通过储蓄，人们还可以从收入中积累相当多的财产总额。

4. 在一定的增长率下，制约消费率和储蓄率的主要因素是普遍的退休期长度。根据效用最大化原则，如果退休期较长，就需要在工作期相对降低消费率以增加储蓄率，从而保证退休后的消费水平不低于工作期的消费水平。

（二）影响个人生命周期不同阶段储蓄行为的因素

1. 个人不同生命周期的收支变化。人的生命从出生到死亡将经历婴儿、童年、少年、青年、中年一直到老年的多个不同时期。婴儿期、童年期、少年期没有财务来源但支出较大；青年期、中年期是收入的主要来源期，是储蓄的形成阶段；老年期的财务来源也十分有限。典型的个人收支曲线如图 10－1 所示。生命周期理论认为个人理财的核心是通过合理安排负债和盈余资金以调整整个生命周期中各时期收入和支出的差额，以期达到个人终身消费的最大效用。

2. 工作期和退休期的长短。一般而言，工作期越长，退休期就越短，个人不必采用较高的储蓄率就能在较长的工作期中达到一定的积蓄，足以维持退休后的消费水平不致

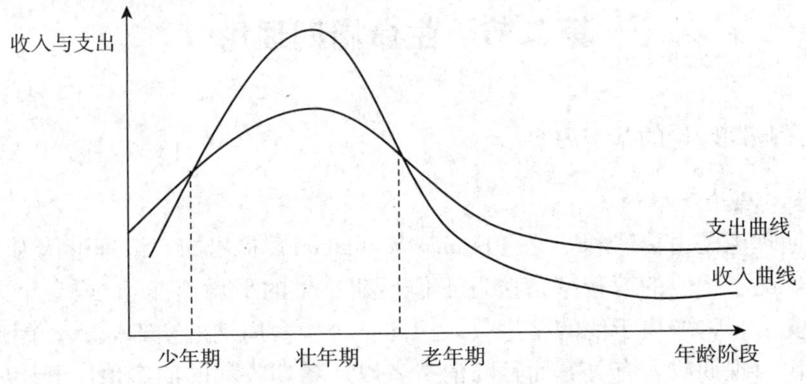

图 10－1　生命周期收入与支出曲线

下降。反之，工作期越短，退休期越长，个人就必须在工作期提高储蓄率。否则，在较短的工作期中难以为退休养老做好充分的准备。

3. 流动性抑制。如果借贷市场不完善和个人未来收入不确定，就会使人们的消费计划受到流动性抑制，表现为限制家庭借钱，抑制消费，其结果是推迟消费并增加储蓄。因此，在金融市场落后、流动性较差或个人收入不稳定的国家，储蓄率反而较高。

4. 对将来的考虑。莫迪利安尼认为，消费者具有相当程度的自制力和行为的合理性，因而他会在工作期间考虑到将来的需要，为保持退休后的消费水平进行储蓄。

二、生命周期理论在个人理财中的应用

（一）个人生命周期与理财

根据生命周期理论，人们总是偏好在整个生命周期内实现消费的最佳配置，储蓄是想为年老时的消费做准备的愿望的结果。

在未成年时期，个人在经济上完全依赖家庭，这一时期是个人人力资本的形成阶段。由于人力资本是决定个人将来成长独立后获取收入高低的关键因素，因此，在这一阶段，必须由父母对其进行至关重要的教育投资，以期在将来独立后获得更高的收入。

长大独立进入社会工作后是人生精力最充沛的阶段，必须设法获得足够的收入来维持基本的日常开支并逐步积累财富，同时为退休后的生活储备资金。个人一旦错过这个财富的最佳积累期，将无以养老。因此，必须在这个时期合理地规划自己的人生及财富。

年老退休后是人生身体状况最差而收入不可能增长的时期。这一时期，个人的收入将大幅度减少，若不考虑社会保障体系，则很多情况下将不再有收入，需要动用工作时期的盈余资金维持生活水平。如果个人在工作时期为养老准备了足够的资金或购买了适当的保险，该阶段的生活将是充实而幸福的。

此外，博迪（Bodie）于 2002 年提出的生命周期理财新范式（见表 10－2）对个人

理财有很大的启示。

表 10－2 生命周期理财的两种范式比较

特征	旧范式	新范式
福利的计量指标	财富	财富和闲暇的终身消费
时间框架	单期（从长期来看，股票是可靠的）	多期（股票不论短期还是长期都是有风险的）
风险管理技术	审慎储蓄，分散投资	审慎储蓄，分散投资对冲，保险
零售投资产品	共同基金	定制的生活水平合同，目标账户
定量模型	方差－协方差模型和蒙特卡洛模拟	动态规划或有求偿权分析
资本市场预期	根据历史资料估计	从金融工具的当前价格推断

表 10－2 显示，个人理财追求的不仅仅是物质财富的最大化，而是获得整个生命周期内的效用最大化。这里的效用除了物质财富外，还包括闲暇生活。因此，在理财过程中，首先，要充分关注个人福利，注重生活品质的提高，而不是简单地一味追求财富积累；其次，要审慎储蓄，通过多元化投资分散风险，同时通过购买保险，获得基本的安全保障；再次，个人理财是一个动态的过程，需要根据家庭状况和市场形势的变化不断调整理财目标和组合，在“设定—执行—检验—调整”的循环中达到最佳的理财状态；最后，在测定家庭的金融资产时，不能以过去的投入成本计价，而必须根据当前的市场价格来进行确定。

（二）家庭生命周期与理财

梅修（Mayhew）（1987）、墨菲（Murphy）和罗杰斯（Rogers）（1986）认为，在确定和分析消费者金融需求方面，家庭生命周期是比年龄更为重要的因素，因此，引入家庭生命周期的概念可以更为恰当地分析家庭的理财需求。根据年龄和其他一些因素，可以按家庭生命周期将家庭进行分类（见表 10－3），各生命周期阶段均有不同的重点理财要素（见表 10－4）。

表 10－3 家庭分类表

类别	特征
1	青年，单身
2	青年夫妇，无子女
3	夫妇两人，有子女
4	单身，有子女
5	老年夫妇，子女独立或接近独立
6	老年，单身，未退休
7	夫妇两人，退休
8	老年，单身，退休

表 10－4　　家庭生命周期不同阶段理财要素分析表

理财要素	生命周期不同阶段理财要素的重要性							
	1	2	3	4	5	6	7	8
预算	H	H	H	H	M	L	L	L
所得税	L	M	M	M	H	H	M	M
风险管理	L	M	H	H	M	L	M	L
债务管理	M	M	H	H	M	L	L	L
投资	L	M	M	M	H	H	M	H
退休计划	L	L	M	M	H	H	H	H
L：不重要　M：中等重要　H：很重要 1、2、3……8 与表 10－3 中的 8 种类型相对应								

【知识链接 10－1】　个人特征与生命周期理财

在人的一生中会有很多目标，这些目标不可能被同时满足。此外，在个人生命周期的不同阶段理财目标是不同的，因此，需要根据个人不同的价值观，评判各目标对个人的主观效用，进行优先等级的排序。以下是四种典型的理财价值观。

1. 蚂蚁族——先牺牲后享受型。蚂蚁族代表那些在工作期间全力以赴、不注重眼前享受的人。他们努力工作，赚取的收入远超生活所需，储蓄率相对较高。蚂蚁族的最大期待是早日达到财务独立提早退休，或者在退休后享受远高于目前消费水准的生活。其特色是工作期与退休期生活形态差异明显，先牺牲后享受。其理财模式见图 10－2。

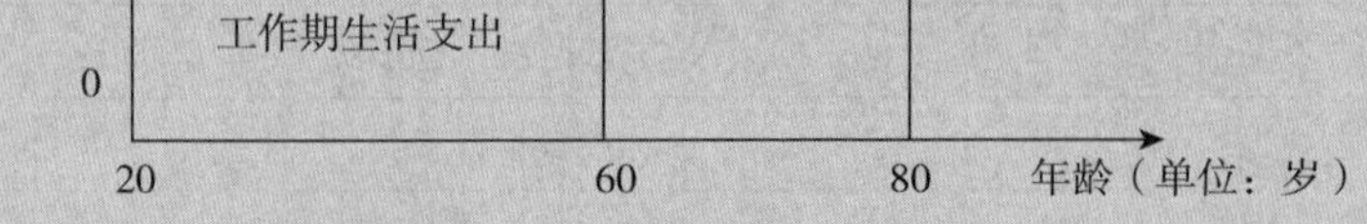

图 10－2　蚂蚁族的生命周期理财模式

2. 蟋蟀族——先享受后牺牲型。蟋蟀族，即“月光族”，其典型的价值观是“今朝有酒今朝醉”，注重眼前的享受。这种价值观使他们在工作期间储蓄率较低，赚多少花多少，其结果是一旦退休，其资产净值不足以支撑老年生活所需，必须大幅度降低生活水准或者靠政府救济。其理财模式见图10－3。

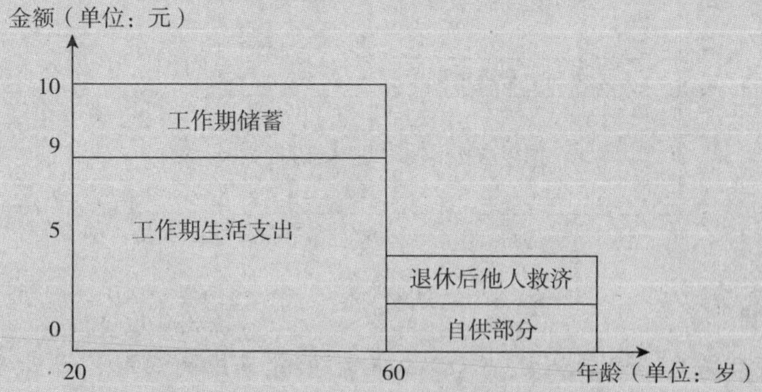

图10－3　蟋蟀族的生命周期理财模式

3. 蜗牛族——背壳不嫌苦型。蜗牛族是指将购买房屋作为自己理财首要目标的那部分人。为了拥有自己的房子，他们不惜节衣缩食或者背负长期房屋贷款。蜗牛族在工作期的收入扣除房屋贷款后，既不能维持较高的生活标准，也没有多少储蓄为退休后准备，也就难以在退休后过较好的生活。其理财模式见图10－4。

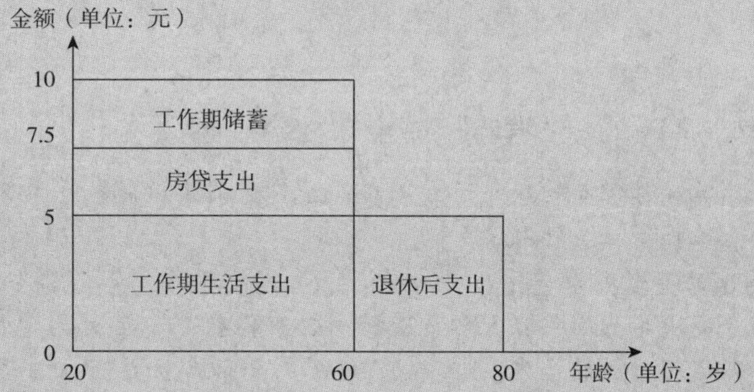

图10－4　蜗牛族的生命周期理财模式

4. 慈乌族——一切为儿女着想型。慈乌族是指那些把子女的成长作为最大目标的一部分人。大多数中国人都有望子成龙的心理，他们不惜举债供孩子读书，视子女的成就为最大的满足。其理财模式见图10－5。

持有上述四种理财价值观的个人，其理财方式的差异是非常大的，理财规划和理财产品选择的侧重点也会有所不同。

蚂蚁族崇尚先牺牲后享受，一般靠储蓄就能完成理财目标，但也不能过于保守，也应投资一些收益较为稳定的基金及股票，或者购买养老保险，以达到个人财产的最大化。

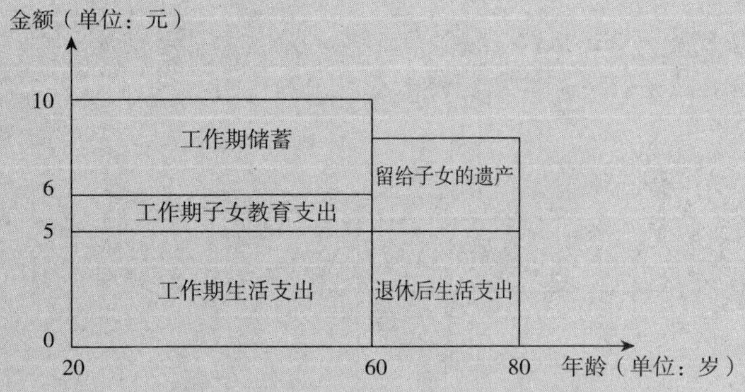

图 10-5　慈鸟族的生命周期理财模式

蟋蟀族则崇尚先享受后牺牲，这部分人在及时享乐的同时，要注重对晚年生活的考虑，需要有一定的储蓄投资计划及保险计划，以期在晚年也能够做到财务独立。

蜗牛族以购买房屋作为最重要的理财目标，然而如果在这一目标上耗用太多的资源必将影响其他目标的实现以及生活水平的提高。因此这部分人要在充分考虑自己的收入水平和还贷能力的前提下进行房产规划，还要注意购买房屋保险。

慈鸟族以子女教育成长为最重要的人生目标，这部分人要注意留一些资源给自己。对于花费较大的子女教育项目要做好长期准备，可以投资一些中长期收益比较稳定的金融产品。

【延伸阅读 10-2】　“啃老”成全球社会现象①

啃老族泛指靠父母供养的成年子女。在高房价、高生活成本的大环境下，“啃老”几乎成了一个全球性的社会问题。

1. 发达国家的啃老现象

美国大部分高中毕业的年轻人常常选择向政府借款以支付大学学费，自己打工赚钱，并随即开始成人独立的生活。但是在 2008 年金融危机之后，美国的“啃老”现象开始蔓延。根据皮尤研究中心 2018 年的一项调查表明，25 岁至 29 岁年龄段的人有 33% 仍然与父母住在一起，达到了 75 年以来的最高水平。不少美国父母为了负担成年子女的开支不得不缩减养老金的准备，这为他们以后的退休生活埋下了隐患。

在日本，近年来的啃老现象也引起了社会的关注。据日本《朝日新闻》报道，截至 2013 年，40 岁至 50 岁仍单身无业的子女和年迈父母同住并依靠父母生活的家庭在

① 资料来源：“啃老”成全球社会现象？[N]. 中国报道，2017-11-15.
魏欣. 美国年轻人“啃老”现象的蔓延 [N]. 中国经营报，2019-05-13.
又一组数据公开：60% 的年轻人沦为“啃老”族，你也在啃老吗？ [Z/OL]. (2020-04-02). http://view.inews.qq.com.

日本有57万户，比1995年增加了3倍。另据日本总务省2016年的调查显示，35～59岁的中年“啃老族”有123万人，是15～34岁青年“啃老族”的2.2倍。2018年，日本政府曾专门拨款13亿日元（约合人民币8 507万元），希望能够解决这一社会难题。

来自加拿大的报告显示，32%的父母表示愿意为子女而牺牲退休的舒适度，19%的父母甚至愿意从退休金中抽出部分资金资助子女。这样的调查结果显示加拿大父母对于成年子女财务状况的担忧和焦虑。

在澳大利亚，成年就意味着离开自己的家自食其力。而今，由于房价不断上涨，年轻人已经越来越难以承担购买一套房子的费用，不得不向父母借钱购房。据最新的统计，澳大利亚年轻人中向父母借钱来支付购房首付的比例现在高达54%。

2. 我国的啃老现象

最新调查显示，由于我国香港地区楼价及生活成本高企，有47%的家长还在为已成年的下一代提供经济支持，其中6成受养子女已超过30岁；52%的家长正负责成年子女的教育支出。

另有研究数据显示：我国的啃老族高达60%。一部分年轻人质疑这一数据，认为他们已经有了稳定的工资收入，自己负担自己的费用，没有啃老，怎么会有这么高的比例呢？而另外一种声音却表示这应该已经是常态。如果将“啃老”定义为不工作待在家里，衣食住行都靠父母，那么60%的比例的确太高。而如果从广义的角度来定义“啃老”，那么60%的数值不仅不大，甚至还应该更高一些。

更多内容请扫描二维码

思考：你如何看待“啃老族”？个人要如何避免成为“啃老族”？

第三节　持久收入消费理论

一、持久收入消费理论的主要内容

持久收入消费理论是由米尔顿·弗里德曼（Milton Friedman）提出的，其认为居民消费不取决于现期收入的绝对水平，也不取决于现期收入和以前最高收入的关系，而是取决于居民的持久收入。

（一）持久收入与暂时收入

持久收入消费理论将居民收入分为持久收入和暂时收入。持久收入是指在相当长时间里可以得到的收入，是一种长期平均的预期内得到的收入，一般用过去几年的平均收入来表示。暂时收入是指在短期内得到的收入，是一种暂时性偶然的收入，可能是正值（如意外获得的奖金），也可能是负值（如被盗等）。

（二）持久消费与暂时消费

持久收入消费理论把消费分为持久消费和暂时消费。持久消费是指长期的、确定的、有规律的消费，暂时消费是指一时的偶然的消费。

消费者的消费支出主要不是由他的现期收入决定，而是由他的持久收入决定的。持久消费与持久收入之间存在一个固定比例，持久收入越高，消费支出也会越高，而暂时消费与持久收入是不相关的。在此基础上的消费函数的形式为：

$$C_{pt} = k(r,w,u)Y_{pt} + u_t$$

式中，C_{pt}为第 t 期的持久消费，k 为比例系数，是持久消费和持久收入之间的边际消费倾向，它受到利率 r、非人力财产与持久收入的比率 w 及其他因素 u 的影响，Y_{pt}为第 t 期的持久收入，弗里德曼用实际收入 Y_t的几何级数来对其进行测定。

二、持久收入消费理论对个人理财的启示

持久收入消费理论对于个人的消费和投资规划有很重要的指导价值。

（一）未来预期收入的确定性对个人理财行为有很大的影响

根据持久收入消费理论，个人的消费开支是由持久收入决定的，如果收入将会持久增加，则消费一般会同比例增加；如果收入只是临时性增加，且不在人们的预期之内，从消费平稳变化的角度而言，消费不会因此提高很多。

（二）不同收入阶层的消费状况有很大差异

不同的收入阶层，其消费习惯和消费状况也有很大的差异，在明确个人所处的收入阶层的前提下，可以较好地确定收入中作为消费支出部分的金额。

1. 高收入阶层。这个阶层的消费者收入较高，在满足他们对生活必需品和高档消费品的需要之外，还有大量剩余，能够提供大量的财产累积。无论在现期还是未来，无论在退休前还是退休后，这个阶层均不会面临生活水平下降的危险（除非他们的财产受到某些意外的损失），他们在消费上几乎不存在预算障碍，不存在消费压抑现象，如果暂时收入增加，则绝大部分收入将可以用于投资。同时，由于个人存在生理极限，因此他们的收入增长只能带来微弱的消费增长，此阶层的边际消费倾向很低。

2. 低收入阶层。这个阶层的消费者收入在全社会中最低，他们的现期收入在满足消费之后基本所剩无几。所以，尽管这个阶层的消费者能够意识到未来的风险，有比较强的投资和避险欲望，但他们的经济实力决定了他们无法进行大量投资或者保险，而必须将收入的大部分用于消费，其消费难以压缩。此阶层的收入未来若有所提高，首先将导致他们被压抑的消费得到释放，因此，此阶层的边际消费倾向很高，投资以及保险则是排在第二位的事情。

3. 中等收入阶层。中等收入阶层的收入处于高收入阶层与低收入阶层之间，这个阶层的消费也呈现从低收入向高收入过渡的特征。他们的收入已达到一定水平，消费压抑的现象已大大缓解。但是，消费仍然在两个方面受到压抑：首先，他们的现期收入与某些高档消费品的售价还有一定差距，必须经过一定时期的储蓄才能负担得起。其次，尽管拥有中等收入，但他们中的大多数还是资产存量有限，不能像

高收入阶层那样规避风险，而必须考虑维持退休之后的消费水平的需要，所以，如果这个阶层的收入提高，则会将增加的收入作为储蓄和投资，以备未来的消费。

【知识链接10－2】　我国“2017年版”中产阶级的标准①

中产阶级既是社会稳定的力量，也是个人理财的追求。随着经济发展水平的提高，我国中产阶级的标准也在不断变化。网上流传的2017年版我国中产阶级的标准如下：

月收入4.5万元，年收入在50万元以上；百万元的流动资产；至少在一线城市拥有一套别墅或者房子，以及一辆一线品牌的汽车；有良好的教育背景或者较高的社会地位；追求健康，注重运动；旅游、购物、娱乐一个不能少；不失格调的生活品质；有道德、有礼仪、有素质；拥有良好的穿衣品味；重视精神上的追求。

思考：上述标准对应该也想成为中产阶级的你有什么启发？

第四节　个人理财的基本范畴

一、个人理财的目标

（一）个人理财目标的建立

理财是在了解个人的财务、生活状况以及风险偏好的基础上，明确个人特定的理财目标，并在此基础上进行理财规划。这里所说的个人理财目标是指为自己及家人建立一个安心富足健康的生活体系，实现人生各阶段的理想，最终达到财务自由的境界。制定一个好的目标，理财就成功了一半。

理财目标主要包含三个层面的内容：一是安排好当前的生活，将目前的资产和产生的现金流进行合理的安排和配置，为家庭安排适当的保障，使自己和家人能够有一个安心健康的生活方式。二是为未来的人生目标和理想在财务上做好安排，未雨绸缪。这两方面的含义本质上是实现个人财务安全。个人财务安全表现为有稳定充足的收入和现金准备，个人有发展潜力，拥有适度的住房和适当的商业保险，享有社会保障等。三是通过理财规划最终建立一个终生的现金流渠道，足以保障自己和家人过上无忧无虑的生活，这就是“财务自由”的境界。财务自由指个人收入主要来源于主动投资而不是被动工作，表现为投资收入可以完全覆盖个人或家庭的各项支出，个人从被迫工作中解放出来，已有财富成为创造更多财富的工具。

由于理财是针对个人整个生命周期而言的，因此在个人生命周期的不同阶段，理财

① 资料来源：搜狐网．中国中产阶级的十大标准，你符合吗？［EB/OL］．（2017－12－11）．https：//www.sohu.com/a/209711144_671423.

目标是有所不同和侧重的。这些不同生命周期阶段的理财目标也可以划分为短期目标、中期目标和长期目标（见表 10－5）。

表 10－5　常见的理财目标

短期目标	筹集紧急备用金、债务负担最小化、金融与实物资产比重调整
	控制开支
	初步建立保障体系
	自身进修计划
中期目标	为购房、购车筹集专项资金
	提高保险保障
	启动个人创业计划
长期目标	建立退休基金
	为孩子准备教育基金
	资产的保值增值
	为继承人有效分配财产

（二）理财目标的检验

理财目标设定的合适与否可以从明确性、目标履行期限、优先级别、内部一致性四个方面进行分析检验。

1. 明确性。理财目标范围通常从大到小，可以非常概括或者非常明确。例如，“财务独立”或“建立财务上的安全感”是来自个人的价值观和信仰的概括性目标，这样的目标很难以货币去量化。因此，需要将这些概括性目标变为更明确的目标，如“为养老储蓄 100 万元”。理财目标也可以具体到月预算或年预算中，这些明确的目标涉及娱乐、食品、保险、住房、服装、交通等各项支出和储蓄。

2. 目标履行期限。理财目标可以根据履行期限来分类。一些目标是非常短期的或几乎是即期的，例如用足够的钱支付日常的基本开支。长期目标是指履行期限在 10 年以上的目标，例如计划送孩子到海外读书，购买理想的房子等。当然，也有需要在几年内达到的中期目标，例如支付未清偿的汽车贷款等。从理财的角度而言，理财目标必须要有明确的完成期限，只有这样才能合理地规划自身的理财行为。

3. 优先级别。给目标设置优先级别是必需的，因为个人可能无法达成最初设定的所有目标。随着时间的推移，当一些目标显示不能达到的迹象时，应该立刻调整它们。

4. 内部一致性。各个分项目标之间不是独立存在而是互相关联的。如果有许多“奢侈”的短期目标，那么退休后达到某种生活水准的长期目标就可能达不到；为了梦想的房子而储蓄首付款，这样一个中期的计划会对每月的现金流加以限制。因此，必须综合考虑个人分目标的要求，合理进行财务安排。

二、个人理财的主要内容

个人理财是一个系统工程，它是针对个人一生而不是某个阶段的财务规划，因此，为了达到个人理财目标而进行的理财内容涵盖面非常广，具体可以概括为以下几个方面。

（一）现金规划

对个人而言，合理数量的现金持有是日常正常生活的保障，但现金又是流动性最强但收益性最低的资产。如何权衡流动性与收益性，既维持正常日常生活所需又提高资产的收益性，是个人理财规划首先需要考虑的问题。

（二）投资规划

投资一般均需要构建投资组合以达到风险和收益的均衡，而投资组合的构建依赖不同的投资品。这些投资品根据期限长短、风险收益的特征与功能不同，大致可以分为货币类、基金类、债券类、股票类、衍生类。个人往往不具备从事证券投资的专业知识和信息优势，此时，投资规划可以借助专业的机构和人员进行。

（三）居住规划

从理论而言，满足居住需要不一定要通过购置住宅来实现，因此，购置住宅除自住外，必然会混杂其他动机，如出租获取租金收益，投资获得资本得利。个人需要根据拥有住宅的动机及自身的财务能力进行合理的规划。针对自用住宅的规划主要包括租房、购房、换房和房贷规划四大方面，规划是否合理会直接影响个人家庭的资产负债与现金流量状况。

（四）子女教育规划

教育支出是一种人力资源投资，它不仅可以提高个人的文化水平和生活品位，更重要的是可以使受教育者在未来的就业中占据竞争优势。当前，就业市场的竞争日趋激烈，教育成本呈现加速增长的趋势，为了有足够的资金进行教育投资，有必要对子女教育支出做出及早的财务规划。

（五）保险规划

人的一生可能会面对一些不期而至的风险。为了规避、管理这些风险，人们可以通过购买保险来满足自身的安全需要。除了商业保险之外，由政府社会保障部门提供的社会保险以及雇主提供的雇员团体保险也都是个人管理风险的工具。此外，一些商业保险产品除了具有保险保障功能之外，还具有一部分投资、融资功能。面对众多的保险产品，个人需要综合保险需求和财务能力进行合理的规划。

（六）退休计划

在人口老龄化日趋严重的大前提下，没有一个国家的政府可以完全、无限度地保障退休民众的生活，也没有一家企业可以向退休员工提供终身确定给付的员工福利。随着社会进步和计划生育政策以及子女负担的不断加重，养儿防老也越来越不现实，因此，退休计划的安排就显得十分迫切而且重要。退休计划是一个长期的过程，需要在退休前几十年就确定目标，并进行详细规划。

（七）遗产传承规划

遗产传承规划是将个人财产按自己的意愿进行传承所进行的合理安排。遗产规划的主要目标是高效率地管理遗产，并将遗产顺利转移到受益人的手中。所谓高效率包括两方面内容：一是遗产安排应确保未来继承人不发生纠纷；二是应该最大限度地减少遗产处理过程中的各种税费。

（八）税收规划

依法纳税是每一位公民的义务，而纳税人出于自身利益考虑，往往希望自己的赋税合理地减小到最少。因此，如何在合法的前提下尽量减少税负就成为每一个纳税人十分关注的问题。目前，我国开征了18个税种，不少税种与居民的投资、消费及收入有关。随着个人经济生活的复杂化、多样化，个人有必要掌握一定的税法知识，对自身的涉税活动进行合理的规划。

三、个人理财规划的步骤

一般而言，理财规划包含以下步骤。

（一）审视财务状况

审视财务状况即是摸清家底、建立档案、形成账表。审视财务状况对有些个人而言可能极其简单，所有资产一目了然；但对有些个人而言，可能是一件繁杂无比的事情。不管是简单还是繁杂，都必须认真地完成此项任务。只有完成了此项过程，理财活动才能做到有的放矢。

（二）设定明确的目标

如前所述，理财要有明确的目标，而且在不同的阶段有着不同的侧重点。此外，理财的目标不应该只是赚钱，获得高收益率等财产目标，而应该是关系个人生活的期望和梦想的所有内容，即在哪个阶段能够达到怎样的生存状态，如期望何时退休，退休后能够达到怎样的生活水平；期望给孩子怎样的教育；居住或出行条件的改善计划；旅游娱乐计划等。

（三）个人风险属性的评价

不同风险属性的个人，会选择截然不同的理财方案。风险属性取决于客观风险承受能力和主观风险态度：客观风险承受能力与个人的年龄、职业、性别、收入水平、金融投资知识水平有关；主观风险态度则完全取决于个人对风险的偏好。

（四）制订详细的理财规划

个人理财需要有一个科学的、系统的、可操作的，而且各方面总体协调一致的理财规划。这个规划指明达到理财目标的道路和方法，将会涉及个人财务的各个方面，包括资产的配置、保障的安排、现金流的控制、消费的合理安排、资产的投资组合设计、投资策略的制定、税务问题的合理筹划乃至遗产的安排等。

（五）实施理财规划

将制订的财务规划进行具体的实施和安排，事实上就是选择最切合自己需要的理财产品。理财产品没有绝对的好坏之分，只有适合和不适合之分。在这个过程中，个人一定要对各种理财产品有明确的认识，了解各自的优势和不足之处，取长补短，通过组合设计来满足个人整体的财务目标需要。

（六）理财规划的监控和调整

经济社会的环境情况瞬息万变，个人自身的情况也充满变数。因此，理财规划不能、也不可能一成不变，应当顺势而动，随时调整。对已实施的理财活动进行监控和调整是理财最终成功的关键。这一阶段有大量事务性的工作，如跟踪账户信息、总结提升等。

四、个人理财规划的原则

（一）及早规划

及早规划是指个人的理财规划开展得越早越好。主要原因如下：第一，资金有时间价值，尤其是对投资理财而言，在复利因素的作用下，“涓涓细流”也能“汇集成河”。第二，一些理财项目没有时间弹性，如子女教育规划。第三，越早准备越能更多地分摊时间成本，减轻各类准备金筹备对日常生活的影响。第四，越早规划，规划工具的选择性越强，如遗产传承规划，年事已高再选择购买人寿保险来传承财产已不现实。

（二）理性规划

理财切忌盲目和跟风，必须要理性，要充分地了解自身的财务状况及风险承受能力，要分析个人各种理财项目的影响要素，制定明确的理财目标和达到此目标的理财策略。个人理财要量力而行，按需选择。现实生活存在的举债投资股票、从众和盲目攀比的子女教育投资、重复投保、超额投保等都是非理性理财的行为。这些理财行为会导致资金使用的低效、浪费，有时甚至还会使个人财务“雪上加霜”，偏离理财目标。

（三）配期规划

配期是指各类理财工具的选择与理财目标时间长短及相关准备资金的性质相匹配的原则。比如，对投资规划而言，不同性质的资金要配置在不同的投资工具上，“应急钱”适合流动性强的投资工具，“保命钱”适合安全性强的投资工具，只有“闲钱”才能用于风险性投资。

（四）均衡风险与收益

有些理财项目，如教育规划及养老规划要特别注重安全性，因为它们承受风险的能力低，规划时要谨慎选择稳健性的理财工具。而有些理财项目可以适度追求收益，如“闲钱”就可以配置在高风险高收益的股票上。当然，个人理财单一项目规划时也要注意风险与收益的均衡。仍以投资理财为例，协调收益和风险矛盾的基本选择即是进行组合投资，配置具有不同收益风险特点的投资品。

（五）从宽规划教育和养老准备金

子女教育准备金从宽规划是因为：一方面，子女的学习能力、兴趣爱好、性格特点是动态变化的，发展方向难以确定；另一方面，不同学校之间学费标准有较大差异。从宽准备教育金可以应付子女未来不同的教育选择。养老准备金从宽规划是因为寿命延长导致的退休生活延长。为了退休后的生活保障，需要从宽规划退休金储备。

【知识链接 10 - 3】　　个人理财的几个误区①

正确认识理财，形成一个良好的理财观和理财习惯，是理财成功的关键所在。以下几种观念是关于理财常见的误区，需要引以为戒。

1. 没钱理财

经常听到“理财是有钱人的事，我现在没钱，不用考虑理财”；或是“现在还年轻，理财以后再说吧”等论调。而事实上，理财与有钱与否并没有直接的联系，理财强调的是越早开始越好，因为复利的力量是非常巨大的。以每月节省 1 000 元，投资年收益率为 10% 的产品为例，坚持投资 40 年，实际投入 480 000 元，但 40 年后获得的资金总额为 6 247 622 元。

2. “理财 = 投资”

人们总是将理财与投资紧密地联系在一起，但实际上，“投资”和“理财”二者不能等同。理财不仅要考虑财富的积累，还要考虑财富的保障；而投资考虑的是如何钱生钱。家庭理财并不是单纯的投资，个人需要根据收入情况、资产现状、负债状况等，在充分考虑风险承受能力的前提下，按设定的目标进行家庭财务的设计，最终达到创造财富、保存财富、转移财富的目的。在追求投资收益的同时，理财更应注重个人的长远规划、风险管理规划等一系列的整体规划。

3. 投资就是跟着“感觉走”

不少个人在投资过程中没有明确的目标，没有掌握有效的投资理财方法。正确的投资应该遵循以下原则：（1）不能有投机心理，而应该记住一句话“不熟悉的不做，做的都熟悉”；（2）慎重选择短线操作；（3）注重长期规划，不能抱有“一夜暴富”的心理，否则极容易造成“没能一夜暴富、反倒倾家荡产”的境地。投资人还要正确评价自己的性格特征和风险偏好，在此基础上决定自己的投资取向及理财方式。

4. 会员卡越多越省钱

许多人都非常喜欢各种会员卡、打折卡。在一些情况下，用卡消费确实会省钱，但为了办卡而去突击消费。当你办了会员卡之后，或许你花的钱会越来越多。

5. 把鸡蛋放在越多的篮子里越能分散风险

为了降低风险，不少投资者都会选择将资金投资到不同领域，然而，很多投资者忽视了另一个问题：投资过于多元化。当你把资金过多地分散到不同领域之后，你会发现还是会有亏损。因此，投资中，绝对不能把所有鸡蛋放在一个篮子里，但也不能放在太多的篮子里。个人理财一定要注意资金的合理分配问题。

---

① 家庭理财五大误区，你中招了吗？[Z/OL].（2019 - 01 - 22）.

6. 成本陷入倾向

美国经济学家理查德·泰勒曾研究发现：如果朋友送来一张篮球票，而当天晚上天气恶劣，多数人会倾向留在家中看电视；而在同样的天气状况下，如果是自己花钱买的票，更多的人会倾向去体育馆看篮球赛。很显然，大多数人都会认为自己花钱的东西不能浪费，没有花钱的则无所谓。事实上，无论是否去体育场，钱都不能收回来，并且在恶劣的天气中前往体育馆，还有可能受到更大的损失。投资中，这种心理也十分常见。人们时刻都应该分析损失和收益，而不是只看已经花掉多少钱。投资永远是收益和风险成正比，风险意识最重要。

7. 买保险不如自己做投资

人们对保险的不正确认识有很多种，其中最普遍的一种是将保险当作一种投资渠道。实际上，保险有许多职能，比如获得保障、规避风险、体现关爱、合理避税、资产保全等，当然也具有投资和储蓄职能。保险的首要职能是"规避风险、获得保障"，投资和储蓄只是一个附加职能。如果仅从投资储蓄的角度来考虑保险，它显然并不如其他的直接投资和储蓄渠道来得更为有效。个人购买保险首要需要考虑的是该产品是否能够满足个人家庭的保障需求，而不是能带来多少收益。

本章小结

1. 个人理财是在设定具体理财目标的前提下，针对个人家庭的整个生命周期所做的财务规划。马斯洛需求层次理论、持久收入消费理论以及生命周期理论等均为个人理财的开展提供了理论支持。

2. 马斯洛需求层次理论认为人们的需求包括生理需求、安全需求、社交需求、尊重需求和自我价值实现需求。个人理财则可以从物质上为这些需求的实现提供可能性和保障。

3. 生命周期理论综合了生命周期、长期资产管理和人力资本等概念，认为对个人理财而言，追求的不仅仅是物质财富的最大化，而是获得整个生命周期内的效用最大化。

4. 个人家庭的消费支出是有效管理其收入的基础。持久收入消费理论是分析解释个人家庭如何进行消费的重要理论。该理论认为人们的消费水平是以其对未来收入的预期为基础的。

5. 个人理财目标是指建立一个财务安全健康的生活体系，实现人生各阶段的目标和理想，最终实现财务自由。理财目标的合适与否可以从明确性、目标履行期限、优先级别、内部一致性四个方面进行分析检验。制定一个好的目标，理财就成功了一半。

6. 个人理财是一个系统工程，理财内容涵盖面广，具体可以概括为以下几个方面：现金规划、投资规划、居住规划、子女教育规划、个人风险管理和保险规划、税收规划、退休计划、遗产传承规划等。

7. 个人理财是针对个人一生的规划，在这个过程中包含六个基本的步骤：一是审视财务状况，二是设定明确的目标，三是个人风险属性的评价，四是制订详细的理财规划，五是实施财务规划，六是对财务规划进行监控、反馈和调整。

8. 正确认识理财，遵循理财原则是家庭理财成功的重要保证。家庭理财需要遵循的原则有：及早规划、理性规划、配期规划、均衡风险与收益、从宽规划教育和养老准备金及动态调整。

【复习思考题】

一、名词解释

剥夺/主宰定律　　满足/激活定律　　持久收入　　生命周期理论　　理财规划

二、简答题

1. 简述生命周期理论的主要内容。谈谈该理论对你及家人的理财有什么启示？

2. 人的生命周期可以分为哪几个阶段？请结合个人感受谈谈每个阶段的主要财务特征及需要关注的理财目标。

3. 根据持久收入消费理论和生命周期理论，个人的消费支出由哪些因素决定？

4. 个人在理财过程中常犯的错误有哪些？

三、案例分析

泰森是家喻户晓的人物。1966 年出生于纽约黑人居住区的他，从小强壮如牛。13 岁时，他结识了著名的拳击教练 Cus. DA mato。这位教练对他喜爱有加，从此，泰森努力进行正规训练，逐步成为一位拳坛巨星、一代拳王。据统计，泰森从 1986 年到 1996 年的十年间，一共获得了七次世界收入最高运动员，光是出场费收入就超过 4 亿美元，加上比赛分红更是不计其数。然而 2002 年时他却宣布破产，破产时他对银行欠债超过 4 600 万美元。泰森有钱时，花钱如流水。他购买了百辆汽车，大部分都送给了朋友。仅汽车一年的保养费就要 40 万元人民币左右。两次离婚支付前妻千万美元；养孟加拉虎作为宠物……2020 年，时年 53 岁的泰森宣布，自己正在为重返拳台积极训练。他计划参加四个回合的拳击慈善表演赛，目的是帮助那些和曾经的自己一样无家可归的儿童和吸毒的母亲。

思考：拳王泰森跌宕人生给个人理财带来了哪些启示？

第十一章

个人财务分析与预算管理

GEREN CAIWU FENXI YU YUSUAN GUANLI

随着我国经济的发展，居民家庭不仅资产负债活动日益频繁，而且收支水平也越来越高。通过合适的手段记录、分析和管理家庭的资产负债状况和收支情况是家庭理财的基础。本章内容涉及家庭报表的编制、家庭财务分析和家庭预算管理。

【本章学习目标】

掌握个人资产、负债的内容及资产负债表的编制方法；掌握个人收入、支出的内容及收支储蓄表的编制方法；了解用于个人财务状况分析的指标及分析方法；掌握个人预算的编制及分析方法。

【本章关键词】

资产负债表　　收支储蓄表　　财务分析　　财务预算

第一节　个人财务报表的编制

一、个人资产负债表的编制

资产负债表是反映经济主体在一定日期的资产、负债和业主权益状况的会计报表。

个人编制资产负债表的主要目的是厘清、了解个人的财务状况。

（一）个人资产的内容及计量

1. 个人资产的内容

理论上而言，个人资产应该包括个人拥有或控制的全部资产。但由于低值易耗品，如炊具、生活用具等，价值不高，计量工作量大，可以不计入资产计量范围。资产一般只反映价值高、使用期限长的资产。这些资产总体上可以分为以下几类。

（1）金融资产。金融资产是指个人拥有的以价值形态存在的各种资产。金融资产进一步可以细分为现金及现金等价物和其他金融资产。

现金及现金等价物是流动性最强的资产，主要包括现金、银行活期和定期存款、货币市场基金等，是个人储备应急资金的主要工具。

其他金融资产是除现金及现金等价物以外的，能够带来未来增值收益的金融资产，主要包括股票、债券、基金、期权、期货、保险、金银等，这些资产是个人追求财富积累的重要工具。

需要特别说明的是，计入资产的保险是指储蓄性保险，如终身寿险、子女教育年金、退休年金、分红险以及其他分年或期满一次还本的保险。而定期寿险、意外保险、财产险、伤残险以及医疗费用险等费用性质的保险则不计入资产。

（2）实物资产。实物资产是家庭生活所使用或收藏的各种有实物形态的资产。根据实物资产是否为家庭必需，又可以细分为自用资产和奢侈资产。

自用资产是个人生活所必需使用的资产，如自住房、汽车等。

奢侈资产主要包括珠宝、度假房、有价值的收藏品等。奢侈资产与个人使用资产的主要区别在于变卖时奢侈资产的价值较高。

（3）经营性资产。经营性资产是指个人直接从事工商业投资所形成的资产，如个人独资企业、个体经营门店等。

2. 个人资产的计量

个人资产的计量可使用成本法和市价法。

成本法是指以购买或取得建造资产时所花费的代价，作为资产的入账价值。成本法有历史成本法和重置成本法两种：历史成本法是按取得时的实际成本计价；重置成本法是指按被计量资产的现时完全重置成本减去应扣除的损耗或贬值来确定资产价格。

市价法即以该项资产的现行市价为依据，重新调整账面已登载资产的价值，保证账实相符。

一般情况下，现金及现金等价物主要根据该资产的原值计价，利息收益作为当年的收入。其他金融资产通常根据市场价值确定价值。实物资产的价值确定原则取决于客观条件，通常住房、汽车按照完全重置成本减去应扣损耗或贬值来计量；其他自用资产按照重置成本确定价值；打算出售的自用资产用市场价值减去处置的费用来确定价值；珠宝等奢侈资产一般按照市场价值减去处置的费用来确定价值。

事实上，编制个人资产负债表是为个人理财的需要，不受公认会计准则的限制，对资产包括负债的计价法，也可以采取双价计价法，即同时反映资产和负债的原始价值和现行市价。这种双价计价的做法还有利于通过报表直接反映个人理财的效果。

（二）个人负债的内容与计量

个人负债可以分为流动负债和长期负债两大类。

流动负债是指一个月内要支付的各种账单，主要包括信用卡、电话费、电费、水费、煤气费、修理费用、租金等。

长期负债指一个月以后到期或多年内需每月支付的负债，其中最典型的是各类个人消费贷款，如汽车贷款、住房贷款、助学贷款、旅游贷款、大额耐用消费品贷款等。

个人负债一般根据所欠债务金额的当前价值来计量。

要特别注意的是，个人负债需要将本金和利息分开计列。本金的偿还作为负债减少，利息的支出作为费用支出。信用卡一般按循环信用余额计账。信用卡的循环信用余额＝上月未还余额＋本月应还款额－本月实际还款额。

个人资产减去个人负债即为个人的净资产。

【例 11－1】　46 岁的张先生为某公司主管，月薪 3 万元，年终奖金 10 万元；妻子吴某现年 42 岁，是某事业单位公务员，月薪 8 000 元。该家庭 2021 年年末对资产负债状况进行清理的结果为：价值 100 万元的住房一套和价值 200 万元的郊区度假别墅一幢，一辆别克轿车，银行定期存款 20 万元、货币市场基金 10 万元，现金 2 万元。家庭房产均为 5 年前购买，买价分别为 40 万元和 80 万元，首付分别为二成和六成，余额进行 10 年期按揭，选择等额本金还款法；轿车为两年前购买，使用年限为 10 年，买价为 45 万元，每年花费 1 万元购买汽车保险，当前该车型市场价格降为 40 万元。该家庭三年前投入 20 万元资金进行股票投资，目前账户中的价值为 15 万元；一年前购入 10 万元的三年期记账式国债，目前价值为 12 万元。张先生爱好字画收藏，陆续花费 40 万元购买的名家字画当前市价已达到 100 万元，妻子吴某的翡翠及钻石首饰的市价达到 30 万元。夫妇两人从 2011 年开始还每年购买中国人寿保险公司的意外伤害医疗保险，每年保费为 2 000元。请分析张先生的家庭资产与负债状况。

解： 1. 该家庭的资产

（1）金融资产（生息资产）

现金：2 万元

货币市场基金：10 万元

银行定期存款：20 万元

股票投资：15 万元（以当前的市场价值计量）

国债：12 万元（以当前的市场价值计量）

意外伤害医疗保险不计入资产

（2）自用资产

房屋住宅：100 万元

轿车：40×（1－2/10）＝32（万元）

（3）奢侈资产

别墅：200 万元

字画藏品：100 万元

翡翠、钻石首饰：30 万元

家庭资产总计 =2 +10 +20 +12 +15 +100 +32 +200 +100 +30 =521（万元）

2. 该家庭的负债

该家庭的负债主要是房产的按揭贷款，贷款利息是各个时期的利息支出，按揭贷款负债仅考虑尚未偿还的贷款本金。

按揭贷款余额 =［40×（1-20%）+80×（1-60%）］×5/10 = 32（万元）

3. 该家庭的净资产

净资产 = 资产 - 负债 =521 -32 =489（万元）

（三）个人资产负债表的编制

在掌握了个人资产、负债的内容和计量原则以后，就可以编制个人的资产负债表。

1. 个人资产负债表主要科目

个人资产负债表没有统一的科目和格式要求，以方便个人理财为标准。表 11-1 是可以参考使用的资产负债表主要科目的设置。

表 11-1　　个人资产负债表主要科目表

类别	主要科目	细分科目及相关信息
金融资产	现金	—
	活期存款	存款银行/存折账号（信用卡账号）
	应收款	债务人姓名/借期/还款方式/利率/目前余额
	定期存款	存款银行/存续期间/利率/币别
	债券	国债、公司债/买入日期/金额/利率/到期日
	股票	名称/买入日期/股数/成本/市价
	共同基金	名称/买入日期/数量/成本/市价
	期货	名称/买入日期/股数/成本/市价
	保值性商品	黄金、白银/细目/数量/成本/市价
	寿险保单	保单种类/受益人/保障年限/保费/解约现值
	投资性房产	坐落地点/面积/成本/市价/目前房租
	其他金融投资品价值	视投资品性质而定
经营性资产	独资企业	投资额/企业估值
	合伙企业	出资额/出资占比/企业估值
	有限责任公司	出资额/股权占比/公司估值
自用资产	期房预付款	坐落地点/面积/总价/首付款/已缴款/未缴余额
	自用住宅	坐落地点/面积/买入日期/成本/市价/首付款和目前房贷
	汽车	车型号/买入日期/成本/市价/折旧率/车贷余额
	其他自用资产	家电家具细目/买入日期/成本/市价/折旧率

续表

类别	主要科目	细分科目及相关信息
奢侈资产	珠宝现值	珠宝种类/细目/数量/成本/市价
	度假别墅现值	坐落地点/面积/买入日期/成本/市价
	收藏品现值	收藏品种类/细目/数量/成本/市价
	其他奢侈资产现值	种类/细目/数量/成本/市价
资产合计		
负债	信用卡应付款	发卡银行/当期应缴款/期限/循环信用余额
	汽车贷款	贷款期限/贷款额/利率/每期应缴额/贷款余额
	按揭贷款	贷款期限/贷款额/利率/每期应缴额/贷款余额
	股票质押贷款	股票名称/股数/贷款时价格/贷款额/质借余额
	股票融资融券	股票名称/股数/融资时价格/融资额/融资余额
负债合计		
净资产 = 资产合计 - 负债合计		

2. 编制个人资产负债表的程序

（1）整理各类资产、负债凭证；

（2）列出资产、负债的清单；

（3）完成资产负债表的填列。

在填列资产负债表时需要注意满足三个重要公式：

（1）资产 - 负债 = 净资产

（2）以成本计的期初期末净资产差异 = 当期储蓄额

（3）以市价计的期初期末净资产差异 = 当期储蓄额 + 未实现资本利得或损失 + 资产评估增值（ - 资产评估减值）

【例 11 - 2】 张先生家庭的资产负债情况如案例 11 - 1 所述，则可以编制以下资产负债表（见表 11 - 2）。

表 11 - 2　　张先生家庭资产负债表

（2021 年 12 月 31 日）　　单位：元

类别	科目	金额（现值）
金融资产	现金	20 000
	货币市场基金	100 000
	定期存款	200 000
	股票	150 000
	国债	120 000

续表

类别	科目	金额（现值）
自用资产	自用住宅	1 000 000
	汽车	320 000
奢侈资产	珠宝	300 000
	度假别墅	2 000 000
	收藏品	1 000 000
资产总计		5 210 000
长期负债	按揭贷款	320 000
负债合计		320 000
净资产		4 890 000

二、个人收支储蓄表的编制

收支储蓄表也称为损益表，反映的是在一个固定期间内经济主体收入、支出及结余的增减变动状况。

收入、支出是个人重要的财务数据，要及时记录并分析个人的收支情况，编制收支储蓄表必不可少。

（一）收支确认的原则

经济单位收入和支出的确认有权责发生制和收付实现制两种不同方式。

权责发生制又称应计制，指凡是当期已经实现的收入和已经发生或应当负担的费用，不论款项是否收付，都应作为当期的收入或费用处理；凡是不属于当期的收入和费用，即使款项已经在当期收付，都不作为当期的收入和费用处理。

收付实现制又称现金制，指凡是在本期收到的收入和支出费用，不论是否属于本期，都应作为本期的收入和费用处理，反之，即使取得收入或发生费用，没有实际款项的收付不作为当期的收入和费用。

和应计制相比，现金制处理方法比较简单，适合个人收支确认。

（二）收支凭证的收集整理

要编制个人的收支储蓄表，需要保留个人的各项收支单据，并据此完成收入和支出情况的记录。每个月需要保留的收支单据主要有以下几种。

1. 工资收入额及各类税费扣缴凭证。
2. 其他工作收入凭证，主要包括临时劳务报酬、稿费与演讲费等收入的领款收据。
3. 银行存单、存折及房屋契约。
4. 有价证券交易账户。根据有价证券交易账户的记录分析已实现的资本利得或损失额。

5. 现金支出发票及收据。目前国内大多数消费均有发票或收据，可以根据所保留的现金支出发票或收据记录各类现金消费支出。

6. 签账凭单。通过保留的签账凭单可以确定刷卡金额及用途。

7. 信用卡对账单及缴费单。

8. 保单。根据保单的约定确定当期的保费开支。

（三）收支储蓄表的编制

收支凭证收集整理后，就可以根据个人收支的实际情况，对收支进行合理分类，再根据需要设置表格，完成收支储蓄表的编制。

个人收支储蓄表主要包括收入、支出和收入结余三大部分。

根据性质的不同，个人收入分为工资薪金类收入、财产性收入、劳务性收入、经营性收入、其他收入。工资薪金类收入是指从任职受雇的机构获得的各类收入。财产性收入是指依靠各类投资资产获得的收入。劳务性收入主要是指与任职受雇无关、依靠个人独立劳动获得的收入，如稿酬收入、业余兼职收入等。经营性收入是指从个人参与投资的各类企业中获得的收入。其他收入是指除前述几类收入之外的收入，如接受捐赠收入、中奖收入等。

根据性质的不同，个人支出分为日常支出、投资性支出、保障性支出、其他支出。日常支出主要是衣食住行、子女教育等方面的支出，因为子女教育支出一般金额较大，可以单独列示。投资性支出主要是为获取收益而进行的各类投资资产的购买支出。保障性支出是指为保障家庭成员及财产物资安全而发生的支出，包括备用金支出、购买保险支出等。其他支出是指除上述支出以外的各类支出，如人情支出、慈善捐赠支出、旅游支出等。收入总额大于支出总额，即为结余。收入总额小于支出总额即为赤字。

个人收支储蓄表具体的项目可以参考表 11－3。

表 11－3　　个人收支储蓄表

<table>
<tr><th rowspan="2">项目</th><th colspan="3">收入</th><th rowspan="2">项目</th><th colspan="3">支出</th></tr>
<tr><th>子目</th><th>金额</th><th>比重</th><th>子目</th><th>金额</th><th>比重</th></tr>
<tr><td rowspan="5">工资薪金类收入</td><td rowspan="2">固定薪金收入</td><td rowspan="2"></td><td rowspan="2"></td><td rowspan="5">日常支出</td><td>衣物支出</td><td></td><td></td></tr>
<tr><td>饮食支出</td><td></td><td></td></tr>
<tr><td rowspan="3">奖励补助收入</td><td rowspan="3"></td><td rowspan="3"></td><td>住房支出</td><td></td><td></td></tr>
<tr><td>交通通信支出</td><td></td><td></td></tr>
<tr><td>其他</td><td></td><td></td></tr>
<tr><td rowspan="5">财产性收入</td><td>股息红利收入</td><td></td><td></td><td rowspan="5">投资性支出</td><td>股票投资支出</td><td></td><td></td></tr>
<tr><td>利息收入</td><td></td><td></td><td>债券投资支出</td><td></td><td></td></tr>
<tr><td rowspan="2">租金收入</td><td rowspan="2"></td><td rowspan="2"></td><td>基金投资支出</td><td></td><td></td></tr>
<tr><td>房产投资支出</td><td></td><td></td></tr>
<tr><td>其他收入</td><td></td><td></td><td>其他投资支出</td><td></td><td></td></tr>
</table>

续表

项目	收入			项目	支出		
	子目	金额	比重		子目	金额	比重
其他收入	稿费收入			其他支出	保费支出		
	经营性收入				教育支出		
	中奖收入				旅游支出		
	其他收入				人情支出		
收入合计				支出合计			
收入结余 = 收入合计 – 支出合计							

【例 11 –3】 生活在某县城的潘先生时年 35 岁，在某研究所工作，每月薪金收入 5 500 元，稿酬收入 1 000 元，其他收入 500 元。爱人刘女士 33 岁，某职校教师，每月薪金收入4 000元，稿费收入 6 000 元，各项补助 1 800 元和其他收入 200 元。孩子 7 岁，上小学一年级。现住房 120 平方米，是按揭 20 万元贷款购买的，目前每月需要偿还2 500元按揭贷款额，另有一套 40 平方米的单身公寓房用于出租，每月租金收入 1 000 元。现有家庭存款 220 000 元，包括三年期大额存单 200 000 元，活期储蓄 10 000 元，现金 10 000 元（三年期大额存单年利率为 4. 15%，活期储蓄年利率为 0. 36%）。潘先生家庭每月衣食开支 2 000 元，养车费用 1 500 元，通信费 400 元，购书支出 500 元。潘先生曾在 2020 年投入 30 000 元购买股票，2021 年未获得股息收入；2020 年购买 5 年期国债 10 000 元，年利率为 4. 5%。同时，潘先生每月为孩子购买 2 000 元的教育保险，并为夫妻两人购买意外伤害医疗保险，每年保费为 240 元。请编制潘先生的家庭 2021 年 12 月的月度收支储蓄表。

解：实务中，中长期国债利息一般按年支付，年末购买的国债利息可以不予考虑。大额存单一般到期一次付息，活期存款按季结息。本例中可以考虑将其按月平均分配，计算如下。

该家庭月利息收入 =（200 000 × 4. 15%/12 + 10 000 × 0. 36%/12）+ 10 000 × 4. 5%/12 =（691. 6 + 3）+ 37. 5 = 732. 1（元）

股票为 2020 年投资，2021 年没有支出该项目，也没有获得股息收入。

根据题目给定的数据及上述计算的结果，就可以编制潘先生家庭的月度收支储蓄表。编制结果见表 11 – 4。

表 11 – 4　　潘先生家庭月度收支储蓄表

（2021 年 12 月）

项目	收入			项目	支出		
	子目	金额/元	比重/%		子目	金额/元	比重/%
工薪收入	薪金收入	9 500	45. 8	日常支出	衣食支出	2 000	10. 45
					住房支出	2 500	13. 06
					交通支出	1 500	7. 84
	补助收入	1 800	8. 7		通信费支出	400	2. 09
					购书支出	500	2. 61

续表

项目	收入			项目	支出		
	子目	金额/元	比重/%		子目	金额/元	比重/%
财产性收入	利息收入	732.1	3.5	投资支出	国债投资	10 000	52.25
	租金收入	1 000	4.8				
其他收入	稿费收入	7 000	33.8	其他支出	保险费支出	240	1.25
	其他收入	700	3.4		教育支出	2 000	10.45
收入合计		20 732.1	100.00	支出合计		19 140	100.00
收入盈余 = 收入合计 - 支出合计 = 20 732.1 - 19 140 = 1 592.1							

【延伸阅读 11-1】 时尚的“抠门族”①

“IKOU”社也称“酷抠社”，成员被称为“酷抠族”，包括杭州市长庆街道楼宇里二三十家公司的年轻人。2013 年成立后，常年都保持近百人的规模。在这群年轻人看来，抠是一种节约新时尚。他们以“抠”出健康、“抠”出低碳、“抠”出时尚为目标，在各自公司、家庭和网络上宣传“酷抠”理念，倡导“酷抠”生活，弘扬“酷抠”文化。

“IKOU”社在工作生活中处处践行“酷抠”理念，积极推进节能减排、绿色低碳在企业中的应用。在公司，他们倡导无纸化办公、办公用电器符合节约原则，午休关闭照明灯，下班提早半小时关闭空调。他们倡导步行、骑自行车上下班，一起拼车。他们教育孩子文明用餐，不剩饭不剩菜，用废弃的纸制品制作玩具。

“我们有‘三大纪律、八项注意’。”“IKOU”社社长冯利国说，“三大纪律”是：能省则省；不能省也要省；非要花钱时保证“一分钱，十分货”。“八项注意”是：尽量不打车，非要打车时，打到能步行的地方就行；居家环境尽量做到简约；登录各大“二手”网站，将“二手”当“一手”使用；选择时段到农贸市场买菜，押准各个“便宜点”；和朋友去酒吧实行 AA 制；简化娱乐过程，玩耍意犹未尽；杜绝完美主义，避免高额消费；坚持废物利用。

这么“抠”，省下钱来做什么？“酷抠族”热心公益。“我们的志愿活动很多，比如看望农村留守儿童，把企业里置换的旧电脑带过去。给他们买体育文化用品，为他们开设课程，学习音乐、美术……杭州健康实验学校、下城区康乃馨学校，都是他们常年结对的学校。

“酷抠”不是真抠门，而是一种让人欣赏的生活态度！现在，越来越多的人认可他们的理念，加入“酷抠社”成了长庆街道白领们的时尚。

思考：你如何看待“酷抠族”的消费观？

① 顾春. 杭州有个“酷抠社”：“抠门”也是一种时尚［N］. 人民日报，2015-06-04.

第二节　个人财务分析

个人财务分析是以前述个人会计报表等资料为依据，采用专门的技术和方法，对个人的财务状况、收支储蓄情况、抗风险能力、资产增长潜力等进行分析与评价的活动。个人财务分析的目的是了解、评价个人或家庭过去、现在的财务状况，为规划未来的财务收支提供准确的信息或依据。

一、资产负债表分析

（一）资产结构分析

常用的个人资产结构分析指标有：

1. 金融资产权数 = 金融资产/总资产　　(11 – 1)

金融资产市值的波动一般较大，因此，若金融资产权数较大，则总资产的起伏将比较大。但是，金融资产的获利能力远大于自用资产，是未来收益的保障。

个人金融资产一般是由一系列风险收益情况各异的金融资产组合构成的，可以通过分析其中各类风险资产的比重来考察该指标的风险状况。

2. 自用资产权数 = 自用资产/总资产　　(11 – 2)

自用资产以提供使用价值为主要目的。一般情况下，个人未购房前此比例较低。在购房后贷款未缴清前，多数个人均将积蓄用来偿还贷款，以致无法累积金融资产，因此此时自用资产权数一般在70%以上。

3. 奢侈资产权数 = 奢侈资产/总资产　　(11 – 3)

中高收入个人往往会持有较多的奢侈资产，此权数的大小可以在一定程度上反映收入状况。

（二）负债结构分析

个人常用的负债结构分析指标如下。

1. 资产负债率

资产负债率是总负债与总资产之比。计算公式如下：

资产负债率 = 总负债/总资产　　(11 – 4)

一般而言，负债比率越高，财务负担越大，收入不稳定时无法还本付息的风险也越大。但是由于总负债由自用资产负债、投资负债和消费负债三大部分组成，因此，需要考虑在总负债中各种负债的比重以及市场形势，才能最终较准确地判断家庭的财务风险。

2. 投资资产负债比

投资资产负债比是指因为购买投资性资产而产生的负债占投资性资产市场价值的比率。计算公式如下：

投资资产负债比 = 投资性负债/投资性资产市值　　(11 – 5)

投资性负债可以是以存单、保单、有价证券等投资工具质押获得的贷款，也可以是个人自用资产抵押获得的贷款，但是用途必须是投资金融资产，以期在投资报酬率高于融资利息率的情况下，加速资产的成长，获得财务杠杆效应。融资比率过高则会造成家庭的财务风险过大，因此必须时刻关注该比率，尽可能及早清偿投资负债，以减少利息支出。

3. 自用资产负债比

自用资产负债比是指因为购置自用资产而产生的负债占自用资产市场价值的比率。计算公式如下：

$$自用资产负债比 = 自用资产负债额/自用资产市场价值 \qquad (11-6)$$

自用住宅在自用资产中占据最大的比例，若无其他自用资产，则该比率 = 房贷额/自用住宅的市值。随着房贷余额的减少，此比率会逐步减小，但在房地产市值大幅度下降的情况下，该比率也可能反向走高。

4. 消费负债资产比

消费负债资产比是指因为各类消费行为产生的负债占总资产之比。计算公式如下：

$$消费负债资产比 = 消费负债额/总资产 \qquad (11-7)$$

在理财上应该尽量避免消费负债，若需要借款时，在没有自用资产负债或投资负债的前提下，该比率等于总负债比率，此时消费负债的合理额度不宜超过总资产的一半。

【例 11-4】　例 11-2 中张先生的家庭资产负债表以及另一位赵先生的财务状况如表 11-5 所示，试对两人的资产负债状况进行分析。

表 11-5　　资产负债表数据及财务比率

财务数据及比率	张先生家庭	赵先生家庭
金融资产	59 万元	20.5 万元
其中：现金	2 万元	0.5 万元
货币市场基金	10 万元	0 万元
定期存款	20 万元	0 万元
股票	15 万元	20 万元
国债	12 万元	0 万元
自用资产	132 万元	0 万元
奢侈资产	330 万元	0 万元
总资产	521 万元	20.5 万元
投资借款额	0 万元	30 万元
自用资产贷款额	32 万元	0 万元
消费负债额	0 万元	3 万元
总负债	32 万元	33 万元
净资产	489 万元	-12.5 万元
负债比率	6.14%	160.98%
金融资产权数	11.32%	100%
融资比率	0	150%
自用资产权数	25.34%	0
自用资产负债比	24.24%	0
消费负债资产比	0	14.63%

解：

（1）张先生家庭的负债比率为6.14%，非常低，主要是住房贷款。该家庭金融资产分布较广，其中现金、货币市场基金、定期存款、股票、国债在金融资产总额中的比重分别为3.39%、16.95%、33.89%、25.43%和20.34%，兼顾了各种风险的资产组合，但是定期存款和股票的比重较高。张先生家庭以后的理财活动，主要是以收支余额来清偿房贷，使个人自用资产的净值上升，同时调整金融资产的结构，降低其中定期存款的比重。

（2）赵先生家庭的负债比率为160.98%，负债总额超过了资产总额，家庭的财务状况极其糟糕。其拥有的金融资产，除了5 000元的备用现金外，其余20万元均为股票投资，且通过借贷筹资，有较高的财务风险。由于股票市价的降低，使得其所拥有的金融资产市值甚至低于投资借款额。消费负债总额也达到了3万元。赵先生理财活动的当务之急是避免入不敷出的消费负债，使得每月的收入扣除消费以及贷款利息后还有余额用于减少投资贷款额，降低家庭的财务风险。同时，调整金融资产的结构，增加低风险的金融产品。

二、收支储蓄表分析

（一）支出比率分析

支出比率是指总支出与总收入之比。总支出包括消费支出和理财支出。支出比率的计算公式如下：

$$支出比率 = 总支出 / 总收入 = 消费率 + 财务负担率 \quad (11-8)$$

$$消费率 = 消费支出 / 总收入 \quad (11-9)$$

$$财务负担率 = 理财支出 / 总收入 \quad (11-10)$$

个人消费支出安排的基本原则是“量入为出”，尤其是在初期资本积累阶段，必须控制消费支出的比重，以期为以后的理财活动积聚足够的资金。随着个人收入的增加，消费率指标也会逐步减小，即符合经济学中所说的边际消费率递减规律。

理财支出指利息支出与保障型寿险、财产险的保费支出及为了投资所支付的交易成本或顾问费用。投资亏损通常视为负的理财收入，为总收入的减项，不作为理财支出。通常，财务负担率以利息支出占总收入的20%、保障型保费支出占总收入的10%为合理上限，因此两者合计不应超过总收入的30%。

（二）应急储备分析

应急储备金有利于保证个人在出现失业、大病、灾难等意外事件的情况下也能够安然度过危机，是在理财过程中应该首先考虑和重点安排的。个人需要评估这类应急储备资金是否充分，有无补充的必要。

通常用流动性比率来反映应急储备状况及支出能力的强弱，其计算公式如下：

$$流动性比率 = 流动资产 / 月固定支出 \quad (11-11)$$

通常情况下，流动比率为3～6较为合适，即现金储备保持在3～6个月的支出费用即可。因为流动性与收益性成反比，资产的流动性越强，则收益越少，反之则相反。流动比率太高，资产的收益会下降；流动比率太低，则难以应对紧急状态下的应急需要。

（三）财务弹性分析

财务弹性是指财务的自由度。财务弹性越大，个人财务自由度越高，个人生活品质越高。财务弹性的大小可以通过自由储蓄率来衡量，通常以 10% 作为自由储蓄率的下限。计算公式如下：

$$自由储蓄率 = 自由储蓄额 / 总收入 \tag{11-12}$$

自由储蓄额是总储蓄额扣除了固定资金使用额后可以自由动用的部分。而固定资金使用额主要包括已经安排的贷款本金还款额和投资所需要的资金，如房贷定期摊还的本金额、应缴储蓄性保费、定期定额投资额等。

（四）收支平衡点分析

个人获得收入是有阶段性的，因此应储蓄一部分的收入为未来基本生活做准备。分析收支平衡点的主要目的是计算个人现在的生活水准，核算需要创造多少收入才能维持现有的生活水准。

收支平衡点收入的计算公式如下：

$$收支平衡点收入 = 固定支出负担 / 工作收入净结余比率 \tag{11-13}$$

$$工作收入净结余比率 = 工作收入净结余 / 工作收入 \tag{11-14}$$

式中，固定支出负担包括每月的固定生活费用、房贷支出等近期每月固定支出；工作收入净结余指工作收入扣除所得税、社保缴费以及交通、通信、饮食、娱乐等日常开支后的净结余。

如果个人收入高于收支平衡点收入，则表明个人可以形成一定的储蓄，为未来生活做储备。如果个人收入低于收支平衡点收入，那么个人需要想办法增加收入来源，或者考虑降低固定费用支出，或者提高工作收入净结余比率。

第三节　个人预算

一、个人预算的目的

个人预算是个人财务管理的重要工具，具体是指通过对影响个人理财的内外部环境因素的分析，在科学的财务预测基础上，用货币所反映的个人未来一定时期的投资、收支及财务成果等一系列的计划和规划。

通过编制预算可以更有目的地对未来个人的收入、支出及投融资情况进行管理。具体来看，个人预算的目的包括如下几点。

1. 管理收支。预算提供了将实际收支与计划收支比较的标准。定期比较每项收支的实际数与预算数，就能发现哪些收支没有达成预定目的。这既有利于个人反思实际的收支行为，哪些该有的收入没有实现，哪些支出行为不合理；也有利于为个人下一个周期收支预算的调整提供依据。

2. 检查流动性。流动性是指可以适时应付紧急支付或投资机会的能力。因为资产的流动性与收益性是一对矛盾，不少个人会出现追求长期投资收益而忽视资产流动性的现象。个人利用预算特别是短期预算就可以监测资金流出情况。如果发现资产的流动性不足，就需要减少消费或推迟某项支出，以保证足够的流动资金支付应付项目。

3. 合理规划理财目标。预算内容主要涉及收入和支出两部分。无论是收支预算还是预算收支的差额都跟个人理财目标相关。一方面，理财目标的设立需要考虑每个预算期的结余，另一方面，收支预算的安排也需要考虑实现理财目标的需要。不考虑预算结余的理财目标往往是盲目的，使用个人预算可以使理财目标的确定更理性、更客观。个人可以利用月度或季度的短期预算来规划短期理财目标，而利用年度预算来规划中长期理财目标。

二、个人预算的编制

（一）个人预算的内容

个人预算一般分为收入预算和支出预算。

收入预算是指根据预算期内个人的可能收入制定的收入目标。做收入预算的主要目的是了解个人的真实收入，并以此为基础进行支出预算，做好量入为出的准备工作。对大部分个人而言，收入包括固定的工资收入、奖金收入以及投资收益等，收入预算按此类别设置即可。

支出预算指根据预算期内的日常消费需求、住房支出和理财目标需求等制定的个人支出目标。支出预算内容一般包括三类：一是固定支出预算，主要包括生活日常消费支出预算、房贷或者房租预算、子女养育支出预算、学习培训预算以及社交预算等。二是不可控支出预算，主要指应急备用金、人情往来支出等。三是理财支出预算，主要包括固定储蓄目标、基金定投目标以及其他类型投资的金额等。

（二）个人预算编制的程序

1. 确定预算期。预算期可以是年度、季度和月度，甚至可以按周编制。预算期越短，预算控制的效果越好。个人预算期以一个月为周期比较合适。对于一些以年度为期限的支出，比如旅游、买车或者装修等大额支出，可以提前将这部分资金分散到每个月的支出项目中。当然，如果认为月度预算太琐碎，也可以以季度和年度为周期编制。

2. 设计预算表格。预算表格没有固定的模式，以方便预算管理为标准。一般情况下，在收入和支出两大类中根据实际情况进行适当细化即可。表 11 -6 提供了可以参考的个人预算表格模式。

3. 确定各项预算金额。各项目预算金额的确定需要分析个人的实际收支情况，参照过往的历史数据，如信用卡账单、支付宝账单以及自己的期望目标等进行。

各项目预算金额确定后，填入表 11 -6 中，预算制订工作即完成。

表 11－6　　个人收支预算简表

（20××年×月）　　单位：元

收入预算				
序号	项目	预算收入金额	实际收入金额	差异
1	工资收入			
2	奖金收入			
3	投资收入			
4	其他收入			
	合计			
支出预算				
序号	项目	预算支出金额	实际支出金额	差异
1	日常消费支出			
2	房租水电支出			
3	房贷月供支出			
4	子女养育支出			
5	交通通信支出			
6	人情社交支出			
7	学习培训支出			
8	保险支出			
9	医疗保健支出			
10	其他支出			
	合计			
	结余			

三、个人预算的执行与调整

预算在个人理财中的意义不是预算的制订，而是预算的执行。但预算只是一个计划，执行的过程中难免会出现偏差，因此需要进行调整。

（一）预算的执行

预算执行是指按制订的预算去完成预定的收入和控制预定的支出。在预算期内如果能超额完成收入预算和节约预算支出则更能显示个人预算的效果。个人预算追求的是目标、计划和拟采取的措施，在执行预算的过程中，更应该始终把握“开源节流”的原则。

“开源”即可以通过更广泛的投入和努力争取超额完成收入预算，如努力工作获得奖金、业余兼职、投稿、证券投资、合理避税等。

“节流”即在不超出支出预算的前提下尽可能地减少支出。因此，节流即严格控制家庭的日常开支，做好零散资金的累积，使个人牢固树立收支预算管理的思想，养成良好的资金使用和管理习惯。

（二）预算的调整

个人理财面临的客观环境是变化的，预算往往很难严格执行。因此，要想提高预算的实施效果，就需要个人时常对预算的分阶段执行情况进行总结反思，再根据反思的结果及未来预期进行预算的调整。

每个预算期结束（也可以在预算执行的中期），个人可以按表 11－6 填写各项目实际金额，计算预算金额与实际金额的差异，找出差异发生的原因，改进预算方案。差异分析时应该注重总额差异及重点项目差异的分析。

个人预算实施的初期可能会经常性地需要对预算进行调整，但预算执行一段时间后可以更清楚地了解个人收支规律，在没有大的客观和主观意愿变化的情况下，预算就会相对稳定下来，成为约束个人财务行为的准则。

【延伸阅读 11－2】　从老洛克菲勒的故事看个人记账的重要性[①]

在洛克菲勒家族，有许多广为流传的家训，坚持记账就是其中之一，这个传统起源于记账员出身的老洛克菲勒。

工作的第一年，老洛克菲勒收不抵支，他在记账本上写道：支出超过薪水 23.26 元。不仅是日常开销，老洛克菲勒甚至把感情开销也记录下来。在他 1864 年的账本上，清楚记载了求爱和结婚时的开销。在外人看来，可能有些小题大做了。但正是因为坚持不懈的记账，老洛克菲勒对成本核算格外敏感。

1879 年他写信向一个炼油厂的经理提出质询：为什么你们提炼一加仑石油要花费 1.82 分，而另一个炼油厂只要 0.91 分？类似的信他写过上千封，任何微小的浪费，都逃不过他的眼睛。老洛克菲勒能通过查阅账本准确迅速地了解各分公司的成本、开支，销售以及损益，堪称统计分析、成本会计、单位计价学的大师。

此后，记账就成为洛克菲勒家族的传统。洛克菲勒家族的每个孩子都需要记账，精打细算的优良习惯护航这个家族走过百年历史。

现实中大多数人之所以没有养成记账的习惯是因为他们并没有真正了解记账，对于记账的目的还不清楚。记账的目的有三个：一是为了了解自己的收支情况；二是分析自己过往支出的规律和收入的变化；三是根据前两项的结果规划未来的收支。

具体而言，记账主要有以下好处：

1. 增强对家庭财务的敏感度。记账最直接的作用就是摸清收支，知道维持日常生活需要多少钱，剩余多少钱可以考虑投资或者消费。久而久之，就对家庭财务状况了如指掌。

① 一个故事告诉你为什么理财要从记账开始［EB/OL］.（2018－10－26）. https://www.fun48.com/article－366865－1.html.

2. 培养良好的消费习惯。“月光族”并非都是赚钱少，大部分还是不能理性消费。记账能帮助个人控制支出、精明消费，提高收支结余，为投资理财提供足够的资金。

3. 形成良好的家庭氛围。经济纠纷是家庭矛盾的重要原因之一，特别是家庭成员较多的家庭。家庭账本使收支情况一目了然。

4. 起到备忘录作用。我国是一个人情社会，亲友借债、人情往来都是不可避免的，通过记账可以做到有账可查。

5. 帮助收集家庭的财务数据。家庭财务预算的编制需要以平时记账的日常收支情况作为参考。

做好记账，要学会记账三部曲：

1. 坚持记录。坚持是记账的基础，只有足够全面的收支数据记录，你才能慢慢发现不合理的支出。

2. 学会归类总结。记账是一件很烦琐的事情，平时记账都是零散的，需要化零为整归类总结。只有学会归类总结，账目才能清晰地反映出各项开支的占比大小，才能做到心中有数。

3. 规划预算合理投资。通过记账，对日常各类开销了然于胸之后，就可以提前规划预算，要留出足够的日常消费，避免冲动消费。在此基础上，你才能了解自己每个月还有多少钱可以用来投资理财，这样既能合理消费也能合理投资。

思考：什么是财商？记账在提高个人财商过程中有何作用？

更多内容请扫描二维码

本章小结

1. 现有财务状况是个人理财规划的基础。编制个人资产负债表和收支储蓄表，并辅以各种财务指标分析和预算跟踪，可以使个人财产管理起到事半功倍的效果。

2. 个人资产负债表中通常把资产分为金融资产、实物资产和经营资产三类，把负债分为流动负债和长期负债，资产减负债的差额即为资产净值。个人资产可以通过成本法、市价法来计量。个人负债一般根据债务的现时价值计价。

3. 个人收支储蓄表是按照收付实现制的原则编制的反映个人某一期间收入支出及结余情况的报表。个人收支储蓄表通常把收入分为工薪类收入、财产性收入、劳务收入和其他收入，而将支出分为日常支出、投资性支出、保障性支出及其他支出。

4. 通过计算各类资产和负债在总资产和总负债中的权数可以分析个人的财务状况，而消费率、流动性比率、自由储蓄率等指标的计算可以揭示个人的收支储蓄情况，反映个人财务的安全性程度。

5. 预算是个人财务管理的重要工具。个人预算主要包括收入预算和支出预算。个人预算需要参考历史收支记录并考虑预算期的预期制订。预算制订后，要本着“开源节流”的原则执行预算。为提高预算的实施效果，需要经常性地进行预算执行情况的总结和反思。

【复习思考题】

一、名词解释

收付实现制　流动性比率　自由储蓄率　财务负担率　收支平衡点收入

二、简答题

1. 编制个人资产负债表有什么意义？应该如何分析个人资产负债表？
2. 编制个人收支储蓄表有什么意义？有哪些财务指标可用于分析个人收支储蓄表？
3. 你如何看待超前消费？超前消费会对个人的财务状况产生怎样的影响？

三、案例分析

李某在一家广告公司担任部门主管，身体状况良好，年税后收入 10 万元，其妻叶某是某百货大厦营业员，年税后收入 5 万元，基本没有额外收入。家里有一个正在读初中的儿子，双方的父母都无法提供资助。夫妻俩人均享有基本养老、基本医疗保障。2021 年末，李某对家庭资产清理结果如下：

2012 年按揭 20 年、首付 20% 购买的一套当时价值 60 万元的住房，现在市值 90 万元。每月还需要偿还贷款本息合计 3 800 元。现有 15 万元的 1 年期定期存款（年利率 1.98%）。2018 年投资 10 万元购买的股票现市值只有 8 万元，2021 年未分红派息。2019 年购买了 5 万元的货币市场基金，平均年收益率 3.5%。

全家三口购买了 3 份 20 年交费期的太平洋人寿万全终身重大疾病保险，每份每年保费为 1 000 元；为儿子购买了 5 份 20 年交费期的世纪英才保险，每份每年缴费 1 000 元。家庭每月的衣食开销为 2 800 元，交通通信费为 600 元，儿子的培训班费用为 1 000 元。

要求：（1）编制该家庭 2021 年末的资产负债表和 2021 年 12 月的收支储蓄表。（2）通过指标计算对该家庭的资产结构、财务结构、支出比率、财务弹性做出评价，指出该家庭理财中存在的问题及改进方向。

第十二章 个人理财活动

GEREN LICAI HUODONG

近年来，“中产阶级”“富二代”“小康社会”等新名词、新标准不断涌现，消费信贷、有价证券、黄金外汇等理财工具已成为老百姓关注的热点话题。“理财”一词成为社会最流行词汇之一。然而，绝大多数个人并不十分清楚应该如何理财。本章旨在较系统地讲述各类家庭理财活动的原理。

【本章学习目标】

理解现金规划的原则，了解现金资产配置的工具及现金短缺的融资方式；掌握各类投资工具的特点、投资规划的步骤及投资资产配置方法；掌握居住规划的内容及住房抵押贷款的选择策略；了解教育规划的步骤及教育规划工具；了解保险规划工具、保险规划步骤及保险需求分析的思路；掌握退休规划的步骤及常见的退休规划工具；了解遗产规划的步骤及常用的遗产规划工具。

【本章关键词】

现金规划　投资规划　住房规划　教育规划　保险规划　养老规划　财产传承规划

第一节　个人现金规划

一、个人现金规划的原则

现金规划是对个人日常的现金及现金等价物的管理，是确保个人有足够的现金支付计划内外的费用且消费模式还在预算之内的一种财务安排。

现金规划是个人理财规划中重要的组成部分。在现实生活中，有些个人或家庭现金总是收不抵支，只能依靠信用卡或借钱生活。还有一些个人或家庭，资产绝大部分是银行存款。这些现象都是没有进行现金规划的结果。

有效的现金规划必须遵循的原则主要有以下两点。

1. 保持必要的流动性。现金规划中保持必要的流动性是建立紧急备用金、确保日常支付的需要。

2. 权衡成本与收益。现金具有很高的流动性，持有现金必将伴随着一定的机会成本。持有现金越多，机会成本越高，或者说损失的收益越多。现金规划时，要权衡持有现金会发生的机会成本或失去的收益。

考虑以上原则，现金规划可以采取的策略是：短期的日常费用支出需求可以用所持有的现金来满足，而预期的或者将来的需求，则可以通过持有具有较强流动性的现金类资产来满足。

二、现金资产配置工具

目前，金融市场中可供个人选择的资产配置工具很多，但并非所有的工具都适合现金资产配置。一般而言，可供现金资产配置的工具除现金外，主要包括以下几类。

1. 短期储蓄存款。国内储蓄产品多种多样，适合做现金配置的主要有活期储蓄、定活两便储蓄、通知存款等。储蓄存款是最传统和基本的资产配置工具。

2. 货币市场基金。货币市场基金有投资起点低，收益高于储蓄存款、安全性强，流动性快，无申购费、赎回费，收益免税等特点。

3. 银行短期或开放式理财产品。现阶段，银行短期理财产品最短的有 14 天，而开放式理财产品更具有随时赎回的特点，流动性强。此外，银行理财产品众多，可选择性强，且收益都远高于活期存款。

根据理财专家的建议，个人或家庭现金资产配置可以按如下权重进行：现金配置为 1/3、储蓄存款配置为 1/3、货币市场基金和短期银行理财产品配置为 1/3。

三、现金规划中的融资方式

由于各种原因，个人有时也会出现现金短缺的状况。目前，适合个人的融资工具主要包括以下几种。

1. 信用卡融资。信用卡具有先消费后付款的特点，发卡机构可以提供使用人 25 ~ 55 天的免息透支期。个人要善于利用信用卡弥补短期资金的不足。有专家建议，每人可以有 1 至 2 张信用卡，信用卡额度相当于家庭月支出的 3 至 5 倍，日常支出可以尽量使用信用卡支付。使用信用卡时要确保还款期内还款并尽量避免提现和分期偿还，以免被发卡机构收取高额利息。

2. 质押贷款。质押贷款是指以借款人或第三人的动产或权利为质押物发放的贷款。当个人或家庭手中持有国库券、金融债券、储蓄存单等流动性和安全性较强的证券而缺少现金急用时，可以到银行办理质押贷款，以避免提前处置有价证券会发生的损失。

3. 典当融资。典当是指当户将其动产、财产权利作为质押或将其房地产作为当物抵押给典当行，取得当金并在约定期限内支付当金利息、偿还当金、赎回典当物的行为。现实生活中，典当是一种便捷的融资方式。但也要注意典当融资因为成本高，只能用于救急，不能长期使用。

【延伸阅读 12－1】　　细数个人贷款各种坑！①

近年来，住房、汽车消费热潮及个人创业的兴起，催生了旺盛的个人融资需求。除正规金融方式为个人提供融资服务外，各种非正规融资方式也层出不穷，由此产生的融资陷阱也频频发生。

1. 各种无门槛网贷。互联网融资方式花样迭出，如分期付款、白条、网贷等。互联网融资大都手续简便，门槛低，有时只需身份证就能办理贷款，无须抵押、无须担保等。这些低门槛的融资机构中骗子公司居多，等筹资者支付了手续费、合同保证金、验证金等各种名目的费用后，骗子们早已“人间蒸发”。

2. 各种收费成车贷“吸血鬼”。汽车 4S 店的营销手段越来越多，零首付、零利率、零月供等。事实上，“零首付”有可能遭遇各种“管理费”；“零利率”有可能多出公证抵押金、续保押金等；“零月供”一不留神就过了免月供期限被收取违约金。还有诸如车贷没有办理成功不退定金、强制捆绑购买保险等。

3. 一不小心被贷款。目前，居民的信用意识日益增强，不仅有意识地主动利用信用，更会确保按期支付各种信用账单。但人们也往往会因为各种原因不小心被贷款，陷入信用危机状况。如不小心丢失身份证“被贷款”，在培训机构申请“助学贷款”，银行卡保管不当“被贷款”、被列入银行“黑名单”等。

更多内容请扫描二维码

思考：个人应该如何避免陷入融资骗局？

第二节　投资规划

一、投资规划的工具

投资规划是根据自身的投资理财目标和风险承受能力，通过合理的资产配置方案，以实现期望的投资收益的过程。

如前所述，理财不等于投资，投资只是个人理财的组成部分。但以促进个人家庭资

① 贷款陷阱防不胜防？细数贷款各种坑［EB/OL］.（2017－05－05）. https：//www.rong360.com/gl/2017/05/05/134825.html.

产加速成长为首要目标的投资规划是个人理财规划最重要的组成部分。制订个人投资规划时首要的是了解适合个人投资的工具。

（一）储蓄存款类投资工具

储蓄存款（以下简称储蓄）是个人将节余的或者暂时不用的货币收入存入金融机构的活动。储蓄分为定期储蓄和活期储蓄两种形式。活期储蓄包括活期存款、个人支票存款、定活两便存款以及通知存款等。定期储蓄约定存期、到期支取，包括整存整取、零存整取、整存零取、存本取息等形式。

储蓄具有存取自由、安全性高、收益稳定等特点，因而在个人投资组合中始终占有较大比重，适合不愿意冒险的保守型个人。

（二）股权类投资工具

股权类投资工具主要包括普通股和存托凭证。

普通股是指在公司的经营管理和盈利及财产的分配上享有普通权利的股份，它构成公司资本的基础，是股票的基本形式。普通股投资具有风险高、收益高、流动性较强等特点，适合于那些为了追求高收益、能承受高风险的个人。

存托凭证是指在一国证券市场流通的代表外国公司有价证券的可转让凭证。存托凭证一般代表公司股票，但有时也代表债券。因此，存托凭证也就具有与股票或债券相同的投资特点。

（三）债券类投资工具

债券是债务人发行的承诺按约定条件支付利息并偿还本金的凭证。债券投资具有安全性强、收益稳定的特点。债券投资既可以采用消极的投资策略，买入持有，获取固定的利息收入；也可以采用积极的投资策略，在流通市场上赚取买卖差价。

目前居民个人可以投资的债券主要包括国债、企业债、金融债。国债以政府信誉为保证，被誉为“金边债券”。我国现阶段的国债分为凭证式国债和记账式国债两种。企业债是由企业或公司发行的债券，企业债投资要重点关注债券的信用等级、流动性、票面利率及付息方式。金融债是由金融机构发行的债券，违约风险相对较小，具有较高的安全性，其利率通常低于一般的企业债，但高于国债和银行储蓄存款利率。

（四）混合证券类投资工具

混合类证券是指介于股票和债券之间的证券，包括优先股和可转换公司债券。

优先股是一种先于普通股股东享受收益分配及剩余资产求索权的特殊股份权益形式。优先股投资具有收益稳定、风险低、流动性差的特点，适合于追求稳定收益而风险承受能力不高的投资者。

可转换公司债券投资的最大吸引力在于其具有“上不封顶，下可保底”的收益优点，当股价上涨时，通过转股可享受股价上涨带来的盈利；当股价下跌时，则可不实施转换而享受固定的利息收入，期满时收回本金。此外，可转债在清偿顺序上，排在普通公司债之后，先于优先股和普通股，因此，投资保障程度要高于股票。

（五）衍生类投资工具

衍生类证券是在原生证券的基础上派生的证券，主要包括期货和期权。

期货交易的标的物有实物和金融商品，前者包括石油、粮食、棉花、金属类等，后者包括外汇、利率、股指等。期货投资具有高风险、高收益的特点，适合对风险有足够的承受能力、资金实力较强的投资者。

相对期货投资而言，期权投资具有以小博大、风险小、有更多的投资策略选择、交易手续费低、投资门槛低等特点。我国目前既有金融期权，如上证50ETF期权，也有实物期权，如豆粕期权、白糖期权。

（六）各类资管计划

资管计划是指金融机构接受投资者委托，对受托财产进行投资和管理的金融服务计划。这些资管计划，除第一章介绍过的集合资管计划、定向资管计划和专项资管计划外，还有如下分类：根据募集方式的不同，分为公募式和私募式。公募式产品适合普通大众投资，只有资金实力强的个人才会参与私募产品的投资。根据投资性质的不同分为固定收益类、权益类、商品及金融衍生品类和混合类。根据运作方式的不同分为封闭式、开放式、半开放式。

资管计划产品类型不同，投资门槛不同，风险、收益特点各异。个人可以根据自身的财务能力和风险收益偏好选择性投资。

（七）实物类投资工具

1. 房地产。房地产投资的形式多种多样，主要包括直接购置住房、以租养贷、投资房地产信托等。房地产投资具有资金需求量大、能抵御通货膨胀风险、政策风险大、流动性差等特点，适合于拥有较多闲散资金、有长期投资心理、抗风险能力较强的中高收入人群。

2. 金银。金银自古以来就是人们保值增值的有效工具。国内目前金银的投资方式有虚拟交易、实物交易及期货交易三种：虚拟交易只通过账面反映买卖状况，不提取实物的交易；实物交易是指直接买卖金银条、金银币和金银饰品；期货交易是在专门的交易所进行的标准化黄金期货合约的买卖。三种交易方式的投资门槛、流动性和风险性各不相同。金银投资需要具备一定的专业知识和技巧，并且要密切关注国内外贵金属市场、利率、汇率、游资等各方面的信息，内外兼顾才能规避风险，获取盈利。

3. 珠宝。宝石具有价值稳定、安全可靠、被寄予感情色彩、可以预防意外等特点，在西欧各国中珠宝投资较为普遍。近年来，我国居民对珠宝的需求稳定上升。珠宝虽然不是优选的投资工具，一般也不宜过多地持有，但可以适当地收藏。当然，在目前我国珠宝市场不够规范的情况下，选购珠宝须谨慎。

4. 收藏品。近年来，我国的收藏品范围已从初期的邮、币、卡，扩大到艺术品、名人字画、古玩、文革物品等。收藏作为一种长线投资，不仅能期望在将来获取较高的收益，而且有利于陶冶情操、丰富知识。因此，个人可以根据自己的兴趣爱好，有选择性地进行投资集藏。

（八）外汇类投资品

近年来，由国际贸易产生的外汇交易在整个外汇交易中的比重不断减少，外汇交易的主流是投资性的，外汇已经成为国际上最重要的金融投资品。目前，我国外汇交易有现货、合约现货和期货三类交易方式。外汇投资流动性强、手续简便、门槛低。投资外汇不仅需要有外汇基础知识，关心主要币种国家的各种经济、金融方面的信息，而且还需要掌握交易的技术技巧。因此，外汇投资适合对外汇市场有一定的了解，又能承受一定风险的个人或家庭。

二、投资规划的步骤

个人投资规划的一般步骤如下。

1. 了解自身情况。自身情况主要包括两方面：一是资产状况，包括存量资产和未来收入的预期。进行资产状况分析的目的是要确定可以用来进行投资的本钱。二是风险特征，包括个人的客观风险承受能力及主观风险态度。

2. 设定投资所要达到的目标。投资者需要从具体的时间、金额和对目标的描述等方面来定性和定量地厘清自身的投资理财目标。

3. 对投资工具的分析。可供个人选择的投资工具种类繁多，每样工具都有其风险和收益的特点，投资人必须了解这些特点。

4. 制定投资策略。投资者在众多投资工具中选择与自身风险属性相适应的投资工具进行配置。

5. 投资规划的实施及动态调整。投资规划的实施是指将制定的投资策略付诸实践的过程，是选择具体的投资工具进行投资的过程。动态调整是指对投资的实施情况进行评估、反馈，并根据不断变化的客观市场情况及自身财务情况及时修正投资资产配置。

三、投资资产配置方法

资产配置是指投资者确定投资资金在各类资产上的投资比例的活动。资产配置的决定因素主要分为三大类：投资者的个性特质、未来金融市场环境、投资工具的类别及其特性。投资者的个性特质包括个人的财富水平、投资的动机、投资目标期限、风险偏好、税收考虑等因素。未来金融市场环境指经济的周期性变化、国家的政策调控意图、利率汇率的变动趋势、拟投资市场的周期性和长期前景等。

投资资产配置的总体原则是分散配置、组合投资。投资组合涉及工具、时间及比例三个层面的组合。分散投资的具体策略有三个：一是不同类型资产的配置，如在存款、债券、股票、基金、房产之间分配资金；二是同类型资产的配置，如在多个股票间分散投资；三是不同地区的投资配置，如国际分散投资。

资产配置的常用方法如下。

1. 风险属性配置法。风险属性配置法是指根据个人风险属性进行资产配置。保守型投资者可以持有比重相对较低的股票类投资工具和比重相对较高的现金和短期投资、固定收益证券等；激进型投资者可以持有比重相对较高的股票类投资工具和比重相对较低的现金和短期投资、固定收益证券；稳健型投资者资产配置策略则介于前两者之间。

2. 理财目标时间配置法。理财目标时间配置法是指根据个人或家庭理财目标实现时间的远近程度合理地选择资产配置的方法。如紧急备用金配置活期储蓄，短期目标配置货币，中期目标配置债券，长期目标配置股票等。

3. 生命周期配置法。生命周期配置法是指根据个人生命周期各阶段的财务特点选择合适的资产进行投资。个人通常会经历财富的播种阶段、建设阶段和实现阶段。财富播种阶段，个人主要关注基本的生活需求。如果有多余资本可用来投资，应该考虑那些流动性强的资产。财富建设阶段，个人理财需求扩大到教育、提高生活质量、退休和为后代积累财富。此时，投资的资产可以扩展到固定收益证券、房地产等。而在财富实现阶段，个人可以考虑投资于股票、风险投资基金等。

【延伸阅读 12－2】 投资骗局解密①

追求高收益、规避高风险是投资者永恒的话题，但高收益往往伴随着高风险。2018 年以来，我国投资市场风云突变，各类资产陆续爆雷，一夜之间财富归零的投资者比比皆是。以下是我国近年出现的各类资产投资的“典型”骗局。

1. 实体投资骗局。骗局主要有两种：一种是以出售原始股的方式进行诈骗，骗子们大都通过直接或间接出售空壳公司股权，或借由新三板协议转让、提前买入股票再高价转让来欺骗投资者；另一种是实体项目非法集资，骗局多以包装出来的某个实体项目的名义进行非法集资。

2. 基金投资骗局。常见的骗局有两种：一是基金经理建老鼠仓；二是基金经理与关联方进行利益输送，如通过频繁交易向券商股东缴纳高额佣金，与外部人员勾结，高买低卖等。

3. 股票投资骗局。骗局主要分三种：第一种是单纯通过多账户操作拉高股价吸引散户高位接盘然后再出货；第二种是通过“高送转”信息或者热点题材拉升股价然后出货获利；第三种是散布虚假消息引诱散户拉升股价，然后再高位出货的方式。

4. 银行理财骗局。最常见“骗局”就是“假”理财，即“飞单”“萝卜章”事件。主要是银行的销售人员利用投资者对大平台的信任，售卖不属于本金融机构的理财产品，一旦无法如期兑付，就会给投资者带来严重的损失。

5. 大宗商品骗局。此类骗局主要有两种：一种是利用平台知名度进行诈骗，影响最大的就是昆明泛亚有色金属交易所日金宝理财收益；另一种是利用微信、QQ 等社交软件进行违法平台推介，诱使投资者在违法平台上进行交易。

6. 海外投资骗局。此类骗局主要涉及三个领域：一是海外房产，偷换概念和虚假宣传是主要的行骗方式；二是海外虚假的股权投资基金以及垃圾公司赴美到 OTCBB 或粉单市场上市；三是虚假海外移民。

7. 艺术品投资骗局。此类骗局主要有两种：一种是交易赝品；另一种就是打着艺术品的名号进行诈骗的交易平台。

---

① 朱振鑫，张楠．中国式投资防骗指南：各类投资骗局全解密［EB/OL］．（2018－09－17）．https：//www.sohu.com/a/254427306_656008.

8. 数字货币投资骗局。此类骗局的形式有三种：一是山寨币、空气币以首次币发行为主要聚财方式；二是因为市场混乱的生态和监管缺位导致的不法分子对普通投资者的收割；三是以维卡币、亚欧币、五行币为代表的众多传销币的骗局。

9. 外汇投资骗局。不少国内外的外汇交易平台打着国外监管的旗号，通过做市商机制进行后台操控：在数据上造假，有的根本没有参与外汇交易；在交易时滑点，使下单的点位和最后成交的点位存在差距；直接干扰交易，影响交易正常进行。

10. 博彩骗局。骗局的主要形式有两种：一是对彩民购彩提供指导，出售所谓“内部资料”；二是通过网络、微信、QQ 群的销售群体违法销售彩票，不去彩票中心出票，或采取非法方式截留彩金。

更多内容请扫描二维码

思考：家庭理财如何确保不陷入投资骗局？

第三节　居住规划

一、居住规划的内容

居住规划是指个人或家庭为了实现理想的住房消费或投资而进行的财务安排。

“衣食住行”是人生最基本的四大需求，其中“住”又是所需金额最大的一项。购房首付款的支付与购房后贷款偿还的负担，可能影响家庭生活水准长达 30 年。若没有事先规划，可能使家庭生活水准降低，甚至陷入困境。合理的规划一则可以迫使个人或家庭有目的的储蓄；二则可以科学选择合适的住房；三则有利于合理地选择贷款计划。

居住规划从内容上看，主要包括以下几点。

1. 买房还是租房的规划：购房还是租房的决策需要比较两者的优缺点。租房的优点在于人们可以根据自身收支情况来选择住房，能将多余资金用于其他方面投资，有更大的迁徙自由度，不必担心房价下跌，不必承担拥有房屋的各种税费。租房的缺点主要表现为房租的上升、非自愿搬离的风险以及不能根据自己的意愿装修房屋。购房的优点则在于自由使用房屋的权利，能提高信用能力，并抵御通货膨胀风险。购房的缺点在于财务压力大，要承担房价下跌的风险，且不利于人们变换工作地点。

2. 购房规划：对于已经决定购房的个人而言，如何实现购房目标就成为购房规划的关键。购房规划的核心是根据经济实力来确定能负担的房屋总价、单价及区位，确定购房目标后的筹资计划是一次性付清房款，还是抵押贷款。购房规划几乎是每个人都要面对的问题，是本节后面讲述的重点。

3. 换房规划：对房屋的需求会随着人的生命周期阶段的改变而变化。单身或新婚时受制于经济实力，以小户型为主；当孩子出生尤其是到了受教育阶段时，除了要考虑户型大小外，还要注意教育条件和周边环境等因素；人到中年，可以结合居住环境、休闲娱乐等考虑再次换房；退休时，可以考虑医疗保健齐全、环境较好的小户型住宅以颐养天年。换房规划主要考虑的是有无能力支付换房所必需的首付款以及未来有无能力偿还换房后的贷款。

4. 房屋投资规划：人们普遍认为房产投资是抵御通货膨胀的最好手段之一。但房产投资的风险也比较高：一是房产的流动性差；二是房产市场周期性明显，政策性风险较大；三是房产投资所需资金大，尤其是贷款投资时，投资者要承担较高的利息负担。因此，个人是否投资房产，需要权衡利弊。

二、购房规划

在决定购房之前，有必要进行周密的规划。首先要根据个人或家庭的财务能力、居住需求估算能负担的房屋总价、单价和区位。其次要确定首付款金额和贷款的方式。

（一）估算购房总价、单价

1. 以储蓄及缴息能力估算房屋总价

可负担房屋总价 = 可负担首付款 + 可负担房贷　　(12 - 1)

理财专家对于购房者的建议是：房贷总金额最好控制在年收入的 6 倍以内，贷款期限为 8 ~ 15 年。在这个范围内，月均还款支出的额度较为适宜。

【例 12 - 1】 郭先生年收入为 10 万元，储蓄率为 40%。目前已经为购房准备了 15 万元，打算 5 年后购房，投资报酬率为 10%，贷款年限为 20 年，利率 6%，计算郭先生可负担的房价总额。

解：郭先生可负担的房屋总价计算如下：

可负担首付款 = 10 × 40% × （F/A，10%，5） + 15 × （F/P，10%，5） = 48.6（万元）

可负担房贷 = 10 × 40% × （P/A，6%，20） = 45.88（万元）

计算结果表明，5 年后购房时，郭先生可以负担的房价总额为 94.48 万元。

2. 以需求平方米数估算房屋单价

应买多少平方米的房子，取决于家庭人口数及空间舒适度的要求。计算所需平方米数时，应考虑届时需同住的家庭人口数和对房屋功能性的要求。

可负担房屋单价 = 可负担房屋总价 ÷ 需求平方米数

【例 12 - 2】 上例中郭先生为三口之家，拟购买四室两厅，以 150 平方米规划，计算其可负担的房屋单价。

解：可负担房屋单价 = 944 800 ÷ 150 = 6 298.67（元/平方米）

（二）住房抵押融资

住房抵押贷款又称按揭，是指购房者用其购房契约做抵押向银行申请并约定分期还本付息的贷款。融资人在抵押住房产权的同时享受住房的居住权、出租权等，并具有还清贷款后的赎回权。当个人或家庭打算通过抵押融资方式购买住房时，需要根据自身的财务特点选择合适的住房抵押融资方式及还款方式。

1. 住房抵押融资的类型。住房抵押融资类型有多种，按不同的标准分类如下。

（1）按贷款利率的约定不同，住房抵押融资分为浮动利率房贷、固定利率房贷和混合利率房贷。浮动利率贷款是利率在贷款期内根据事先约定的时间间隔，利率以某种选定的市场利率作为基础利率变化的贷款；固定利率房贷就是在整个贷款期限内不论市场利率如何变动，借款人都以约定利率支付利息的住房贷款；混合利率房贷是指在贷款开始的一段时间内利率固定不变，其后随市场利率变化而变化的住房贷款。

三种不同利率的房贷各有利弊。个人可以结合自身对未来市场利率走势的判断进行合理选择。

（2）按贷款提供机构的不同，住房抵押融资分为住房商业贷款和住房公积金贷款。住房商业贷款是指由商业银行提供的房贷，住房公积金贷款是指由住房公积金管理中心提供的房贷。

住房公积金贷款利率比商业贷款利率低，但只有缴存了足够期限的住房公积金的个人才可以申请。个人住房房贷应该尽可能利用利率优惠的公积金贷款，但住房公积金贷款往往不能满足全部的贷款需要，剩余部分就可以通过商业银行贷款。这就是组合型贷款。

2. 抵押融资的偿还。住房抵押贷款一般属于中长期贷款，在我国最常见的偿还方式有两种。

（1）等额本金还款法，指在还款期内按等额归还贷款本金，并同时还清当期未归还的本金所产生的利息。可以按月还款，也可以按季还款。由于银行结息惯例的要求，很多银行都采用按季还款的方式。

计算公式如下：

$$每季还款额 = 贷款本金 \div 贷款期季数 + (本金 - 已归还本金累计额) \times 季利率 \tag{12-2}$$

（2）等额本息还款法，指从使用贷款的第二个月起，每月以相等的额度平均摊还贷款的本金和利息。

计算公式如下：

$$每月等额还本付息 = 贷款本金 \times \frac{月利率 \times (1 + 月利率)^{还款期数}}{(1 + 月利率)^{还款期数} - 1} \tag{12-3}$$

第四节　子女教育规划

一、子女教育规划的重要性

> 子女教育规划是指个人为积累实现子女理想教育所需要的教育金而进行的事先的财务安排。

根据现代经济学的观点，家庭对教育的经济投入，不仅仅是一种消费行为，更是一种投资行为。虽然子女教育投资效益表现出滞后性及很大的不确定性，高投入并不意味着高产出，但由于子女接受教育后将来可能获得的收入预期往往要大于投资所要承担的风险成本，且接受教育还能给家庭带来很多非经济方面的收益，这些都从客观上促使父母对子女进行教育投资。

结合现实来看，子女教育规划对家庭的重要性主要体现在能为家庭积累子女教育准备金。传统的观点认为高等教育支出是家庭的阶段性高支出，不事先准备往往届时难以应付。现在的事实是，子女的每一个教育阶段，用于教育的支出都很高。因为，现代意义上的子女教育内容越来越丰富，幼儿时的亲子教育，从小学开始的培优、体艺特长的培养，每一项都花费不菲。

子女教育支出已经成为仅次于购房的一项重大家庭支出。中国人历来有重视教育的传统，如何为子女筹集一笔充足的教育经费是父母们的心头大事。通过合理的教育规划积累子女教育准备金，可以避免教育费用开支中的财务困境，帮助每个中国父母实现“望子成龙，望女成凤”的心愿。

二、子女教育规划的工具

常见的教育规划工具主要有以下几个。

（一）中低风险的基金产品

中低风险的基金产品比较适合教育规划稳健性原则的要求，而且家庭教育准备金投资基金产品最好采用定投的方式。基金定投是指投资人以固定时间、固定金额申购某只基金产品，类似于银行的零存整取方式。这种方式比较适合风险承受能力低的工薪阶层、具有特定理财需要的父母（如退休金计划）和刚离开学校进入社会的年轻人。

（二）教育保险

目前市场上的教育保险主要分为三类：一是纯粹的教育金保险，通常以附加险的形式出现；二是可固定返还的保险，其返还的保险金不仅可以作为子女上学期间的教育费用，还可以持续提供生存金；三是理财型保险，如万能保险、投资连结保险等。区别于其他方式，教育保险的优势在于：（1）教育保险金一般都在子女特定的教育时段里才能提取，能切实有效地做到专款专用；（2）具有强制储蓄及保险保障的功能；（3）有些教育保险也具有理财分红功能，能够在一定程度上抵御通货膨胀的影响。

（三）助学贷款

助学贷款包括国家助学贷款及商业助学贷款。国家助学贷款是由政府主导、财政贴息，银行、教育行政部门与高校共同操作的专门帮助高校贫困学生完成学业的贷款。商业助学贷款是指商业银行向借款人发放的用于支持学生完成学业所需费用的担保贷款。我国从1999年试点国家助学贷款至今，相关制度和规定已较为成熟。相比而言，国家助学贷款无疑是一些经济困难无力积累教育金的家庭为子女规划高等教育金的一项重要手段。

（四）子女教育信托

所谓子女教育信托，即父母（委托人）以子女（受益人）的教育为目的，与受托人（信托公司）签订信托契约，由受托人代为投资管理委托人转入信托专户的资金，并约定在某个特定时间，将信托财产定期或不定期移转给子女。子女教育信托有独特的优势：一方面信托资产可以隔断风险。从法律上讲，即便未来委托人债台高筑，或陷入经济纠纷，信托资金也不受影响。另一方面可以保障支付。信托协议可以确保受益人达到信托协议约定的条件后，就可以领取学习费用、创业金等。子女教育信托资金门槛较高，适合高收入人群。

除上述工具外，奖学金及勤工俭学金也可以作为教育准备金规划工具。

三、子女教育规划的步骤

子女教育规划是一项长期而又复杂的工作。父母应根据子女的兴趣特点，结合实际确定一个适合子女发展的目标，然后根据这个设定的目标准备教育资金，并且有针对性地引导子女朝这个方向发展。具体而言，子女教育规划包括以下四个步骤。

1. 明确子女教育目标，确定目前该教育目标所需费用。确定子女教育目标时主要考虑如下因素：一是子女将来要接受的是职业教育还是学历教育？学历教育是本科、硕士还是博士？二是学校性质是民办学校还是公办学校？三是学习地域是国内还是国外？明确了子女教育的目标之后，个人就可以根据众多公开的教育资料确定实现目标所需要的当前费用。

2. 预测教育费用的增长率，计算实现教育目标未来所需要的费用。预测教育费用增长率时，首先需要结合近年来的通货膨胀率及未来的经济发展趋势，对未来教育投资规划期间的通货膨胀率做出合理预测；其次，在通货膨胀率的基础上增加几个百分点作为教育费用的增长率。有了教育费用的增长率，根据当前的学费水平就能估算出从现在开始到子女接受不同层次教育时所需的教育金总额。

3. 估算子女教育基金缺口，确定所需要的教育储蓄。在确定了实现教育目标所需要的教育费总额后，还需要清理家庭现有的教育资金储备，二者的差额便是教育基金的缺口。根据教育基金的缺口估算当前所需要的教育储蓄时，需要设定投资期间的长短和储备教育金的报酬率。投资期间的长短取决于子女不同层次教育费的开支时间，而储备教育金的报酬率一般要高于学费成长率。教育储蓄的确定有两种方式：一种是计算一次性投资所需要的储蓄资金，另一种是计算分期投资所需要的储蓄资金。

4. 进行教育准备金规划。教育准备金规划首先需要熟悉各种教育规划工具，然后根据家庭的风险承受能力及财务特点，选择合适的教育规划工具进行组合。

一个完整的教育规划过程还包括规划的执行与定期检查，在此过程中要坚持子女教育基金专款专用，并根据子女教育状况的变化及家庭财务能力的变化进行定期调整。

第五节　保险规划

一、保险规划的必要性

保险规划是指个人或家庭为保障生命和财产安全而进行的保险方案的安排。

人的一生难免会碰到一些意想不到的风险。由于生老病死或残疾带来的人身风险、因为灾害或事故产生的财产风险、由于自身或被监护人的行为对他人造成伤害或者损失而必须承担赔偿的责任风险……这些风险无时不在，无处不在。个人理财的首要目的就是防范各种风险，确保财产、生命安全。保险正是达到此目的的重要的、最根本的手段。要提高保险对个人风险管理的效果，保险规划必不可少。

保险规划对个人的必要性主要体现在以下方面：

1. 保险能为个人提供最基本的风险保障。保险最基本的功能是补偿损失、经济给付。证券投资是“以一万赚一百”，而保险却是“以一百保一万不损失”；储蓄存款是存多少领多少，保险是保多少领多少。

2. 保险也是一种重要的个人投资理财方式。投保不仅能起到以较小的代价分散风险的效果，而且还是一种重要的投资理财方式。不少人身保险品种，如两全险、终身险、年金险等就具备保险和储蓄的双重功能。

3. 保险还是一种资产保全的方式。一旦开征遗产税，遗产继承人必然面临高额的遗产税。如果被继承人生前购买了以子女为被保险人或受益人的人寿保险，继承人就可能合理合法地避税，减少经济损失。

生活中不少个人对保险存在着误区，认为保险是奢侈品，是有钱人要考虑的事情。事实上，保险对所有人而言都是必需品。按保险专家的划分，不同收入的人群，购买保险的目的不同。低收入人群买的是保障，中等收入人群为的是理财，高收入人群更多的是为了保全资产。

二、保险规划工具

针对个人的保险保障，可以利用的保险工具主要来自三个层面。

（一）社会保险

社会保险是指国家通过立法强制实行的最基本保障，通常是指政府在个人因年老、工伤、疾病、生育、残废、失业、死亡等原因丧失劳动能力或暂时失去工作时，给予本人或其所供养直系亲属物质帮助的一种社会保障制度。

我国目前的社会保险包括养老保险、工伤保险、失业保险、医疗保险、住房保险（指住房公积金）五大险种。

个人参加社会保险的优势包括：单位、国家分担了大部分保费，个人缴费低；强制参保，可以享受国家的养老、医疗等补贴，保障基本生活；参保与缴费一般都由单位代执行，个人不需要付出额外精力。

（二）商业保险

商业保险是指按商业原则、由个人自主选择的保险。具体而言，商业保险是指投保人根据合同约定，向保险人支付保险费，保险人按合同约定承担保险责任的保险行为。商业保险的基本功能是转移风险、分摊损失，以及经济补偿和保险金给付。派生功能是投融资功能和防灾防损功能。

现实生活中，商业保险品种繁多。归纳起来，主要有以下几类。

1. 财产保险。财产保险是指以物质财产以及同它相关的利益作为保险标的的保险。与个人相关的财产保险主要有普通家庭财产保险、家庭财产两全保险及长效还本保险。

2. 人身保险。人身保险是以人的身体和生命作为保险标的的一种保险。人身保险一般包括人寿保险、健康保险、意外伤害保险和分红保险。

3. 责任保险。责任保险是以被保险人依法应负的民事赔偿责任或经过特别约定的合同责任为保险标的的保险。机动车责任保险是个人常见的责任保险。

（三）团体福利保险

团体福利保险是指企业或工作单位因就业关系以团体形式为员工提供的不同的福利保障。

团体福利保险通常包括团体寿险计划、团体健康保险和退休计划（也称企业年金计划）。这些保险可以为个人及家庭经济安全提供必要的补充。

三、保险规划的步骤

从长远角度考虑，每个家庭都应在“和平稳定期”用一定的支出设置未来的保障，选择合适的保险品种，以规避可能发生的风险。

保险规划的流程主要包括五大环节。

1. 确定保险标的。保险标的可以是人的寿命和身体，也可以是财产及相关利益。按法律规定，只有对保险标的有可保利益才能为其投保。财产保险中，财产所有人、经营管理人、抵押人、承担经济责任的保管人都具有可保利益。人身保险中则要确认投保人与被保险人之间是否存在合法的经济关系。个人家庭要根据自身的财产和生命状况，确定拟投保的保险标的。

2. 选择保险产品。确定保险标的后，个人应该在准确判断保险标的的具体风险状况的基础上，考虑自身的经济承受能力，选择合适的保险品种。选择保险产品时，还应该注意合理搭配险种，避免重复投保。

3. 确定保险金额。保险金额是当保险标的发生保险事故时保险公司所赔付的最高金额。保险金额的确定一般以保险标的的实际价值或经济价值为依据。财产的投保金额比较容易确定，一般以财产的实际价值或重置价值来确定。人的价值尽管无法用货币来计量，但从保险的角度而言，人的价值衡量基于人的生命的经济价值，因此，可以根据个人性别、年龄、家庭情况、财务状况及经济等因素来计算生命的价值。

4. 明确保险期限。保险期限的长短与投保人所需缴纳的保险费、个人未来预期收入变化紧密联系。人寿保险的保险期限可以较长，有的甚至长达一辈子。财产保险、意外伤害保险、健康保险等保险品种的期限相对较短。投保人应该根据自身的实际情况，确定保险期限、缴费期间和领取保险金的时间等事项。

5. 选择保险公司。一般而言，投保人需要综合考虑保险公司及其销售人员，权威机构、商业评级机构、媒体等披露的有关保险公司的财务报告、信用等级、新闻等信息，从公司经营理念、财务实力、理赔情况、管理水平、服务质量等方面对保险公司进行考察，以选择合适的保险公司，顺利实施保险规划。

四、保险需求分析

保险规划的前四个环节均属于保险需求分析过程。保险需求分析需要回答以下问题：个人或家庭到底需不需要保险，需要什么保险，需要多少金额、多长时间的保险。

（一）人寿保险的需求分析

寿险的需求与人的生命价值相关。家庭成员的死亡对家庭产生的经济影响取决于该成员向家庭提供的收入的多少。寿险需求的计算方法通常有生命价值法和家庭需求法。

生命价值法是指以个人未来收入扣除个人衣食住行等生活费用后的资本化价值确定寿险需求的方法。

【例12-3】　张女士现年40岁，预计工作至55岁退休，现年薪10万元，个人消费支出3万元。预计未来工作期间年收入及消费支出按4%递增。张女士的年收益率要求为8%，请问张女士40岁时的寿险需求是多少？

解：张女士在第t年对家庭的净收入贡献为：

$$(10-3)\times(1+4\%)^t$$

净收入贡献的现值为：

$$(10-3)\times(1+4\%)^t/(1+8\%)^t=7/(1+3.8\%)^t$$

张女士的寿险需求 = 7 × 年金现值系数（$n=15$，$r=3.8\%$）

$$=7\times11.2823=78.9761\text{（万元）}$$

家庭需求法是根据家庭生活所需要的经济保障额确定个人寿险需求的方法。使用家庭需求法，首先要确定家庭保险需求的类型和程度，一般保障需求包括个人丧葬费用、遗属生活费用、子女教育费用和各类债务。其次估计家庭可确保的财务来源，包括存款与其他可变现资产、各类保险给付、其他收入等。当前的寿险需求是家庭保险需求总额与可确保的财务来源总额的缺口。

（二）残疾保险的需求分析

残疾也是人生面临的一大风险。一个人残疾后，不仅要支付高额的医疗、护理费，家庭收入也可能因此而下降或中断。因此，为了自己和家人维持原有生活水平，保险规划中要考虑到残疾保险的需求。

进行残疾保险需求分析：一方面要考虑残疾后可以从社会或公司获得的补助，或获得已有商业保险的赔付，另一方面要考虑残疾后会导致收入的减少和费用的增加，通过计算两方面的差额确定残疾保险需求。

（三）医疗保险的需求分析

医疗保险为被保险人因疾病而导致的财务损失风险提供保险保障。疾病产生的财务需求主要指发生疾病时需要住院的医疗费用以及因为住院而造成的损失。在计算疾病财务需求时，要考虑有可能获得的医疗保障。

医疗保险的需求 = 因疾病导致的医疗费用总额 - 已有医疗保障

已有医疗保障包括社会医疗保障、公司福利以及商业保险保障。

（四）养老保险的需求分析

养老保险需求分析主要依据自身的养老目标，预测退休后所需的生活开支及可以获得的基本养老金和其他收入，计算两方面的差额确定养老金的缺口。再进一步考虑通货膨胀、贴现率的影响，测算所需要的养老金保额。

（五）财产保险的需求分析

人们总是面临拥有和使用财产受损、毁坏的风险。确定需要投保的财产风险之后，需要估算财产保险的需求。对于一般财产，如家用电器、住宅等，财产保险金额的估算可以根据可保财产的实际价值或重置价值确定。对于特殊财产，如古董、收藏品等，则要请专家评估确定。

【知识链接 12-1】　　个人家庭如何投保

在明确了个人家庭保险规划的前提下，如何投保也有许多要考虑和注意的事项。

1. 合理选择保险公司和保险代理人。保险是一项长期的金融活动，而商业保险机构同样存在亏损甚至破产的可能，保险也存在风险。因此，投保时不仅要选择经营稳健、实力雄厚、服务周到的保险公司，而且要选择专业、诚实、有责任心、合法的保险代理人。

2. 了解保险内容条款。尤其要注意保险责任、除外责任条款、索赔程序、退保规定、投保人、被保险人义务等。

3. 索要税务局监制的收据和保险公司的正式保单。不要轻信和接受保险营销员个人出具的借条、收条等。

4. 合理使用犹豫期。犹豫期（一般为 10 日左右）多存在于一年期以上的长期寿险中。在犹豫期内，投保人可以无条件要求退保，超过犹豫期，投保人就不能拿回已经缴纳的全部保费了。

5. 履行如实告知义务。如果投保人故意或因过失隐瞒身体健康状况或既往病史等情况，保险公司将不负赔偿责任，且有权解除合同。如果属故意隐瞒，保险公司还有权不退还保费。

6. 亲笔签名。无论是投保单、健康声明书、变更申请书，还是其他有关文件，投保人、被保险人要亲自签名，不要随意由他人代签，以免误签无效合同。

第六节　退休养老规划

一、退休养老规划的重要性

> 退休养老规划，是为了保证个人在将来有一个自立、尊严、高品质的退休生活，而从现在开始积极实施的财富积累和资产增值规划。

在大多数国家，人们一般在55～65岁退休，就目前的人均寿命而言，一般人在退休之后普遍拥有20年左右的退休生活。对大多数人而言，能够享受自立、尊严、高品质的退休生活是人一生中最重要的财务目标，而退休规划是帮助人们达成这一目标的手段。

合理而有效的退休养老规划不但可以满足退休后生活的支出需要，保证自己的生活品质，抵御通货膨胀的影响，而且可以显著地提高个人的净财富。

总体而言，退休养老规划的重要性体现在确保个人能“老有所养，老有所终”。具体而言，主要体现在两方面。

1. 确保满足退休养老生活支出的需要。一方面，科技进步使人的寿命延长，个人退休生活延长。而且，人们对养老生活质量的追求提高了，退休养老支出水平也有了提高。另一方面，人们退休后的收入会大大减少。如果仅依靠退休收入养老，就会出现养老金不足，退休后生活质量下降的现象。退休规划就是要为个人的退休生活做好充足的养老金准备。只有及早规划养老，才能真正过上高品质的退休养老生活。

2. 有利于摆脱对传统养老方式的依赖。传统养老方式弊端显现，“养儿防老”不堪重负。统计数据显示，2019年，我国60岁以上老龄人口总数为25 388万，占全国人口的18.1%。据预测，到2050年，这一数据将超过4亿。老龄人口的快速增长使社会赡养率[①]不断提高。而计划生育政策的实施加大了年轻人赡养老人的负担。在这种情况下，延续传统家庭代际转移的养老方法将给下一代带来沉重的赡养压力，导致整个社会生活水平下降，甚至引发一些深层次的社会问题。因此，个人必须积极为自身将来的养老进行财务准备，这不仅是解决国家宏观层面养老问题的客观需要，也是减轻子女赡养父母负担的需要。

二、退休养老规划工具

随着投资理财方式的多元化，可供选择的养老规划的工具也日益增多。

---

① 社会赡养率＝退休职工数÷在职职工数×100%。

（一）社会养老保险

社会养老保险是社会保险中最基本的保障之一，每月由企业和个人缴纳一定比例的养老金，等到退休后，就可以领取一定的退休金。其优势在于成本低、不需要额外的精力投入，但保险保障程度低。

（二）商业养老保险

商业养老保险的优势在于保障程度较高。对购买商业保险来辅助养老的人而言，要具备一定的强制储蓄定力，同时要认同保险理念。目前，有养老功能的商业保险大致分为四种：收益确定的传统型养老险、有保底收益及不确定分红收益的分红型保险、有保证收益的万能险以及收益随资本市场变动的投连险。由于养老的特殊性，个人在选择商业养老保险时应该以稳健、降低风险、实现保值增值为主要目的。

（三）企业年金保险

企业年金保险是指企业及其职工在依法参加基本社会养老保险的基础上，自主建立的补充养老保险制度。2018 年 2 月，我国财政部、人社部正式颁发《企业年金办法》。国家鼓励企业建立企业年金，但能否拥有企业年金主要取决于受雇单位，因此，企业年金保险不是每个人都可以利用的养老规划工具。而且需要注意的是，如果企业运行不力或倒闭，企业年金就存在丧失的可能。

（四）稳健型金融产品投资

金融产品也可以作为养老规划的工具，但要特别注意金融投资“风险收益对等”的铁律。对于以养老为目的的投资而言，一些稳健型的投资品种应该是首选，如银行存款、债券、固定收益类理财产品等。每个人的风险承受能力不同，个人需要根据实际情况进行选择。

（五）以房养老

在经济条件良好的青壮年时期，购置一套或几套住宅、商铺，等到年老退休的时候，既可以出售变现，也可以收取租金来养老。这种以房养老的方式正在成为不少人的选择。同时，只有一套房的老年人也可以通过住房反向抵押贷款来养老。以房养老需要充足的资金支持，同时，与其他投资方式相比，房产的变现能力也稍弱。

在养老规划工具的选择上，个人可以根据资金情况和风险承受能力的不同按照一定的比例进行合理的搭配。一般而言，可以以保证给付的养老保险或退休年金满足基本生活，而以报酬率较高的有价证券投资来满足老年生活品质支出。

三、退休养老规划的步骤

为了保证退休规划的有效性，制订退休规划时必须遵循一定的程序，具体步骤见图 12 - 1。

一般而言，合理可行的退休规划离不开对以下几个问题的考虑。

1. 确定合适的退休年龄，预测退休后的生活年数。在目前的退休政策下，上班族会在 60 岁退休，女性可能会更早一些。在快节奏的现代生活中，退休对人们的心理、收入、生活状态都会产生一定程度的影响。为了平衡退休前后的生活水平，人们需要结合

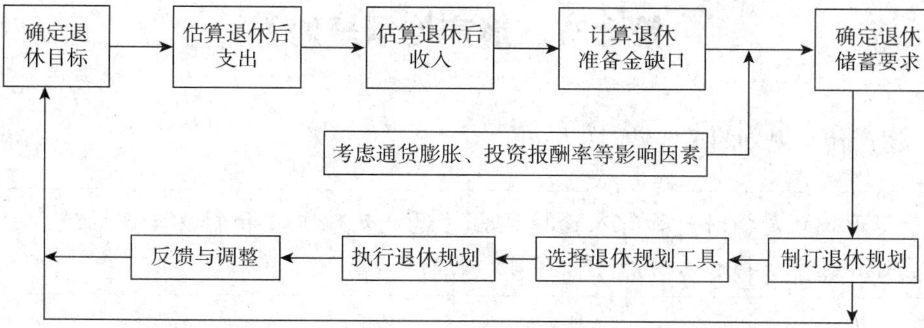

图 12-1　制订退休规划的步骤

自身的财务、身体等状况，为自己确定一个理想的退休年龄。而个人退休生活年数的设定一般在社会平均余命①基础上适当增加 5~10 年。

2. 根据退休之后的生活水平预测退休资金需求。对退休后的生活，不同人会有不同的期望，不同期望下所需要的费用也不尽相同。对退休生活的期望应尽可能详细，既要考虑基本的生活、医疗保健方面的期望，也要考虑子女婚嫁、房屋装修、休闲娱乐等方面的期望，并据此来估算个人退休后的生活成本。具体而言，退休资金需求的预测方法有两种：一种以一定的开支替换率（退休花费占个人退休前支出的百分比，一般为 70%）确定。另一种以一定的工资替换率（退休花费占最终退休前收入百分比，一般为 60%~70%）确定。

3. 预测规划期间的重要经济变量。规划期间指离退休时间的长短，以及退休后的生活期间。规划期间内一些重要的经济变量，如通货膨胀率、个人预期的每年投资报酬率以及薪酬增长率等对退休资金的准备有着至关重要的影响。退休规划必须对这些变量进行合理的预期，并充分考虑这些变量对退休准备资金的影响。

4. 合理估计退休收入的来源，计算退休资金缺口。不同的个人，退休收入的来源渠道会有所不同。一般情况下，退休收入来源可能包括如下方面：来自社会保险的退休金或老年给付；退休后的返聘或自营取得的劳务收入；储蓄、证券、基金、房租、商业保险等投资收入，以及子女的赡养费收入等。对比前面所估算的退休后的收入与支出差额，即退休资金缺口。退休收入来源高于退休资金支出需求时，可以按照计划在预定退休年龄退休或提前退休；当退休资金来源低于退休资金需求时，就应该为养老做一些储蓄规划。

5. 选择合适的退休规划工具。个人需要根据退休准备金缺口的大小、可供准备的时间长短及对收益的要求，在前述的退休规划工具中进行选择，为将来准备充足的退休养老金。按分散化的投资理念，更恰当的方式是对众多的退休工具进行组合配置。

---

① 社会平均余命是指根据职工平均退休年龄和平均预期寿命计算的退休以后的平均存活时间，一般等于预期平均寿命减去职工平均退休年龄。

第七节　遗产传承规划

一、遗产传承规划的重要性

> 遗产传承规划是指财产所有人选择适当的遗产处理工具和制订合理的遗产分配方案，提前对其拥有或控制的财产进行有目的的安排。

寿终正寝是中国传统文化中对死亡的最好期许。但是，并不是每个人都可以无疾而平静地离开这个世界。当地震、雪灾、矿难、交通事故等意外灾难越来越多地出现在我们面前的时候，遗产规划问题也变得越来越突出。

总体而言，遗产规划有助于安排好身后事，保障家人生活，让财产分配充分体现自己的意愿。具体而言，遗产规划的意义体现在以下方面。

（一）避免身后遗产继承纠纷

来自我国基层法院的统计资料显示，近年来遗产继承纠纷案持续增长。其中有近70%是由于被继承人生前未立遗嘱或未制订遗产计划引起的，而在剩下的30%中，又有将近84%的案件是因为遗嘱缺少法律要件或形式、内容不合法所致。适当的遗产规划不仅能保证身后财产按自己的意愿分配，而且能避免身后遗产继承中的家庭纠纷。

（二）避免“富不过三代”问题的出现

一方面随着生活水平的提高，家中子孙养成了养尊处优的生活习惯，干事业的动力和吃苦耐劳的精神往往会一代不及一代，甚至会将祖上积累的财富挥霍一空。另一方面，我国目前主要财富积累者大多集中在40～60岁的年龄层，众多家族企业和企业家进入到了权力交接期。大规模的权力交接和财富转移，正是一个企业最为脆弱的时刻。要克服“富不过三代”的问题，做好遗产规划刻不容缓。

（三）减少遗产传承中的税费

在许多西方国家，遗产税的边际税率高达50%～70%。我国目前虽然还没有开征遗产税，但从长远来看，遗产税的开征是必然趋势。传承费用主要包括遗产法庭的鉴定和判决手续费，这些费用有时并不次于遗产税，因为法庭所收取的费用是依据遗产本身的价值来决定的。忽视遗产规划，可能会使继承人支付巨额的遗产税及传承费用，使得传承到后代手中的财富大大缩水。

（四）为个人和家庭提供一种规避风险的保障机制

在实际生活中，个人或家庭变故时有发生，如经营亏损、夫妻中一方或双方丧失劳动能力、离婚或者再婚、家庭成员去世等。这些变故一旦发生，就会对个人及家庭带来风险。如果能够在风险发生之前采取相应措施，就可以最大限度地消除或减少其可能造成的不利影响。财产分配和传承规划就具有这样的风险隔离、减少损失的功能。

二、遗产传承规划工具

在我国的实践中，遗嘱、赠与是较为常见的遗产规划工具，近年来，人寿保险、信托与也逐渐进入人们的视野。

（一）遗嘱

遗嘱是立遗嘱人生前对其遗产所做的处分或对其他身后事务所做的安排，并在死亡时发生效力的单方面民事法律行为。我国目前的遗嘱分为自书、代书、录音遗嘱、口头遗嘱、公证遗嘱五种形式，其中公证遗嘱的效力最高。通过遗嘱处分财产，设立费用不高，手续简便，是最常见的财产传承方式。但遗嘱也有一些弊端，比如，可能会产生遗嘱效力诉争，会受到外界干涉，影响私密性，面临征收遗产税等。遗嘱传承一般适合财产不多的情形。

（二）人寿保险

财产传承规划中的人寿保险是指遗产规划人以本人死亡为保险标的，指定希望成为本人遗产继承人的人为保险受益人的保险。人寿保险在传承财产上的优势主要有：保险金给付免税，且受法律保护，不需要用于偿还债务；投保人可以在事前指定受益人，包括各自受益比例，财产划分明确，能避免纠纷；保险期内，投保人还可以修改受益人，使得财产继承权充分掌握在投保人手里。

（三）赠与

赠与是指赠与人将自己的财产无偿给予受赠人。这是遗产规划人生前进行的法律行为，与遗赠不同。遗赠是指遗产规划人以遗嘱的方式将个人合法财产赠送受赠人，并于本人死亡后生效的单方面民事法律行为。根据法律规定，一般情况下，如果财产权利一旦向受赠人转移后，赠与行为不能撤销。由于我国目前仍没有开始征收赠与税，以赠与方式进行遗产规划是一种不错选择。

（四）信托

信托是委托人（遗嘱制定人）委托第三方受托人（遗嘱执行人）管理自己的财产，并指定受益人（继承人）的一种方法。通过信托传承财产的优势在于：不仅财产能顺利地传给受益人，还可以利用信托机构的专业理财能力使信托财产增值；而且由于遗嘱信托具有法律效力，往往有中立的遗嘱继承人介入，使遗产分配更加公平，能更有效地减少遗产纠纷；可以有效规避遗产税并保护信托受益人不受债权人的追索。

三、遗产传承规划的步骤

遗产传承规划的步骤包括以下四方面。

（一）确定遗产的范围及价值

遗产规划的第一步是确定被继承人遗产的范围及价值。根据我国的《继承法》，遗产是指公民死亡时遗留的个人合法财产，包括：公民的收入、房屋、储蓄和生活用品；公民的林木、牲畜和家禽；公民的文物、图书资料；法律允许公民所有的生产资料；公民的著作权、专利权中的财产权利，等等。根据相关法律规定，制订遗产计划时将有权属争议的共同财产、已设立担保的财产和已被司法冻结的财产在析产、解除担保、解除冻结之前列入可继承财产是不被允许的。遗产范围确定后，财产所有人还需要对遗产进行市场价值评估，这是进行遗产规划的前提。

（二）明确遗产传承目标

财产传承目标的确定，首先要考虑个人的长期责任，主要包括：为受赠（扶养）人留下足够的生活资源，为有特殊需要的收益人提供资产保障，家庭特殊资产的继承，其他需要（保证家庭和睦、遗产代代相传等）；其次还要考虑自身身故后的葬礼安排等。明确了财产传承目标就可以选择不同的工具进行遗产规划。

（三）制订遗产传承计划

制订遗产传承计划是根据个人意愿确立继承人或受赠人并进行财产分配的过程。制订遗产计划不是单纯的非此即彼的游戏，更不能盲目和随意，必须依法进行，实事求是，灵活选用各种法律允许的遗产传承工具。

（四）选任合适的执行人

根据我国的司法实践，除非选用家族成员或组织中的年长者或地位较高者，否则遗产计划执行人最好选择律师事务所、专事遗产打理的基金公司等独立的第三方机构。前一种做法的遗产规划内容一般在家庭成员内部是公开的；后一种做法的遗产规划的内容在规划人死亡之前则是保密的。

【延伸阅读 12－3】　信托——财富传承的新宠①

起源于西方国家的家族财产信托，因其具有规划全面、结构完善、工具应用多元的特点，近年来也开始逐渐在国内兴起。信托传承在个人财产传承中具有独特的作用。

1. 风险隔离：信托合法设立后，信托资产所具有的独立性能确保不因委托人的破产清算受牵连。此外，由于家族信托指定受益人和受益范围，因此委托人婚姻关系、家庭关系的变化也不会影响财富的完整传承。

2. 基业永续：委托人将股权转入信托，并对与股权有关的权益和受益人权益做出明确安排，可以达到企业所有权、管理权和受益权的有效分离，也能够根据子女接班意愿及能力进行差异化安排，避免在传承过程中家族股权被稀释而最终丧失企业掌控力。

3. 家财稳固：信托资产可以寻求广泛的资产配置和投资机会，以实现信托资产长期稳定增值的目的。在部分海外市场，委托人去世前转移至信托内的财富并不纳入遗产税的征收范围；股权、不动产转移至家族信托，往往也会被视同“非交易性转移”，从而实现合理减税的功能。

① 如何开展家族信托业务？一次搞懂家族信托［Z/OL］．（2019－09－06）．https：//baijiahao. baidu. com/s? id＝1629245828591550634.

4. 个性化传承：家族信托可以根据委托人的要求灵活设置各种条款，如设立期限、资产分配方式、突发情况时财产的处置等，并可根据事先约定在信托存续期内进行调整。委托人还可以在信托条款中明确规定受益人获取收益的约束性条件，以有效避免“败家子”败家，实现对继承人的教育和约束。

思考：财产信托作为个人遗产传承的方式有什么劣势？

更多内容请扫描二维码

本章小结

1. 现金规划是避免个人陷入入不敷出或现金资产配置不合理的重要手段。现金规划的核心是在保持必要流动性的同时，通过合理地配置现金类资产，获取一定的收益。

2. 现代生活中，适合个人家庭投资的工具有储蓄存款类、股权类、债券类、混合证券类、衍生类、金融机构推出的资管计划、实物类及外汇类投资品。投资规划必须遵循投资工具的选择与投资资金的性质相匹配、分散投资、规划性及动态调整原则。投资资产配置的常用方法主要有风险属性配置法、理财目标时间配置法、生命周期配置法。

3. 居住规划是实现家庭理想居住目标的重要保证。居住规划包括买房租房决策、购房规划、换房规划及房屋投资规划。购房规划需要在确定个人能负担的房屋总价、单价和区位的基础上，再确定首付款金额和住房抵押贷款的方式。

4. 家庭对子女的教育投入既是一种消费行为，又是一种投资行为。家庭需要在明确子女教育目标、估算子女教育基金缺口的基础上进行教育准备金规划。常用的教育准备金规划工具有教育储蓄、中低风险的基金产品、教育保险、助学贷款、教育信托等。

5. 保险是最重要的个人风险管理工具。个人可以利用的保险方式有社会保险、商业保险、团体福利保险三种。与个人家庭理财相关的商业保险包括人身保险、财产保险、责任保险。保险规划需要在进行保险需求分析的基础上，选择保险产品和保险公司。

6. 退休规划是为了保障高品质的养老生活而进行的财务安排。退休规划必须在确定合适的退休年龄、预测退休资金缺口的前提下选择合适的退休规划工具。常见的退休规划工具有社会养老保险、商业养老保险、企业年金保险、稳健型金融产品投资、以房养老等。

7. 遗产规划是家庭财产得以世代相传的切实保障。遗产规划的一般程序为：确定遗产的范围及价值，明确财产传承目标，制订遗产计划，选任合适的执行人。常用的遗产规划工具有遗嘱、人寿保险、赠与及信托。

【复习思考题】

一、名词解释

现金规划　　资产配置　　教育保险　　以房养老　　财产传承信托

二、简答题

1. 请为普通工薪家庭推荐一些适合的投资理财产品，并说明推荐的理由。

2. 请设计一个调查方案，了解近年来我国大学本科四年学生的学费及生活费支出情况，并估算十年后接受普通大学本科教育应准备的教育金。

3. 请比较一下租房与买房的优缺点，并说明住房规划的内容。

4. 你如何评价“住房生涯规划”的观念？

5. 结合自身或家庭实际情况，谈谈你和家人的保险需求。

6. 遗嘱信托是西方富人遗产传承的最常用方式，请分析其中的原因。

三、计算题

1. 某女，外贸公司报关员，年龄 26 岁，刚刚结婚，老公在一家外企工作，夫妇税后月收入合计在 12 000 元左右。已参加了社会保险计划，拥有家用轿车一辆（每个月养车费用平均为 1 500 元左右），另有按揭贷款住房（两室一厅）一套，房贷还有 3 年还清（每月还款额为 3 000 元左右）。此外，月均生活费用为 3 000 元左右。该夫妇现有存款 5 万元左右，并计划两年后生育。请你为这对年轻的夫妇设计理财规划。

2. 李先生今年 35 岁，预计工作至 60 岁退休，年薪 20 万元，个人年消费支出为 8 万元，预计未来工作期间年收入及消费支出按 5% 递增。李先生要求的年贴现率为 8%。请用生命价值法分析李先生 35 岁时的寿险需求。

3. 王先生今年 40 岁，希望 60 岁退休，退休后继续生活 25 年，届时每月能有现值为 3 000 元的生活费用来养老。假设退休后的投资报酬率等于通胀率。王先生现在每月可投资金额为 1 200 元，那么王先生月实际报酬率应该达到多少才能达成退休养老目标？

4. 小张年收入为 12 万元，另有银行存款 15 万元，计划于 5 年后购房。小张打算将银行存款和今后四年每年收入的 50% 作为购房的首付款，假设其投资的报酬率为 8%，请帮小张计算一下届时他能支付的购房首付款为多少？

5. 李先生计划送女儿出国留学。目前留学的费用需要 60 万元，需要为女儿 8 年后出国准备好留学基金，学费增长率为 3%，为了准备此笔费用，李先生每年要投资多少钱（假定李先生的平均投资报酬率为 5%）？

四、案例分析

2019 年 12 月 3 日，银保监会联合民政部、国家市场监督管理总局联合发布了以养老服务名义非法集资、欺诈销售“保健品”的风险提示。

据介绍，一些养老服务机构、企业借养老服务、健康养老的名义，承诺高额回报，以向老年人收取会员费、床位费，欺诈销售“保健品”等手段，实施侵害老年人合法权益的非法集资、传销等犯罪行为，给老年人造成严重的财产损失。

近年来，老年人上当受骗的案件屡屡见诸媒体报道。如保健品骗局、中安民生“以房养老”骗局、爱晚系养老服务百亿元骗局、江西养老山庄返利骗局、“老妈乐”消费养老骗局、吉林社保补缴骗局等。

思考：

1. “吃过的盐比年轻人吃过的饭还多”的老年人为什么总是容易上当？

2. 你对老年人养老如何避免骗局有什么好的建议？

第十三章
个人税收筹划

GEREN SHUISHOU CHOUHUA

本杰明·富兰克林曾经说过："人有两件事情是无法避免的，一个是死亡，另一个就是纳税。"纳税是每一个公民的法定义务，但纳税人总是希望尽可能地减少税负支出。如何运用税收筹划技巧，在最低税负的条件下取得最大化税后收入，是每一个理财主体都非常关注的问题。税收筹划是理财规划中基本的组成部分，也贯穿于整个理财规划之中。

【本章学习目标】

了解个人税收筹划的概念、动因、原则；掌握个人税收筹划的主要内容；熟悉个人所得税的税制要素；了解个人所得税税收筹划的基本思路，掌握居民综合所得税筹划策略、纳税人身份筹划策略、收入分割筹划策略、收入转化筹划策略、投资避税筹划策略、成本费用最大化筹划策略等税收筹划策略的基本做法。

【本章关键词】

税收筹划　　个人所得税　　综合所得　　纳税身份

第一节　个人税收筹划概述

一、个人税收筹划的动因

> 税收筹划是指经济主体根据税收政策导向，通过经营结构和交易活动的安排，对纳税方案进行优化选择，以减轻税负，取得正当税收利益的一种理财活动。

以往，只有拥有大额资金进出的企业才会对税收筹划投入较大的关注，以将成本降至最低，获得收益的最大化。近年来，随着个人经济活动的增加及财富的不断增长，个人税收筹划也成为人们热议的话题。

个人税收筹划的具体原因包括如下几点。

1. 减轻自身的税收负担是个人税收筹划最本质、最核心的原因。经济社会，个人追求经济利益，寻求自身利益的最大化满足是必然的。经济利益最大化的实现，要求在考虑货币时间价值的情况下，使总收益和总成本之间的差额最大化。税负是个人的一项重要税收成本，减少此成本是人们的本能愿望。在税收法制程度不断提高的背景下，人们依法纳税的意识增强，为减轻自身的税收负担，合理、合法地进行税收筹划成为个人减轻税收成本的必然选择。

2. 存在着筹划空间是个人税收筹划的外在动因。纳税人有税务筹划的动机并不代表着可以进行筹划。由于税收筹划是在不违法的前提下进行的，所以，利用税制差异，顺应税收优惠的引导就成了税收筹划得以进行的外在条件。目前，不仅各国税收制度存在差别，一国之内也存在着税收制度的地区差别、纳税人的差别。正是这些税收制度差别给了纳税人税收筹划的空间，这是纳税人税收筹划的外在动因。以我国个人所得税为例，税法对不同个人取得的不同来源地的各种所得有不同的征税规定，这为个人所得税筹划提供了空间，使纳税人可以根据税法的规定，通过对所得行为的适当调整，达到减少个人所得税税负的目的。

二、个人税收筹划的原则

个人通过税收筹划减轻税负虽然有其合理性，但个人税收筹划也不能任意作为，还需遵循一定的原则。

1. 合法性原则。税收筹划方法和手段的合法性是开展税收筹划的基础。只有在法律法规允许范围内开展税收筹划，才具有实现预期效果的可能。否则，一旦违背税法和法律，不仅会使筹划工作的开展徒劳无功，还会为个人纳税人带来一系列税务风险。

2. 事前筹划原则。事前筹划原则是指个人税收筹划必须在纳税义务确定之前进行合理规划和安排。因为经济行为一旦产生，个人所应承担的纳税义务也就随之而来。这时再进行税收筹划，只能通过非法的偷税、漏税手段来进行，但这是法律所不允许的。

3. 效益性原则。事实上，税收筹划最直接的目的就是提升个人税后实际所得。因此，需要个人从全局的角度出发，着眼于综合效益，从而实现预期的税收筹划效果。即个人开展税收筹划需要明确效益目标，这样筹划工作的开展才更具有现实意义。

三、个人税收筹划的主要内容

我国现行税收制度中有多个涉及个人的税种，如涉及个人生产经营的增值税、消费税；涉及个人日常消费及住房、汽车消费环节的消费税、车辆购置税、车船税、房产税、印花税、契税等；涉及个人收入环节的个人所得税。因此，对于个人而言，能够进行税收筹划的环节很多。

1. 投资经营环节的涉税筹划。投资经营行为涉及的环节很多，如：准备直接从事生产经营，还是间接投资？若直接从事生产经营，准备采用哪种企业组织形式？间接投资是投资证券还是投资实物？投资有价证券、国债、股票还是基金？投资选择不同，税务负担也各不相同。以投资有价证券为例，投资国债和基金的收益免交个人所得税，但投资股票获得的红利股息收入则需要缴纳个人所得税。

2. 收入环节的涉税筹划。我国现行的个人所得税实行的是分类综合所得税制，征税的类别不同，税率不同。如综合所得适用3%到45%的七级超额累进税率，财产转让所得、租赁所得、利息股息红利所得等适用20%的税率，生产经营所得适用5%到35%的五级超额累进税率。收入来源不同，税率各异，而且不同身份的纳税义务人在税收政策上也有所区别。纳税人可以从纳税身份、获取收入的性质以及合理化费用扣除等诸多方面进行筹划。

3. 消费环节的涉税筹划。个人消费主要涉及日常消费、住房消费及汽车消费。日常消费环节，我国目前消费税征税对象主要是烟、酒、贵重首饰及珠宝玉石、高档化妆品等15个税目。税收筹划的主要思路是尽可能减少对这15类消费品的消费。住房消费环节涉及的主要税种是以住房成交价格为计税依据的契税、印花税等，住房类型不同，获取方式不同，税收政策也有所差别。因此，住房消费可以考虑从获取住房的方式（购买新房、购买二手房、换房）、住房类型（购买普通住房还是非普通住房）以及房屋价款等方面进行筹划。在汽车消费时要注意车辆购置税、车船税等的筹划。

4. 财产处置环节的涉税筹划。由于我国目前还没有开征遗产税，因此，财产处置主要是生前财产处置。生前财产处置最重要的是物业处置。物业处置环节涉及的税种主要有契税、土地增值税、房产税、个人所得税。不同的物业处置方式和处置期间，相关税负有很大的区别。近年来，基于不同时期房地产市场调控的需要，上述政策也在不断变化。纳税人需要结合当时的政策，谨慎选择，以减轻物业处置环节的税收负担。

从税种的角度而言，家庭税收筹划以个人所得税为主，因此，本章以下主要介绍的是个人所得税的基础知识及其税收筹划。

【知识链接13－1】　房屋产权过户方式哪一种最划算？

毫无疑问，人们在办理房屋过户时，无不希望过户费用尽可能地少。目前房屋过户主要有三种方式：继承、赠与以及买卖。这三种过户方式，哪一种最划算呢？房子过户后想要再卖出去，哪种过户方式交的税最多？

1. 房产继承涉及的税费。继承是过户税费最少的一种方式，只有等到父母去世后才能办理。继承房产只需要缴纳公证费和继承权公证费用。如果此房产出售交易可追溯到前产证登记日，则以前产证登记日为准，满五年并且唯一可免征增值税，若有一项不符则需缴纳总房价款全额的20%的个人所得税；满两年则免征增值税。

2. 房产赠与涉及的税费。父母在世时，把房屋产权赠送给子女，需全额缴纳3%的契税。如果儿女在受赠后不足5年即出售房子，或者子女拥有多套物业，需按转让收入减掉合理费用后的20%或按总价的1%征收个人所得税，同时还要缴纳转让收入5.3%的增值税。

房子无偿赠与需要全额缴纳契税、印花税，但可以免缴增值税。此外，产权所有人将房屋产权无偿赠与配偶及有血缘关系的亲属、无偿赠与对其承担直接抚养或者赡养义务的抚养人或者赡养人、产权所有人死亡依法受遗赠三种情形下可以免缴个人所得税。

3. 房产买卖涉及的税费。房产买卖涉及的税种主要有以下几个。

（1）买方缴纳的契税：首次购房90平方米以下的按1%缴纳，90平方米以上按1.5%缴纳；二套房90平方米以下的按1%缴纳，90平方米以上的按2%缴纳。

（2）卖方缴纳的增值税及附加：满2年普宅和非普宅免征，不满2年的住宅为全额的5.3%。

（3）卖方缴纳的个人所得税：满五唯一房屋免征个税，非满五唯一房屋为差额的20%或者全额的1%。

综合而言，如果是准备用于长期自住的房产，用继承过户的方式最划算，其次是赠与过户。但是如果预计将来再次出售房产，由于赠与过户要缴纳高额的所得税，所以用买卖过户的方式反而比赠与过户方式更划算。

第二节　个人所得税的基本规定

个人所得税是国家对自然人取得的所得征收的一种所得税。2018年8月31日，第十三届全国人民代表大会常务委员会第五次会议审议通过了关于修改《个人所得税法》的决定。新版《个人所得税法》于2019年1月1日起正式全面施行。

一、纳税义务人及其纳税义务

（一）纳税义务人的规定

个人所得税以所得人为纳税义务人，以支付所得的单位或个人为扣缴义务人。纳税义务人，包括中国公民、个体工商业户以及在中国有所得的外籍人员（包括无国籍人员）和香港、澳门、台湾同胞。

个人所得税纳税义务人又分为居民纳税义务人和非居民纳税义务人。居民纳税义务人是指在中国境内有住所，或者无住所而一个纳税年度内在中国境内居住累计满183天的个人。所谓在境内有住所，是指因户籍、家庭、经济利益关系而在中国境内习惯性居住。非居民纳税义务人则是指不符合居民纳税义务人判定标准或条件的纳税义务人，即在中国境内无住所又不居住，或者无住所而一个纳税年度内在中国境内居住累计不满183天的个人。纳税年度，自公历一月一日起至十二月三十一日止。

（二）纳税义务的规定

居民纳税义务人负有无限纳税义务，其所取得的应纳税所得，无论来源于境内还是境外，都要缴纳个人所得税。非居民纳税义务人只承担有限纳税义务，即仅就其来源于中国境内的所得，缴纳个人所得税。

下列所得，不论支付地点是否在境内，均为来源于境内的所得：因任职、受雇、履约等而在境内提供劳务取得的所得；将财产出租给承租人在境内使用而取得的所得；转让境内的建筑物、土地使用权等财产或者在境内转让其他财产取得的所得；许可各种特许权在境内使用而取得的所得；从境内的公司、企业以及其他经济组织或者个人取得的利息、股息、红利所得。

为了鼓励对外往来，我国个人所得税税法对不同类型的居民或非居民纳税义务人又规定了不同的纳税义务，以体现区别对待，具体规定如下：

1. 在境内无住所的个人，在境内居住累计满 183 天的年度连续不满六年的，经向主管税务机关备案，其来源于境外且由境外单位或者个人支付的所得，免予缴纳个人所得税；在境内居住累计满 183 天的任一年度中有一次离境超过 30 天的，其在境内居住累计满 183 天的年度的连续年限重新起算。

2. 在境内无住所的个人，在一个纳税年度内在境内居住累计不超过 90 天的，其来源于境内的所得，由境外雇主支付并且不由该雇主在境内的机构、场所负担的部分，免予缴纳个人所得税。

纳税义务人及其纳税义务的规定如图 13 – 1 所示。

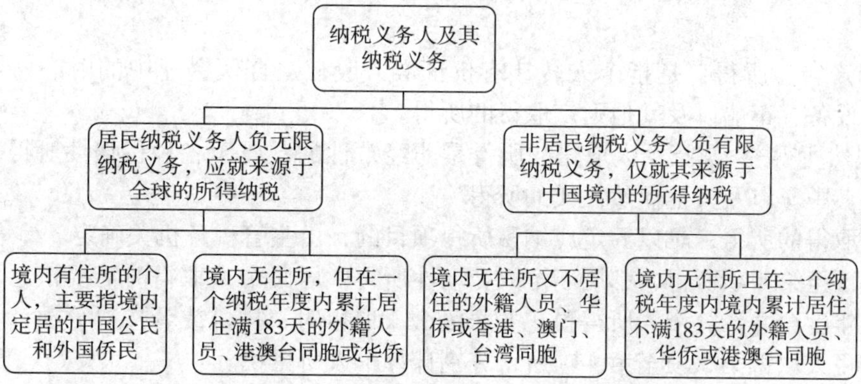

图 13 – 1　纳税义务人及其纳税义务

二、征税项目

我国现行个人所得税征税的所得项目包括九类，具体如下：

1. 工资、薪金所得（以下简称工薪）：是指个人因任职或受雇而取得的工资、薪金、奖金、年终加薪、劳动分红、津贴、补贴以及与任职或受雇有关的其他所得。即个人取得的所得，只要是与任职、受雇有关，不管其单位的资金开支渠道或以何种方式（现金、实物、有价证券等）支付的，都是工薪所得项目的课税对象。

2. 劳务报酬所得：是指个人从事设计、装潢、安装、制图、化验、测试、医疗、法律、会计、咨询、讲学、新闻、广播、翻译、审稿、书画、雕刻、影视、录音、录像、演出、表演、广告、展览、技术服务、介绍服务、经济服务、代办服务以及其他劳务取得的所得。

3. 稿酬所得：是指个人因其作品以图书、报纸形式出版、发表而取得的所得。这里“作品”包括中外文字、图片、乐谱等能以图书、报刊方式出版、发表的作品。个人取得遗作稿酬，应按稿酬所得项目计税。

4. 特许权使用费所得：是指个人提供专利权、著作权、商标权、非专利技术以及其他特许权的使用权取得的所得。作者将自己文字作品手稿原件或复印件公开拍卖（竞价）取得的所得，应按特许权使用费所得项目计税。

5. 经营所得：包括个体工商户从事生产、经营活动取得的所得，个人独资企业投资人、合伙企业的个人合伙人来源于境内注册的个人独资企业、合伙企业生产、经营的所得；个人依法从事办学、医疗、咨询以及其他有偿服务活动取得的所得；个人对企业、事业单位承包经营、承租经营以及转包、转租取得的所得；个人从事其他生产、经营活动取得的所得。

6. 利息、股息、红利所得：利息是指个人的存款利息①、贷款利息和购买各种债券的利息。股息也称股利，是指股票持有人定期从股份公司取得的投资利益。红利是指股份公司或企业根据应分配的利润按股份分配超过股息部分的利润。股份制企业以股票形式向股东个人支付股息、红利（即派发红股），应以派发的股票面额为收入额计税。

7. 财产租赁所得：是指个人出租不动产、机器设备、车船以及其他财产取得的所得。

8. 财产转让所得：是指个人转让有价证券、股权、合伙企业中的财产份额、不动产、机器设备、车船以及其他财产取得的所得。

9. 偶然所得②：是指个人取得的所得是非经常性的，属于各种机遇性所得，包括得奖、中奖、中彩以及其他偶然性质的所得。

个人取得的所得，难以界定应纳税所得项目的，由主管税务机关确定。

第1项至第4项所得，都属于个人劳动性所得，居民个人取得时需要汇总为综合所得按纳税年度合并计算个人所得税；非居民个人取得时，按月或者按次分项计算个人所得税。纳税人取得第5项至第9项所得分别计算个人所得税。

三、征税税率

个人所得税根据不同性质纳税义务人及不同的征税项目，规定了多种不同的税率。

1. 综合所得适用税率。居民纳税义务人的综合所得按年计税，分月预缴，适用最低3%到最高45%的七级超额累进税率（见表13－1）。

---

① 自2008年10月9日开始，存款利息所得税取消。

② 根据财政部、国家税务总局2019年第74号公告，个人为单位或他人提供担保获得收入及个人无偿受赠房屋取得的受赠收入（符合免税规定的除外），按照“偶然所得”项目计算缴纳个人所得税。

表 13－1　个人所得税税率表一

级数	全年应纳税所得额	税率/%	速算扣除数
1	不超过 36 000 元的	3	0
2	超过 36 000 元不超过 144 000 元的	10	2 520
3	超过 144 000 元不超过 300 000 元的	20	16 920
4	超过 300 000 元不超过 420 000 元的	25	31 920
5	超过 420 000 元不超过 660 000 元的	30	52 920
6	超过 660 000 元不超过 960 000 元的	35	85 920
7	超过 960 000 元的	45	181 920

2. 非居民取得四项劳动性所得适用的税率。按税法规定，非居民个人取得工薪所得、劳务报酬所得、稿酬所得和特许权使用费所得依照综合所得适用税率表按月换算后计算应纳税额。根据表 13－1 换算所得的税率见表 13－2。

表 13－2　个人所得税税率表二①

级数	全月应纳税所得额	税率/%	速算扣除数
1	不超过 3 000 元的	3	0
2	超过 3 000 元至 12 000 元的部分	10	210
3	超过 12 000 元至 25 000 元的部分	20	1 410
4	超过 25 000 元至 35 000 元的部分	25	2 660
5	超过 35 000 元至 55 000 元的部分	30	4 410
6	超过 55 000 元至 80 000 元的部分	35	7 160
7	超过 80 000 元的部分	45	15 160

3. 经营所得适用税率。个人经营所得按年计算、分月预缴，适用最低 5% 到最高 35% 的五级超额累进税率（见表 13－3）。

表 13－3　个人所得税税率表三

级数	全月应纳税所得额（含税）	税率/%	速算扣除数
1	不超过 30 000 元	5	0
2	超过 30 000 元至 90 000 元的部分	10	1 500
3	超过 90 000 元至 300 000 元的部分	20	10 500
4	超过 300 000 元至 500 000 元的部分	30	40 500
5	超过 500 000 元的部分	35	65 500

4. 其他所得适用的税率。其他所得包括利息、股息、红利所得，财产租赁所得，财产转让所得，偶然所得均适用 20% 的比例税率。

① 本表税率也适用于居民纳税人在 2021 年年底前，取得全年一次性奖金收入单独计税时应纳税额的计算。

5. 居民劳务报酬所得、稿酬所得、特许权使用费所得预扣预缴时适用的税率。居民个人获得劳务报酬所得、稿酬所得、特许权使用费所得时，其应缴个人所得税由支付所得的单位按次或者按月预扣预缴。其中，稿酬所得、特许权使用费所得适用20%的比例预扣税率，劳务报酬所得适用20%～40%的预扣预缴税率，具体见表13－4。居民个人办理年度综合所得汇算清缴时，此三项所得应并入年度综合所得计算应纳税款，税款多退少补。

表13－4　　个人所得税税率表四

级数	预扣预缴应纳税所得额	预扣率/%	速算扣除数
1	不超过20 000元的	20	0
2	超过20 000元至50 000元的部分	30	2 000
3	超过50 000元的部分	40	7 000

四、征收管理方式

个人所得税实行代扣代缴和自行申报相结合的征收方式。

（一）实行代扣代缴的情形

个人所得税以所得人为纳税义务人，以支付所得的单位或者个人为扣缴义务人。对扣缴义务人的相关规定如下。

1. 居民个人取得综合所得，由扣缴义务人按月或者按次预扣预缴税款。

2. 非居民个人取得工薪所得、劳务报酬所得、稿酬所得和特许权使用费所得，由扣缴义务人按月或者按次代扣代缴税款，不办理汇算清缴。

3. 纳税人取得利息、股息、红利所得，财产租赁所得，财产转让所得和偶然所得，由扣缴义务人按月或者按次代扣代缴税款。

扣缴义务人每月或者每次预扣、代扣的税款，应当在次月十五日内缴入国库，并向税务机关报送扣缴个人所得税申报表。对扣缴义务人按照所扣缴的税款，付给2%的手续费。

（二）自行申报缴税的情形

纳税义务人有下列情形之一的，应当按规定到主管税务机关办理纳税申报。

1. 取得综合所得需要办理汇算清缴的。包括四种情形：从两处以上取得综合所得，且综合所得年收入额减除专项扣除的余额超过6万元；取得劳务报酬所得、稿酬所得、特许权使用费所得中一项或者多项所得，且综合所得年收入额减除专项扣除的余额超过6万元；纳税年度内预缴税额低于应纳税额；纳税人申请退税。综合所得汇算清缴应当在取得所得的次年三月一日至六月三十日内办理。

2. 纳税人取得应税所得没有扣缴义务人的，应当在取得所得的次月十五日内向税务机关报送纳税申报表，并缴纳税款。

3. 纳税人取得应税所得，扣缴义务人未扣缴税款的，纳税人应当在取得所得的次年六月三十日前，缴纳税款；税务机关通知限期缴纳的，纳税人应当按照期限缴纳税款。

4. 纳税人取得经营所得，由纳税人在月度或者季度终了后十五日内向税务机关报送纳税申报表，并预缴税款；在取得所得的次年三月三十一日前办理汇算清缴。

5. 居民个人从中国境外取得所得的，应当在取得所得的次年三月一日至六月三十日内申报纳税。

6. 非居民个人在中国境内从两处以上取得工资、薪金所得的，应当在取得所得的次月十五日内申报纳税。

7. 纳税人因移居境外注销中国户籍的，应当在注销中国户籍前办理税款清算。

五、税收优惠

我国现行个人所得税的优惠政策有免征、可以减征和暂免征税三种情形。

（一）免征个人所得税的情形

1. 省级人民政府、国务院部委和中国人民解放军军以上单位，以及外国组织、国际组织颁发的科学、教育、技术、文化、卫生、体育、环境保护等方面的奖金。

2. 国债和国家发行的金融债券利息。

3. 按照国家统一规定发给的补贴、津贴。

4. 福利费、抚恤金、救济金。

5. 保险赔款。

6. 军人的转业费、复员费、退役金。

7. 按照国家统一规定发给干部、职工的安家费、退职费、基本养老金或者退休费、离休费、离休生活补助费。

8. 依照有关法律规定应予免税的各国驻华使馆、领事馆的外交代表、领事官员和其他人员的所得。

9. 中国政府参加的国际公约、签订的协议中规定免税的所得。

10. 国务院规定的其他免税所得。

（二）可以减征个人所得税的情形

1. 残疾、孤老人员和烈属的所得。

2. 因自然灾害遭受重大损失的。

具体减征幅度和期限，由省、自治区、直辖市人民政府规定，并报同级人民代表大会常务委员会备案；国务院可以规定其他减税情形，报全国人民代表大会常务委员会备案。

（三）暂免征收个人所得税的情形

1. 居民储蓄存款利息，对证券市场个人投资者取得的证券交易结算资金利息所得；持股期限超过 1 年的投资者获得的股息红利所得①；

2. 个体工商户或个人，以及个人独资企业和合伙企业从事种植业、养殖业、饲养业和捕捞业取得的所得；

---

① 持股在 1 个月（含 1 个月）的，全额计征个人所得税，1 个月至 1 年（含 1 年）的减半计征个人所得税。

3. 个人转让上市公司股票、全国中小企业股份转让系统挂牌公司非原始股取得的所得；

4. 个人取得的单张有奖发票奖金所得不超过800元（含800元）的、购买社会福利有奖募捐奖券、体育彩票一次中奖收入不超过10 000元的；

5. 乡镇企业的职工和农民取得的青苗补偿费；

6. 自原油期货对外开放之日起，对境外个人投资者投资中国境内原油期货取得的所得（三年内暂免）。

【延伸阅读13－1】　新中国个人所得税的改革历程

1950年，设有“薪给报酬所得税”。但由于人均收入水平低，事实上一直没有开征。

1980年9月，制定了三个与个人所得相关的税种，分别为以外籍人士为征税对象的《个人所得税法》、《城乡个体工商业户所得税暂行条例》以及《个人收入调节税暂行条例》。

1993年10月，三税统一的个人所得税通过立法，并于1994年开征。

1999年8月，把《个人所得税法》第四条第二款“储蓄存款利息”免征个人所得税项目删去，开征了个人储蓄存款利息所得税。

2005年10月，《个人所得税法》再次修订，将工薪所得的费用扣除标准由原800元上调为1 600元。

2007年12月，《个人所得税法》进行第四次修订，将工薪所得的费用扣除标准自2008年3月1日起由1 600元提高到2 000元。

2011年6月，《个人所得税法》进行第五次修订，将工薪所得的费用扣除标准从2 000元提高至3 500元，同时将个人所得税第1级税率由5%修改为3%。

2018年8月，《个人所得税法》进行第六次修订。本次修订将完全的分类所得税制改为了分类综合所得税制。综合所得不仅将个人原工薪所得每月可以扣除的费用标准由3 500元提高到了5 000元，而且增加了专项附加扣除和其他扣除项目。

思考：我国为什么没有实行一步到位的个人综合所得税的改革？分类所得税制与综合所得税制有哪些不同？

更多内容请扫描二维码

第三节　个人所得税应纳税额的计算

一、居民综合所得应纳税额的计算

（一）居民综合所得应纳税额的计算

1. 应税所得额的规定。居民纳税义务人的综合所得按年计，其应纳税所得额为每一纳税年度的综合收入额减除费用六万元以及专项扣除、专项附加扣除和依法确定的其他扣除后的余额。计算公式如下：

$$综合所得应税所得额 = 收入总额 - 60\,000 - 专项扣除 - 专项附加扣除 - 其他扣除 \quad (13-1)$$

专项扣除包括居民个人按照国家规定的范围和标准缴纳的基本养老保险、基本医疗保险、失业保险、工伤保险和住房公积金，即通常说所的“四险一金”。

专项附加扣除包括子女教育、继续教育、大病医疗、住房贷款利息、住房租金、赡养老人六项支出。

其他扣除包括个人缴付符合国家规定的企业年金、职业年金，个人购买符合国家规定的商业健康保险、税收递延型商业养老保险的支出，以及国务院规定可以扣除的其他项目。

专项扣除、专项附加扣除和依法确定的其他扣除，以居民个人一个纳税年度的应纳税所得额为限额；一个纳税年度扣除不完的，不结转以后年度扣除。

2. 综合所得专项附加扣除标准。六项专项附加扣除分别规定了不同的扣除标准：

子女教育：纳税人的子女接受全日制学历教育的相关支出，按每个子女每月 1 000 元的标准定额扣除。

继续教育：纳税人在境内接受学历（学位）继续教育的支出，在学历（学位）教育期间按照每月 400 元定额扣除。同一学历（学位）继续教育的扣除期限不能超过 48 个月。纳税人接受技能人员职业资格继续教育、专业技术人员职业资格继续教育的支出，在取得相关证书的当年，按 3 600 元定额扣除。

大病医疗：在一个纳税年度内，纳税人发生的与基本医保相关的医药费用支出，扣除医保报销后个人负担累计超过 15 000 元的部分，由纳税人在办理年度汇算清缴时，在 80 000 元限额内据实扣除。

住房贷款利息：纳税人本人或配偶单独或共同使用个人住房贷款为本人或者其配偶购买境内住房，发生的首套住房贷款利息支出，在实际发生贷款利息的年度，按每月 1 000元的标准定额扣除，扣除期限最长不超过 240 个月。纳税人只能享受一次首套住房贷款的利息扣除。

住房租金：纳税人在主要工作城市没有自有住房而发生的房租支出，可以按照以下标准定额扣除：直辖市、省会（首府）城市、计划单列市以及国务院确定的其他城市，扣除标准为每月 1 500 元；除第一项所列城市以外，市辖区户籍人口超过 100 万的城市，扣除标准为每月 1 100 元；市辖区户籍人口不超过 100 万的城市，扣除标准为每月 800 元。

赡养老人：纳税人赡养一位及以上被赡养人的赡养支出，统一按照以下标准定额扣除：纳税人为独生子女的，按每月 2 000 元的标准定额扣除；纳税人为非独生子女的，由其与兄弟姐妹分摊每月 2 000 元的扣除额度，每人分摊的额度不能超过每月 1 000 元。可以由赡养人均摊或者约定分摊，也可以由被赡养人指定分摊。指定分摊优先于约定分摊。具体分摊方式和额度在一个纳税年度内不能变更。

3. 综合所得应纳税额的计算。综合所得根据公式（13－1）确定应税所得额以后，再按表13－1所示税率计算应纳税额，计算公式如下：

综合所得应纳税额 = 综合所得应税所得额 × 适用税率 － 速算扣除数（13－2）

（二）居民工薪所得预扣预缴所得税的计算

居民个人取得工薪所得由支付所得的单位按照累计预扣法计算预扣税款。所谓累计预扣法是通过各月累计收入减去对应扣除，对照综合所得税税率表计算累计应缴税额，再减去已缴税额，确定本期应缴税额的一种方法。

累计预扣法具体计算公式如下：

本期应预扣预缴税额 =（累计预扣预缴应纳税所得额 × 预扣率 － 速算扣除数）－ 累计减免税额 － 累计已预扣预缴税额 （13－3）

累计预扣预缴应纳税所得额 = 累计收入 － 累计免税收入 － 累计减除费用 － 累计专项扣除 － 累计专项附加扣除 － 累计依法确定的其他扣除 （13－4）

【例13－1】 李某受雇于某公司，2021年1—4月每月取得工资收入30 000元，每月其缴纳的“五险一金”总额为4 500元，此外，李某每月还可以享有子女教育、赡养老人两项专项附加扣除共计2 000元。

按累积预扣预缴法，以表13－1综合所得适用的税率，公司1—4月应为李某预扣预缴的个人所得税计算如下：

1月应预扣预缴税额 =（30 000－5 000－4 500－2 000）×3% =555（元）

2月应预扣预缴税额 =（30 000×2－5 000×2－4 500×2－2 000×2）×10% －2 520－555 =625（元）

3月应预扣预缴税额 =（30 000×3－5 000×3－4 500×3－2 000×3）×10% －2 520－555－625 =1 850（元）

4月应预扣预缴税额 =（30 000×4－5 000×4－4 500×4－2 000×4）×10% －2 520－555－625－1 850 =1 850（元）

从上述例子可以看到，李某1月预扣率为3%，2—4月预扣率为10%。可以预见，随着收入的累计增加，预扣预缴率逐渐与实际税负接近，到12月实现全年应纳税款的缴纳。

（三）居民劳务报酬所得、稿酬所得、特许权使用费所得预扣预缴税额的计算

劳务报酬所得、稿酬所得、特许权使用费所得按次纳税，以每次收入额为应纳税所得额。每次收入额为收入减除20%费用后的余额。稿酬所得的收入额减按70%计算。劳务报酬所得、稿酬所得、特许权使用费所得，属于一次性收入的，以取得该项收入为一次；属于同一项目连续性收入的，以一个月内取得的收入为一次。居民纳税人的这三项所得有支付所得的单位和个人预扣预缴，年终再汇算清缴。

【例13－2】 某建筑设计师工作之余，为某公司提供设计服务，一次性从公司取得劳务报酬所得75 000元。该设计师劳务报酬所得应纳税款应由公司预扣预缴。计算该公

司为设计师预扣预缴税额。

解：居民劳务报酬所得按表 13－4 所示税率计算预扣预缴税额。计算结果如下：

公司预扣预缴税额＝75 000×（1－20%）×40%－7 000＝17 000（元）

【例 13－3】 国内某大学教授出版专著，该专著稿酬总额 5 万元。该教授稿酬所得应纳税额应由出版社预扣预缴。计算出版社为大学教授预扣预缴税额。

解：居民稿酬所得按 20% 计算预扣预缴税额。计算结果如下：

出版社预扣预缴税额＝50 000×（1－20%）×70%×20%＝5 600（元）

二、非居民四项劳动性所得应纳税额的计算

非居民个人取得工薪所得、劳务报酬所得、稿酬所得、特许权使用费所得，由支付所得的单位或个人代扣代缴，代扣代缴应纳税额按表 13－2 对应的税率计算。

1. 非居民工薪所得应纳额的计算

非居民纳税义务人工薪所得按月纳税，其月应税所得额为每月收入额减除费用5 000元后的余额，无专项、专项附加及其他扣除。计算公式如下：

非居民纳税义务人月工薪应税额 ＝（月收入额 － 5 000）× 税率 － 速算扣除数 （13 － 5）

【例 13－4】 某外籍在中国工作人员属于非居民纳税义务人，2021 年 6 月获得受雇公司给付的工薪 30 000 元。该工作人员劳务报酬所得应纳税款应由公司代扣代缴。计算公司为其代扣代缴税额。

解：公司代扣代缴税额＝（30 000－5 000）×20%－1 410＝3 590（元）

2. 非居民一次性取得数月奖金应纳税额的计算

非居民一个月内取得数月奖金，不与当月其他工资薪金合并，按 6 个月分摊计税，不减除费用，适用月度税率表计算应纳税额，在一个公历年度内，对每一个非居民个人，该计税办法只允许使用一次。计算公式如下：

数月奖金应税额 ＝［（数月奖金收入 /6）× 适用税率 － 速算扣除数］× 6 （13 － 6）

【例 13－5】 承例 13－4，假设该外籍工作人员 2021 年 6 月还取得公司给付的半年奖金 12 万元。计算公司为这笔半年奖金代扣代缴税额。

解：公司应该为这笔半年奖金代扣代缴的税额按表 13－2 所示税率计算如下：

半年奖金代扣代缴税额＝［（120 000/6）×20%－1 410］×6＝15 540（元）

3. 非居民劳务报酬所得、稿酬所得、特许权使用费所得应纳税额的计算

非居民劳务报酬所得、稿酬所得、特许权使用费所得应税所得额的确定方法与居民取得这三项所得一样，但适用税率不同。

【例 13－6】 假设例 13－2 中的建筑设计师属于非居民纳税义务人，同样取得某公司一次性给付的劳务报酬所得 75 000 元。该设计师劳务报酬所得应纳税款应由公司代扣代缴。计算公司代扣代缴税额。

解：公司代扣代缴税额＝75 000×（1－20%）×35%－7 160＝13 840（元）

【例 13－7】 假设例 13－3 中的教授属于非居民纳税义务人，其专著由国内出版社出版，稿酬所得总额 5 万元。该教授稿酬所得应纳税额应由出版社代扣代缴。计算出版社代扣代缴税额。

解：出版社代扣代缴税额＝50 000×（1－20%）×70%×25%－2 660＝4 340（元）

三、经营所得应纳税额的计算

个人取得的经营所得应纳税额的计算分查账征收和核定征收两种情形。

（一）经营所得适用查账征收情形下应纳税额的计算

纳税义务人取得经营所得，以每一纳税年度的收入总额减除成本、费用以及损失后的余额，为应纳税所得额，再按表 13－3 所示税率计税。计算公式如下：

经营所得应税额 ＝（收入额 － 成本 － 费用 － 损失）× 适用税率 － 速算扣除数　（13－7）

其中，成本、费用是指生产、经营活动中发生的各项直接支出和分配计入成本的间接费用以及销售费用、管理费用、财务费用。损失是指生产、经营活动中发生的固定资产和存货的盘亏、毁损、报废损失，转让财产损失，坏账损失，自然灾害等不可抗力因素造成的损失以及其他损失。

税法同时规定，取得经营所得的个人，没有综合所得的，计算其每一纳税年度的应纳税所得额时，应当减除费用 6 万元、专项扣除、专项附加扣除以及依法确定的其他扣除。专项附加扣除在办理汇算清缴时减除。

【例 13－8】 居民陈某受雇于某科技公司，同时雇人经营一家奶茶店。2021 年，奶茶店全年收入总额为 200 000 元，成本、费用和损失经税务部门确定为 80 000 元。陈某在取得工薪所得的同时，还取得了经营所得。计算陈某 2021 年经营所得应纳税额。

解：其经营所得 2021 年度应纳税额计算如下：

经营所得应纳税额＝（200 000－80 000）×20%－10 500＝13 500（元）

如果陈某没有受雇于任何机构，专门经营奶茶店，为将来养老的考虑还参与了居民社保，每年支付社保费 12 000 元。此外，陈某还有符合条件的子女教育和赡养老人支出扣除项目，每月 2 000 元。

陈某获得的经营所得应纳税额计算如下：

经营所得应纳税额＝（200 000－80 000－60 000－12 000－24 000）×5%＝1 200（元）

（二）经营所得采用核定征收方式情形下应纳税额的计算

核定征收是指由于纳税人的会计账簿不健全，资料残缺难以查账，或者其他原因难以准确确定纳税人应纳税额时，由税务机关采用合理的方法依法核定纳税人应纳税款的一种征收方式。目前，对个人取得的生产经营所得采取的核定征收方式有三类。

1. 核定应税所得率征收。核定应税所得率征收是税务机关按照一定的标准、程序和方法，预先核定纳税人的应税所得率，由纳税人根据纳税年度内的收入总额或成本费用等项目的实际发生额，按预先核定的应税所得率计算缴纳所得税。应纳税额计算公式为：

$$应纳所得税额 = 应纳税所得额 \times 适用税率 \quad (13-8)$$

$$应纳税所得额 = 不含增值税的收入总额 \times 应税所得率$$

$$或 = 成本费用支出额 /(1 - 应税所得率) \times 应税所得率 \quad (13-9)$$

应税所得率的最低标准见表13－5。经营多业的，无论其经营项目是否单独核算，均应当根据其主营业务确定适用的应税所得率。

表13－5　　应税所得率（最低值）①

行业	应税所得率
工业、交通运输业、商业	5%
建筑、房地产	7%
饮食服务业	7%
娱乐业	20%
其他行业	10%

2. 定率征收。定率征收是先由纳税人自报生产经营情况，再由税务机关对纳税人核定一定时期的简易征税率以计算应缴税额。应纳税额计算公式如下：

$$应纳所得税额 = 收入总额 \times 核定征收率$$

核定征收率的标准各地有所不同，以深圳目前的规定为例，月度经营收入在10万元（含）以下的，核定征收率为0，即免税；10万元以上至30万元（含）以下的，核定征收率为0.8%；30万元以上的，核定征收率为1%。

3. 定期定额征收。定期定额征收是先由纳税人自报生产经营情况和应纳税款，再由税务机关对纳税人核定一定时期的税款征收额，即通常所说的“包税”。

四、其他项目所得应纳税额的计算

（一）财产租赁所得应纳税额的计算

纳税义务人取得财产租赁所得按次纳税。财产租赁所得以一个月内取得的收入为一次。

财产租赁所得应税所得额为每次收入额减除费用扣除后的余额。

费用扣除标准为：每次收入不超过4 000元的，减除费用为800元；4 000元以上的，减除20%的费用。

【例13－9】 张某2022年1月初将其持有的一套住宅租给某合伙企业做办公用房，月租金收入3万元，租期2年，按季度收取租金9万元。计算张某月租金所得应纳税额。

解： 张某每月租金收入3万元，其费用按20%扣除。其应纳税额计算如下：

$$月租金所得应纳税额 = 30\,000 \times (1-20\%) \times 20\% = 4\,800（元）$$

① 各地应税所得率的执行标准各异。2019年新《个人所得税法》实施后，不少地方对有些行业下调了应税所得率。如深圳已将除娱乐业外的所有行业应税所得率统一调整为5%。

（二）财产转让所得应纳税额的计算

财产转让所得以转让财产的收入额减除财产原值和合理费用后的余额，为应纳税所得额。应纳税额计算公式如下：

财产转让所得应纳税额 =（财产转让收入 - 财产原值 - 合理费用）×20%　（13 - 10）

财产原值按照下列方法确定：有价证券为买入价以及买入时按照规定缴纳的有关费用；建筑物为建造费或者购进价格以及其他有关费用；土地使用权为取得土地使用权所支付的金额、开发土地的费用以及其他有关费用；机器设备、车船为购进价格、运输费、安装费以及其他有关费用。其他财产参照前述方法确定。纳税人未提供完整、准确的财产原值凭证，不能按照前述方法确定财产原值的，由主管税务机关核定财产原值。合理费用是指卖出财产时按照规定支付的有关税费。

【例 13 - 10】 某纳税人转让其拥有的房屋一间，收入 7 500 元，该房屋原值为 5 000元，修理费用为 1 000 元，计算该纳税人应纳税额。

解： 该纳税人应纳税额计算如下：

应纳税额 =（7 500 - 5 000 - 1 000）×20% =300（元）

（三）利息、股息、红利所得、偶然所得应纳税额的计算

利息、股息、红利所得、偶然所得均按次纳税，以每次收入额为应纳税所得额，均适用 20% 税率，其应纳税额计算公式如下：

应纳税额 = 利息、股息、红利、偶然所得 ×20%　（13 - 11）

五、计算个人所得税的其他规定

个人所得税对个人取得的所得涉及特殊情形的，有如下规定：

1. 个人取得的应纳税所得包括现金、实物和有价证券。所得为实物的，应当按照取得的凭证上所注明的价格计算应纳税所得额；无凭证的实物或者凭证上所注明的价格明显偏低的，由主管税务机关参照当地的市场价格核定应纳税所得额。所得为有价证券的，由主管税务机关根据票面价格和市场价格核定应纳税所得额。

2. 各项所得的计算，以人民币为单位。所得为外币的，按照办理纳税申报或者扣缴申报的上一月最后一日人民币汇率中间价，折合成人民币计算应纳税所得额。年度终了后办理汇算清缴的，对已经按月、按季或者按次预缴税款的人民币以外货币所得，不再重新折算；对应当补缴税款的所得部分，按照上一纳税年度最后一日人民币汇率中间价，折合成人民币计算应纳税所得额。

3. 个人将其所得通过境内的公益性社会组织、国家机关向教育、扶贫、济困等公益慈善事业进行捐赠，捐赠额未超过纳税人申报的应纳税所得额 30% 的部分，可以从其应纳税所得额中扣除；国务院规定对公益慈善事业捐赠实行全额税前扣除的，从其规定。

4. 两个以上的个人共同取得同一项目收入的，应当对每个人取得的收入分别按照《个人所得税法》的规定计算纳税。

5. 居民个人从境内外取得的综合所得、经营所得，应当分别合并计算应纳税额；从

境内外取得的其他所得，应当分别单独计算应纳税额。居民个人从境外取得的所得，可以从其应纳税额中抵免已在境外缴纳的个人所得税税额，但抵免额不得超过该纳税人境外所得依照本法规定计算的应纳税额。已在境外缴纳的个人所得税税额是指居民个人来源于中国境外的所得，依照该所得来源国家（地区）的法律应当缴纳并且实际已经缴纳的所得税税额。

6. 有下列情形之一的，税务机关有权按照合理方法进行纳税调整：个人与其关联方之间的业务往来不符合独立交易原则而减少本人或者其关联方应纳税额，且无正当理由；居民个人控制的，或者居民个人和居民企业共同控制的设立在实际税负明显偏低的国家（地区）的企业，无合理经营需要，对应当归属于居民个人的利润不做分配或者减少分配；个人实施其他不具有合理商业目的的安排而获取不当税收利益。

第四节　个人所得税筹划策略

一、居民综合所得税税收筹划策略

居民综合所得应税所得额的确定是通过综合所得进行一系列的扣除确定的。纳税人除了可以通过积极参与税收抵免商业保险计划外，还可以在专项附加扣除的可选择性上进行纳税筹划。

居民综合所得可以扣除的专项附加虽然都有扣除的标准，但有些涉及家庭的项目在由谁申报扣除方面，在一个纳税年度内是可以选择的。如：子女教育专项附加扣除费可以由夫妻一方扣除，也可以由夫妻双方各自分摊50%扣除；多子女家庭，60岁以上老人赡养专项附加扣除费，可以由子女分摊扣除，也可以由老人指定扣除；购买首套住房的贷款利息支出，可以由夫妻双方约定选择其中的一方扣除等。纳税人可以通过合理选择申报人进行节税筹划。

【例13-11】 2021年，40岁的独生子林某全年收入为30万元，专项扣除为4.8万元，父母均年满60周岁。34岁的独生女林妻全年收入为12.5万元，专项扣除为2.5万元，父母年龄未满60周岁。林某夫妻现有两个上小学的子女。请对林某夫妇进行节税筹划。

解：林某夫妻子女教育费的扣除可以有三种申报情形。

情形一：子女教育费由林某一人申报抵扣

林某全年应缴税额 =（300 000 - 60 000 - 48 000 - 24 000 - 24 000）×10% - 2 520
= 11 880（元）

林妻全年应缴税额 =（125 000 - 60 000 - 25 000）×10% - 2 520 = 1 480（元）

林某夫妻全年税负合计13 360元。

情形二：子女教育费由林妻一人申报抵扣

林某全年应缴税额 =（300 000 - 60 000 - 48 000 - 24 000）×20% - 16 920 = 16 680（元）

林妻全年应缴税额 =（125 000 - 60 000 - 25 000 - 24 000）×3% =480（元）

林某夫妻全年税负合计 17 160 元。

情形三：子女教育费由林某夫妻各自分别申报扣除一半

林某全年应缴税额 =（300 000 - 60 000 - 48 000 - 24 000 - 12 000）×20% - 16 920 =14 280（元）

林妻全年应缴税额 =（125 000 - 60 000 - 25 000 - 12 000）×3% =840（元）

林某夫妻全年税负合计 15 120 元。

分析表明，林某夫妻选择第一种情形由林某一个人进行专项附加扣除申报，可以达到最佳的家庭节税效果。

二、纳税人身份筹划策略

（一）利用非居民身份筹划

如前所述，居民纳税义务人需要就其来源于境内外的全部所得缴纳个人所得税；而非居民纳税义务人仅就其来源于境内的所得缴纳个人所得税。很明显，非居民纳税义务人将会承担较轻的税负。

对于外籍在中国工作的人士而言，是否属于居民纳税人主要取决于一个纳税年度内在境内居住是否满 183 天。即便属于居民纳税人，税法对于在我国境内居住连续不满六年的，对其来源于境外且由境外单位或者个人支付的所得给予免税。并且还规定，此类居民纳税人在境内居住累计满 183 天的任一年度中有一次离境超过 30 天的，其在境内居住累计满 183 天的年度的连续年限重新起算。此外，对于无住所的在一个纳税年度内在境内居住累计不超过 90 天的非居民纳税人对其来源于境内的由境外雇主支付且不由该雇主在境内的机构、场所负担的所得，也给予了免税优惠。

可见，对于有条件的无住所纳税人在是否成为居民纳税人，以及成为居住多长时间的居民纳税义务人上，可以控制一年内的在中国居住天数及在中国累计居住年数，达到少缴税的目的。

【例 13 - 12】 一位美国工程师受雇于美国总公司，被派往中国境内的分公司帮助筹建某工程。2021 年度共获得公司支付的工薪所得折合人民币 118 万元。请对该美国工程师进行节税筹划。

解：以下分几种情形核算该工程师的工薪所得应在我国境内缴纳的所得税。

情形一：该工程师仅 2021 年在我国境内居住时间超过了 183 天，则他应该按照居民纳税人缴纳个人所得税。假设其每月专项扣除和专项附加扣除总计 1.5 万元，则 2021 年的工程师所得应缴所得税计算如下：

预扣预缴税额 =（1 180 000 - 60 000 - 15 000 ×12）×35% - 85 920 =243 080（元）

情形二：该工程师已连续在我国境内居住满 6 年，且每年居住时间均超过了 183 天，则其不仅要就 118 万元所得在我国境内缴纳 243 080 元的所得税，还需要就其来自我国境外的所得在我国境内缴税。

情形三：该工程师连续在我国境内年居住时间满 183 天的年数不满 6 年，则其不需要就118万元所得向我国政府缴纳所得税，其来源于境外且由境外单位或者个人支付的所得则免予征税。

情形四：该工程师2021年在我国境内居住时间不满90天，则他属于非居民，且获得的118万元收入如果是由境外雇主支付，可以免予缴税。

情形五：该工程师2021年在我国境内居住时间满90天不满183天，118万元的收入不在情形四的免税范围，应按非居民工薪所得缴税。其全年应缴税额计算如下：

代扣代缴税额 = [（1 180 000/12 - 5 000）×45% - 15 160] ×12 = 322 080（元）

分析表明，该工程师可以通过事先计划的在中国居住时间长短，达到减轻自身税负的目的。

（二）利用不同性质个人投资企业身份进行筹划

在政策鼓励大众创业的时代背景下，越来越多的个人投资兴办企业。目前，在个人可以选择的投资方式中，除设立有限公司需要缴纳企业所得税外，包括个体经营、个人独资企业、合伙企业均按经营所得缴纳个人所得税。一般情况下，在所得相同时，个人从这三类企业获得的经营所得，税负相同。但税法同时规定，如果投资者兴办两个或两个以上企业，并且企业性质全部是独资的，年度终了后要合并汇算清缴。这些规定使个人投资者在投资方式的选择上有较大的税收筹划空间。

【例13-13】 在某单位工作的王某设立了一个独资企业，经营建材，由其妻负责经营管理。企业也同时承接了一些安装服务业务。假设王某的企业2021年建材经营净所得为90 000元，安装工程净所得为30 000元。请对王某家庭的经营所得进行税收筹划。

解：王某家庭的经营所得有几种纳税方案：

方案一：独资企业主为王某，因为王某本年度有综合所得，王某经营所得全年应纳税额的计算如下：

王某经营所得应纳税额 =（90 000 + 30 000）×20% - 10 500 = 13 500（元）

方案二：将独资企业登记为王妻所有，因为王妻无综合所得，在计税时还可以扣除60 000元宽免额和专项、专项附加及其他扣除。在不计算王妻专项等费用扣除的情况下，经营所得以王妻的名义应纳税额的计算如下：

王妻经营所得应纳税额 =（90 000 + 30 000 - 60 000）×10% - 1 500 = 4 500（元）

方案三：王某和王妻分别设立独资企业，将建材经营业务由王妻企业经营，安装业务由王某企业经营，则两项所得归属不同的纳税人分别计税。计算如下：

王某经营所得应纳税额 = 30 000 ×5% = 1 500（元）

王妻经营所得应纳税额 =（90 000 - 60 000）×5% = 1 500（元）

经营所得合计应纳税额为3 000元。

计算结果表明，采用第三种方案，王某家庭的税负最低。当然，王某夫妻二人也可以选择设立合伙企业，再通过合理分配合伙收益，达到减轻税负的目的。

三、收入分割筹划策略

现行的《个人所得税法》中规定，除对居民综合所得及生产经营所得实行按年计税外，其他所得或者按月纳税，或者按次纳税。此外，综合所得还有其他可以扣除的项目。纳税人要善于利用这些筹划点将大额收入进行分割，以减少税负。具体做法有收入分期、收入保险化及收入捐赠化等。

（一）收入分期

非居民纳税人取得的工薪所得、劳务报酬所得及特许权使用费所得实行按月纳税，这些所得如果每月数额不同，有可能导致某些月份适用边际税率提高，多缴所得税。工薪所得的收入分期做法是：尽可能将这些所得均衡摊入各月，降低适用税率档次。

【例 13-14】 某外籍人士为国内某公司提供建筑设计服务，2021 年 1—3 月，公司每月支付其劳务费分别为 1.5 万元、2.5 万元、3.5 万元。请使用收入分期法比较该外籍人士的应纳税额。

解： 如不进行筹划，完全由公司支付所得，该外籍人士 1—3 月应纳税额计算如下：

1 月应纳税额 = 15 000 ×（1 - 20%）×10% - 210 = 990（元）

2 月应纳税额 = 25 000 ×（1 - 20%）×20% - 1 410 = 2 590（元）

3 月应纳税额 = 35 000 ×（1 - 20%）×25% - 2 660 = 4 340（元）

三个月合计应纳税额为 7 920 元。

如果该外籍人士与公司约定的总劳务报酬所得固定，他可以和公司事先商量，将 7.5 万元的所得分三个月平均发放，则三个月应纳税额为：

三个月应纳税额 =［75 000/3 ×（1 - 20%）×20% - 1 410］×3 = 7 770（元）

计算结果表明，通过均衡每月所得，可以节税 150 元。

（二）收入保险化

收入保险化是指通过将个人收入的一部分以多缴纳个人社会保险和商业保险的方式，以减少应税所得额来达到节税目的。从我国税收实务而言，常用的手段包括以下两个。

1. 多缴社保“四险一金”。纳税义务人以尽可能高的缴费基数来缴纳“四险一金”，一方面，增大自己将来的福利，另一方面又可以减少应当缴纳的个人所得税。特别是住房公积金，个人可以最大限度地按规定缴纳补充公积金（补充公积金额度最多可交至职工公积金缴存基数的 30%）。

2. 积极参加个税优惠型商业健康和养老保险。自 2017 年 7 月起，我国已对个人购买符合规定的商业健康保险产品的支出，允许在当年（月）计算应税所得额时予以税前扣除，扣除限额为 2 400 元/年。此外，自 2018 年 5 月 1 日起，我国也正式在上海市、福建省（含厦门市）和苏州工业园区三个地区开展个人税收递延型商业养老保险试点。居民纳税人可根据自身条件积极参与上述两类保险，既可以达到节税效果，又可以为个人医疗及未来养老提供更多的保障。

（三）收入捐赠化

按税法规定：个人将其所得通过中国境内的社会团体、国家机关向教育和其他社会公益事业以及遭受严重自然灾害地区、贫困地区的捐赠，金额未超过纳税人申报的应税所得额 30% 的部分，可以从其应纳税所得额中扣除。捐赠行为既可以满足个人从事公益事业的愿望，也可以在一定程度上减轻税负。尤其是个人所得适用超额累进税率时，通过捐赠可以降低其适用的最高边际税率，减轻税负。个人在捐赠时，必须在捐赠方式、捐赠款投向、捐赠额度上同时符合法规规定，才能使这部分捐赠款免缴个人所得税。

【例 13-15】 假定某居民年应税综合所得为 310 000 元，有每年为农村义务教育捐款 10 000 元的打算。请对该居民进行税收筹划。

解：筹划分析如下。如果该居民的捐款仅仅是打算而不付诸实施，按照税法的规定，其应缴个人所得税计算如下：

应纳税额 = 310 000 × 25% − 2 660 = 74 840（元）

如果该居民将捐赠的想法付诸实施，通过慈善团体进行捐赠，其应缴个人所得税计算如下：

应纳税额 =（310 000 − 10 000）×20% − 1 410 = 58 590（元）

计算结果表明，实施捐赠不仅达到了做慈善的心愿，而且减少了应纳税额 16 250 元（74 840 − 58 590）。

四、收入转化筹划策略

收入转化筹划是指将个人的不同项目所得在合法的情况下进行相互转化以达到节税目的。常见的策略有以下几个。

（一）非居民劳务报酬所得与工薪所得的转化

劳务报酬所得与工薪所得的区别在于纳税人与提供所得的单位之间是否存在着稳定的雇用与被雇用的关系。对非居民而言，虽然这两项所得适用统一的所得税税率，但工薪所得可以扣除的费用是每月 5 000 元，而劳务报酬所得可以扣除的是 20% 的费用。计算可知，每月所得为 25 000 元时，无论哪种性质的所得费用扣除均为 5 000 元。如果每月所得低于 25 000 元，以工薪所得申报，费用扣除大；如果每月所得高于 25 000 元，以劳务报酬所得申报，费用扣除大；而且劳务报酬越高，费用扣除越多，其所带来的税务筹划效果越明显。当然，这两种所得的转化必须真实、合法。

【例 13-16】 朱先生是一位美籍华人，2021 年 10 月、11 月均获得了国内某公司给付的酬金 31 000 元。请对朱先生进行税收筹划。

解：筹划分析：如果朱先生和该公司存在稳定的雇用与被雇用的关系，则应按工薪所得缴税，公司每月应为朱先生代扣代缴税额计算如下：

公司代扣代缴税额 =（31 000 − 5 000）×25% − 2 660 = 3 840（元）

如果朱先生和该公司不存在稳定的雇用与被雇用关系，则该项所得应按劳务报酬所得缴纳个人所得税，公司应为其代扣代缴税额计算如下：

公司代扣代缴税额 = 31 000 ×（1 − 20%）×20% − 1 410 = 3 550（元）

以劳务报酬形式获得收入比以工薪所得获得收入每月可以节税 290 元。

一般而言，在所得较小的时候，雇用形式缴纳的个人所得税比劳务形式缴纳的个人所得税少；而当所得较大的时候，以劳务形式缴纳的个人所得税比雇用形式缴纳的个人所得税少。

（二）较高劳务报酬所得转化为生产经营所得

目前，市场营销、设计、培训等专业性较高的服务行业，有大量的自由职业者。自由职业者往往都是高收入者，其所获得的收入如果按照劳务所得报税，税负较重。如果通过成立个人独资企业与所服务公司签订劳务合同，则可以将个人劳务报酬所得转化成经营所得。尽管个人独资企业要缴纳增值税及附加，但当劳务报酬所得异常高的时候，成立个人独资企业，将劳务报酬所得转化为经营所得依然可以达到节约税负的效果。

【例 13－17】 假设张女士是一名自由设计师，每年从多个服务对象公司获取劳务报酬所得 300 万元，每年符合规定的可扣除专项、专项附加扣除及其他扣除共 8 万元。请对张女士进行税收筹划。

解：张女士从多处获得劳务报酬所得，每个支付报酬的公司都需要为其预扣预缴税额，年终再汇算清缴。汇总张女士全年劳务报酬计算的应纳税额如下：

劳务报酬所得应纳税额＝（3 000 000－60 000－80 000）×45%－181 920
＝1 105 080（元）

张女士税后所得 1 894 920 元。

如果张女士成立个人工作室，一年获得的收入 300 万元按经营所得计税。如果经营所得采用查账征收方式，在不考虑营业成本和可抵扣增值税进项税的情形下，张女士应纳税额计算如下：

工作室营业收入应纳增值税＝3 000 000÷（1＋3%）×3%＝87 379（元）

附加税①税金：87 379×12%＝10 485（元）

经营所得应纳税额＝（3 000 000－60 000－80 000）×35%－65 500＝935 500（元）

三项共计税额 1 033 364 元，张女士税后所得 1 966 636 元，比以劳务报酬所得计税时的税后所得增加 71 716 元。如果考虑到工作室的成本费用扣除及增值税的进项扣除，张女士的应纳税额会更低。事实上，如果个人独资企业的经营所得采取前述核定征收的方式，节税效果更好。以深圳市为例，如果以核定应税所得率 5% 计算，张女士经营所得应纳税额会由 935 500 元降到 49 500 元（3 000 000×10%×20%－10 500）；如果以年经营所得 30 万元以上的核定征收率 1% 计算，应纳税额更低，仅为 30 000 元。

通过计算发现，当自由职业者的劳务报酬所得转变为个人独资企业的经营所得后，可以大大节约税负。这种筹划策略也适用于年薪非常高的公司高管。

（三）个人财产收入与个人办企业财产收入的转化

如果个人独资企业将账面的固定资产对外出租或转让，其取得的收益按“生产经营所得”项目征税。如果投资者将个人拥有的与企业生产经营无关的固定资产用于对外出租或转让，则对其取得的收益，应按“财产租赁所得”或“财产转让所得”项目单独征收个人所得税。加之《个人独资企业法》对企业资金的增减不做特别要求，纳税人可以通过增资或减资来影响纳税额。目前，个人生产经营所得适用 5%～35% 的五级超额累

① 增值税的附加有：市区 7%（县镇 5%）的城市维护附加税、3% 的教育费附加以及 2% 的地方教育费附加。

进税率，而个人财产租赁和财产转让所得适用20%的税率。很显然，个人如果创办独资企业，则可以通过筹划在个人租赁或转让所得与经营所得之间进行合理不违法的转化，以达到节税的目的。一般情况下，如果生产经营所得适用税率较高（如高于20%），企业财产转为个人财产划算；如果生产经营所得适用税率低于20%，则个人财产转为企业财产划算。

【例13-18】 受雇于某公司的个人，自主创办了某独资企业。该独资企业2021年度实现生产经营净所得260 000元，另外，取得固定资产出租收入34 000元（与出租相关的费用为3 000元），取得财产转让收益50 000元（财产原值30 000元，转让过程中发生的税费约为2 800元）。请对该人进行税收筹划。

解： 筹划分析：如果租赁固定资产和转让财产均作为企业财产，则租赁所得和财产转让所得均并入生产经营所得统一纳税，该投资个人应纳税额计算如下：

$$应纳税额=[260\ 000+(34\ 000-3\ 000)+(50\ 000-30\ 000-2\ 800)]\times30\%-40\ 500=51\ 960(元)$$

如果该个人将其独资企业的租赁和转让资产通过减资的形式变成个人的财产，则三项所得分别纳税。具体计算如下：

$$生产所得应纳税额=260\ 000\times20\%-10\ 500=41\ 500(元)$$

$$财产租赁所得应纳税额=34\ 000\times(1-20\%)\times20\%=5\ 440(元)$$

$$财产转让所得应纳税额=(50\ 000-30\ 000-2\ 800)\times20\%=3\ 440(元)$$

三项合计共应纳所得税50 380元。

通过将企业财产转化为个人财产，该人可以节税1 580元（51 960-50 380）。

（四）工薪收入转化为单位福利

用人单位将个人现金收入的一部分转化为单位提供的实物福利待遇，以减少纳税人名义所得，帮助雇员达到节税目的。在用工单位总费用不增加的前提下，由用工单位向个人提供实物福利消费，如提供免费的住房、公租房、车辆使用，或报销交通食宿差旅费等。这些福利性的消费并非直接增加个人的所得，但可以为个人带来更多的税后所得。当然，这些住房、车辆所有权属于单位而非个人。

【例13-19】 假定钱教授2021年1月给某公司经理层人士讲课，获得了劳务报酬35 000元，往返交通费、食宿等费用10 000元。请对钱教授进行税收筹划。

解： 筹划分析。

如果由钱教授自付交通等费用，则公司应为钱教授预扣预缴税额计算如下：

$$公司预扣预缴税额=35\ 000\times(1-20\%)\times30\%-2\ 000=6\ 400(元)$$

钱教授获得18 600元（35 000-10 000-6 400）的净收入。

如果将报酬条款改为公司承担往返交通费、食宿费，只付给钱教授酬金25 000元，则公司应为钱教授预扣预缴税额计算如下：

$$应纳个人所得税=25\ 000\times(1-20\%)\times20\%=4\ 000(元)$$

钱教授获得净收入为21 000元（25 000-4 000）。

计算结果表明，公司总费用35 000元，采用由公司负担差旅费的方式，可以为钱教授带来节税效果，使其获得更多的税后所得。

五、其他税收筹划策略

（一）投资避税筹划策略

投资避税筹划策略是指纳税人在进行投资时尽量选择免税或有税收优惠的投资品，或者满足投资免税的时间要求，以规避税负。具体可操作的方式有以下几种。

1. 投资基金。目前，居民可以投资的基金主要有股票型基金、债券型基金和货币型基金。所有的基金向个人投资者分配股息、红利、利息时，都不再代扣代缴个人所得税。

2. 购买保险。按现行税法规定，可享受免缴个人所得税的居民保险有各类社会保险金给付、商业保险赔偿金、投资分红类保险的保险收益。对居民而言，进行合理的保险投资，是个不错的理财方法，既可以得到所需的保障，又可以合理避税。

3. 投资免税债券。现阶段，适合个人投资的债券包括国债、金融债、企业债。其中国债和经国务院批准发行的金融债券免缴个人所得税。对于稳健的投资者而言，投资国债是能够获得稳定、安全收益的一种更好的选择。而且投资于记账式国债，还可以根据市场利率及其他因素的变化判断其价格走势，低价买进，高价卖出，在二级市场赚取买卖差价。

4. 投资信托产品。整体而言，信托产品投资起点较高，其风险远高于储蓄、国债，但是低于股票及股票型基金。在近年的金融市场上，信托产品年收益率一般比同期银行存款利息收益高3~5倍。而目前税务部门对信托收益的个人所得税也暂无征税的规定。因此，有一定经济实力的居民也可以适当进行信托产品的投资。

5. 合理规划房产、股票持有时间。按我国现行税制，对个人转让持有满五年且是家庭唯一住房的，免征个人所得税。对个人投资股票获得的分红按持股时间长短实行差别化个税政策，持股在1个月（含1个月）的全额计税、1个月至1年（含1年）的减半计税、超过1年的免税。对于投资房产和股票的个人而言，可以据此选择合理的持有时间，以达到节税的目的。

（二）成本费用最大化筹划策略

成本费用最大化筹划策略，也称利润最小化筹划策略，是专门针对经营所得的策略。具体筹划方法有以下几种。

1. 存货计价筹划法。存货计价筹划法是指为使成本值最大所采取的最有利于自己的成本计算法。个人投资企业可以根据自身经营的实际情况，计算各种存货计价方法对每年经营所得带来的影响，再从中选择最有利于带来整体节税效果的存货计价方法。按规定，存货计价方法一经确定，不得随意变更。因此，个人投资企业要谨慎选择存货计价方法。

2. 合理折旧筹划法。合理折旧筹划法是指选择对财务最有利的折旧分摊方法对企业的固定资产进行成本分摊。对于纳税主体而言，采用不同的折旧方法会产生不同的固定资产价值和实物补偿的时间效应，也直接影响各年的税负。个人投资企业可以在规定范围内选择不同的折旧方法，以减少税负。

3. 避免费用损失被剔除筹划法。个人投资企业常常面临费用及损失被税收稽查机关剔除的现象。这些被剔除的费用损失，不仅要补缴税款，而且还会按照其金额处以一定的罚款。对于此类问题，纳税义务人一方面要注意取得合法凭证，另一方面要合法报告备案。此外，还可以适当延后列报费用。部分费用及损失有限额规定，超过部分将不予认定。纳税义务人在进行申报时应注意费用及损失是否超过限额，如果超过限额则可以考虑延至次年列报，以免招致剔除。

4. 费用分摊筹划法。对个人投资企业而言，劳务和管理费用开支最为普遍。一般而言，费用分摊有三种基本的方法：实际费用摊销法、平均分摊法、不规则摊销法。三种方法对个人经营所得冲减程度的影响，各有差异。纳税义务人可以利用这种差异进行有效的纳税筹划。一般情况下，当生产经营处于相对稳定状况时，平均费用摊销法是最大限度地抵消利润、获得资金时间价值、减少纳税的最佳选择。

5. 合理增列费用筹划法。个人投资企业往往在个人资产与企业资产之间、企业雇员与家庭成员投工之间难以严格区分。企业可以通过合理安排，适当增列费用，达到节税的目的。比如将个人水电、通信、交通支出转化为企业经营费用，自有房地产生产经营的租金化处理等。

本章小结

1. 个人税务筹划是指个人根据政府的税收政策导向，通过经营结构和交易活动的安排，对纳税方案进行优化选择，从而减轻纳税负担，取得正当的税收利益的一种个人理财活动。

2. 个人税务筹划可以从投资、消费、收入及资产处置等不同环节面临的各种税种入手，其中，以个人收入环节及个人所得税筹划为主。

3. 我国个人所得税实行分项综合所得税制，还有相当条目的纳税优惠。这给个人税务筹划提供了众多的策略，如纳税人身份筹划策略、综合所得筹划策略、收入分割筹划策略、收入转化筹划策略、投资避税筹划策略、成本费用最大化筹划策略等。

4. 纳税人身份筹划策略是依据税法对不同类型纳税人所采用的不同纳税规定，选择税负最轻的纳税身份。常见的做法有利用非居民身份筹划、利用不同性质个人投资企业身份进行筹划。

5. 居民综合所得应税所得额的确定是通过对综合所得进行一系列扣除确定的。纳税人除了可以通过积极参与税收抵免商业保险计划外，还可以在专项附加扣除申报人的可选择性上进行纳税筹划。

6. 收入分割筹划策略是指依据税法富有弹性的分期和税前扣除规定，将收入进行合理分割处理。具体做法有收入分期、收入保险化、收入捐赠化。

7. 收入转化筹划策略是将个人的不同项目所得在合法的情况下进行相互转化。常见的方式有：非居民劳务报酬所得与工薪所得的转化、劳务报酬所得与经营所得的转化、个人财产收入与企业财产收入的转化、工薪收入转化为单位福利等。

8. 投资避税筹划策略指纳税人在投资时尽量选择免税的投资品进行投资，或者满足投资免税的时间要求。常见的策略有投资基金、投资保险、投资免税债券及信托产品，巧用时间规划房产、股票投资等。

9. 成本费用最大化筹划策略是专门针对个人投资企业而言的。具体的筹划方法有存货计价筹划法、合理折旧筹划法、避免费用损失被剔除筹划法、费用分摊筹划法、合理增列费用筹划法。

【复习思考题】

一、名词解释

税收筹划　　个人所得税　　累积预扣法

二、简答题

1. 个人家庭消费活动中有哪些可以进行税收筹划的地方？

2. 个人综合所得的纳税筹划可以通过哪些方式进行？

3. 以你家人的实际情况为例，设计一个方案来规划家人的个人所得税，估算家人每年能从税收筹划中得到多少收益。

三、计算题

1. 假设王某受雇于某一公司，2021 年 1—4 月，每月工资收入为 20 000 元，每月缴纳“五险一金”5 000 元，每月还购买了保险公司推销的抵税型健康险和医疗险共计 3 000元，作为独生子的王某有需要赡养的 70 岁双亲，其他专项附加扣除 2 000 元。请计算公司 1—4 月应为王某预扣预缴的工薪所得税额。

2. 赵某设立了某独资企业，2021 年经营所得为 350 000 元。他通过慈善机构捐赠了 5 万元。赵某 2021 年还缴纳了社会保险 45 000 元，其可以扣除的专项附加扣除费为 40 000元。请分别计算赵某是一名大学教师和赵某专职经营企业两种情形下，赵某 2021 年经营所得应缴的所得税。

3. 某人于 2021 年 5 月获得某公司给付的 18 000 元劳务报酬所得。请分别计算当该人为居民纳税人和非居民纳税人时，支付所得的公司应该扣缴的个人所得税。

四、案例分析

假如某人是一名医学博士，学有所成，知识渊博。通过多年的研究，发明了一种技术，使用该技术可以大大提高从药用植物中提取有用物质的效率。该技术获得了国家专利，专利权属个人所有。该专利公布后，引起了众多药厂的关注。他们纷纷要求该人转让该专利使用权，其中一家药厂提出的转让价格为 500 万元，而另一家效益很好的制药股份有限公司则提出可以让他持有该公司相同价款的股权，并让他在公司中担任副总经理，主管药品的研制、开发工作。

请用你所了解的税收知识进行分析，面对两种选择，这名博士该如何决断？该博士是否有更好的选择？

附　　表

附表 1　复利终值系数表

期数	1%	2%	3%	4%	5%	6%	7%	8%	9%	10%	11%	12%	13%	14%	15%	16%	17%	18%
1	1. 0100	1. 0200	1. 0300	1. 0400	1. 0500	1. 0600	1. 0700	1. 0800	1. 0900	1. 1000	1. 1100	1. 1200	1. 1300	1. 1400	1. 1500	1. 1600	1. 1700	1. 1800
2	1. 0201	1. 0404	1. 0609	1. 0816	1. 1025	1. 1236	1. 1449	1. 1664	1. 1881	1. 2100	1. 2321	1. 2544	1. 2769	1. 2996	1. 3225	1. 3456	1. 3689	1. 3924
3	1. 0303	1. 0612	1. 0927	1. 1249	1. 1576	1. 1910	1. 2250	1. 2597	1. 2950	1. 3310	1. 3676	1. 4049	1. 4429	1. 4815	1. 5209	1. 5609	1. 6016	1. 6430
4	1. 0406	1. 0824	1. 1255	1. 1699	1. 2155	1. 2625	1. 3108	1. 3605	1. 4116	1. 4641	1. 5181	1. 5735	1. 6305	1. 6890	1. 7490	1. 8106	1. 8739	1. 9388
5	1. 0510	1. 1041	1. 1593	1. 2167	1. 2763	1. 3382	1. 4026	1. 4693	1. 5386	1. 6105	1. 6851	1. 7623	1. 8424	1. 9254	2. 0114	2. 1003	2. 1924	2. 2878
6	1. 0615	1. 1262	1. 1941	1. 2653	1. 3401	1. 4185	1. 5007	1. 5869	1. 6771	1. 7716	1. 8704	1. 9738	2. 0820	2. 1950	2. 3131	2. 4364	2. 5652	2. 6996
7	1. 0721	1. 1487	1. 2299	1. 3159	1. 4071	1. 5036	1. 6058	1. 7138	1. 8280	1. 9487	2. 0762	2. 2107	2. 3526	2. 5023	2. 6600	2. 8262	3. 0012	3. 1855
8	1. 0829	1. 1717	1. 2668	1. 3686	1. 4775	1. 5938	1. 7182	1. 8509	1. 9926	2. 1436	2. 3045	2. 4760	2. 6584	2. 8526	3. 0590	3. 2784	3. 5115	3. 7589
9	1. 0937	1. 1951	1. 3048	1. 4233	1. 5513	1. 6895	1. 8385	1. 9990	2. 1719	2. 3579	2. 5580	2. 7731	3. 0040	3. 2519	3. 5179	3. 8030	4. 1084	4. 4355
10	1. 1046	1. 2190	1. 3439	1. 4802	1. 6289	1. 7908	1. 9672	2. 1589	2. 3674	2. 5937	2. 8394	3. 1058	3. 3946	3. 7072	4. 0456	4. 4114	4. 8068	5. 2338
11	1. 1157	1. 2434	1. 3842	1. 5395	1. 7103	1. 8983	2. 1049	2. 3316	2. 5804	2. 8531	3. 1518	3. 4785	3. 8359	4. 2262	4. 6524	5. 1173	5. 6240	6. 1759
12	1. 1268	1. 2682	1. 4258	1. 6010	1. 7959	2. 0122	2. 2522	2. 5182	2. 8127	3. 1384	3. 4985	3. 8960	4. 3345	4. 8179	5. 3503	5. 9360	6. 5801	7. 2876
13	1. 1381	1. 2936	1. 4685	1. 6651	1. 8856	2. 1329	2. 4098	2. 7196	3. 0658	3. 4523	3. 8833	4. 3635	4. 8980	5. 4924	6. 1528	6. 8858	7. 6987	8. 5994
14	1. 1495	1. 3195	1. 5126	1. 7317	1. 9799	2. 2609	2. 5785	2. 9372	3. 3417	3. 7975	4. 3104	4. 8871	5. 5348	6. 2613	7. 0757	7. 9875	9. 0075	10. 1472
15	1. 1610	1. 3459	1. 5580	1. 8009	2. 0789	2. 3966	2. 7590	3. 1722	3. 6425	4. 1772	4. 7846	5. 4736	6. 2543	7. 1379	8. 1371	9. 2655	10. 5387	11. 9737
16	1. 1726	1. 3728	1. 6047	1. 8730	2. 1829	2. 5404	2. 9522	3. 4259	3. 9703	4. 5950	5. 3109	6. 1304	7. 0673	8. 1372	9. 3576	10. 7480	12. 3303	14. 1290
17	1. 1843	1. 4002	1. 6528	1. 9479	2. 2920	2. 6928	3. 1588	3. 7000	4. 3276	5. 0545	5. 8951	6. 8660	7. 9861	9. 2765	10. 7613	12. 4677	14. 4265	16. 6722
18	1. 1961	1. 4282	1. 7024	2. 0258	2. 4066	2. 8543	3. 3799	3. 9960	4. 7171	5. 5599	6. 5436	7. 6900	9. 0243	10. 5752	12. 3755	14. 4625	16. 8790	19. 6733
19	1. 2081	1. 4568	1. 7535	2. 1068	2. 5270	3. 0256	3. 6165	4. 3157	5. 1417	6. 1159	7. 2633	8. 6128	10. 1974	12. 0557	14. 2318	16. 7765	19. 7484	23. 2144
20	1. 2202	1. 4859	1. 8061	2. 1911	2. 6533	3. 2071	3. 8697	4. 6610	5. 6044	6. 7275	8. 0623	9. 6463	11. 5231	13. 7435	16. 3665	19. 4608	23. 1056	27. 3930
21	1. 2324	1. 5157	1. 8603	2. 2788	2. 7860	3. 3996	4. 1406	5. 0338	6. 1088	7. 4002	8. 9492	10. 8038	13. 0211	15. 6676	18. 8215	22. 5745	27. 0336	32. 3238
22	1. 2447	1. 5460	1. 9161	2. 3699	2. 9253	3. 6035	4. 4304	5. 4365	6. 6586	8. 1403	9. 9336	12. 1003	14. 7138	17. 8610	21. 6447	26. 1864	31. 6293	38. 1421
23	1. 2572	1. 5769	1. 9736	2. 4647	3. 0715	3. 8197	4. 7405	5. 8715	7. 2579	8. 9543	11. 0263	13. 5523	16. 6266	20. 3616	24. 8915	30. 3762	37. 0062	45. 0076
24	1. 2697	1. 6084	2. 0328	2. 5633	3. 2251	4. 0489	5. 0724	6. 3412	7. 9111	9. 8497	12. 2392	15. 1786	18. 7881	23. 2122	28. 6252	35. 2364	43. 2973	53. 1090
25	1. 2824	1. 6406	2. 0938	2. 6658	3. 3864	4. 2919	5. 4274	6. 8485	8. 6231	10. 8347	13. 5855	17. 0001	21. 2305	26. 4619	32. 9190	40. 8742	50. 6578	62. 6686

附表2　复利现值系数表

期数	1%	2%	3%	4%	5%	6%	7%	8%	9%	10%	11%	12%	13%	14%	15%	16%	17%	18%
1	0.9901	0.9804	0.9709	0.9615	0.9524	0.9434	0.9346	0.9259	0.9174	0.9091	0.9009	0.8929	0.8850	0.8772	0.8696	0.8621	0.8547	0.8475
2	0.9803	0.9612	0.9426	0.9246	0.9070	0.8900	0.8734	0.8573	0.8417	0.8264	0.8116	0.7972	0.7831	0.7695	0.7561	0.7432	0.7305	0.7182
3	0.9706	0.9423	0.9151	0.8890	0.8638	0.8396	0.8163	0.7938	0.7722	0.7513	0.7312	0.7118	0.6931	0.6750	0.6575	0.6407	0.6244	0.6086
4	0.9610	0.9238	0.8885	0.8548	0.8227	0.7921	0.7629	0.7350	0.7084	0.6830	0.6587	0.6355	0.6133	0.5921	0.5718	0.5523	0.5337	0.5158
5	0.9515	0.9057	0.8626	0.8219	0.7835	0.7473	0.7130	0.6806	0.6499	0.6209	0.5935	0.5674	0.5428	0.5194	0.4972	0.4761	0.4561	0.4371
6	0.9420	0.8880	0.8375	0.7903	0.7462	0.7050	0.6663	0.6302	0.5963	0.5645	0.5346	0.5066	0.4803	0.4556	0.4323	0.4104	0.3898	0.3704
7	0.9327	0.8706	0.8131	0.7599	0.7107	0.6651	0.6227	0.5835	0.5470	0.5132	0.4817	0.4523	0.4251	0.3996	0.3759	0.3538	0.3332	0.3139
8	0.9235	0.8535	0.7894	0.7307	0.6768	0.6274	0.5820	0.5403	0.5019	0.4665	0.4339	0.4039	0.3762	0.3506	0.3269	0.3050	0.2848	0.2660
9	0.9143	0.8368	0.7664	0.7026	0.6446	0.5919	0.5439	0.5002	0.4604	0.4241	0.3909	0.3606	0.3329	0.3075	0.2843	0.2630	0.2434	0.2255
10	0.9053	0.8203	0.7441	0.6756	0.6139	0.5584	0.5083	0.4632	0.4224	0.3855	0.3522	0.3220	0.2946	0.2697	0.2472	0.2267	0.2080	0.1911
11	0.8963	0.8043	0.7224	0.6496	0.5847	0.5268	0.4751	0.4289	0.3875	0.3505	0.3173	0.2875	0.2607	0.2366	0.2149	0.1954	0.1778	0.1619
12	0.8874	0.7885	0.7014	0.6246	0.5568	0.4970	0.4440	0.3971	0.3555	0.3186	0.2858	0.2567	0.2307	0.2076	0.1869	0.1685	0.1520	0.1372
13	0.8787	0.7730	0.6810	0.6006	0.5303	0.4688	0.4150	0.3677	0.3262	0.2897	0.2575	0.2292	0.2042	0.1821	0.1625	0.1452	0.1299	0.1163
14	0.8700	0.7579	0.6611	0.5775	0.5051	0.4423	0.3878	0.3405	0.2992	0.2633	0.2320	0.2046	0.1807	0.1597	0.1413	0.1252	0.1110	0.0985
15	0.8613	0.7430	0.6419	0.5553	0.4810	0.4173	0.3624	0.3152	0.2745	0.2394	0.2090	0.1827	0.1599	0.1401	0.1229	0.1079	0.0949	0.0835
16	0.8528	0.7284	0.6232	0.5339	0.4581	0.3936	0.3387	0.2919	0.2519	0.2176	0.1883	0.1631	0.1415	0.1229	0.1069	0.0930	0.0811	0.0708
17	0.8444	0.7142	0.6050	0.5134	0.4363	0.3714	0.3166	0.2703	0.2311	0.1978	0.1696	0.1456	0.1252	0.1078	0.0929	0.0802	0.0693	0.0600
18	0.8360	0.7002	0.5874	0.4936	0.4155	0.3503	0.2959	0.2502	0.2120	0.1799	0.1528	0.1300	0.1108	0.0946	0.0808	0.0691	0.0592	0.0508
19	0.8277	0.6864	0.5703	0.4746	0.3957	0.3305	0.2765	0.2317	0.1945	0.1635	0.1377	0.1161	0.0981	0.0829	0.0703	0.0596	0.0506	0.0431
20	0.8195	0.6730	0.5537	0.4564	0.3769	0.3118	0.2584	0.2145	0.1784	0.1486	0.1240	0.1037	0.0868	0.0728	0.0611	0.0514	0.0433	0.0365
21	0.8114	0.6598	0.5375	0.4388	0.3589	0.2942	0.2415	0.1987	0.1637	0.1351	0.1117	0.0926	0.0768	0.0638	0.0531	0.0443	0.0370	0.0309
22	0.8034	0.6468	0.5219	0.4220	0.3418	0.2775	0.2257	0.1839	0.1502	0.1228	0.1007	0.0826	0.0680	0.0560	0.0462	0.0382	0.0316	0.0262
23	0.7954	0.6342	0.5067	0.4057	0.3256	0.2618	0.2109	0.1703	0.1378	0.1117	0.0907	0.0738	0.0601	0.0491	0.0402	0.0329	0.0270	0.0222
24	0.7876	0.6217	0.4919	0.3901	0.3101	0.2470	0.1971	0.1577	0.1264	0.1015	0.0817	0.0659	0.0532	0.0431	0.0349	0.0284	0.0231	0.0188
25	0.7798	0.6095	0.4776	0.3751	0.2953	0.2330	0.1842	0.1460	0.1160	0.0923	0.0736	0.0588	0.0471	0.0378	0.0304	0.0245	0.0197	0.0160

附表 3　年金终值系数表

期数	1%	2%	3%	4%	5%	6%	7%	8%	9%	10%	11%	12%	13%	14%	15%	16%	17%	18%
1	1.0000	1.0000	1.0000	1.0000	1.0000	1.0000	1.0000	1.0000	1.0000	1.0000	1.0000	1.0000	1.0000	1.0000	1.0000	1.0000	1.0000	1.0000
2	2.0100	2.0200	2.0300	2.0400	2.0500	2.0600	2.0700	2.0800	2.0900	2.1000	2.1100	2.1200	2.1300	2.1400	2.1500	2.1600	2.1700	2.1800
3	3.0301	3.0604	3.0909	3.1216	3.1525	3.1836	3.2149	3.2464	3.2781	3.3100	3.3421	3.3744	3.4069	3.4396	3.4725	3.5056	3.5389	3.5724
4	4.0604	4.1216	4.1836	4.2465	4.3101	4.3746	4.4399	4.5061	4.5731	4.6410	4.7097	4.7793	4.8498	4.9211	4.9934	5.0665	5.1405	5.2154
5	5.1010	5.2040	5.3091	5.4163	5.5256	5.6371	5.7507	5.8666	5.9847	6.1051	6.2278	6.3528	6.4803	6.6101	6.7424	6.8771	7.0144	7.1542
6	6.1520	6.3081	6.4684	6.6330	6.8019	6.9753	7.1533	7.3359	7.5233	7.7156	7.9129	8.1152	8.3227	8.5355	8.7537	8.9775	9.2068	9.4420
7	7.2135	7.4343	7.6625	7.8983	8.1420	8.3938	8.6540	8.9228	9.2004	9.4872	9.7833	10.0890	10.4047	10.7305	11.0668	11.4139	11.7720	12.1415
8	8.2857	8.5830	8.8923	9.2142	9.5491	9.8975	10.2598	10.6366	11.0285	11.4359	11.8594	12.2997	12.7573	13.2328	13.7268	14.2401	14.7733	15.3270
9	9.3685	9.7546	10.1591	10.5828	11.0266	11.4913	11.9780	12.4876	13.0210	13.5795	14.1640	14.7757	15.4157	16.0853	16.7858	17.5185	18.2847	19.0859
10	10.4622	10.9497	11.4639	12.0061	12.5779	13.1808	13.8164	14.4866	15.1929	15.9374	16.7220	17.5487	18.4197	19.3373	20.3037	21.3215	22.3931	23.5213
11	11.5668	12.1687	12.8078	13.4864	14.2068	14.9716	15.7836	16.6455	17.5603	18.5312	19.5614	20.6546	21.8143	23.0445	24.3493	25.7329	27.1999	28.7551
12	12.6825	13.4121	14.1920	15.0258	15.9171	16.8699	17.8885	18.9771	20.1407	21.3843	22.7132	24.1331	25.6502	27.2707	29.0017	30.8502	32.8239	34.9311
13	13.8093	14.6803	15.6178	16.6268	17.7130	18.8821	20.1406	21.4953	22.9534	24.5227	26.2116	28.0291	29.9847	32.0887	34.3519	36.7862	39.4040	42.2187
14	14.9474	15.9739	17.0863	18.2919	19.5986	21.0151	22.5505	24.2149	26.0192	27.9750	30.0949	32.3926	34.8827	37.5811	40.5047	43.6720	47.1027	50.8180
15	16.0969	17.2934	18.5989	20.0236	21.5786	23.2760	25.1290	27.1521	29.3609	31.7725	34.4054	37.2797	40.4175	43.8424	47.5804	51.6595	56.1101	60.9653
16	17.2579	18.6393	20.1569	21.8245	23.6575	25.6725	27.8881	30.3243	33.0034	35.9497	39.1899	42.7533	46.6717	50.9804	55.7175	60.9250	66.6488	72.9390
17	18.4304	20.0121	21.7616	23.6975	25.8404	28.2129	30.8402	33.7502	36.9737	40.5447	44.5008	48.8837	53.7391	59.1176	65.0751	71.6730	78.9792	87.0680
18	19.6147	21.4123	23.4144	25.6454	28.1324	30.9057	33.9990	37.4502	41.3013	45.5992	50.3959	55.7497	61.7251	68.3941	75.8364	84.1407	93.4056	103.7403
19	20.8109	22.8406	25.1169	27.6712	30.5390	33.7600	37.3790	41.4463	46.0185	51.1591	56.9395	63.4397	70.7494	78.9692	88.2118	98.6032	110.2846	123.4135
20	22.0190	24.2974	26.8704	29.7781	33.0660	36.7856	40.9955	45.7620	51.1601	57.2750	64.2028	72.0524	80.9468	91.0249	102.4436	115.3797	130.0329	146.6280
21	23.2392	25.7833	28.6765	31.9692	35.7193	39.9927	44.8652	50.4229	56.7645	64.0025	72.2651	81.6987	92.4699	104.7684	118.8101	134.8405	153.1385	174.0210
22	24.4716	27.2990	30.5368	34.2480	38.5052	43.3923	49.0057	55.4568	62.8733	71.4027	81.2143	92.5026	105.4910	120.4360	137.6316	157.4150	180.1721	206.3448
23	25.7163	28.8450	32.4529	36.6179	41.4305	46.9958	53.4361	60.8933	69.5319	79.5430	91.1479	104.6029	120.2048	138.2970	159.2764	183.6014	211.8013	244.4868
24	26.9735	30.4219	34.4265	39.0826	44.5020	50.8156	58.1767	66.7648	76.7898	88.4973	102.1742	118.1552	136.8315	158.6586	184.1678	213.9776	248.8076	289.4945
25	28.2432	32.0303	36.4593	41.6459	47.7271	54.8645	63.2490	73.1059	84.7009	98.3471	114.4133	133.3339	155.6196	181.8708	212.7930	249.2140	292.1049	342.6035

附表 4　年金现值系数表

期数	1%	2%	3%	4%	5%	6%	7%	8%	9%	10%	11%	12%	13%	14%	15%	16%	17%	18%
1	0.9901	0.9804	0.9709	0.9615	0.9524	0.9434	0.9346	0.9259	0.9174	0.9091	0.9009	0.8929	0.8850	0.8772	0.8696	0.8621	0.8547	0.8475
2	0.9901	0.9804	0.9709	0.9615	0.9524	0.9434	0.9346	0.9259	0.9174	0.9091	0.9009	0.8929	0.8850	0.8772	0.8696	0.8621	0.8547	0.8475
3	2.9410	2.8839	2.8286	2.7751	2.7232	2.6730	2.6243	2.5771	2.5313	2.4869	2.4437	2.4018	2.3612	2.3216	2.2832	2.2459	2.2096	2.1743
4	3.9020	3.8077	3.7171	3.6299	3.5460	3.4651	3.3872	3.3121	3.2397	3.1699	3.1024	3.0373	2.9745	2.9137	2.8550	2.7982	2.7432	2.6901
5	4.8534	4.7135	4.5797	4.4518	4.3295	4.2124	4.1002	3.9927	3.8897	3.7908	3.6959	3.6048	3.5172	3.4331	3.3522	3.2743	3.1993	3.1272
6	5.7955	5.6014	5.4172	5.2421	5.0757	4.9173	4.7665	4.6229	4.4859	4.3553	4.2305	4.1114	3.9975	3.8887	3.7845	3.6847	3.5892	3.4976
7	6.7282	6.4720	6.2303	6.0021	5.7864	5.5824	5.3893	5.2064	5.0330	4.8684	4.7122	4.5638	4.4226	4.2883	4.1604	4.0386	3.9224	3.8115
8	7.6517	7.3255	7.0197	6.7327	6.4632	6.2098	5.9713	5.7466	5.5348	5.3349	5.1461	4.9676	4.7988	4.6389	4.4873	4.3436	4.2072	4.0776
9	8.5660	8.1622	7.7861	7.4353	7.1078	6.8017	6.5152	6.2469	5.9952	5.7590	5.5370	5.3282	5.1317	4.9464	4.7716	4.6065	4.4506	4.3030
10	9.4713	8.9826	8.5302	8.1109	7.7217	7.3601	7.0236	6.7101	6.4177	6.1446	5.8892	5.6502	5.4262	5.2161	5.0188	4.8332	4.6586	4.4941
11	10.3676	9.7868	9.2526	8.7605	8.3064	7.8869	7.4987	7.1390	6.8052	6.4951	6.2065	5.9377	5.6869	5.4527	5.2337	5.0286	4.8364	4.6560
12	11.2551	10.5753	9.9540	9.3851	8.8633	8.3838	7.9427	7.5361	7.1607	6.8137	6.4924	6.1944	5.9176	5.6603	5.4206	5.1971	4.9884	4.7932
13	12.1337	11.3484	10.6350	9.9856	9.3936	8.8527	8.3577	7.9038	7.4869	7.1034	6.7499	6.4235	6.1218	5.8424	5.5831	5.3423	5.1183	4.9095
14	13.0037	12.1062	11.2961	10.5631	9.8986	9.2950	8.7455	8.2442	7.7862	7.3667	6.9819	6.6282	6.3025	6.0021	5.7245	5.4675	5.2293	5.0081
15	13.8651	12.8493	11.9379	11.1184	10.3797	9.7122	9.1079	8.5595	8.0607	7.6061	7.1909	6.8109	6.4624	6.1422	5.8474	5.5755	5.3242	5.0916
16	14.7179	13.5777	12.5611	11.6523	10.8378	10.1059	9.4466	8.8514	8.3126	7.8237	7.3792	6.9740	6.6039	6.2651	5.9542	5.6685	5.4053	5.1624
17	15.5623	14.2919	13.1661	12.1657	11.2741	10.4773	9.7632	9.1216	8.5436	8.0216	7.5488	7.1196	6.7291	6.3729	6.0472	5.7487	5.4746	5.2223
18	16.3983	14.9920	13.7535	12.6593	11.6896	10.8276	10.0591	9.3719	8.7556	8.2014	7.7016	7.2497	6.8399	6.4674	6.1280	5.8178	5.5339	5.2732
19	17.2260	15.6785	14.3238	13.1339	12.0853	11.1581	10.3356	9.6036	8.9501	8.3649	7.8393	7.3658	6.9380	6.5504	6.1982	5.8775	5.5845	5.3162
20	18.0456	16.3514	14.8775	13.5903	12.4622	11.4699	10.5940	9.8181	9.1285	8.5136	7.9633	7.4694	7.0248	6.6231	6.2593	5.9288	5.6278	5.3527
21	18.8570	17.0112	15.4150	14.0292	12.8212	11.7641	10.8355	10.0168	9.2922	8.6487	8.0751	7.5620	7.1016	6.6870	6.3125	5.9731	5.6648	5.3837
22	19.6604	17.6580	15.9369	14.4511	13.1630	12.0416	11.0612	10.2007	9.4424	8.7715	8.1757	7.6446	7.1695	6.7429	6.3587	6.0113	5.6964	5.4099
23	20.4558	18.2922	16.4436	14.8568	13.4886	12.3034	11.2722	10.3711	9.5802	8.8832	8.2664	7.7184	7.2297	6.7921	6.3988	6.0442	5.7234	5.4321
24	21.2434	18.9139	16.9355	15.2470	13.7986	12.5504	11.4693	10.5288	9.7066	8.9847	8.3481	7.7843	7.2829	6.8351	6.4338	6.0726	5.7465	5.4509
25	22.0232	19.5235	17.4131	15.6221	14.0939	12.7834	11.6536	10.6748	9.8226	9.0770	8.4217	7.8431	7.3300	6.8729	6.4641	6.0971	5.7662	5.4669

参 考 文 献

［1］边智群，徐慧玲．公司理财（第2版）［M］．北京：高等教育出版社，2019.

［2］边智群，朱澍清．理财学（第2版）［M］．北京：中国金融出版社，2012.

［3］荆新，王化成，刘俊彦．财务管理学（第8版）［M］．北京：中国人民大学出版社，2018.

［4］刘淑莲．财务管理（第5版）［M］．大连：东北财经大学出版社，2019.

［5］王新平，赵栓文．财务管理［M］．北京：中国财政经济出版社，2017.

［6］朱叶．公司金融（第4版）［M］．上海：复旦大学出版社，2018.

［7］张健．公司金融与企业决策［M］．北京：中国财政经济出版社，2019.

［8］沈红波．公司金融案例［M］．上海：复旦大学出版社，2018.

［9］刘曼红，李朝晖．公司理财（第4版）［M］．北京：中国人民大学出版社，2016.

［10］蒋屏．公司理财（第3版）［M］．北京：中信出版社，2016.

［11］宋蔚蔚．个人理财（第2版）［M］．北京：中国人民大学出版社，2019.

［12］桂詠评，胡邦亚，等．个人理财（第3版）［M］．上海：格致出版社，2018.

［13］刘海燕．生活中不可不知的家庭理财［M］．北京：中华工商联合出版社，2017.

［14］马海涛．中国税制（第10版）［M］．北京：中国人民大学出版社，2019.

［15］中华人民共和国个人所得税法［M］．北京：中国法制出版社，2019.

［16］王红云．税法（第9版）［M］．北京：中国人民大学出版社，2019.

高职高专金融类系列教材

一、高职高专金融类系列教材

货币金融学概论	周建松	主编	25.00 元	2006.12 出版
货币金融学概论习题与案例集	周建松　郭福春等	编著	25.00 元	2008.05 出版
金融法概论（第二版）	朱　明	主编	25.00 元	2012.04 出版
（普通高等教育“十一五”国家级规划教材）				
商业银行客户经理	伏琳娜　满玉华	主编	36.00 元	2010.08 出版
商业银行客户经理	刘旭东	主编	21.50 元	2006.08 出版
商业银行综合柜台业务(第四版)	董瑞丽	主编	47.00 元	2021.07 出版
（国家精品课程教材·2006）				
商业银行综合业务技能	董瑞丽	主编	30.50 元	2008.01 出版
商业银行中间业务	张传良　倪信琦	主编	22.00 元	2006.08 出版
商业银行授信业务	王艳君　郭瑞云　于千程	编著	45.00 元	2012.10 出版
商业银行授信业务（第三版）	邱俊如　金广荣	主编	40.00 元	2020.09 出版
商业银行业务与经营	王红梅　吴军梅	主编	34.00 元	2007.05 出版
金融服务营销	徐海洁	编著	34.00 元	2013.06 出版
商业银行基层网点经营管理	赵振华	主编	32.00 元	2009.08 出版
银行柜台实用英语（第二版）	汪卫芳	主编	29.00 元	2017.08 出版
银行卡业务	孙　颖　郭福春	编著	36.50 元	2008.08 出版
银行产品	彭陆军	主编	25.00 元	2010.01 出版
银行产品	杨荣华　李晓红	主编	29.00 元	2012.12 出版
反假货币技术	方秀丽　陈光荣　包可栋	主编	58.00 元	2008.12 出版
小额信贷实务（第二版）	凌海波　邱俊如	主编	39.00 元	2020.11 出版
商业银行审计	刘　琳　张金城	主编	31.50 元	2007.03 出版
金融企业会计	唐宴春	主编	25.50 元	2006.08 出版
（普通高等教育“十一五”国家级规划）				
金融企业会计实训与实验	唐宴春	主编	24.00 元	2006.08 出版
（普通高等教育“十一五”国家级规划教材辅助教材）				
新编国际金融	徐杰芳	主编	39.00 元	2011.08 出版
国际金融概论	方　洁　刘　燕	主编	21.50 元	2006.08 出版
（普通高等教育“十一五”国家级规划教材）				
国际金融实务	赵海荣　梁　涛	主编	30.00 元	2012.07 出版
国际金融实务（第三版）	李　敏	主编	39.80 元	2019.09 出版
风险管理	刘金波	主编	30.00 元	2010.08 出版
外汇交易实务	郭也群	主编	25.00 元	2008.07 出版
外汇交易实务	樊祎斌	主编	23.00 元	2009.01 出版

证券投资实务	徐　辉	主编	29.50 元	2012.08 出版
国际融资实务	崔　荫	主编	28.00 元	2006.08 出版
理财学（第三版）	徐慧玲　边智群	主编	56.00 元	2022.01 出版
（“十二五”职业教育国家规划教材/普通高等教育“十一五”国家级规划教材）				
投资银行概论	董雪梅	主编	34.00 元	2010.06 出版
金融信托与租赁（第二版）	蔡鸣龙	主编	35.00 元	2013.03 出版
公司理财实务	钭志斌	主编	34.00 元	2012.01 出版
个人理财规划（第二版）	胡君晖	主编	33.00 元	2017.05 出版
证券投资实务	王　静	主编	45.00 元	2014.08 出版
（“十二五”职业教育国家规划教材/国家精品课程教材·2007）				
金融应用文写作	李先智　贾晋文	主编	32.00 元	2007.02 出版
金融职业道德概论	王　琦	主编	25.00 元	2008.09 出版
金融职业礼仪	王　华	主编	21.50 元	2006.12 出版
金融职业服务礼仪	王　华	主编	24.00 元	2009.03 出版
金融职业形体礼仪	钱利安　王　华	主编	22.00 元	2009.03 出版
金融服务礼仪	伏琳娜　孙迎春	主编	33.00 元	2012.04 出版
合作金融概论	曾赛红　郭福春	主编	24.00 元	2007.05 出版
网络金融	杨国明　蔡　军	主编	26.00 元	2006.08 出版
（普通高等教育“十一五”国家级规划教材）				
现代农村金融	郭延安　陶永诚	主编	23.00 元	2009.03 出版
农村金融基础	郑晓燕	主编	30.00 元	2021.09 出版
“三农”经济概论（第二版）	凌海波	编著	35.00 元	2018.09 出版
商业银行网点经营管理	王德英	主编	28.00 元	2018.09 出版

二、高职高专会计类系列教材

管理会计	黄庆平	主编	28.00 元	2012.04 出版
商业银行会计实务	赵丽梅	编著	43.00 元	2012.02 出版
基础会计	田玉兰　郭晓红	主编	26.50 元	2007.04 出版
基础会计实训与练习	田玉兰　郭晓红	主编	17.50 元	2007.04 出版
新编基础会计及实训	周　峰　尹　莉	主编	33.00 元	2009.01 出版
财务会计（第二版）	尹　莉	主编	40.00 元	2009.09 出版
财务会计学习指导与实训	尹　莉	主编	24.00 元	2007.09 出版
高级财务会计	何海东	主编	30.00 元	2012.04 出版
成本会计	孔德兰	主编	25.00 元	2007.03 出版
（普通高等教育“十一五”国家级规划教材）				
成本会计实训与练习	孔德兰	主编	19.50 元	2007.03 出版
（普通高等教育“十一五”国家级规划教材辅助教材）				
管理会计	周　峰	主编	25.50 元	2007.03 出版
管理会计学习指导与训练	周　峰	主编	16.00 元	2007.03 出版
会计电算化	潘上永	主编	40.00 元	2007.09 出版
（普通高等教育“十一五”国家级规划教材）				

会计电算化实训与实验	潘上永	主编	10.00 元	2007.09 出版
（普通高等教育“十一五”国家级规划教材辅助教材）				
财政与税收（第三版）	单惟婷	主编	35.00 元	2009.11 出版
税收与纳税筹划	段迎春　于　洋	主编	36.00 元	2013.01 出版
金融企业会计	唐宴春	主编	25.50 元	2006.08 出版
（普通高等教育“十一五”国家级规划教材）				
金融企业会计实训与实验	唐宴春	主编	24.00 元	2006.08 出版
（普通高等教育“十一五”国家级规划教材辅助教材）				
会计综合模拟实训	施海丽	主编	46.00 元	2012.07 出版
会计分岗位实训	舒　岳	主编	40.00 元	2012.07 出版

三、高职高专经济管理类系列教材

经济学基础（第四版）	高同彪	主编	40.00 元	2020.08 出版
管理学基础	曹秀娟	主编	39.00 元	2012.07 出版
大学生就业能力实训教程	张国威　褚义兵等	编著	25.00 元	2012.08 出版

四、高职高专保险类系列教材

保险实务	梁　涛　南沈卫	主编	35.00 元	2012.07 出版
保险营销实务	章金萍　李　兵	主编	21.00 元	2012.02 出版
新编保险医学基础	任森林	主编	30.00 元	2012.02 出版
人身保险实务（第二版）	黄　素	主编	45.00 元	2019.01 出版
国际货物运输保险实务	王锦霞	主编	29.00 元	2012.11 出版
保险学基础	何惠珍	主编	23.00 元	2006.12 出版
财产保险	曹晓兰	主编	33.50 元	2007.03 出版
（普通高等教育“十一五”国家级规划教材）				
人身保险	池小萍　郑祎华	主编	31.50 元	2006.12 出版
人身保险实务	朱　佳	主编	22.00 元	2008.11 出版
保险营销	章金萍	主编	25.50 元	2006.12 出版
保险营销	李　兵	主编	31.00 元	2010.01 出版
保险医学基础	吴艾竞	主编	28.00 元	2009.08 出版
保险中介	何惠珍	主编	40.00 元	2009.10 出版
非水险实务	沈洁颖	主编	43.00 元	2008.12 出版
海上保险实务	冯芳怡	主编	22.00 元	2009.04 出版
汽车保险	费　洁	主编	32.00 元	2009.04 出版
保险法案例教程	冯芳怡	主编	31.00 元	2009.09 出版
保险客户服务与管理	韩　雪	主编	29.00 元	2009.08 出版
风险管理	毛　通	主编	31.00 元	2010.07 出版
保险职业道德修养	邢运凯	主编	21.00 元	2008.12 出版
医疗保险理论与实务	曹晓兰	主编	43.00 元	2009.01 出版

五、高职高专国际商务类系列教材

国际贸易概论	易海峰	主编	36.00 元	2012.04 出版
国际商务文化与礼仪	蒋景东　刘晓枫	主编	23.00 元	2012.01 出版
国际结算	靳　生	主编	31.00 元	2007.09 出版
国际结算实验教程	靳　生	主编	23.50 元	2007.09 出版
国际结算（第二版）	贺　瑛　漆腊应	主编	19.00 元	2006.01 出版
国际结算（第三版）	苏宗祥　徐　捷	编著	23.00 元	2010.01 出版
国际结算操作	刘晶红	主编	25.00 元	2012.07 出版
国际贸易与金融函电	张海燕	主编	20.00 元	2008.11 出版
国际市场营销实务	王　婧	主编	28.00 元	2012.06 出版
报检实务	韩　斌	主编	28.00 元	2012.12 出版

如有任何意见或建议，欢迎致函编辑部：jiaocaiyibu@126.com。